走进世界 · 海外民族志大系

丛书策划：高丙中　高秀芹　丁　超

咨询与编委委员会

主　　任：郝　平
副 主 任：吴志攀　刘　伟
执行主任：谢立中　李　强
秘 书 长：萧　群

委　员（按音序排列）：
陈庆德　丁　超　范　可　方李莉　方　文　傅增有
高丙中　高秀芹　郭于华　郝　平　何　彬　何　明
贺　霆　钱民辉　景　军　李　强　刘爱玉　刘　伟
罗红光　麻国庆　纳日碧力戈　　潘　蛟　彭小瑜
彭兆荣　秦兆雄　渠敬东　阮云星　色　音　尚会鹏
石奕龙　王建民　王建新　文　化　翁乃群　吴小安
吴志攀　萧　群　谢立中　徐黎丽　徐新建　阎云翔
杨圣敏　于　硕　张海洋　张江华　张黎明　赵旭东
周大鸣　周　星　周　云　朱晓阳　庄孔韶
Judith Farquhar　George Marcus

主　编：高丙中

鸣谢

本项研究获得高丙中主持的教育部人文社会科学研究 2002 年度重大项目"社会转型过程中公民身份建构的人类学实证研究"（02JAZD840001）、教育部文科基地重大项目"社团组织研究"（02JAZJD840002）的资助，本书的出版得到北京大学社科部的资助，特此致谢。

『俄罗斯心灵』的历程

俄罗斯黑土区社会生活的民族志

马强 著

北京大学出版社
PEKING UNIVERSITY PRESS

图书在版编目（CIP）数据

"俄罗斯心灵"的历程：俄罗斯黑土区社会生活的民族志/马强著. —北京：北京大学出版社，2017.5
（走进世界·海外民族志大系）
ISBN 978-7-301-28370-7

Ⅰ.①俄… Ⅱ.①马… Ⅲ.①社会变迁－研究－俄罗斯 Ⅳ.①D751.269

中国版本图书馆CIP数据核字（2017）第103680号

书　　　名	"俄罗斯心灵"的历程 —— 俄罗斯黑土区社会生活的民族志 "ELUOSI XINLING" DE LICHENG
著作责任者	马　强　著
责任编辑	丁　超　邹　震
标准书号	ISBN 978-7-301-28370-7
出版发行	北京大学出版社
地　　址	北京市海淀区成府路205号　100871
网　　址	http://www.pup.cn　新浪微博：@北京大学出版社
电子信箱	pkuwsz@126.com
电　　话	邮购部 62752015　发行部 62750672　编辑部 62750883
印　刷　者	三河市国新印装有限公司
经　销　者	新华书店
	660毫米×960毫米　16开本　28印张　330千字 2017年5月第1版　2017年5月第1次印刷
定　　价	58.00元

未经许可，不得以任何方式复制或抄袭本书之部分或全部内容。
版权所有，侵权必究
举报电话：010-62752024　电子信箱：fd@pup.pku.edu.cn
图书如有印装质量问题，请与出版部联系，电话：010-62756370

"走进世界"丛书总序

以全球社会为研究对象　推动社会科学更加繁荣

当今世界的主题是和平与发展。如何促进世界和平和人类社会的和谐发展，是社会科学界要致力研究的重大理论和实践问题。随着我国改革开放步伐的不断加大，与其他国家的接触和交流日益增多，我国的社会科学研究也迈入了新的阶段，即加强对全球社会的经验研究，推动我国哲学社会科学优秀成果和优秀人才走向世界。

长期以来，我国社会科学的发展侧重于国内社会的实践研究，对国外的研究偏重于理论介绍，而经验研究相对缺乏，这样可能出现的后果是国内外的理论家由于缺乏可供讨论的共同的实践经验，因而对双方理论的理解难以深入，容易陷入彼此自说自话的状态。当今天我国的综合国力显著提升，国际影响力逐渐增强，同时，我们的研究者也能对自己的研究充满自信的时候，那么，走出国门进行外国社会的经验研究就具备了比较成熟的条件。

推动以全球社会为对象的经验研究，是中华民族在全球化的背景下为实现伟大复兴而赋予我国社会科学界的使命，是我们制定科学的国际战略和外交政策的前提条件，也是我们促进国际社会朝着有利于世界和平方向发展的可能契机，同时也是我们开展区域合作，共同营造和平稳定、平等互信、合作共赢国际环境的基石。

推动以全球社会为对象的经验研究，是我国在全球化的背景中日益迫切的知识需求。随着我国改革开放向纵深方向的发展，"中国发展离不开世界，世界繁荣稳定也离不开中国"。长期以来，由于我国社会科学对海外社会研究的匮乏，我国社会层面对于外部世界的认识还停留在集体想象和个人的经验之上，因此以参与观察为基础的关于国外真实而复杂的社会的知识，有利于进一步提高我国的社会科学研究水平，有利于促进我国社会科学事业的发展繁荣，也有利于推动我国改革开放局面的良好发展。从社会科学发展的角度来思考，这也是实现我国社会科学与国外社会科学平等对话的前提条件，有助于我国社会科学朝着更加全面先进的方向发展。

以全球社会为对象的经验研究是一项光荣而非常艰巨的工作，同时，它涉及全球社会的政治、经济、宗教以及文化心理等方面的内容，这也就对此项工作的开展提出了更多、更苛刻的要求，它不仅要求我们掌握当地语言、实现多学科联合作业，而且还必须具备从事实地调查研究的诸多客观条件。在很长的一段时间内，我国此项工作的开展的确存在着诸多困难。比如，从事海外田野作业的经费短缺；政府外事机关针对我国公民在外国的管理和服务功能尚不健全。令人欣慰的是，上述诸多制约条件在近几年内，特别是在党的"十七大"之后，发生了根本性的转变：一些学术课题的资助有力支持了部分学者到一些国家进行田野作业；党中央、政府鼓励优秀成果和优秀人才走向世界，为有志于此的学者提供了条件；同时，我国的发展水平也造就了民众比较自信和平和的对外心态，奠定了接受充满差异的真实的外部世界的心理基础。我们高兴地看到，我国一些学术机构和学者正在致力于建设面向全球社会的实地研究平台，开创了全球社会经验研究的新局面。正是他们的辛勤付出，为我们真实了解世界开启了一扇更为宽阔的视窗。

我们期待，随着更多的中国学者走进世界，一批又一批令人瞩目的研究成果将会诞生。我们相信，中国社会科学将会因此进入一个更加繁荣的新时期！

中华人民共和国教育部副部长　郝平

2010年6月15日端午节

"走进世界·海外民族志大系"总序

凝视世界的意志与学术行动

能叙事才好成事。是表述主体才可能是社会主体。

"到海外去!"

"到民间去",曾经是一个世纪前中国现代社会科学发生期所酝酿出来的口号。先有具备学术规范的社会调查,才有社会科学的出现。在少数人一段时间的尝试之后,一句凝结着共同体集体意识的"到民间去"成为1919年之后的知识界的运动,在中国促成书斋学问之外的社会调查之风蓬勃兴起。社会科学诸学科此前在中国主要是课堂传授的西方书本知识,"到民间去"的调查之风呼唤着以中国社会为对象的知识生产,这种知识生产逐渐造就了中国社会科学诸学科。

今日的中国社会科学界则萌发着另一种冲动,一种积聚了很久、压抑了很久的求知之志,这就是:"到海外去!"

曾经,在大家都不能出国的时期,我们在政治关怀上满怀豪情地、当然只是浪漫地"放眼世界"。今天,出国旅行在中国已经大众化了,"看世界"的欲望已如春潮涌动。中国的知识界要做的是以规范的学术方式

"俄罗斯心灵"的历程
——俄罗斯黑土区社会生活的民族志

"走进世界"之后"凝视世界"！

关于社会调查，关于经验研究，"到海外去"预示着中国社会科学发展的新机会。社会调查的眼界有多宽，社会科学的格局才可能有多大。几辈知识分子在"民间"、在本土开展调查研究，奠定了中国社会科学的当下格局。我们今天到海外去，到异国他乡去认识世界，则是为了中国社会科学明天的新格局。

到海外做民族志

中国人出国，在"镀金""淘金""挥金"之外，新增加了一个目标，这就是扎在一个地方把它作为一种社会、一种文化来观察，然后写出有学理支撑的报告，名之曰"海外民族志"。虽然到目前只有十多个人怀抱着这个目标走出国门，但是它的学术和社会意义却不同凡响。

海外民族志，是指一国的人类学学子到国外（境外）的具体社区进行长期的实地调查而撰写的研究报告。这种实地调查应该符合人类学田野作业的规范，需要以参与观察为主，需要采用当地人的语言进行交流，并且需要持续至少一年的周期。

在西方人类学的正统和常识中，民族志就是基于异国田野作业的研究报告，"海外"是民族志的题中应有之意，所以它们是没有"海外民族志"这个说法的。

人类学民族志的标杆是由马林诺斯基、拉德克利夫-布朗、玛格丽特·米得那批充满学术激情的青年才俊在1920年代出版的著作所树立起来的。他们各自从伦敦、从纽约背起行囊，乘船出海，到大洋中的小岛和"野蛮人"长期生活在一起，完成了《西太平洋的航海者》《安达曼岛人》及《萨摩亚人的成年》等经典的民族志著作。他们是第一批靠民族志成为人类学家并进而成为学术领袖的人物。他们的职业生涯成为人类学专业的人才培养的模式。做民族志,总要有充沛的激情让自己想得够远,走得够远。在拥有成千上万的人类学从业者的西方国家,即使后来在国内社会做民族志的人逐渐多起来,但是,到海外做民族志还是一直被尊为人类学人才培养的正途。

但是,对于中国的人类学共同体来说,民族志一直都是一种家乡研究,一种对于本乡本土、本族本国的调查报告,因此,"海外"从来都是中国人类学的民族志所缺少的一个要素,所未曾企及的一个视野,所没有发育起来的一种性质,当然也是今天绝对需要的一种格局。

一般都说中国人类学已经有百年的历史,我们现在才有组织地把田野作业推进到海外,这项迟来的事业让我们终于可以跨越百年的遗憾。北京大学、中山大学、中央民族大学、厦门大学、云南大学等具有人类学专业的国内高校正陆续把一个一个的学子送到海外开展规范的田野作业。

中国学人到海外做民族志的时代尽管迟来却已经大步走来!

作为表述主体的共同体

一个共同体,在关于世界的叙事中所占有的位置与它在这个世界中的位置是关联在一起的。民族志是共同体对共同体的表述地位、能力以及主体性明确程度的知识证明。

学术是用文字表达的抽象观念。文字是个人一段一段书写的,但是抽象观念却不是在个人意义上能够成立的。学术是共同体的衍生物、伴随品。——共同体造就学人,共同体产生知识兴趣、共鸣群体(读者),

共同体传承学术成果。反过来，学术则催生新的共同体或促成共同体的新生。

具有集体意识的共同体必须是表达者，必须是能够言说自我、言说他人的表述者。民族志是关于共同体表述地位是否存在的证明，是共同体通过特定的表述得以构成或显现为主体的知识途径，是共同体的表述者身份的名片。

虽然民族志的主笔者是个人，虽然民族志的材料来自被访谈的个人，虽然一部一部的民族志都有各个不同的具体内容，但是在集合起来的总体效用上，民族志承载着共同体对共同体的结构性关系。西方与东方的关系、与非洲和拉美的关系，既是由西方所产生的器物所支撑的，由西方的武器所打出来的；也是由西方关于非西方世界的叙事所建构的。这种结构性关系是难以改变的，但不是不能改变的。改变，只能由器物生产的实力和叙事的表述能力所构成的合力来促成。

在前现代，作为表述者的共同体是各自说话，并且主要是自说自话，偶尔才说及他人，对他人的表述和自我表述都难以直接影响他人社会——即使慢慢偶然传播到他人社会了，影响效果也总是以缓慢而曲折的方式发生。

在现代，西方社会科学的兴起，尤其是民族志的兴起，造成了一种知识后果，这就是群体作为自我与作为他者都被置于同一个表述所组成的社会景观之中，置于西方作为世界中心的这个社会结构之中。从视角来分析这种社会结构的知识关系，西方之所以处于世界的中心是因为几乎所有的观察者、表述者都是从西方往外看的。也就是说，从民族志来分析，作者都是西方学者或者学习西方的学者，而文本内容所叙述的都是非西方社会的事情；在共同体层次，西方是凝视者，非西方是被观察对象。知识的社会后果早就凸显出来：关于他人社会的叙事不仅在不断满足西方大众的猎奇之心，而且在知识和社会观念上不断强化我群与他群的一种中心－边缘的结构关系——如果我群与他群的相互表述是不平等的，那么这种结构关系也是极端不平等的。民族志的作者在自己的社会中不过是一个普通学者，而在共同体的关系中却支撑着共同体的优越地位。西方作为民族志叙事的主体，同时也成为普遍主义思维模型的创立者，普世价值的申说者、裁判者，世界议题的设置者。

不过，后现代的世界给人类带来了新的机会。这一波来势汹汹的全球化，也是世界各个共同体、各个层次的共同体的力量和关系的再结构化机会。意识形态批判使西方中心主义得到深刻反省，新技术、新媒体与人口流动使关于他人的叙述不再能够作为一面之词而成立。更多的共同体能够在国际平台上成为关于世界的叙事者了，世界真正变得紧密了，于是，共同体的代表者对自我的表述与对他人的表述都会同时影响自我和他人在结构中的位置和关系。共同体在全球社会景观中的位置和关系是由代表者的表述和他们参与的表述的总和所塑造的。

中国学者是一个后来的参与群体。"后来"有遗憾，但是后来者必然有不一样的机会和优势。

民族志与中国社会科学

西方人类学家打造了民族志的镜子，用它来审视非西方社会；我们从西方拿来民族志方法的镜子，我们几十年来只拿它观照自己。现在需要强调指出的是，民族志方法其实是一把多面镜，它可以观照我们，其实更方便观照我们之外的世界。

"俄罗斯心灵"的历程
——俄罗斯黑土区社会生活的民族志

共同体的社会科学是要靠关于社会的叙事来支撑的。支撑西方社会科学的是关于全球范围的社会叙事，而支撑中国社会科学的是限于中国内地的社会叙事。相比较而言，西方社会科学是以西方为中心看世界，而中国社会科学是以西方的学术眼光看中国。西方学者跑遍世界，当然也跑遍了中国各地，撰写了成千上万的民族志，建立了关于世界的叙事；中国学者也出国，当然主要是到西方国家，但是十分耐人寻味的是，他们把西方只当作一个大学，那里只是求学的知识殿堂，并不是他们做田野调查的地方。他们回国才做调查研究。

中国追求现代化一百多年，几辈学者介绍了几乎所有的现代化国家的思想和理论，但是从来没有为国人提供特定的现代社会在社区层次的实际运作的经验知识。现代社会具体是怎样的？现代生活对于个人如何是可能的？中国的社会科学没有认真提过这种问题，中国的人类学也没有当作使命来回答过这种问题，当然就一直没有相应对象的民族志出现。

毫无疑问，中国的社会科学也是以追求真理、认识人类社会的科学规律来自我期许的。但是，中国在近代以来主要是在政治、军事上纠缠在国际事务之中，在学术上因第一手经验研究的缺乏是处于国际之外的。我们也关心亚非拉人民，也声援发达国家的人民反对资本主义、帝国主义、霸权主义的正义事业，不过，这大都是在政治、道义上的努力。在知识产业上，中国的社会科学一直都是一种家庭作坊，是一种自产自销的格局：学者们在自己的社会中发掘经验材料，以国内的政府、同行、大众为诉求对象。一些学科也涉及国际世界，甚至以国际社会为论题，但基本上都是站在（或藏在）中国社会之中对外人信息间接引用与想象的混合物。没有进入世界的田野作业，没有关于国际社会的民族志作为支撑，何来以现实世界为调查研究对象的社会科学？

中国的社会科学，从关于中国、关注中国社会、关心中国发展的社会科学，到认识全球社会的科学，必须从最基本的海外民族志个案积累开始。中国学界的海外民族志将逐步建构中国对于世界的表述主体，中国将从民族志观察的对象转变为叙述世界的主体。在国际社会科学中，中国从单向地被关注，发展出对世界的关注，以此为基础，作为表征社会知识生产关系之核心的"看"就必须用"注视—对视"（也就是"相视"）的范畴来对待了。获得社会知识的单方面的审视总是被抱怨包含着轻视、敌视，但是"对视"以及作为其产物的相互表述的民族志将在国际社会之间造成"相视而笑"的效果，也就是费孝通先生所期盼的"美美与共，天下大同"的结果。

以中文为母语的人口与中国人口都在世界上占最大的比重。中国学人和中文加入到关于世界的实地调查研究中来，世界社会科学无疑将因之大为改变。更多的参与者、更多的视角看世界、看彼此，被呈现出来的世界将会大不相同。

展望中国社会科学新格局……

因为心中有春天，我们看见嫩芽会欢欣。

海外民族志训练是未来的人类学家出师的汇报演出。没有人指望其中有多少大师的代表作，但是它们无疑都是地区研究的一个区域的开拓性著作，更加确信的是，它们的作者是中国人类学乃至社会科学在国外社会大展经验研究的开路先锋，是为我们的共同体在知识世界开疆裂土的功臣。它们的作者从熟悉的家园到远方、到异国他乡去，拓展了中文世界的空间。它们从社会知识生产的源头而来，就像涓涓溪水从雪山而

"俄罗斯心灵"的历程
——俄罗斯黑土区社会生活的民族志

来，假以时日，配以地势，必将汇聚成知识的海洋。

我们年轻的人类学者已经走进世界，在泰国、蒙古、马来西亚、印度、澳大利亚、美国、德国、法国、俄罗斯、巴西等地，深入一个社区进行起码一年的参与式社会调查。他们会带动越来越多的学人参与，世界上也将会有越来越多的地方成为中国学界的关注点。他们陆陆续续地完成自己的民族志成果，用中文书写当前世界各种社会的文化图像。他们的民族志个案今后可以组合成为对于发达国家的社会研究，对于金砖四国的综合研究，对于佛教、伊斯兰教、印度教和基督教社会的比较研究，如此等等，不一而足。我们特别期盼对于非洲大陆、阿拉伯世界、太平洋众多岛国的研究，特别期盼对于周边国家日本、韩国、缅甸、越南的研究……

海外民族志在中国的广泛开展，将改变中国社会科学单一的学科体制。中国社会科学按照学科划分为政治学、法学、经济学、教育学、社会学、民族学、人类学、人口学、民俗学……分属不同学科的学人要开展合作，并没有学科体制的平台。民族志比较发达的那些知识共同体，如美国、日本，在学科分列的同时还有一个地区研究（area studies）的体制。在学科与地区研究并行的体制中，大学教授分属不同学科的院系，但是相同的地区研究兴趣又把不同院系的教授联结起来。这个方向的发展是以关于国外社会的民族志为基础的，但是却不是人类学家单独能够操作的。我们刚刚开头的海外民族志事业对于中国社会科学派生"地区研究"的机会却是靠整个学界才能够把握的。

海外民族志成为中国社会科学的基础知识领域之后，中国社会科学在学术上也会更上一层楼。海外民族志除了在共同体层次上、在整体上对于社会科学的重大意义之外，在技术层次、操作层次对于社会科学的影响也会是很实在的。从业者只在中国社会做调查与同时在海外社会做调查，代表着不同的眼界、不同的事实来源。更开阔的眼界对于议题的选择、对象的甄选、观念的形成都会更胜一筹。学术的精进总伴随着寻找更广泛的社会事实来源；由国际社会经验比较所支持的论说可能更加有力。

相对比较紧迫的是，海外民族志是疗治中国社会科学严重落后于时代的病症的一剂良药。在一个全球化的时代，中国学者却只在本国的社会中做实地调查。中国把大量资源投入到外语学习上，却没有几个人是计划学了语言去国外社会做调查研究的。中国的商品拥挤在全世界各地，可是它们总是置身在陌生的社会被人用怀疑的眼光打量、挑剔，中国学界没有能够及时为它们创造各个方面都能够熟悉的知识环境。中国大众旅游的洪流已经从国内漫延到国外，在世界上浮光掠影的观光所形塑的世界观是极其偏颇而危险的。所有这一切都在期待中国社会科学的世界眼光。

凝视世界的欲望需要走出去的意志来展现。人类学者是共同体的眼珠子——它们被用来看世界，看社会，看社会世界，看世界社会。有眼珠子就能够看，有心才能够凝视。人类学者也是知识群体的脚板子——它们要走很远的路，走很多的路，走陌生的路，也就是走没有路的路。有了这样的人类学者群体，一个共同体的社会科学才能走得够远，看得更远。

高丙中
北京大学社会学系教授
北京大学人类学专业海外民族志项目负责人
2009 年 7 月 4 日

序　言

马强博士的《"俄罗斯心灵"的历程——俄罗斯黑土区社会生活的民族志》开启了一个很有意思的话题。世界上这么多民族，有些民族的习惯也差不多，或许它们也经历了相似的历史进程，经历了相仿的社会变革。就此，我们常常会提出一个问题：这个民族和另外一个民族的差异究竟在哪里？这些差异的原因是什么？可能的回答是"民族性"。所谓"心灵"，最后要解决的就是民族性的问题。这本书用了非常形象的概念"俄罗斯心灵"来阐述俄罗斯人的民族性，这对于认识我们的邻邦俄罗斯有着极其重要的意义。

俄罗斯人总被欧洲人、美国人说成是愚昧的，甚至是野蛮的，不怎么开化，这是一种贬义的说法。实际上，这个民族的内心世界是非常丰富的。车尔尼雪夫斯基（Н.Г.Чернышевский, 1828—1889）曾写过一本书叫《序幕》（Пролог），他在《序幕》里便讨论了俄罗斯民族性的问题。他写到，在1861年农奴制改革之前，俄罗斯人喝点酒就会在街上骂这个骂那个，如果这时突然过来一个警察，对他说再喊把你关起来，他马上就会老老实实地回家。我在俄罗斯看到，一些顾客排队买面包，排了很长时间，排到的时候售货员告诉他没有了，他们就规规矩矩地走了，一句牢骚也没有。十二月党人遭到流放，他们妻子怀着追随丈夫的

"俄罗斯心灵"的历程
——俄罗斯黑土区社会生活的民族志

信念,毅然抛弃贵族豪华奢侈的生活,到了苦寒之地西伯利亚。俄罗斯民族性中有张扬、狂放和野性的一面,同时也有能够矜持、收敛、忍耐和坚持的一面,对规矩和制度有强大的忍受能力。这两个东西看似很矛盾,但俄罗斯民族却能很好地将二者结合于一身,能让这个民族做出伟大的事情来。

长期以来,俄罗斯向西方学习的脚步始终没有停歇。俄国深受法国的影响,法国文化在俄国上流社会里几乎被改造成为了自身的东西,成为民族属性的一部分。我们可以看到,今天俄罗斯城市里的人文化程度很高,举止言谈仍有上流社会的遗风。俄罗斯人特别重感情,还很淳朴厚道。他们的感情是带有博爱性质的,对此,我有亲身体验。在莫斯科大学学习期间,我帮助过一个老太太,她为了答谢我,从很远的郊区来到莫大,居然就为了给我送一锅鸡汤,她怕鸡汤凉掉,用棉套子套着,端着锅站在冷风里等了很久。她到我宿舍来,看到我的毛袜子破了,就把袜子拿回家织补。这令我非常感动。记得我在《莫斯科晚报》写过一篇短文,就写到这件小事。

马强博士在本书中围绕着"俄罗斯心灵"这个主题对俄罗斯民族性、文化特性进行了非常全面和深入的表述。更为难能可贵的是,作者对"俄罗斯心灵"的理解不是抽象的,不是刻板的和固化的,而是具有实践性的。作者不是以完全他者的角度外视"俄罗斯心灵",而是设身于俄罗斯社会主体当中,挖掘和抓获"俄罗斯心灵"在不同时代的特点和所具有的不同的意义。作者将其总结为"俄罗斯心灵的历程",这是具有创新性的。这个题目内容广泛,涉及方面很多,做起来很难。它要求对俄罗斯社会有非常深入的了解,对这个社会有深刻的思索。为此,在高丙中教授倡导的海外民族志的框架下,马强博士深入到俄罗斯黑土

序 言

区城乡进行长期的田野调查，获得了非常丰富的民族志资料。

用人类学田野调查的方法研究俄罗斯社会，这是一项具有开拓意义的工作。巧合的是，半个多世纪之前，我也曾在黑土区做过调查。上世纪 50 年代，我作为莫斯科大学民俗考察队的一员在沃罗涅日州的安纳区老托依塔村搜集民间故事，这本书提及的很多民间习俗都是我所熟悉的。现在想来，我和俄罗斯有着不解的缘分，小的时候，在我生活的地方就有很多白俄，50 年代，我又被派往苏联留学，近些年也常去俄罗斯访问和做调查。我是很幸运的，见证了俄罗斯社会变迁。读完这本书，让我回想起在俄罗斯的种种经历。我和作者是在不同的时代来到俄罗斯的，两代中国学人对这个国家的认识正好可以相互映衬、互为补充、构成对话。

我从小生活在海拉尔，那还是伪满洲国时期。当时，在海拉尔有很多白俄，他们有的是顺着中东路过来的，十月革命以后和大饥荒时期又来了很多。现在想来，他们中间很多都是旧礼仪派，这些白俄在海拉尔还建了东正教堂。我们和白俄的关系很友好，觉得他们的生活方式比我们更有意思。有件小事我还清楚地记得：我们在街上玩，我的弟弟摔倒了，头磕在地上流了很多血，两个俄国修女经过，她们把弟弟领到教堂并为他包扎。

1949 年 8 月，我来到哈尔滨，插班进入第七中学初中三年级学习。1950 年我初中刚毕业，念了两个月高中，11 月就出于赤子之心，进入哈尔滨俄语专科学校学俄语，准备着去卫国保家乡。1953 年毕业留校，我在学校担任俄语语法教员，讲课的第一天，刚巧是 19 岁的生日。1955 年，作为研究生，我被派往苏联留学。留学期间，我多次参加民俗考察队，深入民间。民俗考察让我走进了乡村，让我感受到了城市和农

"俄罗斯心灵"的历程
——俄罗斯黑土区社会生活的民族志

村的差别。民俗考察时,我们每到一村要先找集体农庄主席报到,只有他批条,我们才能在供销社购买面包和牛奶。一到村子里,根本不用打听谁是主席,一看房子和院子就清清楚楚了,集体农庄主席肯定住在村里最好的房子里。而普通村民生活得还很贫苦,几乎每个家庭都有人在战争中死去,在集体农庄里的劳动也非常繁重。但村民还保持着勤劳、淳朴、真诚的品性。我还记得我去过一个村子,村里有一个很大的风车,风车下是磨坊。每到晚上,我们在磨坊里点上幽暗的灯,请老太太们唱歌,我们拿着录音机记录。记得我在日记里写道:"我们就像风车一样,采集那些宝贵的东西,他们在屋子的中央,在昏暗的灯下,我们坐在外围,听她们唱歌、讲故事。我心里想,里边坐着的这些人养活着我们,而我们回到莫斯科,洗浴干净之后,又过上那种优裕的生活。"

借民俗考察的机缘,我接触了苏联的底层社会,看到了社会存在的矛盾和问题,情况并不像媒体宣传的那般美好。记得有一次考察的期间,我还赶巧看到了集体农庄庄员大会的选举场面,那个集体农庄的主席叫古里亚耶夫(Гуляев),有几个溜须拍马的人在前边高喊:"古里亚耶夫!古里亚耶夫!"后边的庄员小声地说:"当然是选古里亚耶夫,他每天晚上都在风流(Конечно Гуляев, каждый вечер гуляет)。"Гуляев(古里亚耶夫)和гулять(гуляет)是同根词,后者指胡搞,男女关系不检点。最后,这个生活腐化的主席又再次当选。我曾有一个同学在哈萨克斯坦的一个农场当农技师,那里的情况很糟糕。他和农场场长、会计都不敢住在农场里,他们用大汽车把工人和物资拉到垦荒的地方就走人,到发工资的时候,也是发完钱之后立即开车走人。农场工人拿了钱就去买酒,喝醉了就会找他们闹事。赫鲁晓夫曾下过禁酒令,有人为了喝酒想尽各种办法,用糖都可以酿酒。我们去农庄考察,刚到一户人家，这家人就忙活着藏东西。过了一个礼拜，他们见我们不是上头派来检查的，就把一套酿酒设备又搬了出来。

我学习期间，正是苏联的所谓解冻时期，整个社会开始对现行的制度进行反思。我在大学二年级的时候，小说《不仅仅为了面包》(*He хлебом единым*)非常流行，作者是杜金采夫（Владимир Дудинцев，1918—1998）。故事的梗概是这样的：有一个工程师，他的发明成果被工厂书记霸占，书记的夫人同情他，为他主持正义。人们都争相读这部小说，并引发了社会的大讨论，有人认为这是攻击政权当局，有人认为这是揭露社会的阴暗面。记得在莫斯科大学的讨论会上，人很多，座无虚席，有一个教授出来说："我们的政府是正确的，不能指责。"学生们群起而攻之，把他赶下了台。我还记得，杜金采夫出来说："一个社会在前进，仿佛一辆火车往前走，在拐弯的时候，不能开得太快，如果太快，就会脱轨，我们不能不前进，但也不能让车脱轨。"

1980年以后，我再次到访苏联，感觉原来的旧传统还在，但经济状况不好，给人有些破败的感觉。人与人的关系冷淡，个个都不是那么乐观。人们对现有制度失望，官僚体制问题严重。等到苏联解体后，再去俄罗斯，感觉秩序很混乱，人心惶惶，两极分化严重。有一次，我在莫斯科大街上看到几个广告牌，上边是一位女人的肖像，旁边只写着"我爱你"，没有其他的广告词。当地人告诉我，这是富豪用此来为夫人庆祝生日的。俄罗斯科学院文学所所长库杰林邀请我去他家做客，一进公寓大门，就发现楼梯上铺着红地毯，还有保安执勤。库杰林告诉我，这是楼上有钱人弄的，这些暴富起来的人被称为"新俄罗斯人"。"新俄罗斯人"是在私有化过程中暴富起来的，他们过去就是厂长、书记、单位领导人、各类权贵。休克疗法将国有经济私有化，所有国有资产都被

"俄罗斯心灵"的历程
——俄罗斯黑土区社会生活的民族志

估算,每个人都能分配到私股证券,从总统到扫大街的,人人都有,看来非常公平合理。但实际上,这些证券迅速贬值,每个人分到手上的那一点证券根本起不到什么作用,只能换点面包或者酒。这样,有经济实力的人就开始收购这些证券,财富迅速集中到少数人手中,这些人成为豪富。而我接触到的普通人生活水平低下,连大学的教授们、科学院的研究人员为了维持生计不都得不打几份工。

我认识的几位普通知识分子,虽然认为过去好,现在的日子不好过,但不是得了机会就发牢骚。前些年,我在莫斯科访学的时候,曾租住在一户人家里,他们为了增加点收入才把一个房间租给我。有一次,我买了两张演出票送给他们,他们犹豫了很久,最后还是婉拒,原因是他们找不出像样的衣服去看演出。前年冬天,为了俄罗斯旧礼仪派传统民歌的课题,我去西伯利亚的一个小村庄,看到的是一片萧瑟破败的景象。村里没有什么人,我们走访了这个村的一些家庭,真的很困难,所有的地都荒了,都没人种。种地需要牲畜、拖拉机,这些农机具在集体农庄解散的时候都被分掉了,普通村民没有这个能力再置办这些农具。村民只能种自己的园田地,夏天还好过一些,到了冬天特别难熬。正是如此,很多人留恋苏联,但让这些人回到苏联,他们也不干。一旦出现普京这样的领导人,就能获得很高的支持率,他给大家某种希望,能让社会更加公平,有希望重振强国雄风。

从苏联到现在,普通的俄罗斯人生活不能说是幸福祥和、一帆风顺,但是,即使环境再恶劣,生活再艰难,俄罗斯人也能想办法乐观地生活下去。这当然还要回到前面说到的民族性问题。或许这和农奴制的历史有某种关系,农奴制在俄国存在的时间很长,人们的个性始终不像在欧洲那样特别被强调和张扬。集体观念、敬畏权威植入到每个人的心

序　言

灵里去了。另外，还有一个影响因素就是东正教。即使是在苏联时代，东正教受到一定的挤压，东正教在人们心灵里仍然占据着相当重要的地位。到现在，有人说，俄罗斯人的核心价值就在于东正教精神。要认识、了解和发现俄罗斯还是应该从俄罗斯文化和俄罗斯人的心灵中去寻找，在这一点上，我和本书作者的观点是一致的。

本书为我们开启了一扇门，让我们随着作者的笔触，走进俄罗斯，走进黑土区的城市与乡村，贴近俄罗斯心灵，感受俄罗斯的沧桑变化。

刘魁立

中国社会科学院荣誉学部委员

中国社会科学院民族文学研究所研究员

2017 年 2 月 18 日

目录

"走进世界"丛书总序 　　　　　　　　　　　　　　　 1
"走进世界·海外民族志大系"总序 　　　　　　　　　 5
序　言 　　　　　　　　　　　　　　　　　　　　　 15

序　幕 　　　　　　　　　　　　　　　　　　　　　 1

绪　论 　　　　　　　　　　　　　　　　　　　　　 5
　　一、俄罗斯人的心灵观念 　　　　　　　　　　　 5
　　二、"俄罗斯心灵" 　　　　　　　　　　　　　　 10
　　三、"俄罗斯心灵"与国民性 　　　　　　　　　　 17
　　四、"俄罗斯心灵"与社会转型 　　　　　　　　　 21
　　五、"后社会主义"民族志书写 　　　　　　　　　 28

第一章　走进田野："俄罗斯心灵"的追寻 　　　　　　 37
　　第一节　在俄罗斯的田野上 　　　　　　　　　　 38
　　　　一、田野上的漂泊 　　　　　　　　　　　　 39

二、陷入田野		43
三、田野再出发		45
第二节　莫斯科印象		50
一、莫斯科城：善于记忆的城市		50
二、莫斯科人：享受有品位的生活		55
第三节　城乡之间的达恰		62
一、顿河边的达恰区		63
二、达恰边的村庄		70
三、作为达恰的村庄		77
第四节　黑土区腹地的塞硕夫卡		81
一、"木"的塞硕夫卡		82
二、塞硕夫卡的乡村味道		87
三、塞硕夫卡的现代生活		91
四、一个村庄的两个中心		93

第二章　集体化之前的黑土区乡村："俄罗斯心灵"的表达　97

第一节　小乡村的大历史　98
第二节　俄罗斯木屋：传统时代俄罗斯家庭素描　105
第三节　东正教日历：农耕生产和日常生活的节奏　113
　　一、冬季的圣诞节节期　114
　　二、谢肉节及迎春的节期　116
　　三、复活节及春天的节期　118

  四、圣三主日和夏天的节期 *120*

  五、秋天的节期 *123*

 第四节 俄国农民生产生活组织形式和劳动价值观 *125*

  一、家庭－村社：俄国农民生产生活的共同体 *126*

  二、俄国农民的劳动价值观 *130*

第三章 步入社会主义时代："俄罗斯心灵"的继替 *139*

 第一节 集体化运动 *140*

  一、集体化运动前夜 *140*

  二、塞村的集体化运动 *144*

 第二节 社会主义的文化革命 *153*

  一、塑造社会主义新人：从宗法农民到社会主义劳动者 *154*

  二、树立典型：女拖拉机手季玛硕娃 *165*

 第三节 集体农庄时代的生产生活 *174*

  一、集体农庄内的劳动生产 *174*

  二、辉煌时代：记忆中的集体农庄生活 *181*

第四章 告别集体农庄："俄罗斯心灵"的呼唤 *193*

 第一节 集体农庄的解散 *194*

  一、集体农庄的危机 *195*

  二、"谁分走了蛋糕" *203*

第二节　后集体农庄时代的生计　　209
　　　　一、村里还有"集体农庄"　　209
　　　　二、农场主　　213
　　　　三、家庭副业　　217
　　　　四、城乡之间的候鸟　　222
　　第三节　后集体农庄时代的生活　　225
　　　　一、不稳定和不确定的生活　　226
　　　　二、静静的村庄　　236
　　第四节　乡村自治　　242

第五章　教堂重建："俄罗斯心灵"的回归　　249

　　第一节　废弃的教堂　　250
　　第二节　教堂重建　　255
　　　　一、公共生活的缺失　　257
　　　　二、塞村教堂的重建　　262
　　　　三、塞村教堂的公共空间　　266
　　第三节　教会生活与信仰重建　　269
　　　　一、教堂礼拜　　270
　　　　二、信仰的重建　　278
　　　　三、东正教信仰与日常生活　　286
　　第四节　"俄罗斯心灵"的回归　　291
　　　　一、"俄罗斯心灵"：社会认同的资源　　292

二、"俄罗斯心灵"：从民族身份到公民身份　299

第六章　"俄罗斯心灵"与文化实践　309

第一节　公共文化机构：构建共同的文化空间　311
　　一、博物馆：共同记忆的塑造　311
　　二、文化宫：传统文化的传承与传播　322

第二节　社会变迁中的节庆体系　329
　　一、传统节庆的复兴：延续与转化　330
　　二、民族国家的日历：传统的发明　349

第三节　新年枞树：文化再生产的符号　371

结　论　385
　　一、社会转型再思考　385
　　二、"俄罗斯心灵"的历程　389
　　三、文化自觉与"俄罗斯心灵"　393

尾　声　没有检票员的站台　397

参考文献　401

后　记　415

序　幕

在一望无际的荒原上，乌云压顶，秃鹰低飞。一位骑着白马的勇士身披铠甲，肩背盾牌，手提长矛，凝视着前方一块带字的石碑。石碑上写道："向前走，将是死路一条；向右走，你将得到妻子；向左走，你将得到财富。"[1] 石碑旁白骨狰狞，怪石嶙峋。这是俄罗斯巡回画派著名画家瓦斯涅佐夫（В.М.Васнецов, 1848—1926）的代表作《十字路口的勇士》（Витязь на распутье）描绘的悲壮图景。这幅油画作品取材于《俄罗斯勇士歌》的一段情节，在《勇士歌》中，这位勇士在这个十字路口遭受了心灵和道德的考验，但他坚强的意志并没有被任何威胁所动摇，他最终选择了前行。

在俄罗斯博物馆，我被这幅画作深深地吸引。它仿佛勾勒出俄罗斯民族和国家的历史命运：纵观俄罗斯一千多年的文明史：罗斯受洗、彼得一世改革、农奴制改革、十月革命、苏联解体，俄罗斯始终站在"十字路口"，"俄罗斯勇士"总是面临着抉择。从历史进程上看，"它（俄罗斯）

---

[1] 原文是 Как пряму ехати — живу не бывати — нет пути ни прохожему, ни проезжему, ни пролетному; направу ехати — женату быти; налеву ехати — богату быти。在画中其实是看不到后边一句的，瓦斯涅佐夫在给友人的信中披露了石碑上的文字，称自己故意将后半句隐藏在苔藓下。

"俄罗斯心灵"的历程
——俄罗斯黑土区社会生活的民族志

十字路口的勇士

处在三岔路口,需要从其中选出一条正确的道路……民族思想已经经历过'左的'和'右的'两条极端危险的道路,只剩下一条凶险未卜的'中间的'道路。那虽是条直路,但也是最艰险的道路,然而沿着它前行却可能找到幸福,并使自己保持完好无损"[1]。处于东西方文明夹缝中的俄罗斯始终是非西方也非东方的,俄罗斯文明有着自己的轨迹,它就像时钟一样,钟摆时而摆向东方,时而摆向西方,但钟摆未曾停止摆动,它通过不断的摆动推动着指针前行。

1990年代在俄罗斯大地上延续了七十年的社会主义制度顷刻间土崩瓦解。俄罗斯再一次走到"十字路口","俄罗斯向何处去"、"怎么办"等问题再一次摆到俄罗斯人面前。二十多年过去了,俄罗斯仍在艰苦地

---

[1] 特鲁别茨科伊在《老的和新的民族救世主降临说》一文中回答有关十月革命后俄罗斯思想未来问题时如是说。

探索着发展道路。按照改革者们的设计,俄罗斯有着"理想型"的发展道路:从集权体制转向民主政治,从计划经济转向市场经济,从总体社会转向公民社会。但在实践中,俄罗斯并未走上这条理想道路;同时,对社会主义体制的深刻反思也不会让俄罗斯走回老路。面对这个问题,以俄罗斯为研究对象的学者们似乎找不到一个确切的答案,只能用被引用过无数次的那句诗——"用理智无法理解俄罗斯,对俄罗斯只能信仰"[1]——来为俄罗斯发展道路问题作注脚。而在回答"俄罗斯向何处去"这个问题的时候,俄罗斯知识分子更愿意强调俄罗斯发展道路的独特性,而这种独特性是由"神秘的俄罗斯心灵"决定的。也许,走进俄罗斯的"心灵世界"能让我们更真切地理解俄罗斯,"俄罗斯心灵的历程"正是俄罗斯社会转型之路。

---

[1] 这是俄国诗人邱特切夫(Ф.И.Тютчев,1803—1873)创作于1866年的《用理智无法理解俄罗斯……》中的诗句。原诗为:Умом Россию не понять,Аршином общим не измерить:У ней особенная стать —В Россию можно только верить. 译文为:"用理智无法理解俄罗斯,她不能用普通尺度衡量:她具有独特的气质——对俄罗斯只能信仰。"别尔嘉耶夫(Н.А.Бердяев,1874—1948)在《俄罗斯命运》中引用了这句诗作为讨论俄罗斯命运、俄罗斯思想的源起。详见 БердяевН.А.Судьба России, М.:АСТ, 2005, с.13.

绪　论

一、俄罗斯人的心灵观念[1]

>　　душа всего дороже, душа-всему меру
>　　心灵比一切都珍贵，是衡量一切的尺度
>
>　　　　　　　　　　　　　　——俄罗斯民间谚语

　　在俄语中，心灵用 душа 一词来表达。душа 是与人高度相关的词汇，与身体相对，表达的是人的精神性（духовность）。从词源上来看，在古俄语中，душа 与 духъ 同义。духъ 为多义词，原意为"心灵""理性"和"风"。它既可以指理性、人的精神方面；也可以指空气、灵魂和超自然的无形的实体[2]。душа 在构词上与 дух 和 дышать（呼吸）属于同根词，与肉体（плоть）、躯体（тело）相对。《创世纪》中提到："耶和华上帝用地上的尘土造人，将生气吹在他鼻孔里，他就成了有灵

---

　　[1]　在梳理俄罗斯人的"心灵"观念的过程中，徐岩的《俄语语言世界图景中的"心灵"观念》（首都师范大学硕士学位论文）一文给了我诸多启示，其中，某些关于俄语中"心灵"（душа）一词的释义援引自该文或者从中找到了原出处。

　　[2]　ФасмерМ. Этимологический словарь русского языка. Астрель, 2004, c.88.

(душа）的活人，名叫亚当。"[1] 在东正教的观念中，上帝创造了人，重要的不在于创造了他的身体，而是让他有灵。人之所以为人，是因为他有了"活着的灵魂"（живая душа）。

在东正教教义中，人死后灵魂会到另一个世界生活。在宗教用语中，душа更多地表达"灵魂"的意涵。在《俄罗斯科学院词典》中，душа的第一个释义就与"灵魂"非常接近："具有理解、思维、判断、愿望等能力的无形实体，该实体能明确自己的行为，能支配自己的肉体。"[2] 托尔斯塔娅（С.М.Толстая,1938— ）在《俄罗斯心灵》（Душа России）一书中对душа有相似表述，她认为，душа和躯体构成了一个特殊的对立统一体：一方面，它们构成了一个不可分割的统一体，没有душа，躯体就无法存在；另一方面，душа和躯体也是相互对立的，душа这一概念具有最高的、永生的（不死的）与上天和宗教世界有密切关系的本质，而躯体是暂时的、不能永久存在的、鄙俗的、罪恶的。[3]

受到基督教神学的影响，在灵/肉二元对立的语境下，душа指人的灵魂、人的精神本质，即使脱离肉体也会存在的本质。在日常用语中，душа и тело（灵魂与肉体）与бессмертная душа（不朽的灵魂）中的душа都是指灵魂。在《奥热果夫词典》中，душа的释义为："在宗

---

[1] 此为《圣经》（创世纪 2:7）的内容，俄文为：Исоздал Господь Богчеловека из праха земного, и вдунул в лицо его дыхание жизни, истал человек душою живою. 《Библия》, Российское библейское общество, М.2007.с.11.

[2] Сушество бестелесное, одаренное способностью понимать, мыслить, рассуждать, хотеть и проч. И которое имеет уверение о своих действиях, также волю, свободу и есть главная сила в теле действующая.

[3] Толстая С.М. Душа России.СПБ.1998.

教观念中，它是人的超自然的、非物质的、不死的起源，在人死后也可以继续存在。"[1] 在传统的丧葬礼俗中，神父要进行安魂仪式为死者的灵魂超度。在死后的四十天，人们要为死者举行送别灵魂的仪式，人们会说："灵魂飞吧，飞吧，不要再回来了，不要从这里带走任何人。"[2]

在俄语中，除"人的灵魂""精神本质"外，душа 有更丰富的意涵。在《达里词典》中，душа 最为狭义的意涵是："人的生命的本质，在一定程度上被想象成脱离了肉体和精神的生命的本质；也指具有精神性的人、良心、内在感受。"[3] 因此，душа 也可以表示"人的内心世界、心理世界和人的意识"。这说明，душа 不只指"灵魂"，还有"心"的意义。"文艺复兴，外面看是基督教转返希腊，里面看则是从灵魂转返肉体，从天上转归地上，从精神观念转归自然现象。自此以下的西方思想，似乎灵魂的地位逐渐降低，心的地位逐渐提高。"[4] 在俄语中，"灵魂"与"心"都是用 душа 来表达，而从拉丁文演化而来的 ментальность/менталитет 也同样表达"心"的意涵，在广义上与 душа 同义，但是它们仍然有差别。"ментальность/менталитет 更为准确的理解是'心智'，中世纪以后的哲学家，渐渐认为人的心智可以自寻真理，而不在神的面前被动。

---

[1] Ожегов С.И. и Шведова Н.Ю. Толковый словарь русского языка. М., 1997.

[2] Лети, лети душа и не вертайся больше сюда. Здесь брать больше некого.

[3] 原文为：Бессмертное духовное существо, одаренное разумом и волею, человек с духом и телом; в общем знач. Человек, с духом и телом; в более тесном: человек без плоти, безтелесный, по смерти своей; в смысле же теснейшем: жизненное существо человека, воображаемое отдельно, от тела и от духа, и в этом смысле говорится, что и у животных есть душа...душа также душевные и духовные качества человека, совесть, внутреннее чувство. 详见 В.И.Даль Иллюстрированный Толковый Словарь живго великорусского языка. Москва: ЭКСМО.2009.С.305.

[4] 钱穆：《灵魂与心》，广西师范大学出版社，2004年，第2页。

"俄罗斯心灵"的历程
——俄罗斯黑土区社会生活的民族志

西欧民族从'智慧、思维'的概念出发，把握它的历史内容，它们的心智倾向于理性和思维，这就是著名的'理性'。东欧民族进入相似的思维运动的时间较晚，所以在其感受中，情绪、内心气质，或直接说是心灵，对于他们而言，比变幻无常的念头或清醒的理智更具价值。"[1] 从"心"的意义上讲，如果表述俄罗斯人的内心世界，显然"心灵"（душа）要比更具理性意味的"心智"（ментальность/менталитет）更为合适。Душа一词经常被理解为"精神"（дух），душа 与 дух 被视为同义词。别尔嘉耶夫（Н.А.Бердяев, 1874—1948）把"精神"（дух）和"心"（душа）加以明确区分，[2] 指出这是两种不同层次的存在，精神高于心，具有另一种实在性。[3]

在本书中，душа 是指人的"心灵世界"，包括人的性格、良心以及思想等。душа 的"心灵世界"的意义更符合该词日常用法。在日常生

---

[1] 〔俄〕В.В.科列索夫著：《语言与心智》，杨明天译，上海三联书店，2006年，第7页。

[2] Бердяев Н.А. Философия свободного духа. М.,1994.с.6.

[3] 其一，精神是超越于自然之心的存在。而心属于自然，心之实在性是自然序列的实在性。笛卡尔提出了"身心平行论"，现代哲学家罗素有本著作叫作《心与物》。他们所说的"心"主要是思想、心理，都属于自然之物，这个"心"之自然性不亚于"身"；"心"较之"身"与"物"虽另有特质，但仍然是自然世界中的特质。而精神却有另一种实在性，与"身"和"物"不在同一个序列。借用宗教的理解，精神或灵是一种主体之外的客观实在，虽然其实在性在上帝之中；从哲学上讲，精神的实在性是由人不同于自然物的特殊性决定的，即人具有超越性……其二，每人都有心，他本性如此，这是他的自然表现；精神则不是自然而然的……精神是心灵的最高品质，精神是心灵的真理和意义。如果说心灵是人的自然属性，那么精神则具有价值性，精神是真、善、美、意义、自由……精神作用于心，使心灵具有真理和意义，赋予心灵以摆脱宇宙力量的自由。这种精神在宗教意识、神秘体验和哲学那里表现得更为明显。其三，精神赋予人的身／心（生命）以完整性、统一性和意义。心总是片段的、局部的，只有精神才是完整的、共相的。具体的个人总是各怀其心，彼此冲突，任何外部强制都不能解决，只有精神性才能使人们做到"人同此心，心同此理"，只有在精神中才能克服个别与共相的对立。详见徐凤林著：《俄罗斯宗教哲学》，北京大学出版社，2006年，第250—251页。

活中，душа 可以用来表示一个人的品质和良心：小商贩讨价还价中，他会说自己有干净心灵（чистая душа），来证明自己诚实可信、童叟无欺；当媒人介绍姑娘给男方认识的时候，会说这个姑娘有如金子般的心灵（золотая душа），来说明这个姑娘善良、热心、孝顺。相反，如果说一个人有邪恶的心灵（злая душа）、狡诈的心灵（хитрая душа），那么这个人在别人看来是狡猾的、不守信用的，更甚者是道德品质败坏的。在广义上，душа 也指有精神（дух）和肉体（тело）的人。[1] 在日常用语中，душа 经常指代人，尤其强调人的品性。如上文中的"чистая душа"指有干净心灵的人，"золотая душа"指有金子般心灵的人，"злая душа"指邪恶的人，"хитрая душа"指狡诈的人。而这种用法在教堂里更为明显：虔诚的东正教信徒会被称为心肠柔软的人（мягкая душа）；当问及教会里信徒的人数时，神父不会说多少个человек（俄语中"人"这个字的最基本的词汇），而会说多少个 душа。当 душа 一词作为日常用语出现时，如果我们把身/心分而视之，则心灵（душа）较之身体（тело/плоть）更为重要，人们更为看重的是人的精神性和精神生活。在人们的口头表达中，以下这些说法经常会出现："我去教堂是为了心灵的宁静"；"我们的生活不能归结为简单地追求物质享受和金钱，而是要有所创造，让心灵感到愉悦"；"在蒸汽浴室（баня）中，心灵都会感到轻松"；"节日能让心灵感到愉悦，一起狂欢、喝酒，能让我们的心灵彼此靠近"。

---

[1] В.И.ДальИллюстрированный Толковый Словарь живго великорусского языка. Москва: ЭКСМО.2009.с.305.

"俄罗斯心灵"的历程
——俄罗斯黑土区社会生活的民族志

二、"俄罗斯心灵"

通过对 душа 一词的辨析，душа 的"心灵世界"意义为下文理解"俄罗斯心灵"（русская душа）提供了条件。Душа 一词如果和"俄罗斯"这个表示民族、国家的词汇在一起使用（在俄罗斯经常会这样搭配使用）——русская душа，душа России ——则具有了独特的意义，可以称之为"俄罗斯心灵"。依据 душа 在俄语中的用法，"俄罗斯心灵"首先是指代人，即俄罗斯族人或者俄罗斯国家公民。当然，这里的"人"是指具有"俄罗斯心灵"的人，有着身份认同和相应价值观念的人。同时，"俄罗斯心灵"又是一种拟人化用法，俄国宗教哲学家索洛维约夫（В.С.Соловьёв，1853—1900）将一个民族、国家类比于人，认为："民族是个道德的存在物，和人一样，民族也有自己的身体和灵魂。"[1] 因此，在俄国知识分子那里，"俄罗斯心灵"经常和"民族心理"、"民族精神"（национальный менталитет）一并使用，希望以此来回溯俄罗斯民族的过去，了解它的现在，展望它的未来，解读俄罗斯的命运和发展道路。俄国思想家们是在这个意义上解读"俄罗斯心灵"的。

"俄罗斯心灵"与俄罗斯民族意识觉醒是分不开的，这是俄罗斯民族的"自我认识"。这种"自我认识"是以西方为镜像的，"俄国与西方"问题成为"俄国生活的斯芬克斯之谜"。1830 年代至 1850 年代是俄国民族自我意识高涨的年代。当时的时代背景是：一方面，"莫斯科——

---

[1]〔俄〕索洛维约夫著：《神人类讲座》，张百春译，华夏出版社，1999 年，第 26 页。

第三罗马"[1]让俄罗斯民族承担着"真正荣耀神"崇高的宗教使命；而另一方面，俄罗斯民族较之欧洲其他民族较晚进入文明的进程，无论是政治上、经济上还是文化上都处于落后的境地。恰达耶夫（П.Я.Чаадаев, 1794—1856）在《哲学书简》中是这样看待俄国的："我们从未与其他的民族携手并进，我们不属于人类大家庭中任何伟大的一员，我们既不属于西方，也不属于东方，我们没有任何西方传统，也没有任何东方传统。我们置身于时代之外，没有被全人类的启蒙所触及。"[2]恰达耶夫的《哲学书简》如"划破黑夜的枪声"（赫尔岑语），最终使俄国思想界关于"俄国和西方"问题的思考演变成一场关于俄国历史发展道路的历史性大争论。西方派和斯拉夫派激烈而出色的思想争论最终促成了独特的"俄罗斯思想"（русская идея）的形成。[3]

斯拉夫派（代表人物有基列耶夫斯基、霍米雅科夫、阿克萨科夫等）的注意力集中在俄罗斯的民族特性方面，他们认为"一切俄罗斯的东西都是神圣的、美妙的；他们希望从纯洁、朴实的俄罗斯精神中找到哲学和艺术的源泉，找到俄罗斯的未来"。而西方派（代表人物有赫尔岑、安年科夫、格兰诺夫斯基、威林等）更倾向于全面吸收欧洲的经验，改变俄国封闭和落后的面貌。总的说来，斯拉夫派和西方派在热爱自由、热爱俄罗斯人民、反奴役制度上具有内在统一性，只不过斯拉夫派向往彼得一世以前的理想俄罗斯，而西方派向往理想中的西方世界。斯拉

---

[1] "莫斯科即第三罗马"的学说进一步发展了救世主说。"莫斯科即第三罗马"学说是普斯科夫的叶利扎罗夫修道院修道士菲洛费伊提出来的，他向当时的沙皇奏陈："在君士坦丁堡，第二罗马衰落之后，罗斯成了唯一一个伟大的正教国家，成为东方基督教传统的维护者，两个罗马已崩溃了，第三个正屹立着，而第四个罗马则不会再有。"

[2] Чаадаев П.Я. Философические письма, Эксмо;М.,2006.C.5-6.

[3] 白晓红著：《俄国斯拉夫主义》，商务印书馆，2006年，第242页。

"俄罗斯心灵"的历程
——俄罗斯黑土区社会生活的民族志

夫派把祖国当作母亲一样去维护,而西方派把祖国当作孩子一样去教化。[1]那么斯拉夫派追寻的、西方派希望改造的俄罗斯精神、"俄罗斯心灵"是什么?这也是俄罗斯(俄国)知识分子和思想家们苦苦思索的问题。

别尔嘉耶夫在《俄罗斯命运》中谈及俄罗斯的民族心理,他将俄罗斯神秘、复杂的心理和性格概括为"俄罗斯心灵"(душа России)。别尔嘉耶夫认为"俄罗斯心灵"最突出的特征是矛盾性:俄罗斯是世界上最无国家组织、最无政府主义的国家。同时,俄罗斯是世界上最国家化、最官僚的国家;俄国人没有民族自豪感,但俄罗斯信奉超民族主义的理想,俄罗斯的使命是成为各民族的解放者;俄罗斯是一个精神无限自由的国家,同时,俄罗斯又是一个甘受奴役、驯顺服从的国家,是失去了对个体权利的知觉和不会维护个体尊严的国家。[2]别尔嘉耶夫认为,这种矛盾性的根源是:"在俄罗斯精神和俄罗斯性格中男女两性的不融合。无限的自由转变成无限的奴役,永恒的漫游转变成永恒的滞留。男性自由未能从俄罗斯内部、从深处控制住女性的民族自然力。"[3]"唯有在俄罗斯,命题会转变为反命题,官僚主义的国家机构诞生于无政府主义,奴性诞生于自由,极端民族主义出自超民族主义。"[4]

---

[1] 曹维安著:《俄国史新论》,中国社会科学出版社,2002年,第303页。
[2] 〔俄〕尼古拉·别尔嘉耶夫著:《俄罗斯的命运》,汪剑钊译,译林出版社,2011年,第11—14页。
[3] 同上书,第15页。
[4] 同上书,第15—16页。

绪 论

如果说"俄罗斯心灵"中不可调和的男女两性因素是一种隐喻[1]的话，那么，将"俄罗斯心灵"矛盾性原因表述为西方的、欧洲的文化与俄罗斯文化的接触则更为直白，斯宾格勒将其称作"历史的假晶现象"。[2] 这个术语表示这样一种情形：一种古老的外来文化在某个地区是如此强大，以至于土生土长的年轻文化被压迫得喘不过气来，不但无法达成其纯粹而独特的表现形式，而且不能充分发展它的自我意识。从此种年轻心灵的深处喷涌出来的一切，都要铸入这一古老的躯壳中，年轻的情感僵化在衰老的作品中，以至不能发展自己的创造力，而只能以一种日渐加剧的怨恨去憎恶那遥远文化的力量。[3] 从 1703 年彼得堡建造之时起，俄罗斯便出现了一种假晶现象，迫使原始的"俄罗斯心灵"进入陌生的躯壳之中：首先是已呈完满的巴洛克躯壳，随后是启蒙运动的

---

[1] 别尔嘉耶夫在论述"俄罗斯心灵"中的男女两性因素的时候，实际上是在谈论俄罗斯文化与西方文化的关系："一切男性的、解放的和定型的东西在俄罗斯，似乎是非俄罗斯的、外国的、西欧的、法国的、德国的或古希腊的。俄罗斯仿佛无力构造自由的生活，无力由自身造就个性……若是像一名新娘似的期待那来自高空的新郎，但到来的不是有着婚约的新郎……在精神生活中控制它的时而是马克思，时而是康德，时而是施蒂纳，时而是另一个异国丈夫。俄罗斯，一个如此独特、如此具有异常精神的国家，经常处在卑躬屈节地对待西欧的状态中。它并不向欧洲学习必需的和有益的东西，并不接纳对它有所救助的欧洲文化，而是奴性地屈从于西方，或者以粗暴的民族主义反应猛烈地抨击西方，拒绝文化。"详见〔俄〕尼古拉·别尔嘉耶夫著：《俄罗斯的命运》，第 15 页。

[2] 在岩层中，常常掩埋着矿石的结晶体。当裂缝和罅隙出现时，水渗了进去，结晶逐渐地被冲刷出来，就这样经过一段时间后，只留下结晶体的空壳。接着是火山爆发，山体被爆裂，熔岩流注到那空壳中，然后依次凝聚、结晶。但是这些熔岩不能按照自己的特殊形式去随意进行这一切。它们必须填满可填的空隙。这就出现了歪曲的形状，形成了其内部结构和外表形状相抵触的结晶体，明明是某种岩石，却表现了另一种岩石的外观。矿物学家把这种现象叫作假晶现象（Pseudomorphosis）。〔德〕奥斯瓦尔德·斯宾格勒著：《西方的没落（第二卷）·世界历史的透视》，吴琼译，上海三联书店，2006 年，第 167 页。

[3] 同上书，第 167 页。

"俄罗斯心灵"的历程
——俄罗斯黑土区社会生活的民族志

躯壳，再后则是19世纪的西方躯壳……存在着是选择旧俄罗斯的老路还是选择"西方"道路的可能性；罗曼诺夫王朝选择了后一条道路。[1]但是，更为形象的说法是西方的文化并没有进入"俄罗斯心灵"之中，它始终是外在的躯壳。

造成"俄罗斯心灵"矛盾性的另外一个解释就是俄罗斯社会结构的矛盾。俄国农奴制长期存在，使得现代化过程中形成了"欧化""文明化了"的贵族阶层和仍旧保持原始、传统的生产生活方式的社会底层的巨大差异。斯宾格勒也看到了这一点："住在城里的居民，处在上层的是一个从事虚构的实体、一个沉浸于发现问题和冲突的知识阶层，处在下层的则是流离失所的农民，各个如他们的代表陀思妥耶夫斯基一样，带着全副形而上的阴郁、忧惧与怜悯，永远对那片广阔的大地怀有乡愁，并酸涩地恨着那敌基督者引诱他们堕入的无情的灰色世界。莫斯科没有自己固有的心灵。上层阶级的精神是西方的，下层阶级所拥有的是乡村的心灵。这两个世界之间，没有相互的了解，没有交往，也没有同情。"[2]地域上的东西方矛盾和社会构成上的上下层矛盾一直是俄罗斯社会没有解决的问题，这两大矛盾一横一竖，形成一个十字交叉，就像是俄罗斯民族要永远背负着的十字架。[3]

塑造"俄罗斯心灵"的另外一个源头是东正教。索洛维约夫在将俄罗斯类比于人的论述中，认为民族的身体建立了强大的国家，"在精神上，在灵魂上，几乎在身体建立的同时，俄罗斯就接受了基督教（988

---

[1] 〔德〕奥斯瓦尔德·斯宾格勒著：《西方的没落(第二卷)·世界历史的透视》，第171页。
[2] 同上书，第173页。
[3] 刘文飞：《俄罗斯民族性格与俄罗斯文学》，文池主编：《在北大听讲座（第八辑）——俄罗斯文化之旅》，2002年，第10页。

年),准确地说是从拜占庭帝国接受了东正教"[1]。俄罗斯在"罗斯受洗"后开启了文明的进程,但我们不能忽视俄罗斯大地上原有的多神教信仰,多神教的很多元素进入了东正教信仰之中,这让俄罗斯东正教有了独特的气质。在别尔嘉耶夫看来,这是基督的世界精神,男性的世界逻各斯被女性的民族自然力所征服,被有异教渊源的俄罗斯土地所征服。俄罗斯的宗教信仰是女性的宗教信仰,是集体温暖中的宗教信仰。俄罗斯人民在自己的宗教生活中委身于圣人,委身于长老,委身于丈夫。他们把自己奉献给政权,把整个重担转移给政权。集体的顺从要比个体的宗教锤炼更轻松,比牺牲掉温暖舒适的民族自然生活更轻松。这一份集体生活的温暖与舒适是对俄罗斯人民之驯服的褒奖。这就是俄罗斯的民族主义宗教的土壤。宗教民族主义影响宗教的国家式奴役。[2]俄罗斯人从宗教那里获得的集体情感在世俗世界表现为对"共同性"(общинность)和"聚合性"(соборность)的追寻。"共同性"与俄罗斯历史上基本的生活和生产组织"村社"(община)为同根词。这种共同性的实质是"所有人对所有人负责",人们更习惯于生活在集体的温暖之中。"俄罗斯民族比西方民族实际具有更多的共同性,而较少西方人的个人主义,这是俄罗斯民族精神上的形而上学属性。"[3] 衍生于村社传统的共同性已经成为整个俄罗斯社会组织的特征,正如20世纪初沙俄内阁大臣谢·维特所说:"村社是俄国人民的特点,侵犯村社就是侵犯特殊的俄罗斯精

---

[1] 〔俄〕索洛维约夫著:《神人类讲座》,张百春译,华夏出版社,1999年,第26页。
[2] 〔俄〕尼古拉·别尔嘉耶夫著:《俄罗斯的命运》,2011年,第1—10页。
[3] 〔俄〕别尔嘉耶夫著:《俄罗斯思想》,雷永生、邱守娟译,生活·读书·新知三联书店,1995年,第48页。

"俄罗斯心灵"的历程
——俄罗斯黑土区社会生活的民族志

神。"[1] "聚合性"（Соборность）与"教堂"（собор）为同根词，意为大家按照共同的仪式，一起走进上帝的殿堂。教会依托教堂，能聚集更多的民众。

俄罗斯的地理因素也对"俄罗斯心灵"有所影响，别尔嘉耶夫称之为"空间对俄罗斯心灵的统治"。俄罗斯无边的空间依然像一个沉重的负担，压迫着俄罗斯民族的心灵。俄罗斯国家的无界性与俄罗斯土地的无界性进入了它的心理结构。俄罗斯心灵被辽阔所重创，它看不到边界，这种无界性不是解放，而是奴役着它……俄罗斯人，土地的主人，感到自己无能统治这些空间，使它们秩序化。他们过分习惯于把这种秩序委托给中央政权，仿佛那是先天如此的。[2] 在俄罗斯人身上，没有欧洲人那种在不大的灵魂空间集聚自己能量的那种狭隘性，没有对时间与空间的经济打算和文化的集约性。狂野对俄罗斯灵魂的统治产生了一系列俄罗斯美德和缺点。俄罗斯的惰性、满不在乎、缺乏首创精神、责任感薄弱，都与此相关。[3]

总之，俄国知识分子关于"俄罗斯心灵"的阐述不胜枚举，还有的将"俄罗斯心灵"引申为"俄罗斯灵魂""俄罗斯精神"，这是民族自我意识兴起、文化自觉的表现。但准确全面地概括出"俄罗斯心灵"是什么，内涵和外延在哪里却是不可能完成的任务。所以，很多关于"俄罗斯心灵"的著述都认为其是神秘的、矛盾的、非理性的、特殊的，"理智无法理解俄罗斯……对俄罗斯只能信仰"。

---

[1] 〔俄〕谢·尤·维特著：《俄国末代沙皇尼古拉二世：维特伯爵的回忆》（上卷），张开译，新华出版社，1983年，第396页。

[2] 〔俄〕尼古拉·别尔嘉耶夫著：《俄罗斯的命运》，第57页。

[3] 同上书，第58页。

绪 论

三、"俄罗斯心灵"与国民性

探求"俄罗斯心灵",自然会与国民性研究(study of national character)相联系。国民性指的是"一个国家的国民或一个民族成员的群体人格,是一国国民或一个民族成员在特殊的社会历史条件下形成的各种心理与行为特征之总和,它赋予民族心理以质的规定性"。[1]人类学家最先意识到,个体的社会行为与置身其中的社会文化环境之间存在着密切的制约关系。生活于同一国度或民族中的不同成员是否会具有相同的同时又有别于其他国民或其他民族的性格特征和行为模式?不难发现,国民性研究是通过"众数人格"确定整个国家、民族的社会心理;但俄国知识分子表述的"俄罗斯心灵"却是国家、民族的心灵特征影响普罗大众。但无论是归纳还是演绎的逻辑,"俄罗斯心灵"是俄罗斯不同于其他国家、民族的国民性格特征和行为模式的文化表征。

第二次世界大战让国民性研究进入了全盛时期,二战以及其后的冷战促使对基本人格的界定向现代国民性研究转变,几乎所有的现代国家都成了学者们关注的对象。在国民性研究的谱系中,因独特的时代背景(冷战),苏联(俄罗斯)国民性成为关注的热点。西方世界的"苏联学"通过东斯拉夫民族志和史志材料对俄罗斯文化独特性进行探究,在他们眼中,"俄罗斯心灵"其实就是对俄罗斯民族和国家核心价值观的表达,是民族性格和国民性最突出的体现。

---

[1] 周晓虹著:《现代社会心理学——多维视野中的社会行为研究》,上海人民出版社,1997年,第476页。

"俄罗斯心灵"的历程
——俄罗斯黑土区社会生活的民族志

谈及"俄罗斯心灵",学者普遍将其指向东正教信仰,认为其是"俄罗斯心灵"的源泉,是"俄罗斯心灵"最鲜明的特征。纽约的东正教神学院教授阿勒谢尼季耶夫(Н.С.Арсентьев,1888—1977)与费达多夫(Г.П.Федотов,1886—1951)一道发表了著作《俄罗斯心灵》(*Русская душа*),在书中,作者认为"俄罗斯心灵"有如下特征:"俄罗斯深刻的宗教性""忍受世间痛苦与同情""对于广阔空间的渴望""无限性",等等。按照他们的观点,与天主教和新教相比,信仰东正教的俄罗斯人更为虔诚,有高度的东正教精神,教会在俄罗斯人的日常生活中有着重要的影响。美国学者贝灵顿(James H.Billington,1929—)模仿本尼迪克特(Ruth Benedict,1887—1948)对日本国民性的表述("菊与刀"),认为俄罗斯的国民性是"圣像和斧头"[1],前者是"宗教的狂热",后者是"战斗精神"。在"宗教性"和"反叛性"的二元统一中俄罗斯的自我意识被建构了起来。法国学者皮埃尔·帕斯卡(Pierre Pascal,1890—1983)指出,虔诚性是俄罗斯民族性格最为显著的特征,它是一种道德预设和"良心自觉","功勋"和"献身精神"是表达虔诚的最高形式,也是"俄罗斯心灵"最为显著的特征。[2] 他还指出"双重信仰"是俄罗斯宗教的特征,东正教中存在着民间信仰遗留下来的多神教因素。基督信仰和前基督信仰时期的民间信仰在俄罗斯相统一,相交融。在他的著作中我们还能找到宗教对于日常生活的意义,比如日常生活中约定俗成的邻人关系模式,罪和善的概念等。

"俄罗斯心灵"又具有矛盾性。沃罗诺夫(Л.Воронов,1914—1995)

---

[1] Биллингтон Д. Икона и топор. М., Рудомино, 2001.

[2] Нива Ж. «Русская религия» Пьера Паскаля // Нива Ж. Возвращение в Европу: Статьи о русской литературе. М., 1999. С. 112–127.

绪 论

认为俄罗斯的民族性格形成于基辅罗斯和莫斯科公国时期，影响因素有：一方面，俄罗斯的民族性格中有很多东正教传统因素，俄罗斯人有着热爱自由、仁爱、能干、勤劳、热爱和平、懂得宽恕的品质；另一方面，金帐汗国两百年的压迫，社会关系的不平等，使俄罗斯广大民众倾向于暴动和反抗，在这个过程中形成个人化（这并不是俄罗斯人固有的）倾向，在新的时代演变成"利己主义"。美国的苏联专家巴洪（Frederick C. Barghoorn，1911—1991）认为"传统的俄罗斯民族性格"最重要的一个特征是"恺撒主义"（цезарополизм）——它是东正教信仰和俄罗斯专制主义共同产生的结果。一些美国学者以报刊杂志、文学作品为主要研究资料，总结出俄罗斯社会的一系列价值观和民族性格的特点。对民族性格的矛盾性的认识还体现在其他方面。有学者通过对谚语和俗语的分析，认为俄罗斯人对贫穷和不幸持有忍耐和宿命论的态度，在具有怀疑性的同时又热情好客并具有开放性。[1] 也有学者批判革命对于"原初俄罗斯心灵"的危害，认为俄罗斯人是一些"粗鲁的、作风下流的、暴躁的人"，并被官方的宣传操控，所以失去了俄罗斯人的特质。[2]

美国苏联学专家欣格利（Ronald Hingley，1920—2010）寻找神秘的"俄罗斯心灵"和"俄罗斯心智"（менталитет）的谜底，著作有《俄罗斯意识》（Русское создание）。在这本书中，他做出了俄罗斯民族性格具有矛盾性的结论：广泛的共存和窄化的理解；容忍与反抗的倾向；热爱自由与奴性；爱国主义和世界主义。作者关注农民的世界观，特别是他们的共同性和聚合性。同时，作者观察到了宗教的仪式在日常生活方

---

[1] Пушкарева Н.Л. Этнография восточных славян в зарубежных исследованиях (1945-1990).Русско–Балтийскийинформационный центр БПИЦ, С.Петербург,1997.

[2] Miller W. *Russians as a people*. N.Y. : Dutton,1960.

面对于俄罗斯人的影响。他发现,苏联的符号体系和东正教仪式的符号体系有着密切的关联(如力量;口号;成为圣像的领袖)。

在外国斯拉夫学者关于俄罗斯国民性的表述中,民众与政权的关系被视为重要的方面。塔克(Robert Tucker, 1918—2010)在他的文章《两个俄罗斯》中认为:"俄罗斯国家""俄罗斯政权"是一个俄罗斯;而"俄罗斯社会""俄罗斯人民"是另外一个俄罗斯。这两个俄罗斯的差距非常大。官僚主义、阿谀奉承和对于政权的盲目崇拜成为俄罗斯政治传统的特点。俄罗斯人从来没有把国家和自己混为一谈,传统上都把社会分为"我们"和"他们",这个传统甚至一直保存到今天。也有学者认为对政权的盲目崇拜,或更为准确地说是对政权的恐惧,也是俄罗斯民族性格的特点,但俄罗斯民族性格同时也具有与之相反的一面,那就是对自由的热爱,热衷于保卫广袤的领土。

国民性研究在20世纪后半叶日渐式微,对国民性的关注原本就具有强烈的时代特征。在学术反思中,国民性研究自身的弊病也让其失去吸引力。孕育并成长于二战和冷战等特殊时期的国民性研究,从一开始便与政治有着无法剥离的关系。从西方的苏联学家对于"俄罗斯心灵"的解读中,我们不难发现其中夹杂着西方中心主义的傲慢和意识形态的偏见,他们试图证明俄罗斯民族的劣根性、霸权主义和泛斯拉夫主义倾向是俄罗斯民族历史上、本质上固有的。此外,他们还将"俄罗斯心灵"作为民族性格,将其固化或者本质化。但不可否认的是,在苏联学中,国民性研究的丰富材料对于今天理解"俄罗斯心灵"很有启发;如所有学者谈到"俄罗斯心灵"的时候都强调其宗教性,宗教(尤其是东正教)是滋养"俄罗斯心灵"的源泉;"俄罗斯心灵"所呈现的矛盾性等。

绪 论

无论是俄罗斯思想家还是外国的斯拉夫学者都对阐释"俄罗斯心灵"十分着迷，但"俄罗斯心灵"始终披着神秘的面纱，无人能令人信服地将其完全揭示。本书无能力也无意步诸位学者大家的后尘去总结"俄罗斯心灵"的特征，考证其成因。在学术层面，对"俄罗斯心灵"的认识不会达成共识，因为在不同时代，有不同的诠释，而诠释的主体不仅仅是知识分子，还可能是国家或者普通民众。这种诠释本身是有意义的，因为我们要关注如下问题：谁是诠释的主体，通过何种路径，如何进行意义的建构，等等。这些问题已经超越了文化的维度，而是进入了对社会的观察，观察社会如何变迁与重建，对"俄罗斯心灵"的诠释与构建成为考察社会转型研究的一把钥匙，而这正是本书讨论"俄罗斯心灵"的意义所在。

四、"俄罗斯心灵"与社会转型

回溯历史，每当俄罗斯社会处于变迁时期，全社会都会讨论发展道路的问题。民族自觉和文化自觉就会成为俄罗斯知识界关注的核心问题。每到这时，"俄罗斯心灵"便会成为全社会瞩目的焦点。

巴洪认为，传统意义上的"俄罗斯心灵"包括思想体系、符号、风俗习惯和其他的要素，被归结为"过去的伟大的俄罗斯文化"；而革命后的"俄罗斯心灵"被认为是"具有布尔什维克要素的和被建构的对象"。[1] 十月革命以后，苏维埃政权以社会主义意识形态取代以东正教信仰为核心的价值观体系，与旧有的传统文化决裂。侨民思想家对革命

---

[1] F. Barghoorn: *Soviet Russian Nationalism*. N.Y. 1956. p.150.

"俄罗斯心灵"的历程
——俄罗斯黑土区社会生活的民族志

后俄罗斯面临的思想危机深切关注,"俄罗斯心灵"成为在社会变迁背景下反思十月革命的概念工具。[1]革命后的俄罗斯心灵、民族的自我意识被视为处于病态。弗兰克(С.Л.Франк, 1877—1950)认为民族的灵魂是生活感受的第一性和民众道德精神的基础,但是现在,在信仰和生活之间出现了裂痕。俄罗斯的宗教意识慢慢地从生活中淡出,最终与令人生厌的现实生活妥协。弗兰克在《人的心灵》(Душа человека)一书中谈道:"俄罗斯人为没有思想的生活感到痛苦,人追求的不是生活本身,而是思想。俄罗斯人有着生活在宗教给予的对未来生活的梦想之中的习惯。"[2]费多托夫认为俄罗斯思想的危机起因于由现代大众文化派生出来的"民族精神"的总危机,所谓"忘本的一代"并非纯俄国现象,而是一种国际性现象,这一代是在欧化和现代化的全部进程中培养出来的。别尔嘉耶夫试图证明环境对于俄罗斯民族性格养成的作用,马克思主义与"俄罗斯心灵"中的弥赛亚精神有着契合之处。布尔加科夫(С.Н.Булгаков, 1871—1944)指出俄罗斯灵魂之病,其根源的客观原因在于理想和现实的差距,生活、良心与理性需求的差距。舒巴特(Wilhelm Schubart, 1873—1960)在《欧洲和东方心灵》[3]中对当代的"俄罗斯心灵"主题做了最好的注解:"西方给予了人类社会完善的技术、国家和彼此团结的形式,但是却忽略了它的心灵,俄罗斯的使命是把它归还给人类。"伊林(И.А.Ильин, 1883—1954)作为传统精神价值的拥护者,他认为俄罗斯民族特性的以往和将来只能在传统的东正教基础上

---

[1] С. А. Аскольдов, Н. А. Бердяев, С. А. Булгаков и др. Из глубины:Сборник статей о русской революции.М.:Изд-во Моск. ун-та, 1990.

[2] С.Л. Франк: Душа человека. М.,1917.

[3] В. Шубарт: Европа и душа Востока. М.: Русская идея, 1997.

形成。20世纪俄罗斯的文化危机远比其经济和政治领域中的危机深刻。伊林谈道:"我深切而毫不动摇地确信,俄国人民将能克服这些危机,恢复和复兴自己的精神力量并振兴自己光荣的民族历史。"[1]

1980年代至1990年代初,随着东欧剧变和苏联解体,一些原社会主义国家施行了新的政治经济制度。政治制度上,从集权的国家社会主义向民主政治体制转变;经济制度上,私有化实行,从计划经济向市场经济体制转变;社会制度上,从总体性社会向公民社会转变。[2] 但从俄罗斯的转型实践来看,社会转型并非是按照设计者的初衷进行。塞勒尼(Ivan Szelenyi, 1938—)的"多元资本主义"[3]的理论可能更符合转型国家的现实,这些转型国家是利用"社会主义的废墟"来建设资本主义,是由前存的制度框架形塑社会变迁轨迹,这是一种路径依赖。[4] 这种路径依赖在俄罗斯的转型之中尤为明显,无论是在政治民主制度、市场经济还是公民社会方面,俄罗斯都具有明显的过去时代的烙印。在转型之初,改革的设计者满怀着迈向进步的资本主义的希望,认真拷贝西方市场资本主义运转良好的各项制度,但通向自由资本主义的这趟列车并未驶上正轨。在转型实践中,俄罗斯更多地运用旧的观念、行为和

---

[1] И.А.伊林:《我们的使命》两卷集,巴黎,1956年,第2卷,第629页。转引自М.А.马斯林:《对俄罗斯的巨大无知》贾泽林译,《哲学译丛》,1997年第2期。

[2] 布洛维将后社会主义国家社会转型视为从总体性秩序(totalitarian order)向公民秩序(civic order)的转变。见Burawoy, Michael. "The Sociology for the Second Great Transformation." *Annual Review of Sociology* 26(2000).

[3] 塞勒尼所说的多元的资本主义类型,实际上指不同国家走向了不同的发展道路。

[4] Nee, Victor & Yang Cao, "Path Dependent Societal Transformation: Stratification in Hybrid Mixed Economies", *Theory and Society,* 28(1999);孙立平:《社会转型:发展社会学的新议题》,《社会学研究》2005年第1期。

"俄罗斯心灵"的历程
——俄罗斯黑土区社会生活的民族志

社会逻辑来适应新的环境。[1] 在这一点上，布洛维（Michael Burawoy, 1947—　）的批评颇为严厉，他认为俄罗斯通向资本主义的道路是内卷化的，是"没有转型的变革"[2]。这在某种程度上代表了西方学术界主流的观点，在"历史的终结"[3] 的欢腾过后，学者们在二十多年的经验中发现，机械地将西方制度套用于后社会主义国家——尤其是俄罗斯——是失败的。诚如约瑟夫·斯蒂格利茨（Joseph Stiglitz, 1947—　）在《大转型：我们时代的政治与经济起源》一书的前言中提到的："更富戏剧性的是俄国的失败。这个曾经成为一场实验——共产主义——的牺牲品的国家，又成为一次新的实验对象。这个新实验即是，政府还没有来得及让必要的法律和制度框架就位，就开始将自发调节的市场经济理念付诸实施，正如大约七十年前布尔什维克强制推行了一次快速社会转型。"[4]

所谓"失败"是相对于建立西方理想型的制度，但这并不代表俄罗斯转型的失败。转型，尤其是社会转型，不应该只有一个模式、只有一个方向。历史与现实都证明，徘徊在"十字路口"的俄罗斯会走上自己的社会转型之路，而这个道路正确与否并不能用他者的标准来衡量。与西方学术界相反，俄罗斯学者普遍认为照搬西方制度是俄罗斯转型"失败"的根源。俄国哲学家伊林反对"制度嫁接"的论断在当代俄罗斯被

---

[1] 吉尔·伊亚尔、伊万·塞勒尼、艾莉诺·汤斯利著：《无须资本家打造资本主义——后共产主义中欧的阶级形成和精英斗争》，第43—45页。

[2] Буравой М. Транзит без трансформации: инволюция России к капитализму// Социологические исследования, 2009, № 9.

[3] 〔美〕弗朗西斯·福山著：《历史的终结与最后的人》，陈高华译，孟凡礼校，广西师范大学出版社，2014年。

[4] 〔英〕卡尔·波兰尼著：《大转型：我们时代的政治与经济起源》，冯刚、刘阳译，浙江人民出版社，2007年，第5—6页。

广泛引用:"国家制度不是衣服,可以在任何时候脱掉,这是'身体的结构',是它的骨骼、肌肉、器官、血液循环和皮肤。只有见识肤浅的政治家认为可以'赏赐'给人民他们的国家制度,仿佛存在唯一的国家形态,'对任何民族任何时候都是最好的',对这一制度不适合该民族的历史这一事实,却完全不认为是危险和荒诞的。"[1] 普京在《千年之交的俄罗斯》中论述俄罗斯发展道路时便深受其影响:"只是将外国课本上的抽象模式和公式简单地照搬到我国,我国的改革不付出巨大的代价就能取得真正的成功是不可能的。机械照抄别国的经验是不会取得成功的。"[2]

  以公民社会为目标的社会转型在俄罗斯能否真正实现是个未知数。俄罗斯知识分子普遍认为俄罗斯的"公民社会"建构是虚伪的,俄罗斯公民社会是"上层"的,国家力量足以以各种形式模仿建立各种社会组织。[3] "我们无法判断'公民社会'是在国家之内还是之外,在这样的'公民社会'之中,缺乏独立的不在政权管控下的媒体,缺乏社会信任的规范-价值体系。"[4] 西方公民社会模式并不一定符合俄罗斯的实际,在社会转型中受挫的俄罗斯反求诸己,希冀在俄罗斯传统文化中汲取营养,建成具有俄罗斯文化特色的公民社会。俄罗斯社会学家戈尔什科夫

---

[1] Ильин И.А.Наши задачи. Историческая судьба и будущее России.В 2-х т. Т. 1. М.: МП «Рарог», 1992. С. 194.

[2] Путин В.В. Россия на рубеже тысячелетий//Независимая газета,30 декабря 1999.

[3] Бойков И.Гражданское общество в России: от реальности к социальной утопии.http://www.lentacom.ru/analytics/526.html

[4] ГоршковМ.К. Гражданское общество и гражданская культура в современной России: опыт социологической диагностики(вместо предисловия)// Россия реформирующаяся. Вып. 11: Ежегодник / отв. ред.ГоршковМ. К. М. : Новый хронограф, 2012. С. 3-26.

"俄罗斯心灵"的历程
——俄罗斯黑土区社会生活的民族志

（М.К.Горшков, 1950—　）认为，公民社会的基础不只是政治性的，还有社会－文化的意蕴：个人之间的信任关系、宽容、尊重他人的利益、尊重法律、忠实于全民族的价值。这是一种公民意识，而这种公民意识在俄罗斯传统文化中能够发掘出来。[1]普京在《千年之交的俄罗斯》中将俄罗斯自古以来就有的传统价值观总结为"爱国主义""强国意识""国家观念"和"社会团结"。这是"新俄罗斯思想"，是"俄罗斯心灵"在新时代的表述。

如今，21世纪的俄罗斯与俄国思想家们生活的年代相距一百余年，时移世易，"俄罗斯心灵"是否未改跳动的节奏？随着苏联的解体、冷战的结束，全球化趋势方兴未艾，"俄罗斯心灵"在当代俄罗斯社会何以仍是独特的国民性和民族性格？显然，今天要对"俄罗斯心灵"进行反思、重构与再生产。已有俄罗斯学者认为，以共同性和聚合性为基础的"俄罗斯心灵"是"神话"（миф），[2]无政府主义、俄罗斯性格中的女性气质、谦卑恭顺、残暴、征服者自居等也是神话。[3]那么，我们是否能通过"俄罗斯心灵"来理解和感受当代的俄罗斯社会？如何以"俄

---

[1] ГоршковМ.К. Гражданское общество и гражданская культура в современной России: опыт социологической диагностики(вместо предисловия) // Россия реформирующаяся. Вып. 11 : Ежегодник / отв. ред.ГоршковМ. К.М. : Новый хронограф, 2012. С. 3-26.

[2] 民众对于共同性也具有两面性的态度，在民间谚语中，一方面是"一人不成军"（Один в поле не воин）；另一方面是"哪儿有村社，哪儿就一事无成"（Где община-там всему кончина）。和欧洲人比较，俄罗斯人的集体主义意识好像很强，在历史上，这被认为是落后的标志和俄罗斯地理特点决定的。即使在集体主义"过火"的社会主义时代，很多俄罗斯人也认为保持"自治"会更好，他们不愿与其他人组成团体。在大城市中，人们不认识自己的邻居。如今的俄罗斯市民更热衷于个人生活，对别人的生活并不感兴趣。Мединский В.Р. О русском воровстве, душе и долготерпении (Мифы о России).М.:ОЛМА Медиа Групп,2014. С.228.

[3] Миронова Т. Русская душа и нерусская власть.М.:Алгоритм,2014.

罗斯心灵"作为概念工具来解释当代俄罗斯社会经历的变迁与转型？

"俄罗斯心灵"这个概念的发现历程，并不是我从书斋中得来的，而是我在田野调查中的收获。在经历了苏联解体、集体农庄解散的当代俄罗斯乡村社会，教堂的重建、东正教信仰的复兴被民众视为"俄罗斯心灵"的回归；传统节日的欢度、物质文化遗产和口头文化的传承被官方视为"俄罗斯心灵"的呈现。在经历社会变迁、进行社会转型的俄罗斯社会，"俄罗斯心灵"作为一种话语成为当今俄罗斯的文化符号。当我从田野回到书斋，研读相关文献，回溯田野调查经历，我有这样的发现：无论是"回归"还是"复兴"，"俄罗斯心灵"已经不完全是俄国思想家们表述的"俄罗斯思想"，更不是西方的苏联学或斯拉夫学专家所解读的"国民性"，其内涵和外延已经发生了变化。"俄罗斯心灵"是一种面向转型社会的新的文化实践逻辑，"俄罗斯心灵"在俄侨知识分子那里是反思共产主义革命的工具，而在普京那里成为新的治国理念。之所以沿用"俄罗斯心灵"这个名称，首先是因为如今倡导的"俄罗斯心灵"与传统文化、宗教信仰乃至民族心理等都有千丝万缕的联系，具有精神实质意义上的传承关系；其次，当代不只是"怀旧的未来"，还是"传统的发明"，这能让民众有国家和民族的认同感，在国家和社会的场域都具有广泛的合法性。由此，"俄罗斯心灵"的历程其实也是一个文化实践的过程，"俄罗斯心灵"是在俄罗斯民族自我认识中、民族国家建构中逐渐形成的。

无论是在俄国知识分子还是在西方学者关于"俄罗斯心灵"的认识中，"俄罗斯心灵"被普遍地表述为俄罗斯文化的核心、俄罗斯特有的文化逻辑、民族性格及国民性。这种表述方式虽然有助于我们理解"俄罗斯心灵"所表达的意涵，但却具有将"俄罗斯心灵"本质化的倾向。

文化本身就是灵动的、相互融合的。区分哪些是纯俄罗斯的，哪些是非俄罗斯的，我想俄罗斯人自己也说不清楚，且这种区分是无意义的。面对着复杂多元的俄罗斯社会，尤其是面对其社会变迁与转型，这种区分显然是缺乏解释力的。本书将"俄罗斯心灵"作为核心概念，但无意将其本质化或者固化，而是要将其放到社会变迁与秩序重建的背景下，考察俄罗斯社会如何实现革命与继承、断裂与延续的摆动。"俄罗斯心灵"是具有实践性的概念。一方面，本书将其表述为被俄罗斯民众逐步积淀并内在化了的某些情感与价值诉求的共识；另一方面，它又是可以被社会行动的主体（包括国家权力、知识分子和普通民众）不断赋意和建构的对象。因此，"俄罗斯心灵"既是文化的常量，由历史积淀而成；它又是文化的增量，因为它同时又处于不断地变迁之中，在不同的时代、不同的社会环境中不断地继替与再生产。"俄罗斯心灵"的实践性的特征让它在俄罗斯经历的种种社会变迁与秩序重建的表述和建构中具有重要的价值和意义。

五、"后社会主义"民族志书写

经历了东欧剧变和苏联解体，曾经的社会主义国家很快就成为学术研究的热点地区，政治学、经济学、社会学、人类学等学科从不同的视角聚焦于这些国家的政治经济结构和制度转型（或转轨）。具有这些特征的国家都被称为"后社会主义国家"，以制度转型为研究取向的社会科学研究领域的知识生产被归纳为"后社会主义研究"。"后社会主义研究"关注的主题包括这些国家宏观上的政治变革、经济转轨、公民社会发展、意识形态、价值观、民族主义等一系列问题。

绪　论

　　如果苏联、东欧的社会主义时代姑且能被称为"社会主义文明（共产主义文明）"，对这个相当独特的文明，不仅从文明的层次上反思还很少，就是对其内部的相当精密微妙之处的解析也极为鲜见。[1]在冷战时期，擅长从微观角度进行文化解释的人类学，因缺乏实地调查机会和翔实的田野资料，在社会主义研究中一直处于弱势。当时，苏联学中以苏联为对象的人类学民族志研究对于社会意识、个人的体验和价值理解较为肤浅。[2] 1970年代，东欧国家的社会主义制度出现松动，为人类学的田野调查提供了条件，人类学学者开始关注东欧的乡村和少数族群。这些先行的人类学家矫正了以往社会主义研究中偏向宏观的研究模式，开始关注"普通人"的日常经验。[3]苏东剧变为在东欧进行民族志研究带来了契机，前苏联的某些地区也取消了对于西方学者在该地进行田野工作的限制，这为人类学的后社会主义研究带来了发展的机会，人类学学者可以亲赴"后社会主义国家"调研，一大批"后社会主义民族志"诞生，这在后社会主义研究中独树一帜。

　　人类学田野调查的方法和民族志文本书写在后社会主义国家研究中独具优势，它能建立将长时段历史整合起来的有效框架，且更注重意义、价值和地方经验。在田野资料的基础上，以地方生活世界的结构对现行的政治-经济模型进行考察，用日常生活的互动和经验来反观政治

---

[1] 孙立平：《社会转型：发展社会学的新议题》，《社会学研究》，2005年第1期。

[2] HermineG. De Soto and Nora Dudwick(ed.)*Fieldwork Dilemmas:Anthropololists in Postsocialist States,*Madison:University of Wisconsin Press. 2000;D. Berdahl,M. Bunzl and M. Lampland(ed.)*Altering States: Ethnographies of Transition in Eastern Europe and the Former Soviet Union,*Ann Arbor: University of Michigan Press, 2000.

[3] C.M.Hann(ed.) *Postsocialism: Ideals,Ideologies and Practices in Eurasia.* London and New York: Routledge. 2002.p.3.

"俄罗斯心灵"的历程
——俄罗斯黑土区社会生活的民族志

进程。[1]这种研究方法具有将各种不确定性事实连接起来的洞察力,为"对转型这个特殊进程在微观层次的洞察"创造了空间。诚如郭于华教授所言,面对社会转型这个主题,运用人类学理论和方法的民族志具有在微观层次和宏观结构之间穿梭的贯通能力;穿透历史和现实的洞察能力;对一种文明(共产主义文明)及其转型过程的独特逻辑和微妙运行进行解析的能力。[2]

在后社会主义民族志研究中,乡村始终是被关注的焦点。多数民族志研究关注社会主义时代农民集体合作的确立及其功能,以及后社会主义时代农村社会制度的变迁。[3]社会制度的变迁在乡村最显著地表现为集体主义制度的废除和土地私有化的实行。学者们普遍认为,私有化的进程是后社会主义时代乡村社会重建的基础,但是其具有多样性和复杂性,存在着道德正义和经济理性不协调的问题,这使得评价私有化的功过需要等待一代人的时间。私有化给乡村带来的问题在后社会主义民族志中普遍地反映出来:俄罗斯乡村私有化以来,村民对不平等扩大的不

---

[1] Burawoy, Michael and Katherine Verdery(ed.) *Uncertain Transition: Ethnographies of Change in the Postsocialist World,* Lanham, MD: Rowman and Littlefield. 1999; D.M. and M. (ed.) *Altering States: Ethnographies of Transition in Eastern Europe and the Former Soviet Union*, Ann Arbor: University of Michigan Press, 2000; C.M.Hann (ed.) *Postsocialism: Ideals, Ideologies and Practices in Eurasia.* London and New York: Routledge. 2002.

[2] 郭于华:《从社会学的想象力到民族志的洞察力》,郭于华主编:《面向社会转型的民族志》,社会科学文献出版社,2012年,第1—21页。

[3] A.David Kideckel,*The Solitude of Collectivism: Romanian Villagers to the Revolution and Beyond,* Ithaca: Cornell University Press. 1993; G. David Anderson, and Frances Pine(ed.)*Surviving the Transition: Development Concerns in the Postsocialist World,* Special Issue of Cambridge Anthropology,18(2). 1995; Abrahams,Ray(ed.)*After Socialism: Land Reform and Social Change in Eastern Europe,* Oxford: Berghahn. 1996.

满和抵抗[1]；匈牙利乡村公民权减少[2]；保加利亚村庄集体主义政策的残余仍然发挥着作用[3]。这些研究为我在黑土区的调查确立了方向和坐标，集体农庄解散和土地私有化的实行确实是黑土区乡村社会变迁与重建的根本性影响因素。

后社会主义人类学的乡村研究实际上是沿着人类学传统的路径来考察整个后社会主义国家的变迁和转型。一些民族志敏锐地发现社会转型所带来的文化冲突与调试。后社会主义民族志研究证明，社会转型是一场复杂的变革，不是由全球统一塑造的简单的现代化进程，每一个国家和地区的发展都根植于一种长期的文化历史传统和经济发展水平之中。但遗憾的是，西方对后社会主义国家的介入并没有理解这一点，西方模式的政策建立和施行缺乏对于制度背景和社会文化延续性的考量。[4]这

---

[1] Hivon, Myriam. "Local Resistance to Privatization in Rural Russia", *Cambridge Anthropology* 18(2), 1995.

[2] Hann, C.M. "From Production to Property: Decollectivization and the Family-land Relationship in contemporary Hungary", *Man* 8(3),1993.

[3] Kaneff, Deema. "Responses to 'democratic' Land Reforms in a Bulgarian Village", in Ray Abrahams(ed.)*After Socialism: Land Reform and Social Changes in Eastern Europe,* Oxford: Berghahn, 1996. pp.85-114.

[4] Bruno, Marta. "Playing the Co-operation Game: Strategies around International Aid in Postsocialist Russia", in Sue Bridger and Frances Pine(ed.)*Surviving Postsocialism: Local strategies and Regional Responses in Europe and the Former Soviet Union*, London: Routledge, 1998. pp.170-187; Sampson, Steven L. "The Social Life of Projects Importing Civil Society to Albania", in Chris Hann and Elizabeth Dunn(ed.) *Civil Society: Challenging Western Models*, London: Routledge, 1996.pp.121-142; Wedel, Janine R. and Gerald Creed. "Second Thoughts From the Second World: Interpreting Aid in Post-communist Eastern Europe", *Human Organization* 56(3), 1997.; Wedel, Janine R.*Collision and Collusion: the Strange Case of Western Aid to Europe,1989-1998,* New York: St Martins Press. 1998.

突出体现在对"公民社会"概念的反思上。变革使得"公民社会"这个源自西方社会结构和文化生态的概念移植到后社会主义国家，成为这些国家社会模式的理想型。但这种把西方公民社会的定义简单地用于后社会主义国家的做法，是一种鲁莽的行为。许多研究者认识到，公民社会这个概念应该拓展，使其与地方环境相适应。[1] 这些民族志学者注意到了社会秩序重建中文化价值重构的意义，二者是相辅相成的，这与先前社会主义体系崩溃的论断完全是反向的。如作为新生国家的乌克兰的新国家主义（民族主义）的文化象征符号建构[2]，这种文化象征也体现在关于波兰深厚的宗教认同的分析之中。仪式在维护地方性、国家界限上发挥着巨大的作用。在作为"阈限"时期的转型过程中，以往的价值消逝，仪式起到了支撑作用。[3] 还有一些人类学学者重点关注痛苦的记忆

---

[1] Brook, Timothy and Michael Frolic(ed.)*Civil Society in China*,Armonk: M.E.Sharpe.1997; De Soto, Hermine and David G. Anderson(ed.)*The Curtain Rises: Rethinking Culture, Ideology and the State in Eastern Europe*, New Jersey: Humanities Press. 1993; Herzfeld, Michael. "Afterward: Intimations from an Uncertain Place", In De Soto H.G. and Dudwick N.(ed.)*Fieldwork Dilemmas: Anthropologists in Postsocialist States*,Madison: University of Wisconsin Press. 2000; Lampland, Martha. "Afterword". in Berdahl D., Bunzl M., and Lampland, M.(ed.)*Altering States: Ethnographies of Transition in Eastern Europe and the Former Soviet Union*,Ann Arbor: University of Michigan Press, 2000.pp.209-218; Wolfe, Thomas C. "Cultures and Communities in the Anthropology of Eastern Europe and the Former Soviet Union", *Annual Review of Anthropology*,(29)2000, Burawoy, Michael and Katherine Verdery(ed.) *Uncertain Transition: Ethnographies of Change in the Postsocialist World*, Lanham, MD: Rowman and Littlefield. 1999.

[2] Wanner, Catherine. *Burden of Dreams: History and Identity in Post-Soviet Ukraine*, University Park: Pennsylvania State University Press. 1998.

[3] Verdery, Katherine, *The Political Lives of Dead Bodies: Reburial and Postsocialist Change*, New York: Columbia University Press. 1999.

和"隐秘历史"的再生[1]，以及在历史遗存基础上地方重建和国家意识形态如何连接在一起[2]。

在后社会主义民族志中，"文化"这个术语成为必不可少的核心概念。[3]在后社会主义的民族志研究中，后社会主义国家积淀而成的文化图式与引介而来的西方制度的不适已经成为人类学家们关注的焦点。这说明，后社会主义民族志除了贯通力、洞察力和深入的解析能力，更为难能可贵的是，其具有反思性。人类学家们在对其他社会科学的评论中经常提到，"转型"忽视了文化的维度。面对俄罗斯社会转型，如何通过文化逻辑和价值观体系来理解俄罗斯社会转型和重建是本书最为核心的问题意识。

在这本书中，不断被当地人和知识分子所提及的"俄罗斯心灵"成为民族志书写的主线。回溯上文，"俄罗斯心灵"被表述为俄罗斯特有的文化逻辑、民族性格、价值理念，从而成为俄罗斯社会认同、民族认同的基础。翻看俄罗斯的历史，在历次的社会变迁中，国家权力、知识分子和普通民众都会对"俄罗斯心灵"的意涵进行重构和文化再生产，

---

[1] Piers. Vitebsky, "Withdrawing from the land: social and spiritual crisis in the indigenous Russian Arctic", in C.M.Hann(ed.)*Postsocialism: Ideals,Ideologies and Practices in Eurasia*. London and New York. 2002; Watson, Rubie S.(ed.)*Memory, History and Opposition under State Socialism*, Santa Fe: School of American Research Press. 1994; 景军著：《神堂记忆：一个中国乡村的历史、权力与道德》，福建教育出版社，2013年。

[2] Lemon, Alaina. *Between Two Fires: Gypsy Performance and Romani Memory from Pushkin to Postsocialism*, Durham: Duke University Press. 2000.; Kaneff,Deema, *Who Owns the Past? The Politics of Time in a "Model" Bulgarian Village*, Oxford: Berghahn. 2002.; Schnirelman, Victor A.*Who Gets the Past? Competititon for Ancestors among Non-Russian Intellectuals in Russia*, Washington: Woodrow Wilson Center Press. 1996.

[3] Wolfe, Thomas C."Cultures and Communities in the Anthropology of Eastern Europe and the former Soviet Union", *Annual Review of Anthropology*, (29) 2000.

"俄罗斯心灵"的历程
——俄罗斯黑土区社会生活的民族志

以期新制度获得合法性。因此,追溯"俄罗斯心灵"的历程,就是阐述俄罗斯社会转型与社会重建的历程,呈现社会转型过程中的社会生活。另一方面,"俄罗斯心灵"直接是指俄罗斯人(俄罗斯族人或者俄罗斯公民),本书尤为关注社会转型中个人的境遇。在社会转型的背景下,"俄罗斯心灵"的回归与重建实质上变成了如何"塑造后苏维埃新人"[1]的问题。对"俄罗斯心灵""俄罗斯思想"卷帙浩繁的讨论,是对新时代俄罗斯人应具有的良心、道德、信仰、价值观的解读和规制。意识形态和价值观转变后,俄罗斯人新的社会实践、生存策略和自我意识成为社会科学关注的对象。[2]进一步地,本书还关注"后苏维埃新人"如何组成社会,如何在社会变迁的废墟上进行社会重建。本书从这些问题出发,为厘清俄罗斯社会转型的方向和路径而努力,为"俄罗斯向何处去"寻找答案。

---

[1] Jarret Zigon. *Making the New Post-Soviet Person: MoralExperience in Contemporary Moscow.* Leiden: BostonBrill, 2010.

[2] Гудков Л., Дубин Б., Зоркая Н.Постсоветский человек и гражданскоеобщество. М.: Московская школа политических исследований, 2008.

绪 论

第一章

走进田野：
"俄罗斯心灵"的
追寻

那里有俄罗斯的灵魂，
那里散发着罗斯气息！
我到过那里，在那里喝过蜜酒；
在海边看到了绿橡树；
还在树底下坐了很久，
会说话的猫给我讲故事，
其中有一个我还记得：
现在就给大家说一说……

普希金：《鲁斯兰与柳德米拉》

"俄罗斯心灵"的历程
——俄罗斯黑土区社会生活的民族志

第一节 在俄罗斯的田野上

2007年12月初,我乘坐的航班飞过广袤的西伯利亚,越过乌拉尔山,进入了俄罗斯的欧洲部分。这里是俄罗斯人口最为密集的区域,也是俄罗斯的主体民族——俄罗斯族的主要聚居地。电子地图上一片墨绿色的东欧平原,城镇星罗棋布,散落在银线般的河流之上,仿佛是镶嵌在壁毯上的一串串珍珠。经过八个小时的漫长飞行,飞机终于抵达了本次航行的终点——俄罗斯的首都莫斯科,但对于我的田野调查来说,这才是起点。出了机场,踩着小雪,我走进了这个陌生的国度。

我是通过"北京大学－莫斯科大学博士生联合培养项目"来俄罗斯学习和进行田野调查工作的,我的正式身份是"北大－莫大联合培养博士生"。在莫斯科大学,我被安排住进了主楼,这是一幢高大的斯大林式建筑,坐落在麻雀山上,尖顶直冲云霄,上边还悬挂着由镰刀斧头组成的苏共党徽,门口摆放的仍是社会主义时代用钢铁铸成的昂扬向上的学生和知识分子形象的雕塑。从宿舍的窗子可以看到主楼前的广场,广场树立着俄罗斯科学和思想巨擘的雕塑,有罗莫诺索夫、赫尔岑、车尔尼雪夫斯基、门捷列夫、巴甫洛夫……这里被誉为"科学宫",但令我"心向往之"的不在这"庙堂"之上,而是从这里走进"俄罗斯的田野"。

第一章
走进田野："俄罗斯心灵"的追寻

一、田野上的漂泊

来俄罗斯之前，导师与我有一次长谈。他对我们海外民族志田野工作的基本要求如下：学习当地的语言；找到一个社区，住到当地人的家里；调查时间是一年以上。语言学习和调查时间是有保障的，对我最难的就是如何找到田野调查的社区和住进当地人家庭。

寻找田野地点的努力从我一到莫斯科时便开始了。我尽最大可能与俄罗斯人交往，参与莫斯科人的生活，逐渐有了相熟的俄罗斯朋友，他们经常邀请我参观博物馆，去剧院看戏，去教堂礼拜。我还和俄罗斯朋友参加各种节庆活动，如在红场上迎接新年、谢肉节的狂欢、五一节和胜利日的游行，等等。在莫斯科的生活看似丰富多彩，但我逐渐发现，我只能参与莫斯科人的公共生活，我能进入的只是公共空间，社区生活、小团体和私人的活动对我往往是封闭的。至于深入当地社区、住到俄罗斯家庭，对于没有很深私人关系的我来说，几乎是奢望。在莫斯科，为了寻找田野地点和家庭，我几乎动用了所有能找到的社会关系，拜托了每一位俄罗斯朋友，但往往是满怀希望而去，大失所望而归。城市里生活的人不希望自己的私生活被打扰，很难接受一个外人（尤其是陌生的外国人）住进他们的家中，即使是和他们多些时间接触、交流，也十分困难。

另一方面，缺乏具体的、确定的研究主题也让田野地点的选择陷入困境。来俄之前，我确定的田野调查主题是后社会主义时代俄罗斯的社会转型与变迁，这个主题过于宏大，缺乏聚焦点和目的性，这让田野调查地点的确定颇费周折。由于没有明确的调查主题，当俄罗斯人问我为什么要住进俄罗斯人家庭的时候，我只能回答要体验"典型"的俄

"俄罗斯心灵"的历程
——俄罗斯黑土区社会生活的民族志

罗斯生活。这也源自我对田野调查的浪漫主义想象：要找到最具代表性的"俄罗斯的"生活，有俄罗斯风格（русская стиль）的生活。受这种浪漫主义想象的误导，莫斯科逐渐淡出我的视界。因为很多莫斯科人告诉我，莫斯科生活节奏快，现代气息浓厚，并不是"典型的俄罗斯生活"。莫斯科人不喜欢城市的喧嚣、车水马龙，一有时间便会去乡间别墅（дача）去度假；他们不喜欢每天为了名利而奔忙，这不是俄罗斯的本性，"莫斯科已经不是俄罗斯了"。这给我的震撼是强烈的，作为政治、经济中心，莫斯科是俄罗斯的心脏，但它已经不再拥有"俄罗斯心灵"了。无论是俄方导师、民俗学者，还是普通的俄罗斯朋友都建议我去小城、去乡间，在他们看来，那里还保持着传统生活，那里才有最"俄罗斯的"生活。

同时，在我接受的人类学训练中，"小地方，大社会"的研究方法已成为思维定式，而在莫斯科获得的田野材料都是零散的、碎片化的，无法对其整体把握，无法将它们勾连在一起作为对一个大社会的理解。所以，我在当时执着于寻找一个小的社区，通过了解这个"小地方"的历史与现实、社会与文化来回应"大社会"的问题。受到这些因素的影响，我想离开莫斯科，到有深厚的传统文化根基的"小地方"去。

为了找到理想中的田野调查地点，我开始救助于大学里的相关院系和教研室，希望他们帮我实现这个理想。在莫斯科大学，根据专业对口的原则，我被分配到社会学系。莫大社会学系有一座独立的大楼，有很多中国学生在这里读书，他们称这里为"社会系"，但从这里我很难走近俄罗斯社会。该系人类学方向的老师只从事教学，早就不做田野调查了，无法帮我安排田野调查地点。在俄罗斯大学的学科划分中，与人类学接近的还有民族学（этнология），设在历史学系下的考古学专业。我

第一章
走进田野:"俄罗斯心灵"的追寻

莫斯科大学
(作者摄)

也选修了民族学专业的课程,但是这里的田野调查对象是俄境内的少数族群,对主体民族俄罗斯族关注较少。莫大语言系下的民俗学专业也做田野调查,他们每年暑期都组织大学生到乡村调研,记录民间故事、歌谣、谚语,等等。由于我未在语言系注册,又和那里的老师不熟络,并且民俗考察对语言水平要求非常高,我提出的参与暑期田野调查的请求被婉拒了。

在2008年秋天,我拜访了俄科学院高尔基文学研究所的民俗学家卡察克和巴赫金娜。巴赫金娜教授在2005年来北京参加过民俗学的国际研讨会,我当时是她的翻译。在莫斯科见面,我感到分外亲切和喜悦,一则因老友重逢,一则是我将其视为帮我寻找调查地点的"救命稻草"。她建议我调查东正教堂,在俄罗斯,东正教的复兴是当代最为令人瞩目的文化事件。对于我选择田野地点的要求,她帮我介绍了一个民俗学的研究机构——文化部/科学院俄罗斯国家民俗学研究中心,那里

"俄罗斯心灵"的历程
——俄罗斯黑土区社会生活的民族志

的研究人员做了很多民俗学的田野调查。很快，在莫斯科市中心克罗泡特金大街10号的一座非常不起眼的小楼里，民俗学研究中心口头文学研究室的主任瓦勒瓦拉女士和研究人员米沙热情地接待了我。这是一个充满活力、高效的团队，他们把我领到一幅地图前，上边所有的圆圈都是他们曾经做过调查的地方，遍布了莫斯科附近城乡。根据我的要求，他们帮我选择了莫斯科附近的小城卡罗姆纳（Коломна），并快速找到了那里的一个联系人——卡罗姆纳师范学院语言系的副教授普罗赫洛夫。我和他也很快就建立了联系，他很热情地邀请我拜访他们学校。

从莫斯科坐车大概两个小时就到了卡罗姆纳，这是一座宁静的小城，卡罗姆纳河绕城而过，市中心是克林姆林（内城），民族英雄顿斯科伊曾在这里集结部队反抗外敌。坐着叮当作响的无轨电车前往师范学院，两边都是灰色的苏式建筑。这里曾有一座大型的燃气机车工厂，无轨电车经过的一个广场上还展示着象征辉煌工业成就的火车头。到了师范学院，进门时我却被保安拦下。我说明来意并表明身份以后，保安将我的护照、签证统统复印，然后送到当地安全部门备案。后来我才知道，苏联时期，这里是军事工业重地，是严禁外国人进入的，这个城市现在已经对外开放，但是安保措施仍十分严苛。我被告知，即使有学校的老师接待，我也需要莫斯科大学开具的正式的介绍信才能进入学校。几经周折，我终于拿到了莫斯科大学出具的介绍信，卡罗姆纳师范学院的外事部门还专门派人来莫大调查我去卡罗姆纳的目的。我从初秋开始联系，将近年末时，才被允许在卡罗姆纳师范学院自由活动。在这段时间里，我向普罗赫洛夫提出了找一个俄罗斯人家庭住下的要求，热心的普罗赫洛夫带着我找了很多熟人、亲戚，但是没有一家愿意接受我。另外，由于我无法在卡罗姆纳取得落地签证，根据移民局的要求，我最多只能在这里连续居住三天,否则就算非法居留。由于找不到接纳我的家庭,也不能在此长期居留,我只能放弃卡罗姆纳了。记得最后下决心离开卡罗姆纳那天,我坐着巴士返回莫斯科,已时近新年。夜幕降临,广场上、路边上的新年枞树闪烁着霓虹,召唤着人们回家团聚。而我却仍在漂泊,找不到归宿。

二、陷入田野

2008年夏,经一位中国朋友介绍,我结识了他在俄南部沃罗涅日市的房东斯维塔阿姨,并在她那儿小住了几日。斯维塔是退休工人,每天都在乡间的菜园劳作。那几日我也随她往返于城市和乡间,每天帮她锄地、浇水,吃了纯天然又美味的西红柿和草莓。当时我觉得这里对于田野调查来说不是一个理想的社区,人们都如候鸟一般每天往返于城市和乡村之间,于是我住了几日便离开了。

时间到了2009年初,寻找田野地点四处碰壁的我终于下定决心,南下沃罗涅日,投奔斯维塔。沃罗涅日市在莫斯科以南439公里,是沃罗涅日州的首府,俄罗斯的父亲河——顿河从沃罗涅日穿过。最初在沃罗涅日的日子,我每天都和斯维塔到顿河西岸的菜园干农活。后来,我在沃罗涅日州辗转于几个田野地点之间,但闲暇时都要回到斯维塔这里,她城里的住所和乡下的菜园是我在沃罗涅日的家。刚来的时候,冰雪还未融化,我们从山下拉来牛粪、鸡粪,用于积肥;从家里带来肉骨头,分给乡间的流浪狗。初春,刚刚烧掉去年的枯草,转眼便是新绿。坐在油油的黑土上,都能感到草木正在生长。刚刚播下的种子,几天后便能冒出小芽。五六月间,草莓已经红透,樱桃挂满树枝,之后,杏、

"俄罗斯心灵"的历程
——俄罗斯黑土区社会生活的民族志

马林果、树莓也都成熟。盛夏至初秋是收获的季节，我们会把菜园里的西红柿、黄瓜、胡萝卜、土豆、洋葱、圆白菜收好，带回家，或腌制，或做冬储蔬菜。秋日阳光好的时候，树枝上的苹果泛着红晕；深秋转寒，霜打的葡萄正甜。第一场雪飘过，人们就很少来了，等待着来年的收成。这里被俄罗斯市民亲切地称为"达恰"（дача）[1]，这里是他们诗意的栖居，但却不是我的田野。达恰区被认为是一个用于休闲的私密空间，我很难进入。那一段时间，除了斯维塔，我几乎没有别的报道人。

2009年春夏之交，在我的强烈要求下，斯维塔介绍我住进了达恰区下的诺村。房东薇拉是斯维塔多年的朋友，家里养了奶牛和鸡、火鸡、鹅等家禽，出售自家产的牛奶、肉和鸡蛋，这些纯天然无污染的"绿色食品"颇受达恰区里城里人的青睐。薇拉和丈夫彼得洛维奇都在城里有工作，儿子刚刚考上大学，也不在家。所以，我住进薇拉家后，自然成了她家的帮手，喂牛、放牛、抬牛奶、卖牛奶、喂鸡、喂鹅……很多活计都要我帮忙打理。薇拉是一个很好的报道人，随时回答我无穷无尽的问题，介绍周围的邻居和买牛奶的顾客和我认识，领着我去她娘家串门，带我去教堂参加礼拜。彼得洛维奇教我干农活，教我说只有男人之间才能讲的俚语，教我如何讲笑话，教我喝酒的规矩，还要教我射击、开车，他要把我变成一个地道的俄罗斯男人。在来到诺村最初的一段日子里，我沉浸在找到田野地点、住进俄罗斯人家庭的兴奋之中。

我很快融入了这个家庭，甚至在他们不在家的时候可以把各种事料理得井井有条：放牛、喂鸡喂鹅、接待取牛奶的顾客、赶牛回家。但转

---

[1] "达恰"是指政府在市郊分配给市民用于休闲和农业生产的份地，也指市民在份地上盖的别墅。本章的第三节将会对达恰进行详细介绍。

第一章
走进田野:"俄罗斯心灵"的追寻

去草场挤牛奶的
妇人
(作者摄)

眼一个多月过去了,我由开始的新奇、兴奋逐渐感到了一种束缚感。这个家庭进入过深,让我完全陷入了从早到晚的各种农活之中,完全没有个人自由的时间,更无法走进整个村落。我和薇拉和彼得洛维奇谈过,想要在社区展开调查,但他们更愿意我能帮忙干活,认为这才是了解俄罗斯人生活的途径。我们在理念上出现了分歧:对我而言,更多地接触村里的其他家庭和整个社区才能更好地完成田野调查;薇拉一家并不需要一个"田野调查者",而是一个干活的帮手。为了更加顺利地进行进一步调查,我必须要从"陷入田野"的境况中脱离出来,要换一个房东。而在这个村子,除了薇拉家,无法再找到接纳我的家庭。住进薇拉家两个月后,我选择了离开,又回到斯维塔那里。

三、田野再出发

虽然寻找田野点再一次失败,但我并没有如在莫斯科那般懊丧。几

"俄罗斯心灵"的历程
——俄罗斯黑土区社会生活的民族志

个月的田野调查经历让我发现那么多乡野故事、个人生命史,让我对刚刚经历的社会变迁有了更多的感性认识:一方面,集体所有制和共产主义意识形态消失以后,俄罗斯乡村生计方式、社会结构发生了根本性的变迁,但这种变迁是沿着俄罗斯独特的道路进行的;另一方面,东正教信仰复兴和国家力量的再次嵌入使得乡村重建道德和生活秩序。这些认识和发现让我逐渐有了研究主题的方向感和问题意识,这不啻于做了一次"预调查"。"预调查"是在我不断试错、碰壁的过程中完成的,经过了"预调查"的洗礼,让我更有信心通过乡村社会的田野调查材料来描述俄罗斯上世纪以来的社会转型与重建的历程。

田野中有很多机缘巧合,这让我的田野调查有了很多神奇的色彩。我最初在莫斯科大学阅读的俄罗斯民族志文献大部分都是来自农业发达的中央黑土区(Центральное Черноземье),如《中央黑土区民族志》(Этнография Центрального Черноземья)[1] 系列,我对于俄罗斯族传统的宗教信仰、民俗、节日、人生仪礼等最初的认识都是来自于这些文献。巧合的是,这套民族志的编者德宁教授就在沃罗涅日大学历史系任教,更为神奇的是,我发现《中央黑土区民族志》丛书中有很多的田野资料就来自我调查过的几个村庄。当我再一次寻找田野点的时候,我联系上了德宁教授,遗憾的是,2009 年他们没有组织田野调查。但他给我介绍了几个在沃罗涅日从事田野调查的研究机构,其中就包括沃罗涅日大学语言系。当我拜访语言系的时候,民间文化教研室的布赫娃副教授热情地接待了我,带领我参观了该系的博物馆并送了我很多他们搜集

---

[1] 《中央黑土区民族志》(Этнография Центрального Черноземья)是在沃罗涅日大学历史系的德宁(ДынинВ.И.)教授组织下完成的。

的民俗资料。布赫娃长期在乡村从事田野调查工作，通过她的介绍，我最终找到了长期调查的地点。

布赫娃通过沃罗涅日州民间创作中心的关系帮我找到了两个田野地点，让我先考察一下再做决定。首先是秋村，秋村离诺村不远，都属位于沃罗涅日城郊的七弓区。初秋，我随布赫娃参加了由沃罗涅日州民间创作中心组织的七弓区文化考察，当天做导游的便是后来我在秋村的房东——兴办"俄罗斯小屋"博物馆的娜塔莎姐妹。布赫娃帮我说好，考察结束以后我会留下来在她们的博物馆住一阵子。当时，我留在秋村这件事被随行的记者捕捉到，并经过演绎上了当地的报纸：

> 考察快结束了，旅行者中有一个人并没有着急离开，请求导游："我可以留下住在你这里吗？"当然，俄罗斯人是热情好客的，这是谁都不能否认的。但是要在自己家接待一个并不很了解的中国人……而强，这是他的名字，站在那里招人喜欢地微笑着。他是做什么的？他住在北京，来俄罗斯调查，他的论文题目是《俄罗斯民间的日常生活》。所有的人都在猜测主人是否同意，最后，强被娜塔利亚·尼古拉耶夫娜和叶莲娜·尼古拉耶夫娜（娜塔莎姐妹，作者注）留在了自己的家。到现在，关于他的故事还没有结束。对于邻居们来说，这个客人是不寻常的，他们来欣赏古老展品的同时，都在问关于强的各种问题。这样，在秋村又多了一个奇迹[1]……这个奇迹来自北京。

---

[1] 秋村的名称 Чудовка 在俄语中与神奇、奇迹（чудо）是同根词。

"俄罗斯心灵"的历程
——俄罗斯黑土区社会生活的民族志

我在秋村的博物馆里，也成为"展品"，每每有人来参观，娜塔莎姐妹都会把我带来和游人见面，这也让我的调查工作很顺畅地展开，让我很快就交到好多朋友。我在秋村的生活非常丰富，娜塔莎姐妹带着我到村里挨家走访，也到附近村庄为博物馆搜集旧物。有了村里"知名人士"的介绍，我很快就被村里人接受，他们都对我非常热情，并很乐意接受我的采访。但遗憾的是，这个村子只有30户居民居住，他们大多是从城里来此度夏的，冬天来临，多数人都会离开这个不通天然气的村子。如果继续留在这儿，我将面对一个严寒的、几乎无人的村子。十几天之后，我决定和秋村告别。

从秋村回来，我又赶往布赫娃介绍的另一个村子——塞村，它位于离沃罗涅日市以南一百多公里的博布罗夫区。在初秋的午后，我乘坐的公共汽车驶进塞村，路边有一排枫树，叶子都已经被染红，路旁五颜六色的木屋让整个村庄都鲜活起来。在教堂边的车站，房东娜塔莉亚·伊万诺夫娜已在那里接我。娜塔莉亚和丈夫瓦洛佳是博布罗夫区的文化名人，娜塔莉亚是彩绘师，而瓦洛佳是木雕师，夫妻俩还在塞村经营着蒸汽浴室（баня）。在娜塔莉亚夫妇的帮助下，我在博布罗夫区移民局办理了正式的居留身份。我能在这个村落里自由地活动，能与村里人更为深入地交流；这里的教堂、学校、村委会等公共空间都对我开放；这里在苏维埃时代是一个著名的集体农庄，从中走出了一位颇具传奇色彩的女拖拉机手……这里满足我对于田野调查的要求，我最终选择了这里作为我的田野调查点，一直到我从俄罗斯离开。对于国内的田野调查来说，这些最基本的条件很容易满足，但是对于我的海外民族志田野调查来说，得到这些却经历了如此坎坷的历程。

从莫斯科到沃罗涅日再到黑土区乡村，在别人看来，这是从国家的

第一章
走进田野:"俄罗斯心灵"的追寻

中心走到了边陲,但对我而言,却越来越能走进俄罗斯人的生活,越来越能靠近他们的"心灵"。是在田野间的行走使我发现了"俄罗斯心灵"对当代俄罗斯的意义,并使我最终决定将"俄罗斯心灵"的文化实践作为探讨俄罗斯社会转型的视角,可以说,田野地点寻找的过程就是追寻"俄罗斯心灵"之旅。我所经历的调查点是具有多样性的,有大都市(莫斯科)和中等城市(沃罗涅日),也有小城镇(博布罗夫、卡罗姆纳)和乡村(诺村、秋村和塞村)。即使是乡村,它们也是不同的:诺村位于城市边缘,与达恰区相连;秋村是城里人的休闲地;塞村是传统的农业村落。在这些极为不同的地方,我却能感受到共同的"俄罗斯心灵":共同的信仰,共同的历史,共享象征符号体系,共度节庆,等等。当然,这种共同性并不是指物质生活上的,而是指思想和精神上的。当今俄罗斯执政党(统一俄罗斯党)的名称很好地诠释了这种共同性,我在俄罗斯城乡(主要位于黑土区)的田野点不断观察和体验着俄罗斯的共同之处,这是一个"统一的俄罗斯"(Единая Россия)。这种共同性,来源于历史的积淀,国家力量的塑造,知识分子对民族/国家认同的表述,民众的共同的记忆。塑造这种共同性,会被冠以极具动员力的名称,那就是"俄罗斯心灵"。从本书的主题出发,因田野调查点选择的不确定性而造成的并不是有意为之的"多点民族志"实践是有益的。

当我离开俄罗斯的时候,又是一个雪天。我提着装满田野资料的皮箱,走向莫斯科谢列梅耶沃机场候机楼,回望即将离开的俄罗斯,雪地上留下了一串脚印。回到国内,我在整理各种田野资料和回忆田野经历的时候才发现,在俄罗斯的每一段经历、每一个细节对于理解俄罗斯都是有益的。这让我逐渐意识到,田野调查点不是天真地、纯粹地追求的某个"典型"的社区,而是在你留下脚印的地方,其实,田野就在你的身边,在你的脚下。

第二节 莫斯科印象

莫斯科不是我最终的田野地点,但它给予了我对俄罗斯的最初印象,这种印象虽是破碎的、片段式的,却是非常深刻的。后因工作的关系几次来到莫斯科,有机会细细体味和感受这座城市,并逐渐将这座城市与我一直思考的"俄罗斯心灵"勾连起来。我越来越感受到,莫斯科是一座善于记忆的城市,它向外开放的公共空间以及公共空间内的纪念物,比如建筑、雕像、广场、博物馆、纪念碑等等都是这种记忆的载体,也是"俄罗斯心灵"符号性和抽象化的表达。而生活其中的莫斯科人,他们的品位与气质是"俄罗斯心灵"的完美诠释。

一、莫斯科城:善于记忆的城市

夏日里,乘船游览莫斯科河颇受游客和市民的青睐。站在游船上,伴着莫斯科河的波涛,欣赏莫斯科最具代表性的建筑景观。建筑的堆叠是纪念时光的流逝:沿莫斯科河两岸,极具欧陆风情的巴洛克式楼房整齐排列,克林姆林宫、救世主大教堂、新圣女修道院、彼得一世的巨幅雕像巍峨屹立,这些建筑和遗迹向你诉说着俄罗斯帝国的辉煌;远眺高耸入云的斯大林式建筑——莫斯科大学、乌克兰饭店、外交部大楼,欣

第一章
走进田野:"俄罗斯心灵"的追寻

赏气势恢宏的卢日尼基体育馆、国防部大楼,总能让人想起激情燃烧的社会主义建设时代;远处现代化摩天大楼莫斯科城(москва сити)拔地而起,两岸楼顶上奔驰、三星广告牌高高树立,耀眼的霓虹闪烁,这又告诉我们,莫斯科是一座与世界同步的现代化国际都市。

　　莫斯科就是这样一座善于记忆的城市,它用建筑和雕塑"雕刻时光",纪念俄罗斯国家和民族的历史。莫斯科的教堂建筑颇具特色,十月革命以前的教堂的数量号称"四十乘以四十"(сорок сороков),一千六百座。异常华美的东正教堂最具特色的便是圆顶,阳光下,东正教堂的圆顶闪烁着金色的光芒。正因为如此,拥有上千座教堂的莫斯科城被誉为"金顶之城"。在莫斯科,很多著名的教堂都是为纪念俄罗斯历史上重大的历史事件而建;红场上色彩斑斓的圣瓦西里大教堂是为纪念伊凡四世攻克喀山汗国;红场上东北角的喀山教堂是为了纪念17世

红场(作者摄)

"俄罗斯心灵"的历程
——俄罗斯黑土区社会生活的民族志

纪赶走波兰-立陶宛的侵略者，结束了俄罗斯历史上的"混乱时期"，这场战争是在喀山圣母圣像的庇佑下得胜的，所以这座教堂取名喀山教堂；莫斯科河边金顶闪耀的救世主大教堂是为了纪念俄罗斯帝国战胜拿破仑的军队，取得第一次卫国战争的胜利，由沙皇亚历山大一世下令修建，感谢基督救世主"将俄罗斯从失败中拯救出来，使她避免蒙羞"。

除了教堂建筑，莫斯科人习惯于用雕像来纪念他们的先辈，雕像会唤起我们对某个人、某个时代的记忆。广场和街头上随处可见的雕像是莫斯科一道独特的景观。莫斯科市政府门前是东正教圣徒圣格奥尔吉（Георгий Победоносец）骑马斩蛇妖的雕像，这个雕像也是莫斯科市徽的主体，是莫斯科的标志；红场上圣瓦西里教堂前有纪念贵族波扎尔斯基和农民领袖米宁的雕像，他们率军于1604年攻入莫斯科赶走波兰-立陶宛侵略者；莫斯科河边彼得一世的雕像站在船头眺望远方；莫斯科大学主楼前高耸着创办者罗莫诺索夫的铜像；普希金公园中心位置矗立着普希金的雕像，俄罗斯最伟大的诗人在颔首沉思；国家图书馆前有俄罗斯思想家陀思妥耶夫斯基的坐像，眼神深邃；国家历史博物馆前的朱可夫骑马的雕像，展现着这位拯救民族于危难的元帅的飒爽英姿；胜利广场上高耸入云的石碑上，天使吹着号角向全世界传递着战胜德国法西斯、伟大卫国战争胜利的喜悦；全俄展览中心耸立着"工人与集体农庄女庄员"雕像，这成了莫斯科电影制片厂出品的电影的标志。

行走在莫斯科街头，不经意间便会看见在某个不起眼的小楼墙上镶嵌的大理石石碑，上边有的雕刻着头像，有的只刻有几行小字，铭记着这里曾经住过的名人。老阿尔巴特大街上的一幢小楼，普希金曾在这里度过最甜蜜的新婚时光。曾住在老阿尔巴特大街上的名人还有：《基督

第一章
走进田野："俄罗斯心灵"的追寻

来到人间》的作者、著名画家伊万诺夫，写出了《阿尔巴特街的孩子们》的雷巴科夫，征服北极的苏联英雄巴巴宁等等。在特维尔大街上的高大建筑里，列宁在1918年某月某日在此演讲；在一条小巷里，高尔基和阿·托尔斯泰比邻而居，高尔基正是在这里与法国作家罗曼·罗兰会面；在莫斯科河边有作家阿赫玛托娃来莫斯科常住的住宅……这样的地方在莫斯科不胜枚举，无论是著名街道还是寻常巷陌，我们总能看见这样的字牌，这些凝结着历史记忆的字牌让一幢幢建筑仿佛有了生命。

　　莫斯科河畔的新圣女修道院，以其院内的新圣女公墓闻名于世。这里安葬着近代以来足以载入俄罗斯史册的人物，是俄罗斯的"先贤祠"。新圣女公墓里的墓碑，每一块都是精致的艺术品，用雕塑的形式记录着这些先贤的辉煌时刻和伟大贡献。按照东正教的观念，人死后灵魂永生。这些在历史舞台上曾经粉墨登场的主角与配角们虽然已经故去，但他们的墓碑让我们感到他们的灵魂与我们同在。徜徉于新圣女公墓中，仿佛在历史的时空中穿行，不经意间就会与某位时代英雄邂逅。果戈理墓上碑是白色大理石雕像，墓碑前总有人放上鲜花和圣像；歌唱家夏里亚宾跷着腿优雅地坐在沙发上，手里还拈着一支玫瑰；作家奥斯特洛夫斯基墓碑上有战刀、军帽和一盏红灯；二战期间向全世界播音、鼓舞了亿万人抵抗法西斯的列维坦[1]面前摆着一只话筒；舞蹈家乌兰诺娃的墓上碑是芭蕾舞《天鹅湖》上的那只白天鹅；赫鲁晓夫的墓碑是黑白分明

---

[1] 尤里·鲍里索维奇·列维坦（Юрий Борисович Левитан，1914—1983），苏联著名播音员，在卫国战争（1941—1945）期间负责宣读苏联情报局战报和最高统帅斯大林的命令，播送了攻克柏林和卫国战争胜利的消息。他的声音音色优美、富有激情和表现力，对鼓舞人民斗志和宣传国家号令起了重要作用。

"俄罗斯心灵"的历程
—— 俄罗斯黑土区社会生活的民族志

的雕像,他的是非功过让世人评说……这些在历史上留下精彩瞬间的人物,用多样的形式让人们永远铭记,除了为他们立雕像、建纪念碑和纪念馆,各类机构、街道甚至是城市都以他们的名字命名。这座善于记忆的城市要让人们相信,这是一个群星闪耀的莫斯科。

莫斯科的纪念物——建筑、雕塑、纪念碑——本身也记录了时代的变迁。在苏维埃时期无神化运动中,被称为"第三罗马"的莫斯科的大部分教堂被捣毁或者封闭,最为引人注目的就是莫斯科河畔救世主大教堂的毁坏。新生的苏维埃政权想在原址上建高耸入云的苏维埃宫,设计者要在苏维埃宫的顶端放置列宁的雕像。后来,这项计划因为战争开始而搁浅。苏联解体以后,莫斯科教堂大规模重建或者恢复开放,最具标志性意义的便是救世主大教堂的重建。莫斯科城北有一片展览区,这是过去的国民经济成就展览中心(ВДНХ),这个展览中心建立的初衷是展示苏联各加盟共和国的社会主义建设成就。它的灵感来自于世界博览会,苏联每一个社会主义加盟共和国都在这里建了一座展览馆。一座座各具民族特色的宫殿酷似希腊神庙,只不过"神庙"上的神话人物换成了工人、农民和社会主义建设者们。如今,苏联已不复存在,这里已经更名为"全俄展览中心"(ВВЦ),各展览馆现已变为举办各种商品展销会的场所。当我第一次来这里的时候,恰逢"全俄罗斯东正教展览和展销会"在此举办,巨大的宣传条幅系在斯大林式建筑风格的大门上,醒目地写着:"祖国的宗教和道德的重建。"这个昔日展示社会主义建设成就的宫殿,如今摆满的都是东正教的蜡烛、圣像和《圣经》。

"雕像既是记忆的官方守护神,又是来自被遗忘者之阴间的信使……雕像是权力的信使,因而常常变成替罪羊,成为发泄忧虑和愤怒的对象。"[1] 雕像的建立、摧毁和复活似乎在演绎着这个国家的历史变迁。爱森斯坦的影片《十月》用"雕像的战争"纪念十月革命胜利十周年,影片中亚历山大三世雕像被拆毁。1930年代中期,新的国家传统被制造出来,"标志就是领袖们的高大雕像如雨后蘑菇到处出现";"苏维埃联盟终结的高潮是在苏联英雄公共纪念碑周围破坏偶像的狂欢活动。契卡头目捷尔任斯基的纪念碑被狂热的人群推翻……在基辅,列宁被拆下装在笼子里,空荡的底座下只留下了他的一双石头靴子。"[2] 如今,莫斯科街头已经难觅列宁、斯大林和其他共产主义运动领导人的雕像,他们的形象给后现代主义艺术家们带来了灵感。

二、莫斯科人:享受有品位的生活

莫斯科是一座大都市,一千多万的莫斯科人每天都在这座城市里奔忙着。莫斯科人有一个共同的名字——Москвичи,这座光荣城市的市民有着独特的气质,他们热爱有创造性的工作,享受有品位的生活。

著名的莫斯科地铁每天搭载乘客800万人次,早晚上下班时地铁站里人头攒动,摩肩接踵。高峰时段,列车几乎每半分钟一趟,呼啸着驶进驶出。莫斯科地铁列车已经显得老旧,与北京的地铁相比,它完全可以称为古董,车体破旧、噪音巨大,运行起来摇摇晃晃。车厢内人挤人、人挨人,但人们都很有礼貌地为上下车的乘客让出空间,我从来

---

[1] 〔美〕斯维特兰娜·博伊姆著:《怀旧的未来》,杨德友译,译林出版社,2010年,第100—101页。

[2] 〔美〕斯维特兰娜·博伊姆著:《怀旧的未来》,第94页,第100—101页。

"俄罗斯心灵"的历程
——俄罗斯黑土区社会生活的民族志

莫斯科——最具阅读力的城市
（图片源自网络）

没有看到人们因为拥挤发生口角或拳脚相向。地铁上，莫斯科人喜欢安静地读书读报，这已经形成了他们的一种阅读习惯。莫斯科人出行都会带一本小书或者一份报纸，坐地铁和公共汽车、排队、等人的时候翻看。莫斯科是最具阅读力的城市之一，莫斯科人喜爱阅读，善于思考，书店、旧书摊前从来不缺认真的淘书者。在莫斯科，与同龄人交流时，我时常会感叹他们的博闻强识。他们喜欢探讨人性、心灵等哲学问题，在我面前，很多俄罗斯人会引用孔子、老子、庄子等"东方智者"的话与我交流，常常让国学功底单薄的我无比汗颜。

莫斯科街头，人们总是形色匆匆。在这个消费水平非常高（世界上也是数一数二）的城市，很多莫斯科人都兼职几分工作才能养家糊口。我在莫斯科大学的俄语老师就在好几个学校兼职，否则，她在莫大的微

第一章
走进田野："俄罗斯心灵"的追寻

薄收入还不够交通费用。即使是这样，莫斯科人并不以追求钱财作为工作的唯一目的，他们更愿意从事创造性的工作，用自己的学识、技术和智慧来赚钱。比如市场上做买卖的商贩，虽然非常赚钱，但莫斯科人即使缺钱也不屑于做这样的工作。在访谈中，很多莫斯科人几乎都有相同的记忆，"苏联解体以后的经济危机，让国家发不出工资和养老金，为了换钱，我们不得不把家里的东西或者批发的一些东西拿到市场上去卖"。这是莫斯科人在走投无路时才做出的选择，几乎所有的人都会发出这样的感慨："这些人过去可都是大学教师、工程师啊！"如今，莫斯科大小集贸市场上难觅莫斯科本地人的身影，卖蔬菜水果、日杂商品的多为来自高加索的格鲁吉亚人、阿塞拜疆人和亚美尼亚人，他们讲的俄语有着浓重口音，眼睛里总是流露出商人特有的狡黠目光。做服装鞋帽、家用电器批发的大多是中国和越南商人。市场里做苦力、运货的多是中亚人。

在莫斯科，排队是一道景观。来到莫斯科之后，我最先学会的一句口语就是"谁是最后一个"（Кто последний），因为这是一句排队时的用语，我几乎每天都在使用它。刚到莫斯科的时候，在机场入关、等巴士要排长队；后来去学校办理入学、住宿手续要排队；在银行办事、商店购物、剧院买票也需要加入长长的队伍之中。加入队伍时会向队伍里的人询问"谁是最后一个"，之前排在最后一个的人便会应答，示意你要站在他的后边，这样每个人都会记住自己的前后是谁，保证了正常的排队秩序。当然，排队过程中仍然会有人企图插队，但是插队就意味着要浪费别人的时间，几乎所有的人都会指责这个破坏秩序的人，已经形成的清晰次序和道德压力让插队很少发生。一些在苏联时代生活过的人告诉我，排队是物资紧缺时代的产物，是保持秩序相对公平公正的一种方式。1990年代初，严重的经济危机使得当时的俄罗斯生活用品供应紧张，人们到处排队购买生活必需品。西方媒体在介绍当时俄罗斯民生状况的时候，经常会用风雪中表情忧郁的俄罗斯人排长队的图片来展示。当时，人们奔忙于各种队伍中购买日用品，只要看到有队伍就去排着，不管是卖什么的。1979年出生的莫斯科女孩奥利加回忆童年的时候，印象深刻的便是排队："商店门前总是有长长的队伍，记得我们全家人拿着盆和桶去买面包和面条，但是很难买到，商店里的柜台始终是没有什么东西。但在当时，即使是饿着肚子买面包，队伍也是井然有序，商店也不会遭到哄抢。"在俄多年的中国人也给我讲述过类似的故事，对此我感到非常钦佩。

莫斯科人非常注重自己的外表和举止。女人如果不化妆就不会出门，且不说年轻的摩登女郎，就是上街买菜的老太太，也要穿戴整齐，头发整理得一丝不乱，脸上涂粉底，嘴上抹口红。男人们也要装扮得非常得体，几乎每个男人都有正装，一旦出席稍微正式的场合，都身着正装出席。在莫斯科人看来，这是对别人的尊重，穿戴得邋里邋遢的只有酒鬼和乞丐。据说在莫斯科的中小学都有礼仪课程，所以我接触的莫斯科人几乎都温文尔雅，衣着、谈吐、举手投足都非常得体，男士有绅士风度，女士落落大方。俄罗斯女人非常喜欢鲜花，在莫斯科大街上，每个十字路口都会有几间小店，这其中肯定会有花店。鲜花是送给女士最好的礼物，我每次去莫斯科人家做客，都会买几支（一定要单数）鲜花送给女主人，女主人见到鲜花都非常兴奋，会非常愉快地把花接过来插到家里常备的花瓶里。俄罗斯男士好酒，和男人们喝酒是比较融洽的交往方式。与我后来在黑土区和男人们喝酒不同，在莫斯科，喝酒的时候也要表现得很优雅。敬酒者要发表祝酒词，这也

第一章
走进田野:"俄罗斯心灵"的追寻

是考验一个人口才和文采的时候,谁的祝酒词有新意、打动人心,谁则会获得在场人的称赞。

逛博物馆是莫斯科人休闲的主要方式。据统计,莫斯科有大大小小430座博物馆、展览厅[1],其中有些享誉世界的博物馆,比如:展示俄罗斯美术和绘画成就的特里奇亚科夫画廊、普希金造型艺术博物馆;位于红场边展示俄罗斯历史的国家历史博物馆;还有科技博物馆,地方志博物馆、民俗博物馆、名人故居等等。在莫斯科,博物馆是全家出游、情侣约会、学生集体活动的不错选择。5月18日是世界博物馆日,那一天,全国的博物馆都免费开放。新闻上报道,从午夜开始,莫斯科人便会排队到博物馆参观,"博物馆之夜"已经成为莫斯科人的一个重要节日。平日里,在博物馆见到最多的是孩子,他们或者由家长带领,或者由学校组织参观。在和莫斯科人接触的时候,很多人都会讲到童年去博物馆参观的经历。博物馆的每一个展室都有一位经验丰富的讲解员,绝大多数都是气质高雅的中老年女性。她们大都在博物馆工作多年,对展品的每一个细节了如指掌,能绘声绘色地讲解艺术作品的创作背景及其表达的情感,介绍名人的生平与事迹,展示祖国的文化和历史。我经常"旁听"这样的讲解,她们耐心回答孩子们的每一个提问,并启发孩子们去思考,增强他们对于自己祖国的自豪感,博物馆俨然成为一个生动的俄罗斯文化历史和爱国主义教育的课堂。

莫斯科剧院林立,我曾经简单地数了数,在位于市中心的特维尔大街附近就有近十家剧院,当然,这其中包括闻名世界的大剧院和小剧院,还有一些别具特色的剧院,每家剧院几乎都有上百年的历史。在地

---

[1] 见 http://www.museum.ru/

"俄罗斯心灵"的历程
——俄罗斯黑土区社会生活的民族志

剧院剧间休息的人们
（作者摄）

铁站或者公共汽车站，都有售卖各种演出票的代售点，圆筒状的展示牌上贴满了各种演出的信息：芭蕾舞、歌剧、话剧、演唱会、交响乐、民族舞蹈、马戏等应接不暇，每天莫斯科有上百场演出。如果要去大剧院这样的著名剧院看演出，需要提前几个月预订。据当地人讲，在过去，莫斯科人如果订到了这些著名剧院的票，就会提前很长时间准备看戏所需的服饰，那一天一定要精心打扮，盛装出席。有的演出票上就写明穿着要"нарядный"，即打扮得漂亮的，盛装的。这是一种剧院礼仪，直到现在，我也能感受到这种遗风。我第一次去剧院看芭蕾舞时，发现男士多穿着西装礼服，女士多穿着晚礼服，精心打扮。开场前和剧间休息时，在富丽堂皇的大厅，身着盛装的人们端着红酒、香槟在优雅地聊天，眼前的画面不禁让我想起俄国小说和电影中贵族聚会的场景。演出时，座无虚席的剧院大厅特别安静，观众们全情投入到演出之中，距离较远的观众会拿着小望远镜静静地观看。哪里需要鼓掌，哪里需要喊"Bravo"，台下的观众仿佛是排练好的一样。演出完毕，

第一章
走进田野："俄罗斯心灵"的追寻

演员谢幕，观众们会用经久不息的掌声感谢演员们的精彩演出。我的一个莫斯科朋友告诉我，从小她就和父母去看戏，《大师与玛格丽特》[1]这出话剧是她最为喜欢的，她在莫斯科很多剧场都看过这部戏的演出，这部戏的情节和台词她都已经烂熟于心了。剧院的票价对于工薪阶层来说也不便宜，我就亲眼见到一个老太太颤抖地将钱包里仅有的500卢布拿出来，买了一张歌剧《沙皇的新娘》[2]的剧票，后来她告诉我这部歌剧她已经看了五遍了。观看各种演出是莫斯科人的精神食粮，有人对我说，在1990年代初，即使是饿着肚子，莫斯科人还是要去剧院看戏。

莫斯科的冬天是阴郁而不见天日的，我是在12月份来到莫斯科的，整整一个月，我只见过三次太阳。到了莫斯科，我才理解莫斯科人为什么那么期盼春天和夏日的到来。复活节后，阳光灿烂，满城鲜花盛开。夏日里，人们喜欢在河边或者湖边晒太阳，午后莫斯科河畔往往白花花的一片，都是晒太阳的人。甚至很多女孩都喜欢把自己晒成古铜色，美白绝对不是莫斯科夏天的时尚。在莫斯科，包裹着整个城市的不

---

[1] 《大师与玛格丽特》(Мастери Маргарита) 是苏联作家米哈伊尔·阿法纳西耶维奇·布尔加科夫 (Михаил Афанасьевич Булгаков, 1891—1940) 最为重要的代表作，这部小说开始创作于1920年代，一直到作家去世前才完成。小说将现实与神话融为一体，揭示了惩恶扬善的主题，被誉为20世纪魔幻现实主义的代表作之一。1966—1967年，删减版在《莫斯科》杂志上连载；1973年，未删减版在苏联出版。这部小说问世以后引起了轰动，改编成话剧、电影等多种艺术形式。

[2] 歌剧《沙皇的新娘》(Царская невеста) 是俄国作曲家尼古拉·安德烈耶维奇·里姆斯基－科萨科夫 (Николай Андреевич Римский-Корсаков, 1844—1908) 的作品，根据诗人、作家梅伊 (Лев Мей) 所写诗剧改编成。该作品于1899年10月22日在莫斯科首演。作品讲述了伊凡雷帝的第三夫人玛尔华 (Марфа) 的悲剧：诺夫哥罗德商人的女儿玛尔华被遴选为伊凡雷帝之妻，未料这位准新娘被带入皇宫后突然病倒，香消玉殒。

只是钢筋水泥丛林,还有旖旎的自然风光:在城中就有面积很大的森林公园,那里有成片的森林和清澈的湖泊。莫斯科人喜欢在森林聚餐,搬来木头拢起篝火,在炭火上烧烤,用刚刚采到的蘑菇煮汤;品罢美食,便下湖游泳,感受夏日里的清凉;湖边,总有男孩抱着吉他深情地弹奏,身边的人轻轻地随着琴声哼唱……这种浪漫的场景,我只在童话里读到过,但这就是莫斯科市民的休闲生活。莫斯科人会把一个月的带薪休假放在夏天,他们喜欢去海边度假,有的去埃及、土耳其,有的去黑海边的索契和克里米亚。经济条件差一些的人也会去自己的达恰度假,在大自然中生活一段时间。大自然里静谧的环境是莫斯科人最为喜爱的,很多莫斯科人都和我说,高楼林立、车水马龙的莫斯科里已经不再有"俄罗斯的生活"了,他们一有机会就会"逃离"莫斯科奔向大自然。

第三节 城乡之间的达恰

离开莫斯科,我的田野调查工作在位于中央黑土经济区[1](简称黑土区)的沃罗涅日州(Воронежская область)展开。沃罗涅日州位于

---

[1] 中央黑土经济区(Центрально-Черноземный эконо-мический район)是俄罗斯联邦11个经济区之一,包括别尔哥罗德州、沃罗涅日州、利彼茨克州、坦波夫州、库尔斯克州。该区面积为16.77万平方公里,占俄联邦总面积的0.98%。土壤肥沃,气候条件好。该区是俄联邦传统的农业区,区内40%的人口为农业人口。主要的种植作物有甜菜、玉米、大麦、燕麦和小麦。该区是俄联邦在欧洲中部地区的主要农产品基地和食品工业中心。

第一章
走进田野:"俄罗斯心灵"的追寻

俄罗斯中部高地,东部是由顿河上游及其支流(哈别尔河、比秋格河)冲击而成的顿河平原,南部与乌克兰接壤。作为联邦主体,沃罗涅日州属于俄罗斯欧洲部分的中央联邦区,首府是号称"黑土区首都"的沃罗涅日市。来到沃罗涅日市以后,我最先认识的不是这个城市,而是俄罗斯城郊普遍存在的休闲地——达恰。在来到沃罗涅日最初的日子里,每天我都随房东斯维塔往返于城市和达恰之间,达恰区是我在黑土区最初的田野地点。后来,我辗转于沃罗涅日城郊的两个村庄,它们和达恰也有着千丝万缕的联系,一个是达恰边的村庄,而另一个是作为达恰区的村庄。下面,我们就走进达恰,探访这个俄罗斯城乡之间的独特空间。

一、顿河边的达恰区

在俄语中,达恰(дача)的词根表达"给予、赠与"之意,原指沙皇赏赐给获得爵位的贵族的休闲地。十月革命以后,达恰份地成为党政机关分配给高级公务人员的休闲之所。在赫鲁晓夫的解冻时期出现了达恰的平民化,当时,国家为了解决粮食紧缺的问题,在城市边缘辟出农用地,分配给市民,多数城市家庭可以得到 600 平方米的份地用于农艺生产。在勃列日涅夫时期,国家允许在这块份地上建造夏日居住的小木屋。从那时起,达恰成为普通市民的"别墅",是他们享受乡村宁静安逸生活的休闲度假之所。俄罗斯有着漫长而又阴郁的冬季,温暖的日子一到,市民们纷纷出游享受阳光和大自然。到郊外休闲,早已成为俄罗斯人的传统,生活于 19 世纪上半叶的历史学家卡拉姆津

"俄罗斯心灵"的历程
——俄罗斯黑土区社会生活的民族志

达恰里的老人——神的蒲公英
（作者摄）

(Н.М.Карамзин, 1766—1826)^[1] 曾经写道："夏天的莫斯科就是一座空城，居民们都会奔向城郊。"如今，在俄罗斯，劳动者每年享有近一个月的带薪休假（отпуск），人们往往会把这个假期安排在夏日，对于普通家庭来说，郊外的达恰是最为经济的休闲地。每到周末或假日，乘电气火车或自驾车去达恰的人明显增多，且多为一家人相伴出行，大人领着孩子，甚至带着宠物到自己或者父母的达恰里住上几天。假期结束时，他们大包小包地装着达恰菜地出产的"绿色有机"蔬菜、水果，满载而归。有的退休老人甚至整个夏天都会在静谧的达恰里度过，一直到秋凉以后才返回城里。

---

[1] 尼古拉·米哈伊洛维奇·卡拉姆津（Николай Михайлович Карамзин, 1766—1826），俄国著名历史学家、感伤主义时代的作家。曾任文学月刊《莫斯科杂志》（1791—1792）和文学和政治半月刊《欧罗巴导报》（1802—1803）主编。主要作品为《俄罗斯国家史》（1—12卷）。卡拉姆津是保守主义的代表人物，被称为精神上的斯拉夫派之父。

第一章
走进田野:"俄罗斯心灵"的追寻

斯维塔的达恰位于顿河西岸的达恰区,退休以后,斯维塔几乎每天都要去达恰。刚到沃罗涅日的时候,"去达恰"是我生活和田野工作的全部内容。斯维塔家在沃罗涅日城北区一栋老旧的居民楼里,这是一套两居室的住宅,五十多平方米,是1980年代中期政府分给斯维塔的。通常,我们早上7点左右从家里出发。居民楼的电梯早已破旧,电梯启动时如拖拉机般轰鸣作响,电梯空间很小,胖胖的斯维塔和我站到里边便再也容不下第三个人了。走出电梯,阴暗的满是涂鸦的楼道里散发着一股霉味,有时还有老鼠在眼前穿过。楼前的空地坑洼不平,沿小路而行,要小心路上的水坑。公共座椅上横七竖八地躺着很多空酒瓶,昨夜又有酒鬼在这里狂饮。楼前的车站破旧不堪,座椅上、垃圾箱里也满是酒瓶。我们要坐无轨电车去西南火车站,无轨电车也是老古董,有的连

去达恰的人们(作者摄)

"俄罗斯心灵"的历程
——俄罗斯黑土区社会生活的民族志

车门都关不上，四处漏风。摇摇晃晃的无轨电车要从城北穿过半个城市前往西南火车站，路过市中心、工业区和住宅区。苏联时代，沃罗涅日市是俄罗斯南部重要的工业基地，但如今这里的工业已不再景气，苏联时代建起的一些工厂早已破败，有的厂房上长满了荒草。灰色调的住宅楼呆板地排列在街道的两旁，有的因年久失修都已经成了危房。整座城市并没有什么生机，仿佛时间在20世纪八九十年代戛然而止，人们生活在那个年代的城市的遗迹上。

在西南火车站，每天都有数班通往郊区的电气火车。过去，电气火车是为了方便工人通勤，住在城郊的工人坐电气火车来城里上班，清晨和黄昏时这里都热闹非凡。如今，城里的工厂倒闭了，车站也萧条了，电气火车还存在的意义就是为了方便人们去达恰。春日里，老人们拿着农具、拎着秧苗，有的还牵着狗坐上电气火车。相识的老友会坐在一起，他们聊着如何剪枝、下种，偶尔也谈论一下国家大事，有时聊到最近过世的同伴，唏嘘不已。电气火车一路向西，穿过顿河，扑面而来的便是乡野的自然风光：常青的云杉、高耸的白桦、绿油油的麦田、色彩斑斓的木屋。斯维塔达恰所在的"彩虹达恰区"位于经过顿河后的第二站，小站没有名字，只是在铁路边立着一块牌子，上边写着"离城22公里处"。

达恰是斯维塔的乐园，因为那里有黝黑的土地，新鲜的空气，甘甜的井水，静谧的生活和自然。每当她从电气火车上走下，脚步就变得轻快，整个人都快乐起来，几只野狗前窜后跳地来车站迎接我们，斯维塔把准备好的骨头和剩饭扔给它们，野狗们摇晃着尾巴享用着饕餮盛宴。车站后身有一条小路通向达恰区，在小路的引领下，山坡上几十幢达恰渐次排开。这些达恰都是人们自己搭建起来的，没有统一制式。有的达

第一章
走进田野："俄罗斯心灵"的追寻

恰已经年久失修，杂草丛生，破败不堪；有的达恰只是木板搭起、外嵌铁皮的简易木屋；而有的（甚至都已经不能称之为"达恰"）是用砖石砌成的气派庄园（усадьба）。一位州立法会议员的达恰建在这里，高耸的围墙里有三层欧式阁楼，车库、浴室一应俱全，屋顶放着卫星信号接收器，就连柏油路也专门修到他家门前。相比之下，斯维塔的达恰最为寒酸，因为在分给她的份地上根本就没有"别墅"。在1980年代，斯维塔分得这块份地时，她正照顾患病的哥哥，没有结婚，没有家庭，加之后来又遇上了经济危机，她根本就没有能力在这里建"别墅"。所以，在斯维塔的口中，这里不是"达恰"（дача），而只是菜园（огород）。

斯维塔的菜园用铁丝网围成，走进菜园，一条弯弯曲曲的小道把菜园分成两个部分：左半边是果树，有苹果树、梨树、杏树、樱桃树、山楂树，树荫下栽种着喜阴的南瓜和黄瓜；右半边向阳的黑土上种着土豆、西红柿、胡萝卜、西葫芦、草莓、葡萄等蔬菜水果，还有一些我以前没见过的用于调味的香料：欧洲防风（пастернак）、天冬草（спаржа）、酸模（щаверь）；小路边种着几丛花，郁金香、玫瑰还有芍药，每到鲜花盛开时，斯维塔都会采下一束送到亲人墓地上；栅栏边种着马林果（малина）、穗醋栗（смородина）、刺李（крыжовник）、越橘（клюква）以及我说不上名字的酸酸甜甜的果子。斯维塔把从电视、同伴那里得来的经验都用在侍弄菜园里的瓜果蔬菜上，对待它们就像对待孩子一样。经过了冬日积肥、春天播种、夏季照料，到了夏末秋初，便迎来了收获的季节。这时的斯维塔最为忙碌，菜园是原料地，家里成了小作坊。她把各种蔬菜水果大篮小篮地提回家，把土豆、圆白菜、胡萝卜、苹果运到地窖里作为冬储果蔬，其他的果蔬用于腌制、榨汁和酿酒：腌酸黄瓜和酸西红柿，做果酱和罐头，榨苹果汁，酿葡萄酒。这是

67

她生活中最大的乐趣,每当她把这些菜园里的"特产"拿出来招待朋友的时候,她都特别高兴和满足。

斯维塔对菜园充满了感情,"菜园"是她每天说的最多的一个词。斯维塔出生在乌克兰农村,后来到城里当上了工人,按她的话讲,始终带着"农民的基因"。和斯维塔同一时代的人几乎都有着这样的背景,生在农村的他们亲近土地和自然,喜欢在土地上劳作,对他们来说,让菜园郁郁葱葱、瓜菜飘香是一种"艺术"享受。他们辛勤耕耘的这一小块土地,成了斯维塔和她这一代人度过苏联解体前后社会动荡和经济危机的救命稻草。苏联刚解体的时候,斯维塔刚好退休。很长一段时间内,退休金都很难及时发放,商店里都被买空了,打开冰箱找不到一点吃的。但正是有了菜园里的蔬菜水果,她挨过了那段最困难的时光。即使到现在,菜园也依然是斯维塔生活的重要补充。斯维塔的退休金4000多卢布[1],除去水电煤气等杂费,只剩下2000多卢布,这点钱在市场上还买不上5公斤牛肉。如果没有菜园,她的生活很难维持。很多收入微薄的退休老人和斯维塔有着同样的境遇,这样的记忆让他们始终怀有一种不安全感,总害怕自己一觉醒来,什么都没有了。土地能给他们带来温暖和保障,无论社会如何动荡,一方黑土地却能将人们滋养。正因如此,他们十分珍爱自己的菜园,有了它生活才安心。

来达恰的多是上了年岁的老人,达恰是老人们钟爱的居住之所,他们往往整个夏天都会住在这里,从银行退休的尼古拉耶夫娜便是其中之一。如今83岁的她每年5月中旬天气转暖的时候就会住到达恰里来,9月天气变冷的时候再搬回城里。前些年,她还能在达恰的菜园里种些

---

[1] 这是2009年的退休金水平。

第一章
走进田野："俄罗斯心灵"的追寻

蔬菜、花草，如今她患有严重腿疾，走路都很困难，已经干不了重活了。但是每年夏天她依然会到这里来，达恰的生活让她十分迷恋：白天，坐在门廊上，和周围的邻居聊聊天，听着虫鸣鸟啼，呼吸着新鲜的空气；晚上躺在床上看看电视、看看书，日子比在城里过得舒服安逸。她的丈夫二十年前就去世了，达恰里留下了他栽种和嫁接的苹果树，尼古拉耶夫娜对我说，在达恰看着苹果树抽芽、开花、结果，总能想起丈夫和他们甜蜜的生活点滴，达恰已经成为她的情感寄托。在俄罗斯，老人多是独自生活，很少和子女在一起。相比于嘈杂的城市，老年人喜欢在达恰里生活，喜欢在这样安静的环境下度过自己最后的时光。斯维塔总对我说，这些老人是"神的蒲公英"，只要微风一吹，便会四处飘散。老人们有了达恰，即使被风吹散，也能安心地投入在乡间的黑土地和大自然之中。

达恰不只是老人的归宿，还是人们欢享生活的乐土。伊格尔是居住在沃罗涅日市的工程师，每到周末或者假期他都会领着自己的外孙和外孙女去达恰度假。他的达恰是两层木屋，这是二十年来他自己一点一点建起来的。一楼的主体是一间卧室，摆着两张大床，卧室旁边是一个小厨房，坐在这里喝茶可以看到院中的花草。拾木梯而上，二楼是一间小阁楼，目前还没有完工，推开窗可以看见山下树木葱茏。木屋外还有一个面积很大的门廊，门廊里安装了秋千、飞镖盘和黑板，为的是让孩子们在下雨的时候也可以在这里玩耍，朋友来时还可以在这里烧烤聚餐。达恰的院子里有一块细沙地，沙地里摆放着各种玩具，他的外孙和外孙女在这里玩得不亦乐乎。伊格尔说，自己的两个女儿就是在这里长大的，每年夏天他和妻子都会和女儿们在这里度夏，如今，女儿们都已经成家立业，她们的孩子最喜欢来这里玩耍。

"俄罗斯心灵"的历程
——俄罗斯黑土区社会生活的民族志

俄罗斯人不常在城市里的公寓请客，而经常会邀请客人去自己的达恰聚会，在这里人们会感觉比较自在，达恰成为人际交往的重要空间。在达恰，主人不愁准备招待客人的宴会，因为餐桌上的所有食物都是在达恰里出产的，纯天然无污染的。聚会时，主人会拿出自己酿的果酒、腌制的酸蘑菇和晒好的鱼干款待客人，人们在达恰的院子里点上篝火，烤着肉串，有人弹起吉他，人们会随着旋律轻轻地哼唱或者跳舞。人们品尝着美酒，一点也不会有醉意，在酒足饭饱以后还可以痛快地洗一次俄罗斯蒸气浴，这样的聚会往往会通宵达旦。

达恰是散发着大自然气息的具有"俄罗斯风情"的生活方式：达恰是童年回忆中美好的一瞬，那里有奶奶家的草莓、树林里的野果和蘑菇、可以游泳捉鱼的小河；达恰是老年人的归宿，田园生活能寄托情感、慰藉心灵；达恰是人们避风的港湾，它承载着生活的负担，滋养着一代又一代的俄罗斯人。达恰是让俄罗斯人感到温暖和幸福的词汇，那里是自然的、自由的、自在的地方，仿佛是母亲的怀抱，有着融于自然的宗教情感。

二、达恰边的村庄

彩虹达恰区依山而建，顺着山间的小道，不到 200 米便能走到山下的诺村。诺村的全名"拉德诺耶"，在当地的方言中是"衣服补丁"的意思。在 18 世纪，诺村从附近的田庄分离出来形成独立的村落，其最早的居民是 16 世纪便迁居到此的顿河哥萨克，作为外来移民为主的村落，诺村成了附近田庄的"补丁"。19 世纪末以来，伴随着城市的发展，与沃罗涅日城一河之隔的诺村迎来了发展的机遇，诺村成为这个城市

第一章
走进田野:"俄罗斯心灵"的追寻

的"补丁",它为城市提供农副产品。村民们将村里出产的牛奶、水果贩卖到城里,很多人因此发了家。我在诺村的房东彼得洛维奇的爷爷当时种了几十索特[1]的苹果树,秋天,他将摘下的苹果放到地窖里,一直可以卖到开春。村里的富户为了方便进城贩运农产品,出资修了通向城里的砖石路,还把村里的木教堂翻盖成了砖石教堂。苏维埃时代,诺村为城市提供了大量的劳动力。大规模的工业化进程将村里的农民变成了工人,他们纷纷到沃罗涅日城里上班。彼得洛维奇的父亲当上了火车司机,他开的火车是为了运送每天往返城乡通勤的工人。

  如今,达恰区规模不断扩大,已经与山底的诺村连成了片。在诺村和达恰区,传统意义上的"村民"和"市民"与其所从事的职业是错位的。市民们会不定期地来达恰从事农业劳动,许多退休的老人甚至把菜园里的农活当成自己的主业;而诺村的村民,尤其是年轻的村民,大多已经脱离了农业生产,在城市里的各个机关、工厂和服务行业工作,他们的主业在城市,乡村只是他们的居住地而已。在达恰区和诺村,市民/村民、城里人/乡下人、工人/农民这种以往存在的城乡分类体系已经与现实对应不起来。让我好奇的是,在这种错位的情况下,同居一处的诺村村民和达恰区的市民是如何区分彼此的。在日常生活中,这里的人们区分彼此只是根据居住地的不同,并没有职业上的、地位上的高下之分。在诺村,村民自称"本地人"(местные),住在达恰里的城里人被称为"达恰人"(дачные)。这个分类比较贴切,达恰里的城里人也这样称呼自己和诺村人。

  诺村和彩虹达恰区只隔了一条小路,黄色的天然气管线成了两地

---

[1] 表示土地面积时,一索特(сотка)指百分之一公顷,即100平方米。

"俄罗斯心灵"的历程
——俄罗斯黑土区社会生活的民族志

的分割线[1]。本地人和达恰人之间的联系非常密切,由于有了达恰的存在,诺村再次成为城市生活的"补丁",它为城市提供土地、劳动力和有机食物。达恰人和本地人通过长期的接触已经建立起交易、合作甚至是互惠的关系。达恰菜园可以满足一个家庭的蔬菜、水果需求,但仅600平方米的份地无法进行畜牧业养殖,达恰人对家产肉、蛋、奶的需求让本地人看到了商机。诺村几近消亡的畜牧养殖业有了客源,焕发了生机。养奶牛、卖牛奶需要很高的成本,尤其是鲜奶的运输成本。集体农庄解散以后,个体养殖户只能将牛奶卖给收奶的商人,高昂的牛奶保鲜和运输成本让奶商将奶价压得很低,这让个体养殖户几乎无利可图,原来的养殖户纷纷放弃养殖业。正因如此,在我后来所在的塞村、秋村以及薇拉(我在诺村的房东)的娘家所在的村庄,几乎没有个体养殖户了。而在诺村,有了达恰人的购买,完全节省了运输成本。对达恰人而言,诺村所产的牛奶是纯天然、纯绿色的,城里的商店买不到这样优质的家产牛奶,他们愿意出高价购买。这样,达恰人和本地人各取所需,通过牛奶的交易,他们建立了密切的关系。

彩虹达恰区的达恰人和诺村的本地人彼此都认识,特别是村中的养殖户与达恰人的关系更为熟络,居住在诺村村口的薇拉一家就是这样的家庭。薇拉和丈夫彼得洛维奇并不是纯粹的农民,薇拉是沃罗涅日机械设备厂的试验员,而丈夫彼得洛维奇以前是沃罗涅日警察局的狱警,退休以后在沃罗涅日城里的一家银行做保安。两人并不是每天都要到城里上班,薇拉隔一天上一次班,而彼得洛维奇是在银行工作一昼夜后可以休息三天。这样,夫妻俩在空闲时间经营家庭副业作为生计的补充,

---

[1] 在2009年左右,彩虹达恰区还没有通天然气。

第一章
走进田野:"俄罗斯心灵"的追寻

去草场挤牛奶的妇人（作者摄）

挤完牛奶后在牛背上画十字（作者摄）

薇拉一家饲养了一头奶牛，还有几十只鸡、鹅、火鸡等家禽。薇拉家出产的牛奶、鸡蛋以及肉食的主要客户就是达恰人，其中达恰人对牛奶的需求量是最大的。薇拉给达恰人留联系方式的时候，会把名字写为"牛奶－薇拉"。二十多年前，薇拉便开始卖牛奶给达恰人，"薇拉牛奶"不

73

零售，采用"会员制"，根据达恰人的预定，薇拉会排好一个时间表，达恰人在固定的时间来取牛奶。平均算下来，每个达恰人一周取一次奶，一次3-5公升，够全家人一周食用。薇拉早、中、晚各挤一次牛奶，我的田野笔记记录了薇拉挤牛奶的场景：

> 薇拉扎上白头巾，穿着连衣裙，提着奶桶沿着草场上的小路向自家的奶牛走去。初夏，草场的草已经长到齐腰高，薇拉家的奶牛玛什卡懒懒地趴在草丛里，听到薇拉的声音，它马上站起向薇拉走来。薇拉亲昵地抚摸着玛什卡，喂了它一块黑面包。挤牛奶前，薇拉会在牛背上划十字，感谢神赐予食物，为牛祈祷健康。接着，薇拉轻抚牛背，让玛什卡安静下来，并在它的乳头上涂抹一些润滑剂，之后便娴熟地上下扯动奶牛的乳头，奶水仿佛两根跳跃的银线注入奶桶里。十几分钟以后，一只乳房空了，换另外一只，薇拉一中午大约能挤十公升牛奶。挤完奶后，薇拉在奶桶上罩上纱布，之后，我们把牛赶到草场边的小河，小河维杜卡加（Ведуга）清澈见底，邻居家的孩子正在小河里洗澡，他们帮忙把牛赶下河，刷洗牛背，在牛身上嬉戏。奶牛饮饱以后，我把奶牛赶到另一片草场。薇拉则拎着奶桶回家，此时，是作为"挤奶女人"（доярка）的薇拉最幸福的时刻。到家以后，薇拉先用纱布将牛奶过滤一遍，滤除草棍之类的杂物。接着将用于装牛奶的玻璃瓶（容积为3升）套在开水壶上，用水蒸气为玻璃瓶消毒。之后，薇拉将鲜奶倒入消过毒的玻璃瓶中，放入冰箱保存。正午刚过，就会有人来取鲜奶。有时，薇拉刚从草场回来，达恰人已经等在门口，取走的牛奶还带着奶牛的体温。

第一章
走进田野:"俄罗斯心灵"的追寻

奶牛是薇拉家的"印钞机"。夏天时,一头成年奶牛每天可以产30升奶,一个月下来就会为家庭带来将近两万卢布的收入,这相当于沃罗涅日城里白领们的月平均工资了。当然,这都是建立在达恰人对"薇拉牛奶"品质认可、牛奶供不应求的基础上。为了保证牛奶的品质,薇拉夫妇对奶牛精心照料:除了选择水草肥美的草场,还为它找最有营养的青饲料,如苹果、甜菜缨、青玉米;为了给奶牛舒适的生活环境,他们经常定期清理牛舍,起牛粪,然后在牛棚木板上铺上一层松软的干草;每隔几个月,他们都会请兽医来给奶牛体检、打防疫针。在薇拉夫妇的精心照料下,奶牛玛什卡非常健康,产奶量大,"薇拉牛奶"味道甘醇,绝无腥膻之气,在达恰人中间十分有名气。正因如此,达恰人对"薇拉牛奶"的品质十分信任。信任不仅体现在牛奶品质上,还体现在牛奶交易时。有时候,薇拉和彼得洛维奇外出或者上班不在家,他们会把牛奶放到门廊里。达恰人直接进院取走牛奶,然后把空罐子留下,把钱压在罐子下边。很多俄罗斯社会学家都在批评当代俄罗斯人彼此之间缺乏信任,认为这是公民社会建设的障碍。当然,必须要承认苏联解体以后社会信任的缺失造成了很大的社会问题,但至少在类似于诺村和达恰区之间的"熟人社会"中,人们有着深厚的信任关系,这种信任关系是在长期的互动交往之中形成的。

更进一步,薇拉一家通过牛奶交易和很多达恰人形成了某种程度上的互惠关系。上文提到孀居的尼古拉耶夫娜腿脚不便,薇拉的儿子谢廖沙从小便给她送牛奶,有时候还帮她在山下的商店买面包。彼得洛维奇经常帮尼古拉耶夫娜干些体力活。薇拉也对尼古拉耶夫娜十分关心,每次路过尼古拉耶夫娜的达恰时,总会去看望一下,和她聊聊天,看看有什么需要帮忙的。尼古拉耶夫娜为了表达对薇拉一家的感谢,把年轻时

"俄罗斯心灵"的历程
——俄罗斯黑土区社会生活的民族志

的衣服送给薇拉。尼古拉耶夫娜过去是厂长夫人,她的衣服面料上乘,裁剪讲究,现在看来也不过时。秋天的时候,尼古拉耶夫娜会让彼得洛维奇把掉在地上的苹果和吃不掉的苹果收拾起来喂牛、喂鹅。斯维塔与薇拉一家的关系也十分亲密。1980年代末,刚刚分得份地的斯维塔就开始到山下的薇拉家买牛奶。如今,斯维塔每周都会来买五升牛奶,回家以后把牛奶烧开晾凉,然后放进冰箱,可以喝一周的时间。每周五是斯维塔取牛奶的日子,来薇拉家时,斯维塔都要把一周攒下的鱼和骨头带来喂薇拉家的猫和狗。如果薇拉在家,斯维塔经常和薇拉坐在草垛上拉家常。赶上薇拉和彼得洛维奇都去上班,家里没人,他们会拜托斯维塔取牛奶的时候帮忙给家禽喂食喂水。春天的时候,斯维塔会从薇拉家拉一些牛粪、鸡粪在菜园积肥,这样可以增加土壤肥力。作为回报,夏秋之际,斯维塔给薇拉送一些自产草莓、李子等薇拉家没有的水果,还会把割下来的青草和品相不好的苹果拿来喂牛。二十多年以来,斯维塔和薇拉一家交情很深。2015年,斯维塔去世了,正是在薇拉的帮助下,斯维塔才能按照东正教的仪轨安葬安魂。

每到周末,住在达恰里的谢尔盖都会来诺村找彼得洛维奇。谢尔盖是一名卡车司机,很早以前便和彼得洛维奇相识,后来成为莫逆之交。谢尔盖是彼得洛维奇儿子的教父,彼得洛维奇给儿子也取名"谢尔盖"[1]。谢尔盖亲切地称彼得洛维奇为"彼得洛",他每次来都要带着伏特加和彼得洛大喝一场。他们两个或是坐在门廊里或是坐在小屋的门口,也不用准备下酒菜,倒上酒就一饮而尽了。彼得洛维奇对我说,他在诺村的朋友不多,最好的朋友都在城里。在他看来,自己生活在农

---

[1] 谢廖沙是谢尔盖的爱称。

村,并不低这些朋友一等。儿子谢廖沙也有很多城里的朋友,都是当年来达恰度夏的城里孩子,他们一起玩耍长大。如今,这些城里的孩子都长成了小伙子,每当来到达恰仍会下山来找谢廖沙,一起改装汽车、骑摩托,通宵喝酒、跳舞。

在达恰区和诺村,达恰人和本地人之间可能会有收入、生活方式、兴趣爱好的差异,但是这种差异并不存在高下之分,他们会建立平等的、互惠的关系。彼得洛维奇甚至更为儿子在乡村长大感到骄傲:谢廖沙有着丰富的劳动和生活经验,从小就有很强的自理能力。他坚信,儿子在以后的生活中无论遇到什么样的问题都能独自解决。而谢廖沙的朋友们,那些在达恰里生活的城里孩子,因达恰生活而学会了干农活,还学会了很多生活技能,这对他们的成长而言是非常宝贵的财富。

三、作为达恰的村庄

秋多夫卡村(秋村)距诺村不远,也在七号区,因调查娜塔莎姐妹创办的"俄罗斯小屋"博物馆,我也在秋村住过一阵子。这里离城不远,与毗邻达恰的诺村不同,秋村本身已经成了城里人的"达恰区"。

据秋村最年长的老人玛利亚回忆,卫国战争时,沃罗涅日城被德国法西斯毁掉了,战争结束以后,城市要重新建设,到处都是工地,需要大批的工人,附近乡村的农民都被招到城里参加城市的重建。秋村离城不远,很多村民都被招工,玛利亚当时进了建筑队,成了建筑工人。村民们逐渐脱离了农业劳动生产,原有的土地交由国营农场来经营,秋村成了工人的居住地。苏联解体以后,年轻人为了方便工作迁到城市,很多老人留下来守着老宅,老人过世以后,房子便被荒弃了。与此同时,

"俄罗斯心灵"的历程
——俄罗斯黑土区社会生活的民族志

很多城里人却来到秋村,他们买下了村民废弃的房子,把它当作达恰,闲暇时来此度假,有的城里人整个夏天都会住在这里。

我在秋村的时候,认识了一个小朋友奥列格,那时他们全家正在秋村度假。奥列格在沃罗涅日城里上学,父亲弗拉特是大学历史系教师,母亲丽扎在州安全部门工作。这个三口之家在一次郊游时来到秋村,他们被秋村的美景深深吸引:辽阔的田野、静谧的树林和波光潋滟的小湖。后来,他们决定把自己的"达恰"建在这里。去年他们在这里买下一栋老房子,当我来拜访奥列格一家的时候,弗拉特和丽扎正在忙活着装修房子。弗拉特和丽扎告诉我,这个"达恰"要满足家里每个人的愿望,这里是奥列格的游乐场,是弗拉特安静的书房,是丽扎的花园。书房和花园还未竣工,游乐场已经初具规模。弗拉特用顿河边拉来的细沙堆成了一个大沙堆,奥列格在沙堆上建了城堡,并放上了各种汽车模型,奥列格自豪地说,这个城堡就是用这些汽车建起来的。沙堆边还有用汽车轮胎做的秋千,奥列格经常荡起秋千然后跳到沙堆上。奥列格更大的乐园是秋村的田野,弗拉特和丽扎尽量创造机会让奥列格亲近土地、接近自然,在父母的影响下,奥列格特别喜欢和父母去郊游,在他的脑子里,田野里有无数神奇的东西。第二天,我随奥列格一家到附近郊游,奥列格小背包里装着铲子、瓶子、小刀等等各种迷你的户外工具,一下车,他便像一匹小马在田野里驰骋。奥列格对我说,几天前他和父亲在附近的小山里转了一天,一共找到五种颜色的土,他今天想找一些小动物放到家里的沙堆上。作为大学历史学教师,弗拉特对这一带的历史非常了解,据他说,这里是一个古城的遗址,四周的矮土堆就是城墙,苏联时代曾对此地进行过考古发掘,现在土堆上还经常能发现砖头和陶片。丽扎是植物学爱好者,对这边森林、田野里的花草树木了如

第一章
走进田野:"俄罗斯心灵"的追寻

指掌,不仅能说出它们的名称,还知道它们的药用价值。她在林子里采了很多树叶,将这些树叶晾干,冬天用它们泡水喝,能御风寒。那天,奥列格兴奋地发现了沙地上的各种蜥蜴,在父亲的带领下,他抓了很多,并小心翼翼地放到瓶子里。在翻一座沙梁的时候,奥列格不小心摔了下来,手掌擦地,渗出了血。经常和父亲"田野作业"的他显然已经习惯了这种意外的发生,没有哭也没有慌乱,跑来向妈妈求助。丽扎找到了一种草,摘下几片叶子放到嘴里嚼了嚼,把草糊糊摊在奥列格的伤口上。说来也神奇,一会的功夫血就止住了。

我在秋村的房东娜塔莎姐妹也不是本地人。当年,为了养高加索犬,娜塔莎在秋村买了房子,后来姐姐列娜退休也来到这里和娜塔莎一起居住。她们看到村民把很多老物件都扔掉了,觉得十分可惜,就办起了"俄罗斯小屋"博物馆。后来,她们发现秋村附近有很多古迹和文化遗产,是特别优质的旅游资源,出身导游的娜塔莎便设计了一条旅游路线"七弓区的四面八方"(Семьлук на семи ветрах),并得到了当地文化和旅游部门的批复。在这条线路上,游客可以参观一系列贵族庄园和"文学圣地",如莱蒙托夫到访过的谢米杜普拉夫诺姆村的庄园,托尔斯泰曾来做客的杰姆利亚斯克庄园,诗人卡里措夫度过最后十年的巴什基列采夫庄园;教堂和圣徒谢尔盖·拉多涅夫斯基(Сергий Родонежский, 1322—1392 年)[1]到访过的圣泉;公元 8—10 世纪著名古城瓦季特(Вантит)遗址;当然,还包括娜塔莎姐妹创办的民族志博物馆"俄罗斯小屋"。我曾经跟随着州民间文化创作中心的参观团走

---

[1] 谢尔盖·拉多涅夫斯基(Сергий Родонежский)是俄国东正教会的修士司祭,莫斯科郊外圣三一谢尔吉大修道院的创立者,是俄罗斯东正教修道生活的典范。他是最受尊敬和爱戴的俄罗斯本土的东正教圣徒之一。

"俄罗斯心灵"的历程
——俄罗斯黑土区社会生活的民族志

过这个旅游线路。除了上述的景点,我们还在临近的村庄参观了苏联时期废弃的教堂,在集体农庄时代建起来的村文化宫里欣赏了文艺和民俗表演,我们的午餐就餐地是原来少先队夏令营的营地。这个旅游线路设计得十分巧妙,它带领我们穿越了时空:我们可以探寻多神教时代、古罗斯时代的遗迹,感受俄罗斯帝国的辉煌与文化的繁盛,还能领略苏维埃时期的特有风貌,见证当代传统文化和信仰的复兴。虽然这些景致并不著名,有些甚至不能算作"名胜",但是正是在黑土区的乡间,人们希望能够通过点滴的遗迹展现国家的历史与黑土地所孕育着的文明。这样,一个村落、一片黑土都生动起来。

在城市的边缘,传统意义上的村庄因为苏维埃时期的工业化及当代的城市化的进程逐渐消失。但是,作为休闲地的村庄却在此过程中形成,城里人可能有着亲近土地和自然的基因和记忆,可能为了摆脱城市生活的喧嚣与嘈杂,在安静的乡村休闲度假已经成为他们的一种生活方式。有了达恰的存在,城里人可以告别用化肥和农药栽种的农产品,自己耕种并收获蔬菜水果成为一种时尚。有了达恰的存在,村庄和城市的距离更为接近,村民和市民通过交易、互惠建立起了密切的关系。俄罗斯没有城镇和农村户籍的区分,在现实生活中,村民和市民只是居住地点不同,但都享受着公民的待遇。城乡之间的流动是自由的,很多年轻人为了生计从乡村走向城市,这造成了很多乡村凋敝甚至消失。但同时,城乡流动是双向的,还有人为了休闲从城市来到乡村,这些人的到来让乡村的生活有了诗意、生机和活力,留住了"乡愁"。城乡之间的达恰让我们看到了一种独特的生活方式,这种生活方式是怡然自得的、各取所需的、相互尊重的、平等互利的。

第一章
走进田野:"俄罗斯心灵"的追寻

第四节　黑土区腹地的塞硕夫卡

在俄罗斯,黑土区是一个非常重要的经济－地理区划,它与乌克兰平原相连,是世界三大黑土带之一[1]。黑土区的黑土是非常适宜农作物生长的典型的腐殖土[2],俄国地理学家和土壤学家塔古恰耶夫(В.В.Докучаев,1846—1903)曾说道:"黑土充满了力量和活力,与其他土地相比,它是土壤之王。"[3]黑土区的气候属于温带大陆性气候,[4]非常适宜农作物生长。得天独厚的黑土地被善于稼穑的斯拉夫民族开发成沃野良田,成为俄罗斯重要的粮食和畜牧产品的产区[5],更成为孕育俄罗斯农耕文明的摇篮。塞村是黑土区腹地的一个普通村落,土地面积

---

[1]　其他两处在中国的东北和巴西的亚马逊。

[2]　黑色的腐殖层纵贯 70—90 厘米,这是黑土的一个典型的特点之一。由于有深厚的腐殖层,黑土富含钙质。平均一公顷土地一米深的土层之中含有五六百吨的腐殖,三四十吨的氮,二三十吨磷。砂土和粘土构成了不规则粒状结构,由微小的气孔组成。这样有利于水和空气的渗透。

[3]　Докучаев В.В. Русский чернозем. Придесловие - 31 окт. 1883г. Из-во ОГИЗ-СЕЛЬХОЗГИЗ, 1936, с.558

[4]　零度以上气温的持续为 220—237 天。第一次秋霜大约在 9 月 30 日—10 月 5 日来临,第一次降雪经常是在 11 月下旬来临,从 12 月初到 12 月中旬会形成稳定的雪覆盖层。通常在 11 月末或者 12 月初,土壤开始冻结。最大降雨量出现在 7—8 月,经常下暴雨。关于沃罗涅日州的气候,非常重要的是无阳日的天数,一年之中这样的天数在州北部平均为 100—106 天,在南部为 99—96 天,这主要集中在 12 月份,夏天这样的日子每个月只有一两天,七月这样的日子根本不存在。州南部比较干旱。年平均降水量 528 毫米,七月平均最高气温 20 摄氏度,二月平均最低气温零下 8.6 摄氏度。土壤平均冻结深度 100 厘米。

[5]　生产的砂糖占全国产量的 5.8%,植物油占 10.5%,人造奶油占 9.3%。

"俄罗斯心灵"的历程
——俄罗斯黑土区社会生活的民族志

10214.79公顷,其中农用地就达8067公顷,[1]种植业一直是这个村庄的主要产业。塞村是我最主要的田野调查地点,关于社会变迁与重建、"俄罗斯心灵"等议题都是在这里的调查中获得灵感并付诸田野调查实践以及民族志写作的。

一、"木"的塞硕夫卡

历史学家索洛维约夫提出了俄国的"木"与西欧的"石"对立的著名观点。"从西欧旅游回到东欧……的旅行家,会称西欧为石的欧洲,而称东欧为木的欧洲。"[2]塞村南侧的山冈之下,是蜿蜒的比秋格河,而比秋格河以南则是一望无际的林海,被当地人称为"黑森林"。这是一片针叶林和阔叶林,主要有松树、椴树、桦树,森林里有专门用来采伐与养护木材的林场(лесхоз)。在传统时代,对于毗邻森林的塞村而言,木材可以说是最易取得的资源,人们的生产生活与"木"关系最为密切,至今这里仍然存留了大量的"木文化"遗产。

塞村最具特色的建筑就是俄式木屋,传统的木屋用圆木相砌,用木榫将每根圆木固定住,之后在木结构框架之上抹上一层厚厚的掺杂了麦秸的黄泥,以起到防风和保暖的作用,再在屋顶覆盖茅草。塞村目前还有一间这样的茅草屋,已经有100年的历史了。现在保留下来并还在使用的木屋大多是集体农庄时代建的,设计风格都很相似,屋顶不再用茅草而是用瓦片。有的房屋已经采用砖石结构,只是出于审美习惯,砖

---

[1] 博布罗夫区统计局提供的数据(《2008年统计年鉴》)。

[2] 〔俄〕戈·瓦·普列汉诺夫著:《俄国社会思想史》(第一卷),孙静工译,郭从周校,商务印书馆,1999年,第31页。

第一章
走进田野："俄罗斯心灵"的追寻

乡村木屋（作者摄）

"俄罗斯心灵"的历程
——俄罗斯黑土区社会生活的民族志

墙外罩上木板，装扮成木屋的样子。一般木屋都根据个人的喜好刷成不同的颜色，有黄色的、绿色的、蓝色的、褐色的等等，色彩斑斓的木屋让人感到耳目一新。木屋的窗棂和房檐都会用带有花纹的木雕装饰，这些纹饰连同窗帘上的图案，有着鲜明的民族特色，作为民间艺术至今仍在斯拉夫民族中间传承。木屋之中的炉子是家庭的象征，是一家温饱的来源。在天然气管道接通以前，木材是塞村的主要燃料，至今还有人家用木材做燃料，生炉子取暖做饭。木头都是从山下的林场里买来的，被切成一块块的圆木墩，整齐地码放在木屋前。传统时代，农民家庭里使用的家具、餐具是清一色的木器，现在的塞村家庭中使用的餐具、厨具都是从市场上购买来的铝的或不锈钢的器具，但几乎每家所藏的古董里都有木勺、木碗等餐具。很多家庭的橱柜里都摆放着精美的木盒、木托盘、木杯作为装饰品。

我在塞村的房东娜塔莉亚和瓦洛加夫妇是"木的艺术家"，瓦洛加在沃罗涅日城学过木雕，娜塔莉亚则有在木雕上绘花纹彩饰（pоспись）的手艺，制作木雕工艺品是他们家庭的主要产业。瓦洛加的作品主要是大幅的木雕艺术品，价值不菲，往往价值上万卢布。他也做一些如菜板、木勺、木盘、木窗棂、木蛋等木器。娜塔莉亚在这些木雕作品上绘上俄罗斯风格的花纹和图案，它们就变成了一件件精美的艺术品。如今，他们已经是远近闻名的民间艺人，如果在中国，他们肯定会被冠上"非物质文化遗产代表性传承人"的名号。他们在区里的地方志博物馆办过作品展，还经常参加区里、州里的各种工艺品展销会，他们的作品很受欢迎。娜塔莉亚和瓦洛加有一双儿女，儿子阿列克承继父业，学习木雕，技术纯熟；女儿阿克桑娜从小跟母亲学习花纹彩饰，如今在博布罗夫区吉他厂做首席彩绘师。在吉他上彩绘，这手艺在全俄罗斯也是

第一章
走进田野:"俄罗斯心灵"的追寻

独一无二的,这令娜塔莉亚和瓦洛加夫妇十分骄傲。房东家有一个工作间,这是一个家庭木工作坊,瓦洛加和阿列克在作坊里雕刻,娜塔莉亚用砂纸打磨、上胶、绘上花纹,最后刷上清漆,一件件木雕彩饰作品就是在这个作坊里完成的。

房东家有一项副业是经营蒸汽浴室。几年前,瓦洛加夫妇买了邻居家的木屋,把它装修成浴室,这间蒸汽浴室按照最传统的方式,全部是用木材装修而成的。浴室外,他们用圆木做成木屋和塔楼的模型,栅栏上雕刻了树神的头像,而大门两侧的立柱则被雕成了士兵的形象。据瓦洛加说,因为浴室比较容易招惹不洁的力量(нечистая сила),传说树神能镇住恶灵,而士兵是守护家庭的门神。在古罗斯时代,农民们的生活中便有了蒸汽浴室,在民间信仰里,浴室是一个神秘的地方。英国一位民俗学家写了一本介绍俄罗斯神鬼文化的书,书名就是《午夜的浴室》(*The Bathhouse at Midnight*)[1]。当地人说,午夜的浴室是神灵占据的空间,姑娘们在圣诞节前夜都会来到浴室,她们会从镜子里看见自己未来丈夫的模样。民间传说中,浴室里有浴室神(банник),是一个留着胡子的老头形象,他在瓦洛加的木雕作品里经常出现,这些木雕作品挂在浴室里也非常应景。在浴室内部,四周的墙壁全是用木板装饰的,休息室内的大木桌,长木椅,颇有古风。吧台上和墙上都陈列着全家人的木雕和彩绘作品,俨然一间小小的博物馆。墙上和门上都挂着木牌,上边雕刻着的花体字都是关于浴室的俄罗斯谚语,如:"在浴室可以使心灵得到放松""桦树枝条驱赶你的疲惫",等等。蒸汽室里阶梯长椅都是

---

[1] W.F. Ryan: *The Bathhouse at Midnight: An Historical Survey of Magic and Divination in Russia*. The Pennsylvania State University Press, 1999.

"俄罗斯心灵"的历程
——俄罗斯黑土区社会生活的民族志

木质的，当蒸气锅炉内的温度升高到100多度的时候，木香味能从木板中析出。在浴室中，俄罗斯人喜欢用泡在热水里的桦树枝抽打全身，闻着白桦树叶的芳香，全身红肿，热汗淋漓，之后跳到冰冷的水中，来个透心凉……这是一种独特的体验。

浴室是村里重要的休闲空间，在浴室洗澡是塞村人一个重要的交往方式。其实，现在塞村每家都有自己的淋浴设施，如仅为清洁身体，那么在家里就可完成。但人们更乐于来浴室，一是因为洗蒸气浴能给人带来不同的感受；二是可以呼朋引伴在浴室里聚会。天冷以后，浴室的生意非常好，瓦洛加夫妇每天都要忙到半夜，到了新年等节日的时候，浴室甚至通宵营业。塞村的几个农场主每周六都要一起来洗澡，这已成惯例，他们会在浴室交流农资和农产品的信息。浴室也是适合全家聚会的场所，如果家里来了客人或者有家里人过生日，那么全家都会来浴室，整晚包场。他们不仅在里边洗澡，还在屋后的小院里烧烤、切蛋糕、喝酒、唱卡拉OK、跳舞。休息大厅中间位置放置了木桌和木椅，桌子中间放了一个俄罗斯传统的茶炊，客人们可以用它来烧茶。娜塔莉亚家的椴树花茶是客人们最喜欢的。常来的顾客都会带酒（一般是啤酒）、果汁还有小吃，虽说在浴池喝酒对身体不好，但是人们（尤其是男人们）更习惯于洗澡中间休息的时候小酌几杯。也有人直接喝伏特加，甚至没有进浴室的时候就把自己灌晕了。瓦洛加和娜塔莉亚夫妇开了五年的浴室，就积攒下无数的酒瓶，不知从哪里来的灵感，瓦洛加竟用这些酒瓶盖成了一间仓房，如水晶屋一般漂亮。

二、塞硕夫卡的乡村味道

在黑土区乡间，我经常会看到成群的奶牛在广袤的草地之上悠闲地啃草，健硕的妇女戴着头巾、提着奶桶去草场挤奶。这个场景带给了俄罗斯画家们许多灵感，这样的图景经常出现在乡村生活题材的油画上。在这些画作里，奶牛的乳房被画得格外突出，它像母亲一样哺育了一代又一代的俄罗斯人。有一位民俗学家对我说，外国人都以为熊是俄罗斯的象征性动物，其实在俄罗斯人心中，奶牛才是他们最喜欢的动物。以往，塞村每家每户都养奶牛，家庭里最主要的食品便是奶制品。带着体温的牛奶被当地人认为是最健康的饮品，经常喝可以让孩子们长得更高更快。牛奶还可以做成酸奶、奶酪、奶渣、酸奶油、黄油等多样的奶制品。酸奶加蜂蜜、白面包夹奶酪是俄罗斯人非常喜欢吃的茶点；用奶渣煎成的奶渣饼是重要的仪式食物；酸奶油是俄罗斯人必备的调料，俄罗斯人在喝汤、拌沙拉、吃饺子的时候都要放上一些酸奶油提味儿；用牛奶提炼黄油现在已经不多见了，因为这要消耗非常多的牛奶，但是用黄油煎的食物有股特殊的香味。虽然现在塞村养奶牛的家庭很少了，但是人们的饮食习惯并没有改变，牛奶还是人们最主要的食品。在房东家，我已经习惯早晚各喝一杯牛奶，喝茶的时候，最好的茶点是面包加奶酪。如今，商店里奶制品柜台是最大的，工厂生产的各种奶制品可谓琳琅满目，手工制作奶制品的时代早已过去，手工做奶制品的工具早已尘封在博物馆中。

在俄语中，"面包"和"粮食"用的是同一个词——хлеб，面包是餐桌上必不可少的主食。商店里的面包种类繁多，有蒜香的、椰蓉的、罂粟籽的、果仁的，等等。但在乡村家庭日常生活中，条形面包(батон)

"俄罗斯心灵"的历程
——俄罗斯黑土区社会生活的民族志

面包和盐的欢迎仪式
（列娜摄）

是人们最常吃的，它分黑面包和白面包两种：黑面包用黑麦烤制，表面有着微小的蜂窝，微酸，可配汤吃；白面包是用小麦烤制的，无酸味有麦香，可配果酱、蜂蜜和奶酪吃。黑面包和白面包分别被视为粗粮和细粮，俄罗斯人认为粗细搭配才能营养均衡。过去，塞村各家都用炉子手工烤制面包，如今木屋的结构早已改变，炉子都被拆掉或者废弃了，很少有家庭自己烤面包了。娜斯佳奶奶家里仍有传统的烤炉，我在她家做客时品尝过用新麦磨出的面粉烤制的面包，那醉人的麦香令人难忘。面包是俄罗斯十分重要的仪式性食物，"面包和盐"是俄罗斯人迎接客人必不可少的礼节，他们以此向客人表达良好的祝愿。身着俄罗斯传统服饰的少女会向客人奉上装着面包和盐的托盘，尊贵的客人要撕下一块面包沾着盐吃掉。

在塞村，家庭餐桌上还有一种食物必不可少，那就是土豆。土豆被俄罗斯人视为"第二粮食"（второй хлеб），在当地统计年鉴的农产品列表上，土豆不属于蔬菜的类别，而是和粮食、蔬菜并列的一类。曾经有

第一章
走进田野:"俄罗斯心灵"的追寻

笑话编派俄罗斯人"用导弹换山药蛋",由此可见,土豆在俄罗斯人的饮食结构中的重要地位。黑土区是土豆的主要产区,从沃罗涅日的黑土上长出的土豆不但个头大,而且口感非常绵密。我的房东去南方参加外甥的婚礼时,她带的礼物之一便是一大筐沃罗涅日土豆,她说南方的土豆不好吃,所以每次去探亲都要尽可能多地带一些土豆去,让亲人们尝尝故乡的味道。土豆是迎接客人必备的食物,每次房东家里来客人,他便吩咐我去园子里挖一筐土豆。俄罗斯家庭的女主人都是削土豆皮的高手,如果有人说某个女人"连土豆皮都削不好",就是说她连起码的家务都不会,不是一个合格的女主人。土豆也是餐桌上的主食,如果餐桌上没有土豆,家里的男人们就会抗议说吃不饱。土豆的做法也有很多,煎土豆条、土豆泥、土豆汤、土豆馅饼、土豆馅饺子、炸薯条,等等。在俄罗斯的麦当劳里都有一种在中国没有的食物——"乡村土豆",它是油炸的土豆块。而俄罗斯本土的快餐店"小土豆"(картошка)出售烤土豆,绵密起沙的土豆拌上各种酱料和沙拉,非常受俄罗斯人欢迎。

向日葵和甜菜是黑土区主要的经济作物,葵花籽榨油,甜菜制糖。过去,塞村有自己的炼油作坊,如今,只有博布罗夫城才有榨油厂,每到秋季榨油的时节,全城都飘着葵花籽油的香气。塞村的房东娜塔莉亚曾经是集体农庄的甜菜工,她说这里的甜菜产量高,出糖率也高,黑土区产的砂糖晶莹剔透,销往全国各地。在黑土区乡村,砂糖还有一个独特的用途——酿酒。塞村的娜斯佳奶奶至今还保留着一套烧酒设备,用糖酿酒是她的拿手本事。用糖酿的酒被称为"萨玛贡"(самогон),度数要比伏特加高很多,这种烈性的酒是男人们的最爱。在苏联的禁酒时期,这种用糖酿酒的方法在民间快速传播,酿酒"黑作坊"秘密地制酒售酒,村里人都知道在哪儿能买到这种"好东西"。

89

"俄罗斯心灵"的历程
——俄罗斯黑土区社会生活的民族志

在塞村，正餐一般会有三道。第一道是汤（суп），喝汤时要配黑面包和沙拉一起吃；第二道是主菜，一般是土豆泥加肉食，如烤鸡腿或牛排、鱼排等；第三道是红茶配餐后甜点。在房东家并不会餐餐都如此丰盛，只有在节日或家里人生日时才会如此，而平时的正餐一般只有第一道和第三道。为了节约时间，女主人娜塔莉亚每周都会煮一大锅红菜汤（борщ），那是由加入圆白菜、土豆及用油炒过的圆葱和胡萝卜的肉汤长时间熬制而成的。每次吃饭的时候，娜塔莉亚都会把汤盛到小盆里，放在煤气灶上热一下。她还会做一些简单的沙拉，切一些黑面包，汤煮沸以后，她便把汤分到每个人的碗里。之后，全家围坐在一起吃饭。按照俄罗斯的餐桌礼仪，喝汤的时候不能发出声响，嚼面包的时候也要闭着嘴，不能让别人看到你嘴里的食物。喝汤的时候人们很少说话，喝完之后要感谢女主人做的美食。在吃饭的时候，燃气灶上烧着茶，餐后会马上喝红茶（有时候也喝咖啡）吃茶点。每个家庭的餐桌上一定会有两个小罐，一个放盐，是要加入到汤里的调料；一个放糖，是要加入茶里的。人们会往红茶里加一些糖，有时还会加一小片柠檬，这是严寒天气里预防感冒的良药。相比于正餐，茶点非常丰富，有从商店买来的蜜糖饼、甜得发腻的蛋糕、抹着果酱的白面包、自己煎的馅饼，等等。喝茶时气氛非常轻松，一家人围坐在一起聊天，这是全家最好的交流时间，这种交流有时候会持续几个小时。后来我发现，无论去别人的家里做客还是去各种办公部门办事，主人都以茶待客。在客人落座以后，经常会听到主人问"喝茶还是喝咖啡"。泡好茶以后，主人还会端来各种茶点。无论是在家里还是在办公室里，茶点都是常备的，因喝茶交流会让彼此拉近距离。还有一种交流方式就是饮酒，尤其是在男人之间。与中国人不同，俄罗斯人饮酒和吃正餐很多时候是分开的。在塞村，我经常看到男人们聚在一起喝酒，在商店里、小酒馆里、在各家门口的长凳上、在浴室里，喝酒的时候不需要什么食物，就着几条咸鱼、一块黑面包就可以把所有的酒喝光。

三、塞硕夫卡的现代生活

20世纪以来，塞村村史记录了如下几件大事：1940年代末，塞村通了电；2000年，塞村接通了天然气管道和自来水管道。电、天然气、自来水让人们从繁重的家务劳动中解放出来，享受现代生活的轻松与便利。炉子（печь）曾是俄罗斯农民家庭中最为重要的"成员"，一家人的温饱都靠它，就连家神[1]都愿意藏在温暖的炉子底下。如今塞村家庭里的炉子成了摆设和装饰，有的老人还怀念手工面包的味道，有时会烤上几炉面包，而在年轻人的房子里占地很大的炉子都被拆除了。村民们做饭用天然气炉灶，只要燃起蓝色的火苗，便可以煮汤烧茶；取暖用天然气暖气，打开阀门，一会儿的功夫，整间屋子就会变得暖洋洋的。有了自来水和洗衣机，女人们不用再去比秋格河边洗衣，把脏衣服扔进洗衣机，剩下的活儿就是把已经甩干的衣物晾在外边。房东娜塔莉亚总和我说，现在的家务劳动都不能称之为"活儿"，按几下按钮，机器都帮你干了。在过去，她的母亲是最勤劳的女人，每天累得"脚不沾地"，

---

[1]　在斯拉夫民族中间，家神（домовой）是一家的灵魂，是神话中的人物，是家庭的庇护者。家神让一家过上安定、富足的生活，保佑全家人畜平安健康。通常，家神被认为是家中死去的成员，或是祖先，或是因赎罪被上帝派来照顾在世的家人。在神话传说中，家神通常是留着长长的胡子、蓬头垢面的老头的形象，也可能是小孩或者动物的形象。在家庭生活中，家人认为家神爱娱乐消遣和搞恶作剧，经常把家里的东西藏起来，或者把刚刚打扫过的房间弄乱。俄罗斯家庭经常用面包和盐、粥、牛奶来"供养"家神，让它保佑家庭和睦、平安。

却还有干不完的活儿。男人们的农具早就从马和犁换成了拖拉机、康拜因（联合收割机）、播种机和脱谷机……男人们再也不用给牛马打草喂料了，只要"喂足汽油"，这些"铁牛铁马"就能不分昼夜地耕田收割。

过去，塞村是一个极为闭塞的小村庄。十月革命的消息一个星期之后才传到村里。1940年代，村里有了广播，后来电视也普及了。如今几乎人人都有手机，很多家庭都有互联网。村民们足不出户便可了解国家和世界大事，遍知人间万象。在塞村，几乎家家都有小汽车，有的甚至不止一辆，以国产的拉达和涅瓦汽车居多。这大大缩短了城乡之间的距离，从塞村开车到博布罗夫城只要20分钟，到沃罗涅日城也仅需一个小时。有的塞村人在城市工作，在塞村居住，每天开车在城乡之间往返。塞村优美的自然风光吸引了很多城里人来此居住，西南山丘上建了很多幢豪华别墅，都是二三层的楼房，他们夏天会来此度假。当然建别墅的人非富即贵，有沃罗涅日州的工厂厂长、政府官员、杜马议员，就连前州长的别墅也建在这里。

如今的塞村已经不再是一个封闭的自给自足的社区。村民主要的食物是面包和奶制品，这些食品主要是从商店购买。虽然商店里售卖的牛奶不如家产牛奶美味，但相比于养奶牛的辛劳，大多数村民更愿意选择奶牛厂生产的便宜的袋装、瓶装的牛奶以及各种奶制品。如今，村里的奶牛已经很少了，更无"挤奶姑娘"的身影。塞村人的衣服都是从博布罗夫城或者沃罗涅日城的集贸市场上买来的，收入不高的村民们买的都是价格低廉的中国货，而富裕的村民和年轻人却追求衣饰的品质，追求时尚潮流。在塞村，20世纪四五十年代以后出生的女性，如房东娜塔莉亚那一代人，已经不会纺麻织布了。20世纪六十年代，比秋格河边的大麻被政府强制铲除，纺麻再也没有原料了。村子里早就没有了"纺织姑娘"(пряха),祖辈留下的手工织物都成为了"文化遗产",纺车只出现在村里的博物馆中。随着互联网逐渐普及,很多年轻的村民已经会使用网络购物网站,世界各地的商品出现在这个小村庄已不再是一件新鲜事。小小的乡村早已经卷入消费社会的潮流之中,现代生活深刻地改变了小村的面貌。

四、一个村庄的两个中心

在塞村,一条连接博布罗夫城和安纳城(附近的两座小城)的公路从村中穿过。进村和出村路口的标志牌前树立着硕大的白色十字架,上边写着"拯救和庇佑"(спаси и сохрани),寓意耶稣基督护佑着整个村庄。村中最高的建筑当属圣尼古拉教堂。这座教堂曾在集体化时代被拆毁,近年重建。它是塞村的中心,其他的建筑都围绕着它而建。教堂门前是昔日集会的广场,如今荒弃了,长满了杂草。广场北边是塞村学校,村邮政所、卫生所都位于学校操场边的平房里。广场的西北侧是国营的村供销社(сельпо),这是塞村最大的商店,有食品部和日用品部。教堂东侧紧邻塞村公园,公园里耸立着卫国战争英雄纪念碑以及苏联红军的雕像,雕像旁边的烈士墙上刻着塞村在卫国战争中牺牲的467名烈士的名字。公园以东是一个小酒馆(бар),这是由集体农庄食堂改建的,每到夜晚,这里是塞村最热闹的地方。酒馆旁边是村委会、派出所和储蓄所。

塞村的西侧还有另外一个"中心"。这里有一座大木屋,革命前是塞村曾经的领主——贵族斯坦科维奇的家宅,木屋边有"林荫大道",高大的枫树垂直挺拔,是斯坦科维奇家族用于休闲的花园。后来,集

"俄罗斯心灵"的历程
——俄罗斯黑土区社会生活的民族志

塞村村口的
十字架
（作者摄）

体农庄的中枢机构——执行委员会将这个大木屋作为办公地。我在旧照片上看到，木屋门口的黑板上满是密密麻麻的数字，门里门外都是忙碌的身影。如今这座木屋已经废弃，门窗都被砖头封堵住，房顶长满了野草。木屋东边，是塞村的文化宫（дом культуры），这是集体农庄时代建的一幢高大建筑。里边有电影放映厅、图书馆、娱乐室、舞厅。近几年因为年久失修，文化宫已经关闭。因为缺乏维修经费，直到我离开塞村的时候，它还没有开放。马路对面原是塞村汽车-拖拉机站（后并入集体农庄），现在这里被一家公司承包，依然停满了各种大型的农用机械。毗邻此处的曾是集体农庄的养牛场，如今只剩下了荒弃的牛舍。

塞村两个中心的兴衰在无声地诉说着这个村庄百年来的变迁。在岁月的长河和历史的变迁中，各方力量"你方唱罢我登场"，在塞村，在和塞村一样的千千万万黑土区的乡村，发生着一个个精彩的故事，上演着一幕幕悲欢离合的戏剧。在这部戏剧中,个人、家庭、村庄与整个国家的命运交织在一起。这一个个的故事,有些早已经随着历史的洪流逐渐远去,有些化作昨日渐模糊的记忆,但还有些仍铭记在人们的心里。

第二章

集体化之前的黑土区乡村："俄罗斯心灵"的表达

黑油油、潮乎乎的土，
具有超历史的道德力量的土。
俄国人民若不离土，
就能肩负人间一切重担，
为我们所热爱，
替我们医治心灵的伤痛，
就会保持刚强而温顺的天性。

乌斯宾斯基:《土地的威力》

"俄罗斯心灵"的历程
—— 俄罗斯黑土区社会生活的民族志

在苏维埃政权推动集体化运动之前，黑土区乡村长时期地保持着传统的以农耕为中心的生产生活方式。家庭－村社是俄国农民生产和生活最基本的组织形式，东正教日历规制着俄罗斯人农耕/休闲、节庆/日常的生产生活节奏。在这样的时空体系下，黑土区农民形成了特有的价值观念（特别是劳动价值观）。俄罗斯民俗学家经常将传统的俄国农民的生产生活方式表述为"俄罗斯心灵"[1]，本章将在黑土区乡村的历史脉络下，通过档案资料、博物馆资料、前人记述、当地人的记忆等材料，构建集体化之前黑土区乡村生产生活的图景、俄国农民的价值观念和精神世界，旨在向读者们展示，在这片黑土地上"俄罗斯心灵"是如何被表达的。

第一节　小乡村的大历史

比秋格河畔的小乡村塞硕夫卡（即塞村）地处黑土区腹地，隶属于沃罗涅日州博布罗夫区，位于该区首府博布罗夫城东22公里处，是博

---

[1]　这里的"俄罗斯心灵"与本书的核心概念"俄罗斯心灵"仍有区别，前者是俄国传统文化的固化符号，而后者则是历经社会变迁，不断被再生产的俄罗斯文化表征。

第二章
集体化之前的黑土区乡村:"俄罗斯心灵"的表达

布罗夫城通向安纳城公路的中间点。博布罗夫区以及塞村对于整个俄罗斯版图而言,是再小不过的地方,但从博布罗夫区到塞村的历史却与俄罗斯国家的形成与发展有着千丝万缕的联系,小乡村的故事展现了"大历史"的进程。

古罗斯(Русь)国家形成以前,比秋格河流域乃至顿河流域是游牧民族的天下。[1]公元8至10世纪,古罗斯国家形成时期,斯拉夫人在顿河流域出现,他们信仰多神教,共同拥有森林、河流、草场和耕地,以农耕、畜牧、狩猎、养蜂和捕鱼等为主要的生计方式。顿河流域的斯拉夫人经常遭到南方草原上游牧部落的侵袭。1237年,蒙古大军侵入今沃罗涅日州所在的地区,从那时起,鞑靼人的政权金帐汗国统治了顿河流域的草原约有三个世纪。比秋格河流域一度成为鞑靼人的居住地,河畔的草原成为鞑靼人的牧马场。鞑靼文化在当地有着深远的影响,至今,塞村仍保留着不少鞑靼文化的遗存。很多塞村人并没有斯拉夫人金发碧眼的标准长相,而是有着黑头发黄皮肤的东方人面孔,我在塞村的房东瓦洛加就是这样的相貌,他说自己的祖先有鞑靼人的血统。在塞村当地方言中还保留着很多鞑靼语词汇,村里河流、湖泊以及一些地名也都来自鞑靼语,如"比秋格河"(Битюг)这个名称就源自于鞑靼语,意为"静静的河流"。据历史记载,在14至17世纪,比秋格河水量丰富,河面宽阔,绵延几百公里,是顿河最主要的支流。在鞑靼人统治时期,比秋格河流域的斯拉夫人村庄消失了,人烟稀少,耕地荒芜。据一位当时到过比秋格河的人记述:"在比秋格河畔,并没有斯拉夫人居住,只

---

[1] 先后被斯基泰人(скифы)、萨尔马特人(сарматы)、阿兰人(аланы)、匈奴人(гунны)、可萨人(хозары)、佩彻涅格人(печенеги)、波洛伏齐人(половцы)等游牧民族所占据。

"俄罗斯心灵"的历程
——俄罗斯黑土区社会生活的民族志

是偶尔有猎人出没。"

16世纪中期，比秋格河流域被纳入莫斯科公国的版图，比秋格河成为莫斯科公国东南面的界河，是通向草原的屏障。莫斯科公国在比秋格河的上游设立了行政机构和军事哨卡。直到17世纪，比秋格河流域都没有常住民，这里被划为养蜂地和狩猎地，今博布罗夫区[1]所辖的区域便在其中。17世纪，今博布罗夫区所辖的土地先被修道院租用，后来成为世袭领主的土地。就在这一时期，这里出现了最早的居民。17世纪末，奉沙皇之命在比秋格河一带考察的若拉波夫在日记中写道："在博布罗夫份地出现了木屋，里边居住着世袭领主和他的劳工们。"很快，在这些木屋周围出现了定居的自由民，1698年的一份文件显示，博布罗夫一共有18户居民。

在18世纪初，彼得一世将比秋格河流域的土地划为宫廷所有，当地居民被遣散，房屋被烧毁。1701年，从罗斯托夫县、雅罗斯拉夫县、科斯特罗马县、波舍霍尼耶县迁来农奴1021户，他们被分配到比秋格河沿岸很多居民点，这其中就包括博布罗夫。这些农奴由军队管理，"为国家的需要而耕种"，为军队提供给养和饲料。来到博布罗夫以后，这些移民遭受了巨大的苦难。他们来的时候是冬天，来不及盖上温暖的房屋，之后又爆发了流行病，有的农奴全家都死掉了，很多人因此返回俄罗斯北部的原居住地。至1703年，从外县迁来的1021户农奴只剩下了159户。1704年，沙皇政府又从附近的县迁来999户。1705年，博布罗夫出现了第一座木教堂，这标志着村落的形成。博布罗夫村[2]成为整

---

[1] 博布罗夫（бобров）因当地大量出产的皮毛动物——河狸（бобр）而得名。
[2] 当时的博布罗夫村是今博布罗夫城的雏形。

第二章
集体化之前的黑土区乡村:"俄罗斯心灵"的表达

个比秋格乡的中心,居民以宫廷农奴和独院小地主[1]为主。比秋格乡从南至北共 110 俄里[2],在当时来说,面积已经很大了。

小小的博布罗夫村与彼得一世时代的历史大事密切相关。1708 年,顿河哥萨克领袖布拉温[3]领导的农民起义席卷了当时的博布罗夫村。18 世纪初,彼得一世准备与土耳其决战,征服亚速(Азов)。为此,博布罗夫村为沃罗涅日造船厂提供木材用于打造战舰。1711 年,俄国在与土耳其的战争中战败,根据《普鲁特条约》,俄罗斯人从亚速迁出,其中的一部分被安置在博布罗夫村,在博布罗夫村三俄里外建立了名为"亚速"的移民村。这样,博布罗夫村加上亚速移民村的人口数量第一次达到了城市的规模。当时,彼得一世想把此地建成军事要塞,但未能如愿。

1746 年,比秋格乡的功能发生了改变,此地的居民不再为军队服务,而是直接为皇宫服务,比秋格乡出产的所有物品全部用来供应伊丽莎白·彼得罗芙娜[4]女皇和她的眷属。为了满足这个需求,女皇又下令从外县迁来 5443 人。1779 年,博布罗夫县成立,博布罗夫县城初具规模,人口稠密,有 407 户居民。在博布罗夫县城,每年秋收(9 月)以后有为期三天的集市,博布罗夫县各乡以农耕和养蜂为业的农民都会来

---

[1] 独院小地主(однодворец)是出现于 18 世纪的俄国国家农民,地位介乎农民和小地主之间,大多是服过军役的公职人员及其后裔,有一个院子,没有农奴。

[2] 俄里(верста),俄国采用米制前的长度单位,1 俄里等于 1.06 公里。

[3] 布拉温(К.А.Булавин,约 1660—1708),顿河哥萨克起义领袖。

[4] 伊丽莎白·彼得罗芙娜(Елизавета I Петровна,1709—1762),俄罗斯帝国女皇(1741—1762 年在位),亦被称为伊丽莎白一世,彼得一世与叶卡捷琳娜一世的小女儿。1741 年,因宫廷政变推翻伊凡六世即位。在位期间,她恢复了所有彼得大帝的改革措施,解散内阁,恢复彼得大帝时代的枢密院,设枢密院总理大臣,总领国务。她建立起能吸收社会各阶层的文官体制,巩固君主专制。伊丽莎白·彼得罗芙娜女皇于 1762 年病逝,皇位由彼得三世继承。

塞村鸟瞰（作者摄）

赶集，与外来的商人交易，互通有无。

正是在18世纪中期外来移民大量进入比秋格河流域时，比秋格河岸的小村塞硕夫卡逐渐形成了。塞村在比秋格河环绕下，周围都是茂密的森林。紧邻村庄的是高耸的橡树林，比秋格河边是一片潮湿阴暗的阔叶林。在河的另一岸（村庄的对岸）是赫列诺夫斯克（хреновск）林区。相传，赫列诺夫斯克森林过去被称为红森林，在布拉温起义时（1708年），头领霍赫拉奇[1]行军途中在红森林停留，把宝物和武器都藏在这里。后来，霍赫拉奇返回比秋格河就是为了寻找这些宝物。

---

[1] 霍赫拉奇（Л.М.Хохлач，？—1708），哥萨克阿塔曼（首领），布拉温的战友。

第二章
集体化之前的黑土区乡村:"俄罗斯心灵"的表达

塞村的历史可以追溯到 17 世纪中期。从前沿比秋格河有士兵驻守边界,如今塞村的"土瓦"(дуван)[1]土岗上,还有着瞭望哨和信号站的遗迹。在民间传说中,这个土岗是鞑靼士兵埋葬自己头领的墓地。到 17 世纪末,鞑靼人入侵的危险降低,边境防线已被移至南方,瞭望哨和信号站也就逐渐荒弃了。据传说,第一批来到塞村这个地方的是一群被流放的"犯人",是森林里的强盗和企图逃离自己主人的农奴。他们戴着枷锁被押解到这片林中空地,三面都是很深的峡谷,另一面是比秋格河。这个不被人喜欢的地方被简单却又意味深长地称为"逃亡者聚集的地方"[2],塞村因此得名。

随着 18 世纪中期的移民潮,塞村迁来大批外县的居民。1752 年,从邻县迁来农民 234 人;1764 年,又从临县迁来农民 236 人。随着人口的增加,村庄不断地扩大,成为自由民村庄。根据《博布罗夫县志》的记载:"1780 年,塞村有两个自耕农组成的农牧业田庄,土壤情况是黑土带沙,碱性;粮食和割草场中等;烧材取自森林;自耕农缴纳国家赋税。博布罗夫至休奇耶的邮路、坦波夫至巴甫洛夫斯克的商路穿过村庄。村庄里共有 73 户人家,588 名居民。"

1796 年,塞村的土地(农田和草场)和部分农民连同赫列诺夫斯克林地都被沙皇奖赏给别兹博罗德科伯爵[3]。别兹博罗德科伯爵死后,

---

[1] 鞑靼语,意为分赃、掠夺来的东西。

[2] 在俄语中,"шиш"一词意为"逃亡者",是指那些林中的强盗和逃离自己主人的农民。后来这个词泛指那些不守法的人。沙俄政府为镇压这些人,把他们投进监狱,那些危险分子被处决,其他人戴上枷锁,发配到国家的边陲地区。"шишовка"(塞硕夫卡)可译为逃亡者的村庄。

[3] 亚历山大·安德烈耶维奇·别兹博罗德科(Александр Андреевич Безбородко,1747—1799),著名的政治活动家,俄罗斯帝国的一等文官,外交家。在其外交生涯中,他说过这样一句著名的话:"没有俄罗斯的引领,欧洲的任何一门火炮不能发射任何一发炮弹。"

"俄罗斯心灵"的历程
——俄罗斯黑土区社会生活的民族志

库舍廖夫伯爵[1]成为这片土地的继承人。库舍廖夫伯爵去世后,伯爵夫人库舍列娃继承了这片土地。她后来将一部分土地卖给了当时非常显赫的斯坦科维奇家族[2]。

俄国农奴制改革前后,塞村已经成为人口众多的村庄。根据1859年的统计,塞村共有173户,1861人。1861年俄国颁布了《解放农奴法案》,塞村经历了一次大的土地制度变迁。土地改革的结果是:把改革前领主占有的40%的土地分给当地农民,农民则要以每3俄亩[3]的农用地和0.25俄亩的割草场和牧场作为一个赋税单位,向领主缴纳赎金。斯坦科维奇伯爵使用《关于四分之一份地和捐赠的份地的全俄罗斯地方法案》(共123条)挟制农民,这个法案规定:如果农民不向领主缴纳赎金,农民得到的土地只有其应得的四分之一,而其余的部分应该租用。这样,无法缴纳赎金的农民则会永远陷于租用自己应得的土地的困境,这给农民利益带来巨大的损害。1861年的土地改革并没有根本上改变旧有的土地制度,引发了塞村农民的反对声浪。1865年,塞村农民集会抗议,反对缴纳赎金,试图阻止村长从县代表那里取得关于土地赎买的文件。为镇压煽乱者,省长带领宪兵队亲临塞村,下达命令要惩办"罪犯",很快驯服了村民。

---

[1] 格里高利·格里高利耶维奇·库舍廖夫(Григорий Григорьевич Кушелёв,1754—1933),俄国军事家,1798年被授予海军上将军衔,在保罗一世时期,他是俄国海军实际的领导者。库舍廖夫伯爵特别喜欢在塞村狩猎,他对狩猎的热情可以从他的家族徽章上看出来:在深红的原野上,带着羽毛的头盔,飞驰的箭和展翅翱翔的雄鹰。

[2] 该家族的代表人物是亚历山大·弗拉基米尔洛维奇·斯坦科维奇(Александр Владимирович Станкевич,1821—1912),散文家,政论家,社会活动家,社会和文化生活的积极参与者,沃罗涅日省农民事务委员会委员。

[3] 俄亩(лесятина),俄制地积单位,1俄亩约等于1.09公顷。

第二章
集体化之前的黑土区乡村:"俄罗斯心灵"的表达

1861年农奴制改革以后,塞村出现了独立经营商业的农民,他们收购粮食,开商店,加工木材,屠宰牲畜,经营邮局等。1880年代末,领主斯坦科维奇划拨资金,在塞村建造了砖石结构的圣尼古拉教堂,并在教堂旁边设立了教区学校。1900年,塞村与邻村合并为切斯明卡乡。十月革命前夕,塞村共有403户,2742人;有地方自治会管辖的学校和教区学校,还有11个风磨,5间商店。

翻开塞村的历史,我们会发现这个在黑土区腹地的小村庄经历的数次社会变革和整个国家的历史休戚相关,村庄史、地方史嵌入国家历史之中。塞村与整个国家同呼吸、共命运,发生在比秋格河畔一方黑土地上的故事讲述的正是国家时代变迁的历程。在拉开塞村20世纪数次社会变迁的大幕之前,我要用些笔墨介绍一下集体化之前黑土区乡村传统的生产生活,这更有利于我们理解社会变迁究竟给这片黑土地带来了什么。

第二节 俄罗斯木屋:传统时代俄罗斯家庭素描

如果用一个词来概括传统时代俄国农民的生产生活,那就是自给自足的"自然生计"(натуральное хозяйство)。这种生计模式是以家庭为基础,围绕着"俄罗斯木屋"(русская изба)展开的,"俄罗斯木屋"是俄国农民最为重要的生产和生活空间。木屋也是俄国农民生活的象征,许多童话和民间故事里的场景都离不开木屋,这给俄国农民艰辛繁重的生计增添了些许美感和浪漫色彩。

"俄罗斯心灵"的历程
——俄罗斯黑土区社会生活的民族志

在俄国，农民多居住在低矮昏暗的小木屋中，如今在黑土区乡村这样的木屋已经很少见。博布罗夫区地方志博物馆专辟一区设立"俄罗斯木屋"展厅，非常直观地展示了传统小木屋的面貌。展厅中的木屋按照真实的俄国黑土区农民家庭的空间设计，"小木屋"中所有的展品都是从农民手中收集来的旧物，它们真实地再现了俄国农民的日常生活，让参观者有身临其境之感，加之讲解员详细的介绍，一幅俄国农民的生产生活图景便栩栩如生地展现在参观者的面前。

在林林总总的展品中，最为惹眼的当属各式的纺车和织布机，这些展品向我们展现了俄国农民是如何解决穿衣问题的。俄国农民的服装都是用自己织的粗布做成的，根据塞村老人的回忆，直到卫国战争结束以后的20世纪四五十年代，他们仍然穿着粗麻布衣服。在黑土区，农民们都是用大麻纺线织布，而在北方，主要是用亚麻。当地人对我说，过去[1]比秋格河边长满了大麻，是人们撒种种下的。大麻长得越密，纤维就越细越长。大麻分雌雄两性，雌麻能结种子，能长到人的胸部这么高，枝叶茂盛；而雄麻很鲜艳，长得更高更细，能产最好的纤维。采麻是一个技术活，要小心地把大麻纤维从大麻的颈部抽出，接下来的工作便是浸泡、烘干、揉麻，最后把大麻纤维分离出来。大麻纤维像头发丝一样，女人们把这些大麻纤维梳理好缠成一束，这种大麻束被称为"纳梅卡"（намыка）。在俄国农民家庭，纺线织布是女人的活计。家里的女孩长到八九岁，脚能踩到纺车踏板的时候，母亲和奶奶就开始让她学习纺线了。这不由得让我们想起了那首著名的俄罗斯民歌《纺织姑娘》："在那矮小的屋里，灯火在闪着光，年轻的纺织姑娘，坐在窗口旁……"

---

[1] 在1960年代，当地政府为了禁毒，不再允许当地人种植大麻。

第二章
集体化之前的黑土区乡村:"俄罗斯心灵"的表达

纺车
(作者摄)

女孩所纺的"第一根线"会被缠成一团放到她的嫁妆箱子里,等到这个女孩出嫁的时候,人们会用这个线团编成腰带,把新娘穿的绣花衬衫扎起来,寓意她会得到幸福。有了"第一根线"就意味着她已经是半个新娘了,从此,要开始为自己准备嫁妆了。塞村的一位九十几岁的老人回忆:"当时,要装备很多衣服作嫁妆,除了自己的衣服外,还要给未婚夫做12件衬衫:第一件是衣襟带着手织花纹的;第二件是用鲜红布镶边的;第三件是用粗绒线缝制的;第四件是用各种彩线密密缝起来的……每一件都不一样。"纺线和织布的技术在家庭中的女性成员之间传承,教授未出嫁的女儿纺线和织布是母亲的职责。除此之外,在女儿未出嫁之前,母亲要将洗衣、做饭、绣花等家务劳动的技能传授给女儿,并将她训练成为家务能手。

用麻布做成的传统服装分为节日礼服和便服,其中女性的节日礼服最为华美,由方格毛料裙子(понёва)、围裙(фартук)、衬衫(рубаха)、头巾(плоток)组成。每种服饰的穿戴搭配都是有讲究的,服饰的设计

107

"俄罗斯心灵"的历程
——俄罗斯黑土区社会生活的民族志

有特殊花纹的毛巾
（作者摄）

也是有寓意的：比如方格裙子（具有俄罗斯南方特色）上的方格代表家里田亩的面积，格子越大意味着田地面积越大；少妇的衬衫上缝几颗纽扣，就代表家里有几个孩子；女人在不同年龄戴的头巾的颜色也是不一样的，年轻的姑娘可以戴色彩鲜艳的头巾，40岁以上的女人则要戴黄色的，50岁以上的老奶奶都戴深色的头巾了。当节日到来的时候，未出嫁的姑娘们要穿上自己最好的节日礼服，买最贵的头巾，她们相互比较，看谁打扮得最漂亮。去教堂的时候，她们要走到全家的最前头，吸引小伙子们的注意。

麻布不仅用于做衣服，还用来做手帕、头巾、圣像罩、枕套、桌布、面袋等生活用品。特别是手帕和毛巾，上边有非常精美的手工绣制的花纹（вышивка），保存至今的手帕和毛巾都已经成了精美的艺术品了。女孩到了十几岁的年龄，她的母亲就开始教她如何缝制衣物，如何绣花，绣花的技艺是一代代传承下来的。我在塞村的房东娜塔莉亚保存了不少她婆婆留下的绣品，据娜塔莉亚回忆，她的婆婆以及婆婆的姐妹

第二章
集体化之前的黑土区乡村:"俄罗斯心灵"的表达

在农闲时都会聚在一起绣花,她们在礼服、毛巾、手帕上绣的图案也具有象征意义:比如花象征着幸福;树和草象征着生命和繁荣;公鸡和马象征着家庭。但是娜塔莉亚和她的同代人却不会绣花了,绣花的技能在她们这一代已经失传了。

博物馆的展品中还有洗熨衣服的工具,在那个没有化学洗涤用品和家用电器的年代,清洗和熨烫衣服的方法让我们确实体会到俄国农民的智慧。过去,女人们洗衣服一般都是结伴到湖边或者河边,为了节省买肥皂的钱,他们把向日葵的秸秆烧成灰,这种柔软的灰具有去污功能,她们用这种灰来洗衣,既省钱又能把衣服洗得十分干净。在没有熨斗的年代,为了让衣物更加平整,衣服晾干以后,她们会把衣服卷在有棱的长条的擀衣棍(рубель)上,在木板上摩擦。这种擀衣棍也叫"老爷爷熨斗"(дедушка-утюга)。

"俄罗斯木屋"中最重要的设施就是炉子,在有着漫长冬季的俄罗斯,炉子尤为重要,它是全家温饱的来源。炉子一般位于进门处的右

炉子
(作者摄)

"俄罗斯心灵"的历程
——俄罗斯黑土区社会生活的民族志

边,占地很大,有的甚至占据半个房间。炉子有三个部分组成,分别是炉灶、炉台和烟囱。炉台上可以煮汤热牛奶,还有一个很深的半圆形"烤箱",可以用来烘烤面包。炉台下端是炉灶,是添柴加火的地方,据老人们讲,家神就喜欢住在这个温暖的地方。烟囱伸向屋外,人们把炉灶与烟囱相连的排烟通道设计成一个小平台,用来烘干粮食和大麻,家里的老人在冬天的时候会住在这里,因为这是屋子里最暖和的"火炕"。

俄国农民家庭一般都是大家庭,一家几代人生活在一起,家庭成员很多,平均每家有十几口人。家里的女人们要负责做全家人的饭菜:烤面包,煮牛奶,做汤煮粥。俄罗斯农民家庭的主食是自家烤制的黑面包。夏天麦收以后,农民们会到比秋格河边的磨坊去将小麦和黑麦磨成面。农民的家里也会有一个小磨盘,他们把荞麦和玉米磨成粉,用来做玉米粥和荞麦薄饼,这一般是给孩子的营养餐。秋天的时候,俄国农民会在地窖储存很多圆白菜、土豆、胡萝卜、圆葱以及腌制的酸黄瓜和酸西红柿,这些蔬菜和腌菜足够整个冬季全家食用。这种生活习惯沿袭至今,厨具类的展品中有一个特别的木制模子,这是专门用来做复活节奶渣糕(пасха)的,模子里边有"ХВ"[1]的字样。奶渣糕是由糖、鸡蛋和奶渣做成的,是农家只有在复活节的时候才能吃上一次的美食。

茶炊(самовар)是俄国农民家庭中重要的生活用品,它是一种烧茶的器具,很像中国的铜火锅,中间放上炭火,可以把四周的水加热烧开。在俄罗斯人的饮食习惯中,正餐以后一定要喝茶,招待客人时也要喝茶。在气候寒冷的俄罗斯,人们最喜欢喝可以暖胃的红茶以及有治疗功效的各种树叶茶。据当地人讲,茶炊烧出来的茶味道特别好,用开水

---

[1] Христос Воскрес 的缩写,意为"基督复活"。

第二章
集体化之前的黑土区乡村:"俄罗斯心灵"的表达

茶炊
(作者摄)

冲泡的茶是完全不能与之相比的。除了烧茶的功能以外,茶炊在俄罗斯木屋里还有着其他的意义。精美的茶炊是家里的一种重要的装饰物,擦得铮亮的茶炊一般会被主人摆在客厅最显眼的位置上。茶炊是显示一家人生活水平的指标,讲解员对我说:"如果谁的家里没有茶炊,那么这家的姑娘就很难出嫁。人们会说她家很穷,连茶炊都没有。"茶炊的制作工艺非常复杂,需要工匠专门打造。沃罗涅日城以北的图拉城生产的茶炊在全国都很有名气,俄罗斯有句歇后语:"带着茶炊去图拉——多此一举。"十月革命以前,每年在博布罗夫城都有三次比较大的集市,商贩贩来糖、盐、茶和一些生活必需品,当然也有从图拉贩来的茶炊,农民们则用自己种的粮食和蔬菜瓜果来交换这些生活必需品,从集市上买回一个精美的茶炊是农民们的心头想。由于茶炊烧茶比较复杂,如今普通的俄罗斯家庭常用更为方便的天然气炉灶或者电炉灶烧水泡茶,已经很少使用传统的茶炊了。但是,每一家都会在厨房摆放一个茶炊,它

"俄罗斯心灵"的历程
——俄罗斯黑土区社会生活的民族志

只具有装饰的功能,是家的象征。

在革命前的俄国,几乎所有的黑土区农民都是虔诚的东正教徒。在"俄罗斯木屋"中,有一个地方对于农民来说最为神圣,那就是圣像角(красный угол),它位于屋中对着窗户的两侧墙角和顶棚交界处,这里是屋子里最明亮的地方。圣像角的圣像如何摆放有着严格的规定:必须要摆放基督和圣母的圣像,除此之外,人们也可以根据自己的需求摆放圣像,很多家庭都摆放护佑家庭成员的圣徒圣像。这样,圣像角组成了一个小型的"圣像壁",供人们平时祈祷和礼拜。圣像角下有一个供桌,上边供奉着《圣经》、烛台、圣油、圣水等圣物。圣像角是家庭中最为神圣的地方,圣像角一般都挂着帘子,以此隔开神圣和世俗的空间。只有家里来了重要的客人时,主人才会把客人让到圣像角下的长凳上入座。按照俄罗斯人的风俗,如果媒人来家,一定要把她请到圣像角下,意为在神的注视下确定媒约。

"俄罗斯木屋"中的另一个角落是农具区,那里放着的多数都是男人们使用的工具,这些工具显得十分粗笨。在家庭的劳动分工中,农耕生产的重体力劳动主要是由男人来完成。传统的农业生产依靠人力和畜力,翻地、种地、运输等都需要牲畜,尤其是马。大型的农具都是与马配套的,比如说犁、耙、平板车等。人力操纵的农具中,最有俄罗斯特色的就是大镰刀(коса)。这是一种长把的镰刀,镰刀很长,有半米左右,刀口微弯,刀把上绑着一个横着的小木把手便于手握。俄国农民手持大镰刀割草、割麦子的场面是很多农耕主题画作的典型场景。如今,黑土区的村民们在6月至7月间割草的时候还用这种大镰刀,他们一手握着刀把,一手握着木把手,左右挥动镰刀。挥镰刀割草是非常繁重的劳动,这需要很强的腰腹力量,一般只有成年男人才能胜任。麦收的时候，男人们在麦田用大镰刀把麦子割下来，女人们把麦子捆成捆，用马车把麦子捆运到打谷场。在没有脱谷机的时候，农民们用连枷（цеп）脱谷，它由两根木棒链在一起，用时只需手执一根木棒甩动另一根木棒砸向麦穗就可实现脱谷。脱谷之后，农民们会把打下来的粮食收拾起来，晾干，储存。

秋收以后，农田里的农活基本结束。但农民农闲时还有很多活计：女人们要用大麻纺线，还要织布、缝纫、绣花……而男人们要做木工、擀制毡靴、编草鞋、修理各种农具。总之，俄国农民的劳动非常繁重，一年都不得清闲。

第三节 东正教日历：农耕生产和日常生活的节奏

新年前后，房东娜塔莉亚从教堂"请"回一张带有圣像的日历，把去年的日历换下，贴在客厅中显眼的位置。日历详细地标注了东正教的每一个节日、节期、圣徒的纪念日、斋戒期，就连斋戒日禁食的食物都详细地标注出来。娜塔莉亚不是一个虔诚的教徒，并不会完全按照东正教日历进行祈祷、斋戒，家里挂日历只是祖辈留下的习惯。而在集体化之前的传统时代，人们是严格按照东正教日历进行生产生活的，这被视为东正教徒的本分，东正教日历构成了黑土区农民的时间体系。需要指出的是，东正教日历并非只是东正教的时间体系，其融合了古罗斯时代多神教节日传统，与农耕生产紧密相连。俄国农民经过长期的实践，将农时节气与东正教日历巧妙地对应起来。在黑土区，根据东正教日历进行播种、田间管理与收割的农耕传统一直保持至今。东正教日历规制着黑土区的农耕生产、日常生活与节庆活动，成为俄国黑土区农民的生产生活的节奏。

一、冬季的圣诞节节期

在黑土区，新的一年是从冬季圣诞节节期（зимние святки）开始的。这个盛大的节期要持续两周的时间，即从圣诞节至主显节[1]。在传统时代，黑土区的村庄在圣诞节节期还保持着东斯拉夫人的节俗，这些节俗既是东正教的也是多神教的，包括：沿门祝福、唱祝节歌、接受款待和赏赐、追悼亡者、占卜、变妆、拳头赛等。这些节日习俗最主要目的是感化大自然，让新的一年有好的收成，让农民们过上殷实的生活。

在黑土区村庄至今仍保留着沿门祝福的习俗，"沿门的仪式是为从'另一个世界'来的魂灵讨要节庆食物的戏剧"。[2]在圣诞节早上、新年前夜和新年早上，年轻人和孩子们挨家祝福并讨要食物，并唱一些祝愿家庭幸福、赞美基督的民歌，主人则会赏钱或者食物给他们。如果吃了闭门羹，他们就会把祝福歌的歌词改成唱衰主人的歌词。沿门祝福时，主人经常戏弄讨要食物、糖果的孩子们，让孩子们坐在门槛上，强迫他们学鸡叫，这是为了让家里的牲畜和家禽康健，家庭富足。

圣诞节节期还有一个重要的节日习俗就是追悼逝者，其中的一个仪式是燃篝火。在主显节前夜，人们在大街上或者场院用麦秸燃起篝

---

[1] 俄历12月25日至1月6日，即公历1月7日至1月18日。

[2] Виноградова Л. Зимняя календарая поэзия западных и восточных славян: Генезис и типология колядования. –М.,1982.-C.231.

第二章
集体化之前的黑土区乡村:"俄罗斯心灵"的表达

火,这是俄罗斯南部的特有习俗,其意义是孝顺的后辈在主显节的严寒中温暖先辈的骨头。圣诞晚餐也有追悼逝者的含义,晚餐上最重要的食物是蜜粥(кулья),它由谷类粮食加上干果熬成。无论是粮食还是干果,都有生命复活的含义。蜜粥要供在圣像角,也用来款待前来沿门祝福的人。

圣诞节节期是在一年之初,人们会在此时占卜新一年的运势,占卜的内容主要是庄稼收成和个人的命运。至今仍有一些占卜形式被保留下来,比如:女孩根据栅栏上木桩扭曲或是整齐的样子来预测未来丈夫的模样,根据狗、鸡等动物来预测丈夫的性格,用镜子来预测自己未来丈夫的姓名,等等。

圣诞节节期还有一个传统就是变妆,这源自于人会变成另一种存在的意识,根据神话里的情节,变妆中的转化能够产生魔力。在黑土区乡村的变妆有如下形式:第一种变妆是变成野兽和家畜,这可以追溯到斯拉夫人的图腾崇拜;第二种变妆是改变性别,在多神教的世界观中,这种转化可以增加庄稼成熟的肥力;第三种变妆是扮演与自己相反的角色,如有些村庄的年轻人在节庆仪式中扮演老人、吉普赛人,这种变妆完成了社会角色的转换。

在很多村庄,圣诞节节期还举行拳头赛。通常情况下,斗拳的双方有着清晰的边界,或是来自相邻两村,或者来自一村中不同的自然村。拳头赛的参与者是各个年龄段的男人,而女人则站脚助威。除了拳头赛,年轻人还会在圣诞节节期里举行晚间集会。集会上,年轻人一起做游戏,还会跟随着手风琴、巴拉莱卡琴(балалайка)的旋律唱歌跳舞。

主显节的到来标志着圣诞节节期的结束。主显节前,人们用粉笔在门上画十字,目的是不让恶灵靠近。主显节这一天,东正教信徒要进行宗教游行，游行队伍要行进至"约旦河"——一个在冰上凿开的十字形、圆形或方形的水槽。"约旦河"的水被认为是有益健康的，能治病。信徒们都从河里取水，有时候还在河里冬泳。主显节以后，一直到谢肉节，是开斋期（мясоед），这是农民休息娱乐的时间。

二、谢肉节及迎春的节期

谢肉节（масленица）是农业节日，形成较晚，因甜腻的食物而得名。按照东正教日历，谢肉节是在复活节前七个星期，一般在公历二月下旬到三月初。谢肉节有过渡的性质，春天即将到来，农民开始准备田间工作。谢肉节的仪式习俗多是与送冬迎春相关，驱赶和埋葬冬天象征着赶走黑暗和死亡，迎接会带来光明、温暖、万物复苏的春天。谢肉节最为传统的食物是薄煎饼（блины）[1]，在谢肉节一周节期的第一天，作为纪念亡灵的食物，第一张薄煎饼要放到圣像角的圣像前，献给故去的亲人。谢肉节还有一些习俗也具有象征意义：如从山上滑爬犁、滑雪橇、荡秋千，爬犁和雪橇放得越高，秋千荡得越高，预示着这一年的庄稼会更有生命力；又如，人们坐在马车或公牛背上绕着村庄踩出一个形似太阳的图案，人们用这种方式来迎接太阳。和圣诞节节期一样，谢肉节也

---

[1] 薄饼是谢肉节的符号，是因为它很像人们期待了整整一个冬天的夏日的太阳。薄饼主要的原料是由小麦面、荞麦面、燕麦面、玉米面和水搅拌成的稀糊，有时候也加入碎米粥、土豆、南瓜和鲜奶油，人们把这种面糊放到锅里摊成圆形的薄饼。薄饼可以和酸奶油、蜂蜜或者鱼籽酱一起食用。每个女主人都有制作薄饼的"秘方"，制作薄饼的技艺在母女之间代代相传。关于第一张薄饼还有这样的习俗：在农村，新做出来的第一张薄饼是为了祭献，放到天窗上，献给父母；在城市，第一张薄饼都是给乞讨者，为了让他们为逝去的人祈祷安息。

第二章
集体化之前的黑土区乡村:"俄罗斯心灵"的表达

流行拳头赛,通常,从星期四开始,以村庄为单位进行斗拳,参与者多为年轻人。谢肉节节期的最后一日(星期日)的主题是"送别"(проводы)。在这一天,每个村庄都会做一个草人并在送别仪式的最后将它烧掉,把它的灰烬散开,这象征着驱散阴霾。这一习俗一直延续至今,成为谢肉节仪式的象征,除了烧草人,近年还有燃火把,点篝火的习俗。谢肉节的篝火有着诸多意象:就像东正教日历中的谢肉节具有送别意义一样,篝火是消除老的、不用的东西的方式,是赶走祖先的灵魂的象征。

经过了谢肉节的"告别",东正教日历进入四十天的斋戒期。斋戒是指东正教徒用节制和忏悔的方式来洗涤自己的罪过。斋戒不仅是肉体上的,而且是精神上的。在谢肉节后的斋戒期内,禁止一些娱乐活动和繁重的工作,人们花更多的时间用于祈祷。随着春天脚步的临近,早春的节日大多在斋戒期来临,节日习俗主要是占卜和祈求丰收。东斯拉夫人庆祝春天到来的节日叫迎春节。这个节日的日期是根据春天来临的信息判定的,由于自然条件(尤其是气候条件)不同,各地迎春节日期各不相同。在沃罗涅日州,迎春节为3月22日(俄历)这一天。云雀飞来被认为是迎春节的信号,迎春节最主要的习俗就是"烤云雀"——烤制一种云雀形状的节日饼干。在一些村子,云雀饼干还用来占卜,人们烤制云雀饼干的时候,会在饼干里包进一枚硬币,谁吃到带着硬币的饼干就代表他会获得幸福。在迎春的节庆中,很多仪式都是用食物来占卜收成,祈求丰收。报喜节(Благовещенье)[1]时,农民们在烤圣饼前会将一枚硬币随机地包进某个圣饼里,并将所有烤好的圣饼拿到教堂圣化。用圣化了的圣饼预测这一年的收成,如果有人拿到了有硬币的圣

---

[1] 俄历3月25日,公历4月7日。

饼，便会获得首先播种的权利。在十字圣架日（Средокрестье）[1]，黑土区村庄的农民们为祈求丰收，都会烤制一种十字架形状的饼干，并把这种饼干放到种子里，播种的时候，连同种子一起埋到土里。

三、复活节及春天的节期

当漫长的斋戒期行将结束的时候，东正教最为盛大的节日——复活节（Пасха）就要来临。斋戒期最后一周被称为"热烈的一周"（Страстная неделя），是复活节的前奏。在这一周里，经历四十天斋戒的农民们欣欣然准备迎接复活节。此时，天气由寒转暖，大地万物复苏，复活节的到来仿佛让整个世界获得新生。"热烈的礼拜四"是"干净的"日子，人们要去清扫墓地，还要用水清洁身体——洗脸、洗澡，此外，还要收拾屋子，清洗牲畜。同时，要开始准备复活节的食物，涂红鸡蛋，杀鸡杀猪。这一天杀的猪做成的咸肉（сало）被认为是有益健康的，能保存很长时间且不会变质，甚至可用于治病。复活节前的礼拜日为"主进圣城节"（Вербное воскресенье）[2]，人们将发芽的柳枝带到教堂圣化，并把这个柳枝长期保存，据说它有辟邪的功能。人们用柳枝"抽打"家里人和牲畜，这被认为可以带来健康，能洁净灵魂，让家人和牲畜远离疾病。

经过漫长的等待和精心的准备，复活节[3]终于到来。东斯拉夫人复

---

[1] 节期为斋戒期的第四周的周三或者周四。

[2] 这个节日是为了纪念耶稣受难前进入耶路撒冷。耶路撒冷城的人用棕榈枝欢迎耶稣，故这个节日又被称为"棕枝主日"。因为棕榈不适宜在俄罗斯生长，所以俄罗斯人才以柳枝代替棕枝。

[3] 复活节节期为每年春分后第一次月圆后的第一个星期日。

第二章
集体化之前的黑土区乡村:"俄罗斯心灵"的表达

活节的传统主要有:在教堂圣化复活节面包和彩蛋,亲人聚餐,纪念逝去的亲人。在复活节这一天,也有沿门祝贺的习俗,孩子们挨家祝贺节日,必须要说"基督复活",主人回答"真的复活了",之后主人会分给孩子们鸡蛋。教士们也会沿门祝福,挨家唱复活节祭祷歌,主人要付给教士们酬劳。复活节最重要的习俗莫过于纪念祖先和逝去的亲人了,在复活节当天,人们会到墓地前摆放已经圣化的彩色鸡蛋,之后把鸡蛋分给孩子们、熟人和朋友。在复活节节期里,农民们要准备进行第一次田间劳动,他们唱着民歌下地劳作,认为歌声有着让庄稼获得好收成的魔力。人们还跳圆圈舞(хоровод),荡秋千,这些活动都是为了感化自然,祈求丰收。从复活节到圣三主日,这期间,人们经常会欢聚,一起唱民歌、跳圆圈舞。比如复活节后的第一个礼拜日被称为"红色小山"(Красная горка),这是姑娘们的节日。在这一天,姑娘们会聚在一起,到街上,或者到某人家里,带着食物(主要是鸡蛋)聚餐。

在春天的节庆体系中,伊戈尔日(Егорьев день)[1]是纪念东正教圣徒格奥尔吉·波别多诺谢茨(Георгий Победоносец)[2]的节日,在民间,这位圣徒被称为"伊戈尔"或者"尤里",故这一天被称为"伊戈尔日"或者"尤里日"。人们认为圣格奥尔吉是野兽和家畜的保护者,所以伊戈尔日的习俗和仪式都与为家畜辟邪、祈求家畜健壮有关。根据民俗学家的推测,伊戈尔日与某个多神教节日相关,在这个日子里,大

---

[1] 伊戈尔日的节期为俄历4月23日(公历5月6日)。

[2] 圣徒格奥尔吉·波别多诺谢茨的名字意为常胜者圣格奥尔吉,他是俄罗斯人最尊崇和喜爱的圣徒之一。在拜占庭和俄罗斯广为流传的是"圣格奥尔吉斗恶龙"的故事,在拉西叶城,格奥尔吉斩杀恶龙救了全城的百姓,因此,他获得了常胜者的名字。在圣像画中,圣格奥尔吉都是骑白马斩恶龙的形象。这个形象成为了莫斯科城的城徽,后来作为具有强大精神力量的军人、常胜者的形象成为俄罗斯国徽的一部分。

自然从冬眠中苏醒。伊戈尔日是春天农忙时节的开启日,从这一天起,田间劳作开始了。第一次将牲畜赶到草场并不一定在伊戈尔日,但在伊戈尔日当天,人们会象征性地用主进圣城节圣化的柳条将牲畜赶出栏。在伊戈尔日,村里的牧人会得到特别的尊重,他们会受到各家的热情招待,还能收到各种礼物,比如鸡蛋、面包、馅饼,除此之外还有咸肉、黄油、牛奶,等等。晚上,牧人们会聚餐并将这些食物都吃掉。

在复活节和圣三主日之间有五旬中节(преполовение,复活节后的第 25 天)和耶稣升天节(вознесение,复活节后第 40 天)。五旬中节是多神教时期遗留下来的节日。为了庄稼生长、人畜平安,农民们根据自己对宗教符号体系的理解举行仪式。在黑土区村庄,人们在五旬中节迎接春天的到来,女孩们围拢在一起,用犁在地上画个圆圈,把十字架埋到地里。耶稣升天节的节日仪式与农耕习俗交融,黑土区村庄的农民们在教堂礼拜之后都会来到田野中,他们会在田野中祈祷,祈祷有个好的收成,还会在这里聚餐。对于耶稣升天节,人们习惯认为节日的习俗有助于农作物的生长和丰收。

四、圣三主日和夏天的节期

圣三主日(День Святой Троицы 或 Троица)在春-夏节庆体系中占有重要地位,是春夏之交的标志,圣三主日迎来了大自然生长的最高峰。圣三主日的节期是复活节后的第 50 天,所以它还有另外的名称——五旬节(Пятидесятница)。圣三主日是赞美神圣的三位一体,纪念圣灵向使徒显现。圣三主日在民间是深受民众喜爱的节日,在黑土区乡村,圣三主日的节期要持续一周半的时间(和其后的"人鱼节"连在

第二章
集体化之前的黑土区乡村:"俄罗斯心灵"的表达

一起)。这个节期有以下庆祝习俗:用草、鲜花、桦树枝和枫树枝装饰房屋,编花环,祭祀祖先,结干亲,占卜,聚餐,游戏,斗拳。

在节日这一天,人们会用绿色植物来装饰房间、院子和大门,这个习俗是源自对植物的崇拜。人们最喜欢选用的植物是白桦树枝,白桦树是最先退去叶子的树种,被认为具有独特的生长力量,这些力量集中于树梢和树枝,所以人们用树枝来装饰房屋,认为它能给庄稼带来好的收成,能带给住在房子里的人和家畜健康,免受不洁的力量和恶灵的损害。除了白桦树枝,还有人用枫树枝、杨树枝或青草来装饰房屋。圣三主日用于装饰房屋的树枝和青草被认为有辟邪的功能,人们会把它们放在房间三天,然后把它们晾干,用以治病。有的时候,圣三主日的干草还被放进棺材或者做成坐垫。

编花环是圣三主日广为流传的习俗。年轻的女人和没有出嫁的姑娘用森林里采撷而来的树枝在黑麦地里编花环。一般都是在圣三主日这一天编好花环,在圣三主日后的第三天解下。姑娘们还用花环来占卜,她们将花环扔入水中并默念:"我的小花环,飘到对岸去,谁捡到我的花环,谁就是我的丈夫。"花环如果沉没,就预示着不幸的命运;如果飘走,则预示着好运到来。

在圣三主日这一天,黑土区农民还经常举行结干亲仪式(кумление)。结干亲是进入亲属关系的仪式,这种仪式通常发生在女性之间。结为干亲的女孩们认为彼此是亲戚,这种情谊要保持一生。"通过这个仪式,即将参加成人礼的女孩们结成同性联盟。"[1]结干亲的仪式多种多样,

---

[1] Соколова В.К. Весенне-летние календарные обряды русских, украинцев и белорусов.-М.,1979. С.197.

多是在聚餐的时候，女孩们带来食物并分给大家，仪式上一定要有小麦粥（кашник），女孩们相互亲吻对方的花环，交换礼物（比如衣服，或者带来的鸡蛋）。结干亲是在同性别群体中建立一种特殊的关系，但在有些情况下，性别的界线也是模糊的，比如在有的村庄，参加仪式的不仅是姑娘，还有小伙子。

和其他农业节日相似，圣三主日也有纪念逝者的习俗。在当地人看来，任何一个季节交替的时节都是大自然生命中的危机时刻，这个时节是两个世界的中断，死者的灵魂往往就会在此时在生者的世界出现。圣三主日特别要纪念那些非自然死亡的人，比如被淹死的人，自杀去世的人，这些人都被葬到单独的墓地。人们去这些死者的墓地，不仅要带去食物，还要带去圣三主日的白桦树枝和枫树枝。

圣三主日后的一个礼拜，是"人鱼节"（русалка）。黑土区民间有很多关于人鱼的传说：人鱼是在圣三主日的时候从水中跑出来到田野和森林中，她在树枝上摇晃，偷袭路过的行人，并能让人痛痒到死。在民间，人鱼被认为是淹死的女人或者没有洗礼的孩子的灵魂。在人鱼节中，人们为回避不洁的力量，要驱赶、送别人鱼。送别人鱼的仪式在为期一周的人鱼节末期举行，人鱼或用人偶表示，或由女人装扮，人们将"人鱼"送到黑麦田。当地人认为，人鱼能带来好的收成，能够带来充沛的雨水，能够让黑土地里长出新的麦穗。

库帕拉节（Иван Купала）[1]在大自然最为繁盛的季节。此时，果实开始成熟，人们开始割草，库帕拉节后，农民即将开始收割。水在库

---

[1] 库帕拉节是东斯拉夫人的民间节日，节期为俄历6月24日（公历7月7日），俄历的夏至日。伊万·库帕拉是施洗者约翰的绰号，东正教会把他的故事与民间农作风俗结合起来，作为祈求丰收、健康和幸福的日子。

帕拉节具有魔法般的力量，库帕拉节仪式的重要功能就是祈雨。人们认为库帕拉节的雨水是能治病的，用这种水来洗澡可以让身体健康。库帕拉节与植物崇拜密不可分，人们认为，在库帕拉节的晚上采来的草具有治疗的功能，所以在伊万日晚上有到森林里采草的习俗。库帕拉节还有一个重要的习俗，就是在河边或者井边燃起篝火，年轻人在篝火边欢聚，并举行跳火仪式。

在黑土区乡村，从圣彼得节（Петров день）[1]开始便进入收获的季节。在这一天，教堂会举行礼拜祈祷"好收成的到来"。之后，农民们会到田里去为收割做准备。收割结束后，村庄里会有十字架游行，在十字架的指引下，农民们穿上节日盛装，一路欢歌。圣彼得节的习俗都是为了保障丰收，其中最具代表性的就是"最后一捆麦子"。在黑土区的某些村庄，为确保丰收，农民们会把最后一捆没有被割下来的麦子留在田里。这一捆麦子形式各异，有的打上结，有的绑上带子，有的用布条装饰。有时，人们在这捆麦子前放上面包和咸肉。这些习俗都是为了感化自然，期望来年的好收成。

五、秋天的节期

进入秋天以后，黑土区村庄的仪式性活动逐渐减少。在谢苗日

---

[1] 圣彼得节是使徒彼得和保罗的纪念日，节期为俄历 6 月 29 日（公历 7 月 12 日）。这一天被视为库帕拉节的结束，夏日婚礼季的开始。圣彼得节之后，农民开始割草，并逐渐进入秋收季。

"俄罗斯心灵"的历程
——俄罗斯黑土区社会生活的民族志

（Семенов день）[1]有"埋葬"苍蝇的仪式，村里的孩子们会把抓来的苍蝇、跳蚤埋掉。人们认为，在秋天把邪恶的苍蝇埋进土里，就不会再被苍蝇叮咬。伴随着苍蝇的"葬礼"，夏天也就过去了。秋天里，没有了田间劳动，人们的工作时间相对自由。从谢苗日开始，在博布罗夫城有为期三天的集市，商人和农民来此集市交易。来自沃罗涅日、图拉、叶列茨、奥斯特罗戈日斯克、巴甫洛夫斯克和科兹洛夫的商人会带来丝绸、印花布、呢子、麻布、里绒布、茶、糖、咖啡、银质或锡质的餐具和其他商品；乡下的农民们会带来粮食、干草、西瓜、甜瓜、蔬菜、（越冬作物的）幼苗、肉、油、咸肉和其他的吃食；工匠则会带来自己的手工艺品。全城的人都在盼望着这为期三天的集市——交易、典当、游玩，酒馆里客人云集，市民们着手储备物品的度过漫长的冬季，农民们则指望着用换来的钱缴付名目繁多的赋税。

九月的集市逐渐停息，商人和农民也各自散去，博布罗夫城的生活又重归平静。圣母帡幪日（Покров день）[2]被视为秋冬之交，在这个日子前后，第一场雪覆盖大地。在黑土区，木屋的炉子开始被用来生火取暖；牲畜再也不会被赶到草场，开始被圈养；农民们停止了一切田间劳动。从这个节日开始，年轻人经常在一起聚会，在手风琴和巴拉莱卡琴的伴奏下唱歌、跳舞。姑娘们会拿着活计，一边干活一边欢聚。

---

[1] 谢苗日的节期为俄历9月1日（公历9月14日），这个节日因圣徒谢苗·列托普罗瓦杰茨（Семен Летопроводец）而得名，谢苗日的节日习俗都是为了庆祝秋天的到来。从14世纪中期到1699年，谢苗日是俄国最盛大的节日，被视为一年的开始。

[2] 圣母帡幪日节期为俄历10月1日（公历10月14日）。帡幪指用以覆盖的帐幕，在东正教信仰里为守护之意，意为圣母守护和庇荫。在民间，圣母帡幪日被视为冬天的开始，有民间谚语称，"在圣母帡幪日这一天，午饭前还是秋天，午饭后就进入了严冬"、"在圣母帡幪日大地被雪覆盖，那么将会有一个寒冷的冬天"。

从这一天开始，秋冬季节的婚礼季开始了。到德米特里日（Дмитрей день）[1]，秋冬季节的婚礼季结束了，黑土区真正进入了冬天。冬雪飘下，严冬来临，人们开始期待盛大的圣诞节节期，新的一年又将开始。

在黑土区乡村，东正教日历有着十分明显的农耕文明的特征，其节日和日常的节奏是随着季节变换的，更便于农事安排。节日的习俗和仪式都有着祈求丰收、雨水、增强土壤肥力的象征意义。东正教节日的宗教性被巧妙转化成为世俗世界生产生活的意义，"农民会将教堂里的说教转变和解释成为自己农业耕作的秩序"。[2] 由此可见，经过几百年的融合，作为外来宗教的东正教已与俄国农民的生产生活有了紧密的联系。

第四节　俄国农民生产生活组织形式和劳动价值观

在本章的前半部分，民族志材料展现了黑土区乡村俄国农民生产生活的空间和时间体系，但在时空维度下俄国农民的生产生活的形成和其形像并不十分具体，在黑土区，俄国农民是如何被组织起来结成社群社会的？其精神生活、价值观（特别是劳动价值观）又如何？在这一节，我们就来逐一回答这些问题。

---

[1]　德米特里日节期为俄历10月26日（公历11月8日），东正教会纪念圣徒德米特里·索卢尼茨基（Димитрий Солунский）的节日。

[2]　Пропп В.А. Русские аграрные праздники. СПб.,1995.C.39.

"俄罗斯心灵"的历程
——俄罗斯黑土区社会生活的民族志

一、家庭－村社：俄国农民生产生活的共同体

在集体化之前，家庭是俄国农民生产和生活的最基本的单位。俄语中，семья 和 дом 是表示家庭的基本词汇，用来标识由血缘关系、隶属关系和道德关系建立起来的社会的、心理的共同体。而домохозяйство 和 семейство 同样是具有家庭意涵的词汇，但偏重表达家庭是生产的共同体。《达里词典》中 семейство 一词的释义为："等同于家庭（семья），是相邻而居的具有较近亲属关系的人的总体，狭义地理解为父母和子女，以及已婚的儿子、女儿组成的共同体。"[1] 这表明，传统时代的家庭多为复合式家庭，即由两对或两对以上的夫妻组成。这种复合式家庭包括几代人同宗的宗法制大家庭。其源自作为组织生产最基本单位及家庭财产不可分割的理念。帝俄时代，至少是在农奴制改革以前，复合式家庭是农民家庭的主要类型。这种家庭模式有利于组织农耕生产，在相关的统计数据[2]中，农耕较为发达的地区，如中央黑土区，农民家庭的平均人数要比俄国其他地区的多，1850年代家庭平均人口数曾经达到10.2人。

在传统观念里，家处于最核心的地位，从家发展出社会，之后产生了保护社会的新层次——国家，它是在"家"的基础上被神圣化的第二

---

[1] Даль В.И. Иллюстрированный Толковый Словарь живго великорусского языка, Москва: ЭКСМО.2009. C.735.

[2] 〔俄〕鲍里斯·尼古拉耶维奇·米罗诺夫著：《俄国社会史（下卷）：个性、民主家庭、公民社会及法制国家的形成（帝俄时期：十八世纪至二十世纪初）》，张广翔等译，山东大学出版社，2006年，第223页。

126

第二章
集体化之前的黑土区乡村:"俄罗斯心灵"的表达

性社会关系。[1] 复合式宗法家庭是个专制小王国,家长一般是父亲或者祖父,他们是全家最有经验、年龄最大的男人。成书于中世纪的《治家格言》(Домострой)写道:"家长应当在所有方面管理好"家",包括经济和道德方面。他在家中施行宗法制管理和基于合法性的信仰以及父权神圣的传统统治,在家庭中分配劳动、监督劳动、裁决矛盾、惩罚过失、维护道德、签订契约、购物以及纳税,代表着家庭利益。家庭内部有着明显的等级制度,全家人服从一家之主,女人服从男人(辈分平等的情况下),年幼者服从年长者,小孩要服从大人。"即使到了今天,我们仍能看到这种宗法制的遗风。在诺村的房东家,彼得洛维奇是家里的男主人,他可以向岳母发号施令,虽然岳母是他的长辈,但他的岳母只能听从他的安排,半开玩笑地说他是"家中的沙皇"。在俄国农民的家庭中,妇女在家中的地位低下,"女人的灵魂不被承认……女人得到的待遇都比不上牛和马……女人挨打被认为是天经地义的事情"。[2] 但另一方面,妇女的作用非常重要,因为对于大多数人(家庭幼小成员)而言,母亲用坚强意志为家庭培养了男子汉。

由家庭向外扩展,便形成了更大的以血缘为纽带建立起来的家族,以及由地缘为纽带的村社。同一家族内的各个家庭保持着密切的关系,类似结婚之类的重大决定必须在家族大会上通过。此外,农民家庭还要受村社的监督。地主、村社和国家出于政治和经济利益的考虑支持宗法

---

[1] 〔俄〕B.B.科列索夫著,《语言与心智》,杨明天译,上海三联书店,2006年,第59页。

[2] Иваницкий Н.А. Материалы по этнографии Вологодской губернии//Труды Этнографического отдела Об-ва любителей естествознания, антропологии и этнографии. 1890. Т.69, вып.1.С.53-54.

制家庭，通过与家长结盟，在他们的支持下控制农民。

18世纪至20世纪初，几乎所有的俄国农民都生活在被称为村社[1]的社会组织之中，它是超越家庭的存在于封建领主和农民之间的生产和生活的组织单位。村社在俄语中称为"община"，这个词的含义非常丰富，有共同体、交往、一致性、共同性、公共财产之意。[2]共同性和公共性是村社具有的鲜明特点，村社具有维系乡村秩序的功能。

村社具有的最主要的职能就是组织生产，国家和地主将土地的使用权交给村社，村社是占有土地的主体，农民只有土地的临时使用权。村社负责在农户间分配耕地，组织生产，调节劳逸。由于村社的土地按远近、肥瘠、水利、交通等不同条件划分为许多小块，村社通常对农户的耕作方式、作物品种、茬口农活等做出硬性规定。[3]所有农户都要遵从统一的轮作制，同时开始和结束农活，破坏统一秩序的农民会受到颗粒无收的威胁。

与组织生产相联系，村社还具有财政-税收的职能，分配和征收国家和地方赋役，应政府行政机关和地主的要求，按习惯法或成文法组织农民完成各项实物役。在18世纪初，直接税及国家和地主的其他各种赋役都是按村社-人头来征收的，实行的是村社范围内的连环保，即一人为大家作保，大家为一人作保。

---

[1] 有关村社制度的内容，本文参考了"农民、市民及贵族的主要社会组织：个性及个人主义的生成"一章的相关内容，载于〔俄〕鲍里斯·尼古拉耶维奇·米罗诺夫著：《俄国社会史（下卷）：个性、民主家庭、公民社会及法制国家的形成（帝俄时期：十八世纪至二十世纪初）》，第456—460页。

[2] 罗爱林著：《俄国封建晚期农村公社研究（1649—1861）》，广西师范大学出版社，2007年，第23页。

[3] 徐天新著：《斯大林模式的形成》（《苏联史》第四卷），人民出版社，2013年，第65页。

第二章
集体化之前的黑土区乡村:"俄罗斯心灵"的表达

村社具有立法和司法的职能,村社之内的民事和刑事案件都依据习惯法处理,长老委员会或者村社大会组织案件的审判。同时,村社还具有维持社会秩序的警察职能。村社作为一个整体代表个体农民的利益,向国家机关呈递诉状和请愿书,为维护地方利益组织斗争,和地方当局以及教会机构建立联系。

村社还具备社会保障的职能,村社帮助村社内的穷人和遭遇各种不幸的人,收养和救济孤儿,救助病人和孤苦之人,修建粮仓、医院、学校、养老院等公共设施。村社也干涉农民的私生活,村社有保持村社内部秩序及生活和道德的习惯的职责,核准缔结婚姻、离异及分家等事宜,解决家庭纠纷。此外,村社还组织节日庆祝活动,督促村社成员前往教堂参加宗教活动,遇有旱灾、畜疫等情况发生时,组织农民进行集体祷告活动。

总之,村社具有两重性:它既是农民的自治组织,又是国家的基层单位;既体现集体主义精神,又滋生平均主义;既保护农民少受外界侵害,又使农民严重依赖于村社和国家。[1]家庭－村社的生产生活组织方式造就了俄国农民的独特性格,农奴制统治下的俄国农民需要强大的政府和强有力的领导,强制和规则易于为他们接受。在划分村社土地和分担义务时,平均主义是农民所固有的倾向。他们在所有的事情上都不喜欢有重大的差别。[2]与其说服从权威、平均主义是俄国农民的"独特性格",不如说这是在家庭－村社体制和沙皇专制下形成的价值观。在诸种价值观中,俄国农民如何对待生计与农牧业生产的劳动价值观尤为关

---

[1] 徐天新著:《斯大林模式的形成》(《苏联史》第四卷),第65页。
[2] 〔俄〕鲍里斯·尼古拉耶维奇·米罗诺夫著:《俄国社会史(下卷):个性、民主家庭、公民社会及法制国家的形成(帝俄时期:十八世纪至二十世纪初)》,第244页。

键，这深深地影响了俄国农民的劳动态度、生产实践。同时，俄国农民的劳动价值观作为文化遗留物至今仍具有影响力。接下来，我们将深入探讨俄国农民劳动价值观的特点和形成的原因，这对于理解当今的俄罗斯乡村社会仍十分有益。

二、俄国农民的劳动价值观

在俄语中，"劳动"一词有着为了达到某种目的付出力量之意。在《达里词典》中，труд（劳动，名词）这个词条被解释为"所有付出力量、努力和操劳的事情，让人付出体力和脑力，让人感到疲倦的一切"[1]；труждать（劳动，动词）指强迫别人做某事，使人不安、痛苦和厌烦的活动。而在词源上，"劳动"一词和疾病、痛苦相联系，"劳动"具有负面和被动的色彩。在当代口语中，与劳动相关的一些词的意义已经不存在了，例如，трудоватые（劳动的人）指代虚弱的有病的人，而труждаться（动词"劳动"）有"生活于贫困状态，倍受折磨"，甚至是"濒临死亡"之意。在俄罗斯民间童话中，对于天堂的想象是和食物以及物品极大丰富相联系的，童话的主人公往往通过超自然力量的帮助获得所需的物品，创造自己的理想生活是通过"非劳动"的手段。[2]在俄罗斯尽人皆知的民间童话《按照狗鱼的吩咐》（*По щучьему веленью*）[3]最具

---

[1] 详见 Даль В.И. Иллюстрированный толковый словарь русского языка, М.:Эксмо,2009. 第 797 页。

[2] Пропп В.Я. Исторические корни волшебной сказки//Сост., науч. ред., текстол. комм. И.В. Пешкова. М.: Лабиринт, 2005. С.251-252.

[3] 这篇童话收录在俄罗斯小学低年级的教科书《国语》（*родная речь*）之中。

第二章
集体化之前的黑土区乡村:"俄罗斯心灵"的表达

代表性,主人公整日"躺在炉子上"[1],只要借助于神奇的狗鱼的帮助就能得到想要的东西,借助神奇力量"不劳而获"是人们的理想。

俄语词源和童话对于劳动的描述表明民众对劳动的态度是消极的,劳动是人们要摆脱的负担。国外斯拉夫学者和自觉的俄国知识分子都将这种民众(尤其是俄国农民)对劳动的消极态度归因为国民的劣根性:粗俗、懒惰、保守、酗酒,等等。即使到今天,这些具有贬义色彩的词汇也经常用于评价俄罗斯人(特别是俄罗斯男人)。但对待他者文化,若非出于善意,以先入为主的态度去阐释和类比,并不会做出公正、客观的评价。因此,我们应该在当时的文化背景和社会条件下来理解俄国农民的劳动价值观。

俄罗斯社会学家米洛夫(Л.В.Милов,1929—2007)便是在这样的思路下总结和评价了俄国农民劳动价值观的特点:首先,俄国农民劳动节奏是非平稳的,俄罗斯的气候特征让他们习惯于高度地集中起来在缩短的期限完成大量的工作,[2]农民劳动的这种非平稳性也体现在"日常—节日"的时间框架之中,节日占据了大部分时间,[3]"节日里不劳动"

---

[1] 俄语中意为无所事事的人。

[2] 俄国农民的劳动特点首先是和俄国本身固有的不良的气候特点相联系,农民们要在适宜农业劳作的大约四个月内完成田间工作,而在欧洲一年的大部分时间都可以进行田间作业。历史学家克柳切夫斯基这样评论道,"在欧洲再也找不到另外一个民族像俄国人一样有能力在短时间内完成紧张的工作;同时,在欧洲也没有任何一个地方像俄国这样不习惯于平稳的、有节制的、有节奏的、持久的工作。"见 Ключевский В.О. Соч.: в 8 томах. М.,1956 ~ 1959. Т. Ⅰ .М.,1956.С.314.

[3] 据统计资料显示,19世纪中叶,农民一年中的劳动时间约占全年的38%,休息时间约占62%,其中节假日至少占26%,见〔俄〕鲍里斯·尼古拉耶维奇·米罗诺夫:《俄国社会史(下卷):个性、民主家庭、公民社会及法制国家的形成(帝俄时期:十八世纪至二十世纪初)》,第326页。

"俄罗斯心灵"的历程
—— 俄罗斯黑土区社会生活的民族志

是圣训、风俗、习惯法，农民能忍受高强度的劳动是为了尽快获得节日的欢愉。实际上，这种劳动观念一直持续到今天。其次，对待劳动报酬，俄国农民习惯于获得最低的劳动所得，目标只是将收入维持在满足最低的消费水平上。[1] 俄国农民对个人财富积累态度冷漠，不希望为获得高于最低生活保障以上的报酬而多付出劳动。再次，俄国农民的劳动态度有保守的特征，尤其是对生产技术的保守态度，依靠传统而拒绝创新，这在19世纪的俄国文学作品和社会史研究中都有体现。[2] 在贫困和饥饿边缘挣扎的农民更为小心地对待任何偏离传统的事物，更习惯于祖先经验下稳定的生活图景。最后，集体主义是俄国农民劳动中最突出的特点，这在村社制度中表现明显。村社劳动是按照"所有的东西属于所有人"（всё у всех）的原则，为所有人"提供帮助"（на помочах）。村社中的农民会按照次序完成每个社员家庭中这样或者那样的活计，这一传统在苏联集体农庄和当代的俄罗斯乡村中仍有遗存。[3]

俄国农民独特的劳动价值观与俄国独特的自然生态环境、劳动条件和社会文化制度有着密切联系，若进行更加深入的分析，在以东正

---

[1] 社会史学者米罗夫（Б.Н.Миров）认为，习惯低水平报酬是传统社会的最低劳动和消费伦理特征的一部分。见：Миронов Б.Н. Социальная история России периода империи. (Генезис личности, демократической семьи, гражданского общества и правового государства). СПб.:Дмитрий Буланин, 1999.Т.2.С.305.

[2] 列夫·托尔斯泰的小说《安娜·卡列尼娜》描述了贵族的现代主义和农民劳动目的之间不可调和的矛盾，积极的实业家列文（Левин）这样抱怨道："他（指地主）守着自己的每一个铜板……而他们（指工人）只是为了能更安静和愉快地干活，因为他们已经习惯了。他（指地主）的利益在于，让每个工人尽可能多地劳动，此外，别把风车、马拉耙子和脱谷机弄坏……工人则只是想更为愉快地干活，想休息，最主要的是，不用关心任何事，不用思考。"见 Толстой Л.Н. Анна Каренина. М.-Л.:Гос.изд.худ.лит.,1950.с.318-319。

[3] Милов Л. Великорусский пахарь и особенности российского исторического процесса. М.: ОССПЭН,1998.

第二章
集体化之前的黑土区乡村:"俄罗斯心灵"的表达

教为文化之源的俄罗斯,劳动价值观的形成与发展受东正教伦理影响尤为显著。从宗教伦理引申出对劳动价值观的论述源自于马克斯·韦伯的研究,他提出了新教伦理和资本主义精神之间关系的经典命题:"现代资本主义精神,以及全部现代文化的一个根本要素,即以天职思想为基础的合理行为,产生于基督教禁欲主义。"[1]这种以"基督教禁欲主义"为代表的宗教伦理和劳动价值观,并非仅仅是作为一种神学大纲式的伦理理论,而是"扎根于各种宗教的心理与实际联系中的行动的实际动力"。[2]相比于韦伯,俄国著名的宗教哲学家布尔加科夫(С.Н. Булгаков,1871—1944)就宗教伦理对劳动主体"经济人"的影响的论述更为简洁有力:"'经济人(economic man)'不只是一架由经济利己主义来驱动的经济机器……宗教作为居统治地位的世界观,对'经济人'也有决定性的影响。在人的心灵中建立了宗教与经济活动的内在联系。"[3]因此,上文所述的俄国农民劳动的非平稳性、淡泊名利的心态、对待技术的保守态度和集体主义的劳动习惯等都可以在东正教伦理中找到根源,这有助于我们对俄国农民的劳动价值观有更为深刻的认识。

在东正教教义中,劳动是一种赎罪的方式,人作为劳动者,像基督

---

[1]〔德〕马克斯·韦伯著:《新教伦理与资本主义精神》,彭强、黄晓京译,彭强校,陕西师范大学出版社,2002年,第174页。

[2] 韦伯同时又指出:"经济伦理不是经济组织形式的简单的'因变量'……从来没有一种经济伦理只取决于宗教……诚然,生活方式的宗教规定是经济伦理的诸因子之一,但是宗教的这种规定本身,在现有的地理、政治、社会和民族的界限内自然又受到了经济与政治因素的深刻影响。"见〔德〕马克斯·韦伯著:《世界宗教的经济伦理·儒教与道教》,王容芬译,广西师范大学出版社,2008年,第3页。

[3]〔俄〕С.Н.布尔加科夫著:《东正教——教会学说概要》,徐凤林译,商务印书馆,2001年,第204页。

一样忍受重负来救赎自己的心灵和整个社会，人在劳动的过程中才可以理解"圣灵"。[1] 东正教教义要求在职业活动中表现出对上帝和亲人的热爱，并认为对所从事职业的兴趣直接践行了神的意志。[2] 因此，在俄国，劳动与基督联系在一起，形成了"劳动－神圣"的观念，赋予了劳动以精神力量。[3] 弗拉基米尔大公在他的《训诫》（*Поучение Владимира Мономаха*）一书中认为，"在劳动中，人们能够体会到神的伟大"。《治家格言》一书中也提到劳动是一种美德和有德的行为。[4] 18 至 19 世纪，索洛夫克修道院在复杂的气候条件下开垦出大片的绿洲，这座修道院的座右铭是"劳动——神圣的事业"。在传统时代的俄国，劳动被赋予了神圣的色彩，成为"荣耀神"的活动，这对信徒转变对劳动的态度，积极投身于劳动有精神上的激励作用。

对东正教而言，劳动的主要动机不是去追求自私的个人利益，东正教的劳动动机在于将对上帝的爱转化成为宗教服务的劳动，在于表露上帝赋予的才智，在于完善和锻炼意志。"天主教和路德派虽然没有否定劳动的内在动机，但是认为劳动的益处不是由内部动机确定的，也不是由'大有教益'来确定的，而是由对社会来说某种职业的客观有益和有利可图决定的。"[5] 扎巴耶夫（И.В. Забаев，1980— ）在修道院获得的

---

[1] Лапицкий М. Деятельный без принуждения. М.:Изд.дом "Ноывй век", 2002.

[2] 金可溪：《东正教的劳动伦理》，《道德与文明》，1997 年第 5 期。

[3] Шамшурина Н.Г. Идеология труда в России//Социологические исследования, 1994. № 8-9.

[4] 在准备劳动的时候，要举行神圣的仪式，向大地叩拜三次，再开始劳动。工作的时候应该认真，不能分心。如果在劳动的时候有人讲下流的笑话，抱怨，大笑，或者有亵渎神灵的行为，那么神不会宽恕，而会愤怒。见 Домострой.-М., ДАРЪ, 2007.

[5] 金可溪：《东正教的劳动伦理》，《道德与文明》1997 年第 5 期。

第二章
集体化之前的黑土区乡村:"俄罗斯心灵"的表达

民族志材料[1]有力地证明了这一点。修道院中的杂役勤务(послушание)是他关注的对象,послушание这个词有两个意思：1.听话,听从；2.(修道院中每个修士的)职分,劳务；(赎罪的)劳役。[2] 无疑扎巴耶夫在民族志材料中使用该词是应用其"修士赎罪劳役、杂役"的意涵,但其中也包含了"听话,听从"这层意思。在修道院,赎罪劳役(послушание)是为了将自己和神的意志建立联系,符合神的意志的劳动是获得拯救的途径。在服劳役的过程中,谦卑和驯从是最基本的价值范畴。东正教徒的经济活动应当抛弃个人的意愿："完成的工作并不一定是自己喜欢的,而是顺从神的。"因此,修士们并不认为劳役是劳动、工作、获利的活动,就像马林诺夫斯基(B.K. Malinowski, 1884—1942)笔下的西太平洋土著,只知道"库拉",而不将其视为交换和商业。[3] 因此,在东正教伦理中,劳动并不被认为是创造世俗财富的手段,对于财富的迷恋在东正教的伦理体系中具有负面的色彩："渴望更多地赚钱和储蓄,使人并不是为神而是为财富忙碌,这违反了'十诫'的戒律。"修士们作为道德楷模,其淡泊名利、驯从和厌世的观念会被东正教虔信者(特别是虔诚的农民)接受并在整个社会中传播。这使得俄国农民对金钱、物质报偿观念淡薄,在劳动过程中消极保守,缺乏创新性。

修道院与俄国农民生产生活组织——村社有着千丝万缕的联系。根据历史学家克柳切夫斯基(В.О. Ключевский, 1841—1911)的考

---

[1] Забаев И. Основные категории хозяйственной этики современного русского православия // Социальная реальность. 2007. № 9.

[2] 黑龙江大学俄语语言文学研究中心辞书研究所编：《大俄汉词典》(修订版),商务印书馆,2003年,第1675页。

[3] 参见马林诺夫斯基著：《西太平洋上的航海者》,弓秀英译,商务印书馆,2016年。

证，俄罗斯的修道院多是劳动-宗教组织，在古罗斯，修道院在演变的过程中，逐渐成为共同居住的从事农业和手工业劳动的村社。俄国农民也逐渐采用这种劳动组织方式，绝大部分俄国农民都在村社中生产生活，"村社生活强调村社性（общинность），也可以称之为聚合性（соборность）"，[1]村社以"大家为一人，一人为大家"为原则，村社利益高于个人利益。这种劳动组织形式形塑了俄国农民劳动中的集体主义意识，他们更习惯于在集体中建立在人身依附基础上的情感。[2]

"罗斯受洗"以来，俄国传统时代在东正教伦理影响下的主流劳动价值观不断通过生产生活方式的继替、宗教信仰的传播、习惯法等在世代之间传承，与俄国民众（特别是农民）的生产生活建立了密切的关系。布尔加科夫在总结这种关系时说道："农耕生活按照民族性格、自然条件和气候特点的不同，具有基督教崇拜的印迹；节气和农事安排往往与基督教节日、圣物和对相应使徒的纪念有关系……这给经济生活本身带来了许多光明、温暖的宗教诗意，摆脱了工厂劳动的机械性。因此，一般说来，面对大自然的神秘生命的乡村劳动，比城市的工厂劳动更有利于宗教关系。"[3]

东正教在俄国农民劳动价值观的形成中起到了重要的作用，从这一点出发，我们可以肯定，不仅是劳动价值观，俄国农民对生活的态度、对生命的态度，无不与东正教相关。东正教伦理塑造了"俄罗斯人"，

---

[1] Новиков А.М. Национальная идея России, М. Эгвес, 1999.

[2] "村社的封闭性造成农民对村社的人身依附，农民面对村社无能为力，农民的一切——土地、房子甚至老婆都是村社给的，农民的生老病死，婚丧嫁娶哪一样都离不开村社。"见罗爱林著：《俄国封建晚期农村公社研究1649—1861》，第279页。

[3] 〔俄〕С.Н. 布尔加科夫：《东正教——教会学说概要》，第209—210页。

第二章
集体化之前的黑土区乡村:"俄罗斯心灵"的表达

诚如前文所述,东正教文明孕育了"俄罗斯心灵"。在黑土区乡村,当十月革命、集体化运动接踵而至,俄国农民早已适应了的温暖的诗意的时空体系被打破,要面临新的生活。集体化和工业化的进程推动着苏维埃政权重塑"俄罗斯人",将传统时代的宗法农民塑造成为社会主义新时代的建设者。但在另一方面,革命并不能完全摧毁传统,传统作为遗产仍然在黑土区乡村的社会生活中发挥着影响力。

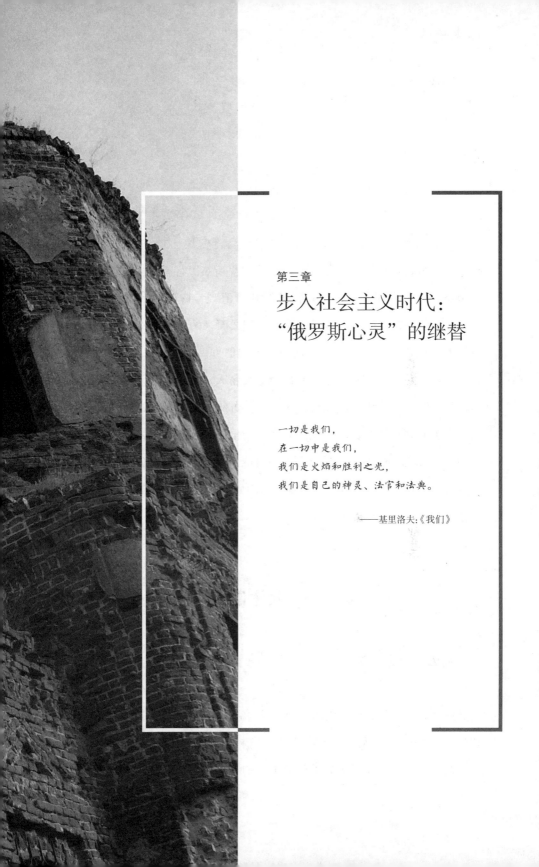

第三章

步入社会主义时代："俄罗斯心灵"的继替

一切是我们，
在一切中是我们，
我们是火焰和胜利之光，
我们是自己的神灵、法官和法典。

——基里洛夫:《我们》

"俄罗斯心灵"的历程
——俄罗斯黑土区社会生活的民族志

油油黑土是黑土区农民的栖居之地，他们在黑土之上春播、夏耕、秋收、冬藏，世代绵延。黑土地孕育了俄罗斯农民特有的生产方式和生活节奏，社会组织和社会关系，信仰和价值观。1930年代，苏维埃政权集体化的铁犁划破了这片黑土地，而随之而来的社会主义"文化革命"更斩断了旧时代的生产方式、社会关系和信仰。"文化革命"希冀建立崭新的世界，培育"有文化"的社会主义新人。而事实上，仅依靠政治运动是无法抹平历史积淀和文化传统的。苏维埃政权的铁犁铲断的只是黑土之上的藤蔓枝叶，而深植黑土之中的俄罗斯文化之根依然健壮，在社会主义阳光雨露滋润下破土而出的小苗仍带有传统文化的基因。"俄罗斯心灵"仍然在这片黑土地上继承延续，只是它有了新的载体、新的存在方式。

第一节　集体化运动

一、集体化运动前夜

进入20世纪，塞村人口增多，村落面积扩大。1900年，塞村有403户，村民2742人。因人口增加，塞村人建了新的街区，最早迁居此处的是从宗法农民大家庭里分离出来的年轻农民，他们将新的街区起了一个意味深长的名字——阿塔尔瓦诺夫卡（Оторвановка）[1]。

20世纪初，塞村的农业生产还采用原始落后的耕作方式，只有领主斯坦科维奇的农庄引进了新的农业生产技术。此外，斯坦科维奇农庄养殖场里饲养的绵羊品种众多，其中最为著名的是英国兰布莱羊。斯坦科维奇庄园颇具规模，庄园旁新建了公园。公园里的林荫路存留至今，林荫路两旁整齐高大的栗子树、白桦树、松树还能让人感受到昔日俄国贵族庄园的气派。

塞村中的一些头脑灵活的农民开始从事工商业，以他们为中心的工商业家族也渐渐形成，如乌托米恩家族、马捷罗夫家族、佩林家族、博雷切夫家族。К.О.乌托米恩经营木材生意，同时还饲养牲畜；Ф.Ф.马捷罗夫做收购粮食的生意；Ф.О.佩林经营商店，还拥有锅驼机和榨油厂；С.П.博雷切夫和他的儿子们成了大地主，他们拥有马厩，还经营邮局，С.П.博雷切夫还被推选为第二届国家杜马议员。

1906年，斯托雷平土地改革[2]将土地份地作为私产分给农民，准许农民退出村社。但在塞村，多数农民不愿意退出村社成为独立经营土地

---

[1] 意为"分离的"。
[2] 斯托雷平改革是指俄国首相斯托雷平（Петр Аркадьевич Столыпин,1862—1911）于1906年至1911年推行的、旨在摧毁村社制度、扶植富农经济的土地改革。1905年革命以后，沙皇政府认为，不解决农民土地问题，俄国就不会安宁。1906年11月22日，在斯托雷平的推动下，沙皇政府公布了《关于对土地占有和土地使用现行法若干补充规定》的法令，允许农民把村社份地确认为私产并退出村社。斯托雷平改革取得了一定成效，1906至1915年间，有两百余万农户退出了村社。改革以后，村社瓦解，农民分化加剧，宗法自然经济遭到商品经济的强烈冲击，农业产量尤其是商品率迅速提高。同时，村社的被破坏也意味着俄国传统文化的基础受到动摇和削弱，俄国农民宗法色彩日渐淡薄，旧的信仰逐渐丧失，新的观念开始形成。斯托雷平改革并没有从根本上解决俄国的土地问题，农奴制的残余依然存在，农村中矛盾激化，未能防止俄国革命的爆发。

的独田户，而是更愿意留在村社里。所以，土地改革并没有给塞村农民的生产生活带来根本性的改变。只有后迁居至塞村的十几户农民脱离了村社，分得了土地，在村边的克鲁什诺夫草场建起了一个小田庄，但这个田庄只存在了 10 年就解散了。

在 20 世纪初的俄国，革命运动风起云涌，连地处外省乡野的塞村也受到波及。1904 年，哈尔科夫大学的学生马列夫斯基从博布罗夫城来到塞村神父家做客，带来了宣扬自由主义的"非法"革命书籍。马列夫斯基在塞村进行革命宣传，在他的鼓动下，村里追求进步的年轻人，如神父的儿子、办事员的儿子，都积极加入了革命行动之中。1906 年 6 月 30 日，在革命者的组织和策划下，塞村发生了暴动，暴动者捣毁了斯坦科维奇的庄园，此次暴动的损失累积达 20 万卢布。但此次革命行动并未得到村民的普遍支持，相反，革命者的宣传和暴动使农民深感不安。

1917 年，二月革命爆发一周以后，消息才传到塞村。虽然，村民们对二月革命普遍感到不理解，但是大多数人还是选择相信临时政府。十月革命的影响在很长时间之后才波及塞村，直至 1918 年，塞村才建立了苏维埃政权——苏维埃委员会和贫民委员会。苏维埃政权将土地和割草场分给农民，农民有了自己的土地。斯坦科维奇庄园被收为国有，苏维埃政权在此基础上成立了国营农场，它被命名为"文化农场"。"文化"（культура）一词在当时极具进步意义，它代表了全新的与以往完全不同的劳动和社会伦理。这意味着斯坦科维奇庄园已经达到了很高的生产水平。"文化农场"为国家供应粮食，并教授其他农场、农庄和农民正确先进的农业生产技术和管理经验。

历时四年的国内战争以及"战时共产主义政策"让塞村极为贫弱。1921 年，塞村播种面积大大地缩小了，农民们忍受着饥饿和贫困。牲

第三章
步入社会主义时代:"俄罗斯心灵"的继替

畜,尤其是能干活的牲畜,剩下的很少了。大概一半的农民没有犁、耙等劳动工具,四分之一的农具需要修理。农业生产中,播种、收割都靠手工,产量极低。全村没有一个农业技术人员,就连受过中等教育的技术人员都没有。

1921年初,俄共(布)第五次代表大会通过了"关于用粮食实物税代替余粮收集制"的决议,这被称为"新经济政策"。整个国家进入了民族产业重建的发展时期,这也给贫弱的塞村带来了希望。在塞村群众大会上,农民们纷纷表示拥护"新经济政策",因为这项政策用粮食税代替余粮收集制,鼓励农民扩大耕种面积,提高粮食产量,给了农民很多实惠。当时,苏俄工业化走上了快速发展的轨道,为农业生产提供了大量的农具,如拖拉机、脱谷机等。国家还专门划拨贷款,用于恢复中央黑土区的农村经济。经过了"新经济政策"的休养生息,到1920年代末,塞村农业生产逐步发展壮大起来。也是在这个时期,村民的贫富差距进一步拉大。村中的生产资料(土地、农具、役畜)主要掌握在几个富裕的家族的手里:佩林家族经营商店,除了日用商品,还卖农业生产资料;普宁家族在比秋格河上开了水磨坊,垄断了塞村的磨坊生意;博雷切夫家族掌握着大片土地。这些富裕起来的农民在集体化运动中被划为富农(кулак),遭到残酷镇压,此为后话。

十月革命以后,全盘集体化之前,苏联农村的生产组织形式并没有发生根本性的改变。农业公社和劳动组合不为农民理解和接受,独立田庄和独家农场受到政府的压制。村社仍是农村主要的生产组织形式,"党和政府认为,村社比个体生产更多集体主义,更少资本主义,是更易向社会主义过渡的组织形式,因此不仅允许村社存在,而且支持它进一步发展。与此同时,党和政府也大力发展合作社以打破村社的宗法关系"。[1] 正是在这样的时代背景下，塞村的集体化运动的大幕逐渐拉开。

二、塞村的集体化运动

发生于1920年代末1930年代初的集体化运动改变了塞村的生产方式和社会结构，其影响延续至今。由于时代久远，塞村集体化运动的亲历者早已故去，我们只能通过写作于1960年代的《"纪念基洛夫"集体农庄史》、当时的地方报纸以及村里老人关于父辈零星的记忆拼接出这场运动的进程。由于集体农庄史和当时的报纸具有浓厚的意识形态色彩，本书在呈现塞村的集体化运动时尽量从客观实际出发，保持中立的态度。

酝酿

在集体化运动开始之前，获得土地的塞村村民自愿地组织在一起进行农业生产，结成劳动组合：1923年，养马社成立；1926年，53位村民成立了"生活"农机社；1926年，耕作社成立。这说明，在村社传统的影响下，农民更习惯于集体协作的劳动模式，这种合作模式是村社的延续。在1920年代末，塞村苏维埃委员会成立了农民互助委员会，并集体购置了拖拉机和脱谷机。在后来的全盘集体化的运动中，互助委员会发挥了宣传和展示的作用，其设立的目的是为了让农民看到集体化

---

[1] 徐天新著：《斯大林模式的形成》（《苏联史》第四卷），人民出版社，2013年9月，第65—66页。

第三章
步入社会主义时代:"俄罗斯心灵"的继替

的优越性。

1920年代中期,塞村进行了苏维埃委员会的换届选举,委员会中贫农占了多数。贫农的儿子特列涅耶夫被选举成为塞村苏维埃主席,他曾经在军队服役,是巡洋舰"自由俄罗斯号"的水兵,农民们相信他可以成为贫农的保护人。集体化之前,塞村的社会关系还很复杂,新的和旧的关系奇异地混合在一起。到1929年,富农已经成功地在互助合作委员会取得了主导地位,因为使用拖拉机必须付租金,对此贫农们经常力不从心。《"纪念基洛夫"集体农庄历史》中是这样评论的:"经常是这样,属于全体村民所有的拖拉机,大部分时间是在为阶级敌人服务,还巩固了他们的地位。"[1]贫富差距的扩大让富农和贫农之间的矛盾日益突出,塞村一些嗅觉敏锐的富农很快就感到局势对他们不利,纷纷放弃了自己的产业。在党组织和村苏维埃的主导下,塞村成立了消费协会,经营商店的商人佩林感到无力竞争,甩卖完最后的货物,在没收富农财产之前就关张了。普宁家族也放弃了磨坊生意搬离了塞村。但以博雷切夫为首的拥有大量土地的富农"与新的社会主义制度进行了长期的激烈的斗争",这场斗争一直持续到1930年。

新生的苏维埃政权认为,小农经济已经越来越明显地丧失了存在的可能性,如果不消除贫富不平等的状态,农民的生活就没有希望从根本上好转。贫困阶层大多倾向于农业生产形式的变革,实践经验也证明,低层次的合作组织,如互助合作社,不能成为农村变革的基础,更高级的农业管理模式的建立迫在眉睫。1927年12月举行的苏共第15届代表大会决定,千方百计地开展农村的集体化,认为"只有向社会主义的

---

[1] Коновалов В.С. История колхоза «Память Кирова», 1970г.

145

大机器生产过渡，农民才能从贫困、无知和对富农的依赖中将自己解救出来"。塞村在"党的十五大的决议指引下，坚决要实现集体化进程，将单干的个体农民纳入到劳动合作社中去"。

1929年11月，塞村所属的自然村米村率先成立了劳动合作社，有66户加入了合作社。这个劳动合作社取了一个富有诗意的名字"黎明"，象征着农民新生活的开始。1931年，博布罗夫区报纸《集体农庄之路》是这样报道"黎明"劳动合作社的：

> "黎明"社有29匹马，一台拖拉机（福特牌[1]），一台脱谷机，两头小牛犊，五只公绵羊，七头母猪和一头公猪。"黎明"社在今年圆满地完成了粮食征购任务，并超额缴纳了13%的芫荽（кориандр）、7.3%的芥末、17.5%的小扁豆和32.87%的亚麻。按照工作量，"黎明"社成年社员平均每人分得12普特[2]小麦和黑麦。

按照当时的工资水平，"黎明"社社员的报酬已经是很高的了，这说明劳动合作社的模式初见成效。当然，集体化的最初试验也出现了问题："黎明"社在1930年的付酬方式是平均主义的，这无法激励和奖励社员更好地劳动。后来，"黎明"社采用了"劳动日制度"，即按照社员完成的劳动日来付酬，这样才调动了社员的劳动积极性。诸如"黎明"社这类劳动合作社是在农民自愿基础上形成的，这是俄国农民遗留的村社传统使然，但也暗合集体化的时代精神。"黎明"社的实践只是塞村

---

[1] 福特牌（Фордзон）拖拉机是1920年代美国汽车托拉斯向苏联提供的，后来由苏联自己制造。

[2] 苏联重量单位，1普特相当于16.38公斤。

第三章
步入社会主义时代:"俄罗斯心灵"的继替

集体化的序幕,大规模的暴风骤雨式的全面集体化运动正在苏维埃政权上层酝酿、发酵。全面和急速的集体化运动并不是出于村民自愿,而是苏维埃政权强迫而为,富裕农民的财产被划归集体,这引起了他们的激烈反抗。

抗争

在苏维埃政权的上层,斯大林与列宁都相信工业化的农业。斯大林认为,集体化的目的在于"将小的、落后和零碎的小农农场转变为联合的、大的公共农场,它们具有现代科学的机械和科学的数据,可以为市场大量生产谷物"。[1] 1929 年下半年,在斯大林的推动下,强制性的大规模集体化运动自上而下地展开了,这个风潮很快波及塞村。

在广泛动员和政治高压下,1929 年底,塞村 30 个男人(他们都是贫雇农)聚在一起开会,做出加入集体农庄的决定,并推举贫农特列涅耶夫为主席。会上决定,从 1930 年 1 月 1 日开始,这 30 户贫雇农将牲口和农具集合到一起建立集体农庄。集体化刚开始的时候,大多数农民还很犹豫,都处于观望的状态。谢里瓦诺夫是集体农庄最初的参与者,后来还担任过农庄主席,他回忆道:[2]

俄罗斯男人经常被认为头脑愚钝,但事实上并不如此,因为我们在做事之前一定会试上七遍。对于加不加入集体农庄,我们非常犹豫。后来我们感觉出来了,按照过去的生活方式不行了,得不到

---

[1] 〔美〕詹姆斯·C. 斯科特著:《国家的视角:那些试图改善人类状况的项目是如何失败的》,王晓毅译,社会科学文献出版社,2011 年,第 278 页。

[2] Коновалов В.С. История колхоза «Память Кирова»,1970г.

147

所需的东西。同时，对于集体农庄我们又很害怕，我们把农具和土地交给集体，并不放心。但是党号召我们集体化，我们相信党。

第一任集体农庄主席特列涅耶夫在回忆初建集体农庄的情形时也谈到了这一点：

> 加入集体农庄的人中有很多态度不够坚定，他们很容易听信谣言，一只脚站在集体农庄里，另一只脚却时刻准备退出。一些人总会跑来要回他们的马和农具，要求退出集体农庄。

面对着这些持观望态度的农民，苏维埃政权依靠强制性措施保障集体化的推进。塞村村民季娜向我讲述了她从母亲那里听来的有关集体化的故事，这些故事反映了在政治高压下普通民众的态度：

> 集体化之前，土地都是我们自己的。当时，国家只分给男人土地，而如果这一家都是女孩，那么这家会过得很穷。穷人只能给富人打工，一天挣几十个戈比，勉强度日。斯大林的时候，富农都被打倒了，他们被发配到西伯利亚，所有的人都必须加入集体农庄。我的父亲当时不是富农，但是他也不想加入。父亲的姐姐是共产党员，她警告父亲，如果不加入的话，斯大林会砍他的头。父亲害怕了，最终还是加入了集体农庄。

集体化的阻力并非只来自"未认清形势"的贫雇农，更为激烈的反抗来自于富农。集体化严重地损害了富农们的利益，他们不愿意将私

第三章
步入社会主义时代:"俄罗斯心灵"的继替

集体农庄庄员
(来源:《"纪念基洛夫"集体农庄史》插图)

有的土地和财产交到集体农庄。集体化的强制性实施引起了富农们激烈的反抗。他们经常聚集在一起召开秘密会议,反对住房的公有化。富农们铲平了新的建筑工地,并竭力地鼓动贫农从集体农庄里分离出来。随着矛盾不断激化,塞村的富农们联合单干户进行了一次激烈的抗争。在《集体农庄史》中,当时的村苏维埃主席讲述了这次抗争的场景:[1]

1930年1月初,(沃罗涅日)州上派来了一名特派员,到村里收购家禽。富农们利用这次机会造谣说:"他们要将所有的牲畜收归公有,直到最后一只鸡。"富农绍申拿着刀子,在自家的院子里把所有的牲畜都宰了,整个村庄为此都骚动起来。有一个星期天,当时教堂还在开放,日祷结束以后,人们纷纷向俱乐部涌去。当我走进俱乐部,周围都是人,妇女们在喧嚷着:"我们不把鸡交出

---

[1] Коновалов В.С. История колхоза «Память Кирова»,1970г.

来!""我们把绵羊都宰了!"我试图向她们解释,事情完全不是她们说的那样,但在吵嚷声中,我自己都听不见自己的声音。那些单干户在富农博雷切夫、绍申、安德烈科夫的鼓动下拿着斧子和铁棒走向集体农庄主席的办公室,要教训特派员一顿。为了不让事态扩大,我建议特派员到别的地方躲一躲,他跳出了窗子,藏到了菜园里,暴徒们的阴谋没有得逞。很快,村里的党员和村苏维埃的工作人员控制了局面。第二天,这些富农被赶出了村庄。

富农们在这场抗争中败下阵来,胜利者们将这场抗争戏谑地称为"娘们的抗争"。这次事件之后,富农的元气大伤,大势已去,再也组织不起成规模的反抗,他们最终被赶出塞村。随后,塞村的集体农庄庄员又在党组织的领导下,平定了邻近的科尔索瓦村富农暴动。当时博布罗夫区的区报是这样评价塞村农民的:"在这些运动中,塞村的农民表现出了高姿态,阶级觉悟不断提高,没有受富农的挑唆而变质。"

达成

1930年12月5日,按照一位红军预备役战士的建议,塞村人决定以国内战争中传奇英雄布琼尼[1]的名字命名集体农庄,而这一天也被视为是集体农庄的生日。事实上,当时的"布琼尼"集体农庄只是结成了

---

[1] 谢苗·米哈伊洛维奇·布琼尼(Семён Михайлови Будённый,1883—1973),参加过日俄战争、第一次世界大战,在十月革命后的国内战争期间,布琼尼率领骑兵第一集团军在俄南部屡立战功。在卫国战争期间,布琼尼作为苏联最高统帅部成员之一,参加了保卫莫斯科、基辅和高加索等重大战略性战役。布琼尼是一位传奇性人物,三次获得"苏联英雄"称号,1935年成为第一批被授予元帅军衔的五人之一。

第三章
步入社会主义时代:"俄罗斯心灵"的继替

农业集体劳动组合的形式,绝大多数农民刚刚加入集体农庄,还不适应集体农庄庄员的身份,还认为自己是单干户。面对新生事物,农民的态度一直摇摆不定。为此,塞村的党员和积极分子要在短时间内积极地向农民们宣讲集体经济的优越性,在此期间他们召开了 16 次贫农会议,9 次妇女会议和 1 次全体大会。1931 年,加里宁[1]来到沃罗涅日州视察,宣讲集体农庄制度的优越性,他的讲话在塞村的农民中产生了强烈的反响,大多数态度摇摆不定的中农已经转而支持集体所有制的形式了。博布罗夫区区报《集体农庄之路》是这样报道的:

> 在 1931 年 2 月 10 日,在塞村挂出了这样的横幅:"我们,塞村的单干农民,感到了集体经济相比于个体经济的优越性,我们志愿加入以'布琼尼'命名的集体农庄。"横幅下面有两位单干户的签字。塞村这个时候有 423 户,在 2 月 15 日以前,只有 59% 的农户在集体农庄里,只过了 10 天,这个数字已经上涨到了 80%。塞村的"布琼尼"集体农庄成为全博布罗夫区为表彰全面集体化而设的流动锦旗的候选者。

1931 年 3 月 10 日晚上,塞村苏维埃召开扩大会议,共有 450 名农民-集体农庄庄员参加,村苏维埃主席代表塞村全体村民领取了表彰全盘集体化成绩的红色锦旗。此时的"布琼尼"集体农庄已经有 12 个生产队、460 匹马、200 副犁、5 台播种机,这些农具让 2500 俄亩农田的

---

[1] 米哈伊尔·伊万诺维奇·加里宁(Махаил Иванович Калинин, 1898—1946),苏联政治家、革命家、早期的国家领导人,自十月革命至去世为止,一直担任苏俄和苏联名义上的国家元首。

春耕有了保障。当时集体农庄主席用诗一样的语言来描述集体农庄这一年的春耕和夏收：[1]

> 集体农庄成立后的第一个春天来得出人意料的早，三月份的时候天气就已经非常暖和了，地里的冰雪很快便融化了。土地剥去了藩篱，田野变得更广阔。4月5日开始了春播，集体农庄庄员们展开了竞赛，共产党员和第一批加入集体农庄的庄员起到了模范带头作用，每个人都很努力，不希望落后于其他同志。春播很快完成了，转眼夏天来到，庄员们精心地侍弄着庄稼。终于，迎来了收获的季节。男人们用大镰刀割麦，而女人们打捆，这是一幅火热的劳动场景，集体农庄夏收也很快就完成了。去往博布罗夫送粮的车队插着红旗、挂着标语，人们拉着手风琴唱着民歌，车队浩浩荡荡地开进了设置在博布罗夫火车站的粮食收购点。我们的集体农庄第一个完成了国家的粮食生产计划，并且还超额完成了。每公顷的粮食产量达到9—10公担[2]，这在当时是一个很高的数字了。其他集体农庄的主席、区委和州党委的领导都来我们的集体农庄来调研取经，了解集体农庄的生产安排、劳动组织、账目和纪律。集体农庄的大丰收证明了集体化对于农民来说是正确的道路，更多的人加入了集体农庄。

当时的媒体对集体化大加赞许，并竭力宣传集体农庄生产生活的新

---

[1] Тринеев И.: Первый колхоз села Шишовки//Звезда, от 1972.
[2] 1公担相当于100公斤。

第三章
步入社会主义时代:"俄罗斯心灵"的继替

气象,鼓吹其优越性。但实际上,快速集体化以后,集体农庄的生产关系在很长的时间里并没有理顺,这也是造成1930年代初大饥荒的重要原因。当时饿殍满地,民不聊生。几乎每个在那个时代生活过的人,对大饥荒都有深刻的记忆。但在《"纪念基洛夫"集体农庄史》一书里,作者并没有对急速和全面集体化与这场大饥荒之间的关联做出正面回应,而是把大饥荒简单地归咎于自然灾害。

1940年以后,塞村又成立了几个小的集体农庄。1950年6月16日,沃罗涅日州劳动者代表苏维埃执行委员会通过《关于合并小集体农庄的决议》,塞村的集体农庄合并,组成"纪念基洛夫"(Память Кирова)[1]劳动组合(集体农庄)。1958年,切斯明克村的"加里宁"集体农庄并入。1970年3月13日,"纪念基洛夫"集体农庄正式成立。

第二节 社会主义的文化革命

苏维埃政权确立以后,"改变现实世界并不是布尔什维克议程中唯一的任务。他们还试图进行文化革命以创造新人"[2]。这些社会主义新人代表了新的社会伦理,有时被称为"库尔图拉"(культура),即文化。

---

[1] 谢尔盖·米罗诺维奇·基洛夫(Сергей Миронович Киров,1886—1934),革命家、政治家,苏联1920年代至1930年代联共(布)的主要领导人之一。1934年12月1日在列宁格勒被暗杀,他的遇刺事件直接触发了"大清洗"运动。

[2] 〔美〕詹姆斯·C. 斯科特著:《国家的视角:那些试图改善人类状况的项目是如何失败的》,第258页。

库尔图拉强调准时、清洁、公事公办的直接、礼貌和谦逊、良好而不浮夸的举止。[1]这是与现代化和工业化更为契合的价值伦理，显然与传统的宗法农民习气格格不入。在当时，"苏联代表先进、进步、未来，俄罗斯代表落后、陈旧和过去"。[2]苏维埃政权要进行一场文化革命，"俄罗斯心灵"成为文化革命的对象，文化革命要将"俄罗斯心灵"转变为"苏维埃心灵"。

一、塑造社会主义新人：从宗法农民到社会主义劳动者

社会主义文化革命的目标之一就是塑造社会主义新人，成为"有文化的"社会主义新人仿佛是从黑暗和落后世界进入光明和进步世界的通行证。声势浩大的消灭文盲运动、无神论教育运动在苏联城乡展开，这场运动要让宗法农民"脱胎换骨"，成为社会主义新人。

成为"有文化的人"

在俄语中，"有文化的人"是识字的人、有知识的人。但在十月革命以前，塞村"有文化的人"真是凤毛麟角。据村史记载，当时塞村连一个具有中等教育水平的人都没有，因为村里没有中学，只有小学（只到四年级），村里"有文化的人"就是指四年级毕业的人。但是即使这样，村中"有文化的人"也很少。苏维埃政权建立伊始便开展了全国动

---

[1] Vera Sandomirsky Dunham, *In Stalin`s Time: Middle-Class Values in Soviet Fiction*, Cambridge: Cambridge University Press, 1976.

[2] 李英男：《转型时期的俄罗斯民族意识》，冯绍雷、相蓝欣主编：《转型理论与俄罗斯政治改革》，上海人民出版社，2005年，第331页。

第三章 步入社会主义时代:"俄罗斯心灵"的继替

员的扫盲运动[1],在塞村成年人中广泛开展的消灭文盲的运动就是在这个背景下进行的。塞村设立了9个扫盲点,一共有427人参加扫盲班的学习,占文盲人数的91%。通过扫盲班的学习,大部分村民都已经能识字,人们开始相信科学技术可以改变乡村落后的面貌而不是依靠神的意愿。通过扫盲运动,苏维埃政权对广大民众的共产主义思想教育任务也顺利完成了。

开展消灭文盲运动的同时,无神论教育运动也在轰轰烈烈地进行。在当时的无神论知识分子看来,宗教信仰是愚昧的,是"没有文化"的。土地的集体化运动和无神论运动齐头并进:"这一巨大的计划[2],同时也就是文化革命。被强大的牵引机所拖动的犁头,不但耕透几千万肥沃的土地,且要同时打破当地的迷信的宗教禁令和习俗"[3]。社会主义高举文化、科学和反宗教大旗的文化实践,要创造一种新生活:集体农庄要代替村社或村庄,机器要代替马拉犁和人力,农业工厂工人要代替宗法农民,科学技术要代替传统和迷信,教育要代替无知,富饶要代替贫困的生存经济。总之,被视为愚昧、落后、无知的"俄罗斯心灵"要被新的社会主义的价值观所取代。

在无神论教育运动中,教会对社会生活的参与被禁止,大批的主

---

[1] 1919年,苏维埃政府颁布了关于从8—50岁的人必须接受义务教育、必须执行用母语阅读和书写的法令。1923年,"扫盲!"协会成立,加里宁担任主席。到1932年,该协会吸引了五百多万人。在第一个五年计划期间,共青团组织了全苏农村扫盲运动,一场全国人民齐动员的扫盲运动开始了。参见〔俄〕T.C.格奥尔吉耶娃著:《俄罗斯文化史——历史与现代》,焦东健、董茉莉译,商务印书馆,2006年,第531—532页。

[2] 指集体化运动。

[3] 赫克著:《俄国革命前后的宗教》,高骅、杨缤译,杨德友、贺照田校,学林出版社,1999年,第342页。

155

教、神职人员被逮捕,大部分教堂被捣毁。苏维埃政权在反宗教群众宣传运动中运用了各种形式,如教育、出版、宣传队、博物馆、图书馆等等,还应用了美术、戏剧、电影等艺术形式进行反宗教宣传。在重要的宗教节日的时候,这种宣传会更加频繁。[1] 在所有的学校里,从低年级开始,普遍地教育学生说,上帝是不存在的,而且还耻笑教堂的礼拜和宗教仪式。[2] 此时,宗教被视为培养社会主义新人的绊脚石。"苏维埃学校的主要工作是要教育出一代强壮、健康、新的人类来,要有钢一般的神经,铁一样的筋肉,适合于建立共产主义之用的,这样的人,却老是被穿着道袍的阶级敌人及十字架所反对。"[3]

在无神论教育运动中,脱离了教堂的新的洗礼仪式、婚礼仪式和葬礼仪式被发明出来。孩子出生以后的洗礼和命名由党组织主持,孩子的取名不再按照圣徒的名字命名。有趣的是,有的孩子以革命领导人的名字命名,如在苏联时期很流行的名字"尼诺"(Нинел),其实就是"列宁"(Ленин)的字母反写。婚礼也被"革命",新人不在教堂举行婚礼仪式,而是在政府机构所设立的"幸福宫"内举行。"清洁和节俭"的火葬被大规模推广,墓碑上的十字架换成了五角星。宗教节日被取消了,六天工作制让人们无暇去教堂礼拜。十月革命节(公历11月7日)取代了圣诞节被认为是新时代纪元的开始,而圣诞节的节期被命名为

---

[1] 一所学校的《无神论圣诞节文告》这样写道:"算命,用假面,圣诞树,圣诞筵,这一切都是野蛮时期留下的遗迹。彼时人们在周围大自然中装置精灵,彼时'野蛮人对于自然力非常无能,由此生出对于神、鬼、魔的信仰'(列宁语)。于是野蛮人,自然之不可救药的奴隶,屈服于他所自造的神前,当他们被自然威力所压倒时,就求它的恩典和帮助。"参见赫克著:《俄国革命前后的宗教》,第350—351页。

[2] Т.С.格奥尔吉耶娃著:《俄罗斯文化史——历史与现代》,第531页。

[3] 赫克著:《俄国革命前后的宗教》,第351—352页。

第三章
步入社会主义时代:"俄罗斯心灵"的继替

无神论运动中被毁坏的教堂(位于七弓区)(作者摄)

"共青团诞生节"(комсвятка),共青团组织让青年在灵魂深处接受无神论的教育。

塞村教堂在1930年代初的集体化运动中被捣毁,宗教仪式被禁止,宗教活动被监视。但是,大多数村民并没有与东正教断绝联系,东正教仪式被转移至地下秘密进行。在无神论运动高涨的年代,新出生的孩子都被悄悄地进行洗礼,因为在老一辈人看来,不经过洗礼的孩子会经常生病,会被"不洁的力量"侵害;虽然官方将婚礼安排到了"幸福宫"举行,但在家中,新郎新娘仍要在圣像角前获得神的见证和祝福,否则他们的婚姻会被视为"不合法"。总之,沿袭了几百年的传统与习俗不可能通过一次革命和运动就被消除,宗教信仰在塞村仍有顽强的生命力。

从宗法农民到社会主义劳动者

在塞村访谈一些原集体农庄庄员时，我注意到，在谈到集体农庄时代的生产生活时，他们并没有简单地称自己是"农民"或者是"集体农庄庄员"，而是称自己是"拖拉机手""甜菜工""挤奶工""饲养员"，等等。这足以表明，集体农庄是一个有着精细分工的"农业工厂"，集体农庄庄员不再是村社里的"宗法农民"，而是农业工厂的工人。在农民职业身份转变的背后，实际上是"农民"一词的去污名化过程，从事农业劳动的人不再是下等的、低贱的，他们是积极的社会主义事业的劳动者，这一身份的转变也体现了社会主义文化革命的逻辑。

如果将"农民"一词引入语义学分析，俄语中最早表达农民的词汇都与其所处的社会地位相关联，种地务农的人就是社会地位低下的人。在农奴制时代及以前的基辅罗斯时代，人们习惯用"люди"（仆人、下等人）、"смерд"（原意为"发臭的"）、"холоп"（奴仆）等词汇来称呼农民。农民还被称为"черные люди"，即"黑色的人"，指需要纳赋税的下等人，以与"白色的"即不纳税的波雅尔贵族相区别。[1]近代俄文中用以表示"农民"这一概念的词汇主要有两个，即"крестьянин"与"мужик"，"крестьянин"的词根为基督教，原意表示"基督徒"[2]，

---

[1] 金雁、卞悟著：《农村公社、改革与革命——村社传统与俄国现代化之路》，中央编译出版社，1996年1月，第22页。

[2] Крестьянин 这个词最早出现于1391年东正教大主教基普里安为康斯坦丁寺院写的著名的《法规》中，《法规》规定组成教区的教徒们必须为教区的象征——康斯坦丁寺院服劳役并纳贡。在当时，这些人主要是务农，于是此后的历史进程中这一称呼便渐渐转义为负有依附义务的乡下人——农民的转称了。见金雁、卞悟著：《农村公社、改革与革命——村社传统与俄国现代化之路》，第21页。

第三章
步入社会主义时代:"俄罗斯心灵"的继替

革命前农民中的绝大部分都是虔诚的基督徒,这个词体现了农民的文化身份;"мужик"的词根原意为"男人、汉子、大老粗",带有轻蔑之意,后引申为身份低下的乡下人、农夫。对农民的各种称呼表明了革命前的俄国农民的宗法农民的身份。马克思在《政治经济学批判大纲》中指出了宗法农民的特征:"我们越往前追溯历史,个人,从而也是进行生产的个人,就越表现为不独立,从属于一个较大的整体:最初还是……在家庭和扩大的成为氏族的家庭中,后来是在……各种形式的公社中。"[1]宗法农民被赋予了技术含义(手工劳动、生产力低下,等等)与阶级含义(受封建主剥削、为之交租、服役,等等)。在农民社会中,宗法农民不掌握生产资料,也不参与农产品和劳务的直接交换。同时,在文化身份上,农民在革命前的俄国一直处于被污名化的境地。无论是在外国斯拉夫学者关于俄罗斯民族性格的描述中,还是在有文化自觉意识的俄国知识分子对民族"劣根性"的表述中,俄国农民(特别是男性)的形象是不讨人喜欢的:粗俗、懒惰、保守、酗酒,等等。与俄国农民相比较,中国农民也有着相似的境遇。在汉语的语境里,传统的农耕文明中的农民在近代以来逐渐被污名化。一个与现代性相对的、知识上与文化上充满迷信、无知、愚昧与保守的中国"农民"的概念及其形象被发明,被重新定义,并且作为现代文化上的异类与"他者",被社会精英广泛表达。[2]

马克思认为,宗法农民"好像一袋马铃薯中的一个个马铃薯所集

---

[1] 《马克思恩格斯全集》第46卷上册,人民出版社,2003年,第20—21页。

[2] Myron L. Cohen, "Cultural and Political Inventions in Modern China: The Case of the Chinese 'Peasant'", *Daedalu*, 1993, Vol. 122, No. 2, pp.151-170. 转引自李晓斐:《现代性与民间传统的互动——以河南省路村'院'、'庙'为例》,《开放时代》2010年第4期。

成的那样"[1]，而现代化为这种转变提供了可能性，虽然我们以往只是关注马克思对于现代化过程中异化劳动、商品拜物教的批判，但他也指出了在宗法农民转变问题上现代化以及城市化的合法性，"资产阶级使农村屈服于城市的统治。它创立了巨大的城市，使城市人口比农村人口大大增加起来，因而使很大一部分居民脱离了农村生活的愚昧状态。"[2]

在俄罗斯（苏联）的现代化进程中，宗法农民向着两个方向转变。首先是在快速的城市化中农民走进城市，成为市民。传统的宗法农民身份和乡村社会结构在历次土地改革（如革命前的斯托雷平改革、苏联时代的农业集体化、当代的土地私有化）以后已经发生了根本性的改变，部分农民脱离了原有的束缚走向城市、走向工厂，成为产业工人。这在离城市较近的乡村（如我的调查点诺村和秋村[3]）表现十分明显。这里的村民绝大多数已经不以农业为主业了，早在十月革命以前或者是苏联的社会主义建设时期，这里的农民已经成为产业工人。如我在诺村的房东彼得洛维奇，他的父母早已不是务农的农民，都在铁路部门上班。而到了苏联时代，沃罗涅日市的工业建设和大规模战后重建，需要大量的产业工人，诺村的大部分村民都成了工人。在这些乡村，农民原有的与土地紧密联系的生计模式已经发生了彻底改变。乡村已经不是传统意义上农民聚落的共同体，而是受到城市文明辐射的地区，村民的生产、消费都与城市紧密相连，因此称之为"城郊"更为贴切。

另一条路径是宗法农民成为"农业工厂"的工人。近代以来，尤

---

[1]《马克思恩格斯选集》第1卷，人民出版社，1995年，第677页。
[2]《马克思恩格斯选集》第1卷，第276–277页。
[3] 诺村和秋村距离工业城市沃罗涅日市20公里左右。

其是集体化以来，随着农业生产集体化、产业化、机械化的实行，乡村建立起来的新的农民整合模式已经完全不同于旧有的村社制度。农民摆脱了原有的村社制度以及农奴制度的束缚，成为职业意义上的农民，这在塞村最为明显。社会主义时代，塞村是"纪念基洛夫"集体农庄所在地，集体农庄按照工厂的制度建立了精细复杂的分工体系，其主要的生产方式已经不再是以家庭为中心的小农式经营（虽然这种生产方式仍然保留，但并不是当时的主流），集体农庄试图将自己建成"农业工厂"。

翻看"纪念基洛夫"集体农庄 1980 年的会议记录，如工厂般精密的分工体系在其统计数据中可见一斑：

> 一年内共有 494 人在集体农庄的各条战线上工作。挤奶工 54 人；牛犊饲养员 13 人；饲养员 35 人；养猪员 22 人；羊倌 9 人；拖拉机手 45 人；联合收割机手 11 人；司机 18 人；甜菜工 36 人；钳工－修理工 13 人；木工 8 人；还有其他领域的集体农庄庄员 148 人（菜园工、托儿所教师、司炉工、化验员、焊工、电工以及其他工种）。

集体农庄分工体系的背后是各种严格的生产计划和绩效管理体制，这与以往的村社制度是有着巨大差别的。在集体农庄现代的管理体制下，农民的身份发生了转变，从宗法农民到社会主义建设者。农民要成为社会主义事业合格的建设者，则要告别旧有的习气，习得与新时代相适应的劳动价值观。

社会主义劳动价值观的塑造

19世纪下半叶,新的工业生产方式在俄国缓慢的城市化进程[1]中被应用。较低的城市人口比率、传统的行为方式使得现代化理念,尤其是现代劳动理念,很难影响人们的意识。大规模的城市化和现代化进程始于苏维埃政权建立以后,[2]农民大量涌入城市,其生产方式由农业生产转向工厂劳动。而在农村,集体农庄建立以后实行类似于工厂的劳动制度。这样,与传统乡村生活和农业劳动相契合的俄国农民的劳动伦理与新时期的工厂化劳动的矛盾就首先表现出来:工厂劳动是有计划地生产,需要细心和精确性,限制交际,要求掌握新的劳动方法,禁止在工作时间饮酒,等等。但当时新工人们还保持着原来的劳动习惯,这种习惯和新的生产方式是不相容的。

对于社会主义制度下的劳动者和建设者而言,新的劳动伦理的灌输无异于第二次社会化。社会主义的劳动伦理是"劳动光荣"与"热爱劳动"(勤劳)这两种价值观的联合体。在某种程度上,社会主义劳动伦理和东正教伦理之下的传统俄国劳动价值观在逻辑上有着相近之处。

在东正教信仰的背景下,俄国传统时代劳动价值观将劳动表述为"神圣的",社会主义劳动伦理对劳动也有着相似的价值判断,认为劳动是"光荣的"。马克思指出了劳动之于人类的重要意义:"劳动让猿猴变成了人,而对于劳动的热爱是道德成熟的表现。"斯大林提出的口号式

---

[1] 从1816至1914年,俄罗斯城市人口的比重从9%提升到15%,只提高了6%。Миронов Б.Н. Социальная история России периода империи (XVIII-начало XX в.),Т.2,С.Петербург,2003,С.293.

[2] 1930年代中期城市人口已经占整个国家的25%。

第三章 步入社会主义时代:"俄罗斯心灵"的继替

名言将劳动提升至更高的地位:"在苏联,劳动是享有荣誉的、光荣的事业,是忘我的、英雄的事业。"在东正教伦理中,"劳动－神圣"的观念是通过为神劳动而获得自我拯救的方式形成的。而在社会主义劳动伦理中,劳动对于社会、集体和国家事业的繁荣具有重要性;个人要证明对国家和社会的忠诚最主要的方式就是通过劳动、工作,这是爱国主义的表现。

苏联时代,作为基础的所有制方式是集体主义的共同所有制(包括全社会所有制和集体－合作所有制),其他比较消极的(不参加劳动)和比较积极的(个人生产)劳动方式都被法律所禁止。而唯一被允许的劳动方式只剩下国家和集体所有者(背后实际上还是国家)的雇佣劳动,这种劳动方式在当时是社会主义社会对公民的必然要求。关于集体主义的共同所有制理论,列宁指出:"他们千百年来都是为别人劳动,被迫为剥削者做工,现在第一次有可能为自己做工。"[1]这种所有制在表面上将个人利益和全社会利益合二为一。

与东正教劳动伦理依靠民众对宗教的虔诚、对世俗政权和制度的驯服相比,纪律(法律)是维系社会主义劳动伦理价值联合体的关键因素,纪律(法律)构建了爱国主义－集体主义－勤劳的价值联合体。以祖国之名的集体主义劳动规范了每个个人在整个社会体系中这个或者那个位置的行为。苏联1977年《宪法》(苏联的最后一部宪法)规定:"劳动是每个有劳动能力的苏联公民的责任和光荣的事业,在为被社会选择的有益事业中勤恳工作,遵守劳动纪律。避免与社会主义社会原则相违背的劳动。"这样,劳动成为苏联公民的责任和义务,那些没有工

---

[1] 《列宁全集》(第二版)第33卷,人民出版社,1985年,第203页。

作的人都不会被人们尊重，他们被认为是"寄生虫"，甚至会受到刑事惩罚。[1]

个人劳动积极性的发挥并非只依靠法律约束，更多地依赖于激励机制。与东正教伦理中注重精神因素相似，苏联时代的精神激励较之物质激励具有优先性，在全面共产主义的劳动概念下其优先性更加显著。列宁指出："共产主义劳动，从比较狭窄和比较严格的意义上说，是一种为社会进行的无报酬的劳动，这种劳动不是为了履行一定的义务、不是为了享有取得某些产品的权利、不是按照事先规定的法定定额进行的劳动，而是自愿的劳动，是无定额的劳动，是不指望报酬、不讲报酬条件的劳动，是按照为公共利益劳动的习惯、按照必须为公共利益劳动的自觉要求（这已成为习惯）来进行的劳动，这种劳动是健康的身体的需要。"[2] 列宁关于劳动的论述是在马克思的"在共产主义社会高级阶段上……劳动已经不仅仅是谋生的手段，而且本身成了生活的第一需要"[3]这一论断的基础上提出来的。

苏维埃政权致力于将具有旧有劳动伦理的"黑色"农村的顽固农民视为社会主义建设的敌人，希望通过文化革命，将农民塑造成为理性的、勤奋的、进步的、非基督徒的集体农庄工人。但是这种文化革命的效果并不如意，一直到集体农庄解散，这种理想型的社会主义劳动者还

---

[1] 后来获得诺贝尔奖的列宁格勒诗人尤素夫·布罗斯基（Иосиф Броский）因在诗篇中"赞美寄生虫"而被法院诉讼。1964年，他被判处在阿尔汉格尔斯克州劳动改造5年，其所依据的法律基础是俄罗斯苏维埃联邦社会主义共和国（РСФСР）最高委员会1961年5月4日通过的关于"不劳而获者的决定"。参见 Магун В.С. Российские трудовые ценности: идеология и массовое сознание // Мир России, 1998, №4.С.113–144.

[2]《列宁全集》（第二版）第38卷，人民出版社，1986年，第343页。

[3]《马克思恩格斯全集》（第二版）第25卷，人民出版社，2001年，第20页。

第三章
步入社会主义时代:"俄罗斯心灵"的继替

只是一个神话。

二、树立典型:女拖拉机手季玛硕娃

苏维埃时代,官方的宣传机构塑造社会主义新人还有一个重要的手段——树立典型,发挥榜样的带动和激励作用。塞村便有这样一位典型性人物。在塞村,玛特廖娜·费德罗夫娜(Матрена Федоровна)这个名字至今还会经常被人提及,它是对一个女人的尊称。在塞村人的记忆中,她是集体农庄的杰出领导者,至今人们提起她,都和她领导的有着辉煌成就的集体农庄联系在一起:

> 玛特廖娜·费德罗夫娜在的时候,我们集体农庄是百万(卢布)集体农庄,有养牛场、养猪场、养鸡场、拖拉机站,我们集体农庄什么都有,生活非常好,什么都不缺。

这位村民记忆中的女英雄就是全苏著名的女拖拉机手、塞村汽车-拖拉机站站长、"纪念基洛夫"集体农庄主席、苏联最高苏维埃代表、"苏联社会主义劳动英雄"奖章获得者——季玛硕娃[1]。她的名字登上了《沃罗涅日州百科全书》,她的苏联最高苏维埃代表证被放在了沃罗涅日州立地方志博物馆展览,博布罗夫区农业学校以她的名字命名。

季玛硕娃出身于一个贫穷的雇农家庭,却最终成为名震全国的劳动

---

[1] 玛特廖娜·费德罗夫娜(Матрена Федоровна)是她的名字和父称,季玛硕娃(Тимашова)是她的姓。在口语中,称呼名字和父称时表示对其尊重,而在以第三人称陈述的时候一般使用姓。

"俄罗斯心灵"的历程
——俄罗斯黑土区社会生活的民族志

拖拉机手田间作业（来源：《"纪念盖世太保求和夫"集体农庄史》插图）

女英雄，她的人生经历本身就是一段传奇。沃罗涅日州著名女作家克列托娃以季玛硕娃的事迹写了一部纪实文学作品《自己命运的主人》[1]。她是这样评价季玛硕娃的："这是一位美丽的、意志坚强的和聪明的女人，她永远高于、突出于她周围的人。生活围绕着她转，离开了她，明天的太阳不知道能否升起。"季玛硕娃从贫雇农出身的女性农民成为劳动模范，从整日在纺车前纺线织布的纺织姑娘成为操纵现代机械的女拖拉机手，她的这些经历与特质是苏维埃政权树立典型的绝好素材，极具象征意义。难怪当作家尼古拉·比留柯夫读了这篇作品以后，写信给作者克列托娃，他在信中说："在可能的情况下，向玛特廖娜·季玛硕娃转达最为衷心的致意，从她的身上我理解了'祖国'和'苏维埃时代的人'的意义！"

---

[1] О. Кретова Хозяйка своей Судьбы//Жил Человек,центрально-черноземное книжное издательство, Воронеж,1979.

第三章
步入社会主义时代:"俄罗斯心灵"的继替

据这篇自传体报告文学季玛硕娃出生在科尔舍瓦村(与塞村相邻的一个村,同属于博布罗夫区)的一个大的农民家庭:

> 从我记事的时候起,家里除了爷爷还有这几个男人:父亲,叔叔,还有我的叔叔的两个儿子,其余的男人都在和德国人的战争中被打死了。冬天里,男人们几乎不住在家里,地主雇他们去森林里砍树。我有三个兄弟姐妹,当然夭折的都没算,在当时的农村,很多孩子都夭折了。大哥伊万长到15岁的时候就已经开始和父亲一起干木匠活了,接下来是9岁的阿古莉卡,那时家里已经让她在纺车边纺线了。我还有一个双胞胎弟弟——米特罗沙。

在季玛硕娃的童年记忆里,令她印象最为深刻的便是纺线,纺线是女孩长到一定年龄的时候一定要从事的家务劳动,但在季玛硕娃的印象里纺线是非常枯燥和严苛的:

> 我长到8岁的时候,已经能够踩到纺车的踏板了,母亲和奶奶就开始教我纺线。我们把用来纺线的一小束大麻叫作"纳梅卡",每一束"纳梅卡"都有一个头,都是梳理好了的,像头发一样。"纳梅卡"都保存在妈妈那里,她会按照女儿们的纺线量分发。她总在提醒我们:"快纺线,别懒惰,记住,别像达莎一样。"达莎是叔叔的女儿,一年冬天,她为了尽早完成一天的纺线任务,好有时间和姐妹们去滑冰橇,就把分配给她的大麻偷偷扔掉了一些。这件事被发现以后,达莎遭到了她妈妈的毒打,她被揪住辫子,剥得一丝不挂,和达莎在一起逃避纺线的姑娘们也遭到了同样的惩罚。从此以

"俄罗斯心灵"的历程
——俄罗斯黑土区社会生活的民族志

后,"裸露的姑娘"成为母亲教育不好好纺线的女儿的最好的反面教材。哥哥伊万结婚后,儿媳妇塔吉扬娜到了我们家,我们家里的四个女人一起纺线,满屋子都是嗡嗡声。我早上起来先纺线,然后去上学,午饭后又坐在纺车旁。

季玛硕娃在回首往事的时候,不无感慨地说道:"如果我们的党没有战胜沙皇和资产阶级,我们妇女就不会得到解放。那么,不幸的命运也会等待着我,我也会和奶奶一样成为一个女雇农。"在《自己命运的主人》一书中,她深情地回忆道:

奶奶去世的时候,爷爷喝了些酒,有些激动地说:"她干了一辈子活儿,只给自己三个奖励:为了浸湿大麻,所有的骨头都得上了风湿;为了烘干大麻,得了胸闷;最后裹着自己织的粗麻布,被装进棺材,送到墓地。"

这篇报告文学的主旨是:"如果没有十月革命,如果没有布尔什维克党领导,让农民翻身,让妇女获得解放,季玛硕娃就会和她的奶奶有一样的命运。"这无疑在那个时代具有政治正确性。根据口述史材料,季玛硕娃的人生轨迹确实因十月革命的到来而随之发生了改变。[1]

上到三年级,我就不上学了,也不用纺线了。我去了商人古

---

[1] 根据《"纪念基洛夫"集体农庄史》中"М.Ф. 季玛硕娃的回忆"一章的季玛硕娃本人的口述史资料整理。详见 Коновалов В.С. История колхоза «Память Кирова», 1970г.

第三章
步入社会主义时代:"俄罗斯心灵"的继替

钦那里当雇工,一共干了五年的时间,这是我心情最不好的一段时间。当时苏维埃政权刚刚建立,在农村的穷人和富农都成了单干户,但大多数人成了雇农,少部分人发家了。当集体农庄普遍成立的时候,我们感到很兴奋。党向前看得很远,决定消灭农民种植技术落后的现象,于是成立了拖拉机班,培训拖拉机手。我不顾家人的反对报名参加了。我们三十个拖拉机手中,只有三个女孩:沃尔科娃、列辛娜和我,我们三个都是贫农。母亲一开始就不同意,她认为一个姑娘最应该做的事是准备嫁妆,开拖拉机是男人的事,但我还是执拗地坚持下来了。很快我们拖拉机班来了老师,区里将老化的"英特尔"(Интер)拖拉机配发给我们教学使用。这个拖拉机开始的时候很难驯服,为了练习,我们手都磨出了厚厚的茧子。很快,我们就掌握了拖拉机的驾驶技术,拖拉机班学习结束了,我的成绩很好。作为队长,我在实习中获得了平生第一笔奖金——10个卢布。我们家很高兴,母亲终于相信,拖拉机班不是玩闹,而是很严肃的事业。

博布罗夫区汽车-拖拉机站为全区各村庄耕地。在成为拖拉机手之后,季玛硕娃在艰苦的劳动过程中崭露头角,逐渐成为站里拖拉机班组的领导者:

第二年春天,国家给我们配发了六台新的拖拉机。所有的人只有一个工作——耕地。我们三班倒,不分昼夜地工作。说实话,那时候没有拖拉机犁,用的是马犁,把两个犁绑在一起耕地。集体农庄的庄员们都在比较是马还是拖拉机耕地耕得好。我们三个姑娘

"俄罗斯心灵"的历程
——俄罗斯黑土区社会生活的民族志

当了两年拖拉机手助手之后，博布罗夫区汽车－拖拉机站就正式地把拖拉机托付给我们了。1933年沃罗涅日遇到大旱灾，春天，饥饿让拖拉机手们没有一点力气。我还记得，我们得几个人一起才能发动拖拉机，相互搀扶上机作业。但值得骄傲的是，我们坚持下来了，我们的意志没有被摧毁。我们的女共青团员们，那时只有十八九岁。

1935年的时候，塞村的汽车－拖拉机站成立了，我和丈夫瓦西里来到塞村。这里所有的人都是新手，而我被大家认为是驾驶拖拉机上的"老手"，因而我被任命为队长。在汽车－拖拉机站"论资排辈"不是按照年龄而是根据经验，当时我这个"老手"才刚满20岁，而我手下的队员们大多是已婚的男人，刚刚结束培训。我们的工作队非常团结，这一年的夏天，我们完成了963公顷的拖拉机作业，那一年的收成特别好。

季玛硕娃在工作中取得了突出的成绩，1935年被当地党组织派往莫斯科参加全苏粮食系统先进分子表彰大会。正是在这次大会上她产生了组建女拖拉机手生产小组的想法：

这次会议是为农机手们庆功，莫斯科把拖拉机手，尤其是女拖拉机手们，视为最为尊贵的客人。加里宁亲手为1140位拖拉机手授予勋章，他授予了我荣誉勋章。当时，帕莎·安格林娜（Паша Агнелина），著名的苏联第一位女拖拉机手也参加了这个大会，她已经组建了女拖拉机手生产小组。她提出要和我竞赛，我当时就许诺，我们塞村的汽车－拖拉机站也要建女拖拉机手小组。

第三章
步入社会主义时代:"俄罗斯心灵"的继替

组建女拖拉机手生产小组的过程是非常艰辛的,季玛硕娃回忆道:

> 开始组建女拖拉机手生产小组——"季玛硕娃班组"的时候,有几个姑娘非常支持我,她们是在拖拉机手培训班学习的女拖拉机手卡柳卡耶娃、巴里契娃,还有四位新人马露霞、巴尼科娃、阿里斯托娃和特里斯托娃。汽车-拖拉机站站长卡列金同志和副站长达塔尔尼科夫同志千方百计支持我们,专门在站里给姑娘们分配了一个房间,同时分配给我们三台拖拉机,我们可以随时地练习。第一次试开拖拉机的时候,姑娘们还不适应,拖拉机摇摇摆摆、前后跳跃,像刚刚乍蹄的小马。在农机手弗洛洛夫和契列德尼琴科的帮助下,姑娘们驾驶技术进步得很快,已经能从容地驾驶拖拉机了。
>
> 5月1日,劳动节那一天,"季玛硕娃班组"开始春耕了,姑娘们在拖拉机排气管上系了红色的蝴蝶结。我们把拖拉机驶向农田的时候,是带着战斗的情绪的。但当天的工作量却让我们很沮丧——每台拖拉机只耕了3公顷。为了提高工作量,我们充分利用时间,减少了不必要的停车,这样每天可以耕5公顷了,但这还是很少。为了每一分钟都被充分利用,拖拉机出现了故障,我们也不修理。因此,我和"季玛硕娃班组"遭到了同事们的批评:"你们要改造、要学习,否则你们没有权耕地。"后来,我们为了提高拖拉机的速度,让调解器重新排列,这样便提高了曲轴的转数,拖拉机由15马力提高到了18马力,我们的XT3拖拉机跑得比从前快多了。后来,农业学院的副教授梅日维金同志肯定了我们班组的这个创新成果。经过改造后,每台拖拉机一昼夜可以耕6至7公顷土

地了，集体农庄庄员们为我们的成绩感到非常骄傲。

在季玛硕娃的领导之下，"季玛硕娃班组"成绩斐然。1936年，"季玛硕娃班组"完成了1400公顷（每台）的拖拉机作业量，超过了"帕莎·安格林娜班组"。秋收以后，在塞村的汽车－拖拉机站举行了全州的妇女生产班组的表彰大会。这一天，"季玛硕娃班组"的工作间被装扮得非常华丽，大会盛大隆重，会场挂满了锦旗、标语、宣传画。而让"季玛硕娃班组"的女拖拉机手们最为难忘的是参加在莫斯科的表彰大会。季玛硕娃是这样回忆这段经历的：

> 1937年2月，我们全班组所有的人员都参加了在莫斯科举行的全苏女拖拉机手工作班组表彰大会。在这些天里有很多愉快和难忘的回忆，特别是和克鲁普斯卡娅（Н.К.Крупская，列宁的妻子）的会面让姑娘们很激动，她很和蔼，和我们一起开玩笑，一起开怀大笑，临别的时候和我们一起合影，这让姑娘们感觉在家一样。从这次以后，作为苏维埃最高委员会委员，我多次去莫斯科，出国，但是这次会面是最让我难忘的。从莫斯科回到博布罗夫的时候，我们得到了英雄般的欢迎，欢迎仪式非常隆重。姑娘们回到村里时样子都变了，所有的人都剪了短发，戴着红色的三角头巾。在村民中间，姑娘们倍受赞赏，现在谁也不挖苦我们了。感谢党、苏维埃政府，使我们不再屈辱，党哺育我们天天向上。

后来，季玛硕娃当上了塞村汽车－拖拉机站的站长，汽车－拖拉机站和"纪念基洛夫"集体农庄合并以后，季玛硕娃被选为"纪念基洛夫"集体农庄主席。1966年，季玛硕娃获得了"苏联社会主义劳动英雄"的称号。1970年，她从集体农庄主席的岗位上退下来，多年紧张和超负荷的工作让她的身体健康状况变得很差，她在六十多岁的年龄便与世长辞。

季玛硕娃的经历无疑是苏维埃时代社会转型最为真实的写照，季玛硕娃从一个处于社会底层的只能守在纺车旁的女性农民变成人人尊重的驾驶先进机械的女拖拉机手，这并不是"自己命运的主人"，是社会主义时代改变了她的命运。从季玛硕娃身上，我们可以看到苏维埃政权着力塑造的"社会主义新人"的形象。社会主义新人是脱离了村社中传统宗法制度的人，社会主义新人不是墨守成规的宗法农民，而是积极创新、掌握先进生产技术的农业工人。

1930年代苏联的快速集体化改变了土地制度，生产模式也随之发生了相应的变化，以家庭－村社为基本单位的农业生产转变为集体农庄内的统一协调的共同劳动。同时，在共同生活的理念下，食堂、幼儿园等公共设施纷纷设立，妇女从繁重的家务劳动中解放出来，成为集体农庄中重要的劳动力。特别在卫国战争期间，妇女成为集体农庄农业生产中的中流砥柱。在这样的背景下，女性地位显著提升，女性不再处于传统的宗法制度下被压迫的地位。与此同时，国家为改变农村落后的农业生产技术，大力推动农业生产的机械化。科技进步和女性地位的提高让集体农庄在乡村获得了民众的广泛支持，而女拖拉机手的出现，恰好贴切地体现了集体农庄的先进性。女拖拉机手很快成为国家的宣传机构为新时代劳动者塑造的最佳形象。季玛硕娃就是在这个宏大的社会背景之下被推上神坛的，并成为苏维埃政权塑造社会主义新人的典型。

第三节　集体农庄时代的生产生活

在卫星地图上俯瞰塞村，村落周边是被防风林带切割得整齐的方块形农田。夏日里，金色的向日葵一望无际，随风翻滚的麦浪中有联合收割机在轰鸣作业，收割后的麦田留下整齐划一的麦秸捆，麦田随后被深耕，变成了一望无际的油油黑土……这幅"大机械农业"美学图景从集体农庄时代一直延续至今，成为社会主义时代留给塞村的遗产。社会主义时代的集体化、机械化、现代化构建了塞村新的生产生活方式。

一、集体农庄内的劳动生产

集体农庄改变了旧有的家庭－村社式的劳动生产方式，所有土地集中于集体农庄，采用机械化作业提高产量。在大农场的理想下，由集体农庄制定生产计划，采用工厂式的劳动作息制度和激励方式组织庄员进行农业和畜牧业生产，集体农庄俨然成为农业工厂。

集体农庄相信农业机械化和科技进步能提高农业产量，并积极地进行实践。《"纪念基洛夫"集体农庄史》是这样记述上世纪60年代该集体农庄的机械化程度和生产中的科技含量的：

> 1958年，党和苏维埃政府做出一项重要的决定，将汽车－拖拉机站改组，把农业机械转交给集体农庄，推动农业生产的机械化。集体农庄拥有了10台ДТ-54拖拉机，3台"白俄罗斯"（Белорусь）

第三章
步入社会主义时代:"俄罗斯心灵"的继替

拖拉机,5台 C-4 联合收割机,7台 C-6 联合收割机。农民不再是土地的奴隶了,而成为由强大的机械化和先进的科学技术武装起来的土地的主人。此外,集体农庄使用有机化肥,加大除草力度,扩大种植高产小麦的面积,1962 年每公顷的粮食产量是 1959 年的两倍。在科技创新方面,实现了粮食耕种和收割机械联合;推广应用联合作业的方法;利用铰链式杠杆堆垛机来处理秸秆,原来完成这项工作需要半个塞村的人,现在只要几个由四至五人组成的小组就可以完成了。在玉米、甜菜、向日葵的种植方面也应用了先进技术,使产量三年翻了三倍。在畜牧业方面,畜牧技师萨罗金应用人工授精的方法提高了牲畜的繁殖能力。

集体农庄的大机械化农业生产一直影响到今天,塞村农场至今仍然采用这种耕作方式。当然,随着科技的进步,农业机械和生产技术有了进一步的提升。

在原集体农庄庄员的记忆中,"纪念基洛夫"集体农庄有着严格的作息制度。纽霞奶奶是 1956 年进入集体农庄工作的,在集体农庄的养牛场做了三十年的挤奶工,她的作息时间是这样的:

> 在夏天的劳动日,早上 4 点半的时候就得起床出门,养牛场的汽车拉我们去夏牧场挤奶。到 8 点多的时候收工回家,11 点的时候再去牧场挤奶,下午 2 点来钟的时候回家。下午 4 点多的时候再去,一直要干到晚上 10 点,如果下雨的话,晚上 11 点多才能回家。

娜斯佳奶奶在 1959 年进入集体农庄工作,她一直做的是甜菜工,

她回忆起的集体农庄的作息制度如下:

> 农忙季节没有休息日,每天都要去田里,早上4点就出门,回来的时候都晚上10点了。平时是有休息日的,有这样的规定,每个月劳动25天,如果那个月有31号,就可以休息6天。

很多原集体农庄庄员回忆起集体农庄的劳动时,都抱怨那时的劳动非常辛苦,"像老黄牛一样,终日不得清闲"。很多老人现在都患有严重的腿疾和腰病,这与在集体农庄超负荷劳动有关系。但当时的集体农庄庄员的劳动积极性还是很高的,因为集体农庄施行了有效的劳动激励机制,在物质报偿上实行绩效薪酬激励,在精神层面上则授予荣誉并加以鼓励。

集体农庄前主席萨罗金是这样讲述集体农庄的工资制度的:

> 集体农庄施行劳动日记工制度,按照工作日统计庄员的工作量,按照工作量发放工资。开始的时候集体农庄支付给庄员的酬劳是以实物(粮食、油、牛奶等)的形式,但是工作日计分制度对集体农庄庄员渐渐失去了激励的效力。自给自足的生活模式已经不能满足人们的物质生活水平的需求了,庄员们不只是需要被分配的物品,还需要食品,如面包、糖果、面粉和罐头等,庄员们已经开始认为在商店购买的商品要比自己家里做的更好。后来,集体农庄执行委员会通过了一项决议,决定以货币支付报酬,并制定了合适的政策,以保证在新收成到来之前集体农庄庄员的生活仍能达到最低标准。

第三章
步入社会主义时代:"俄罗斯心灵"的继替

收苹果/脱谷（来源:《"纪念基洛夫"集体农庄史》插图）

集体农庄会根据劳动强度和所创造的价值来最终评定庄员们的薪酬，每年年末，会计师会根据每个庄员的出工率，将其工作量换算成为工分，年终的时候按工分发放一年的工资，不同工种工分的价值也不尽相同。这是1980年"纪念基洛夫"集体农庄工分完成情况和工分的价值:

> 挤奶工每人339个工分，工资是每个工分7卢布31戈比。
> 饲养员每人315个工分，工资是每个工分5卢布62戈比。
> 牛犊饲养员每人293个工分，工资是每个工分4卢布96戈比。
> 养猪员每人309个工分，工资是每个工分4卢布76戈比。
> 羊倌每人273个工分，工资是每个工分5卢布9戈比。
> 拖拉机手和联合收割机手每人255个工分，每个工分价值9卢布61戈比。
> 司机每人297个工分，每个工分5卢布82戈比。
> 甜菜工每人243个工分，每个工分6卢布52戈比。

177

从工分的数量和分值来看,不同工种的集体农庄庄员的收入较为平均,差别不大。在当时,庄员们的收入还是非常可观的,塞村学校教师亚历山大洛夫娜的母亲曾经是集体农庄的挤奶女工,她回忆说:

> 那时的挤奶女工的工资还很高,而且挤奶在村里是很受尊重的工作。妈妈平均每个月可以拿到250卢布的工资,当然这取决于你的工作量,有的劳动能手可以拿到300卢布,而当时城里工人的平均工资才是150卢布。

值得注意的是,这种工资制度在集体农庄后期逐渐丧失了激励效力。从集体农庄执行委员会的会议记录反映的情况来看,货币化的工资制度并没有改变平均主义的弊端,越来越多的庄员出工不出力,对于多数庄员而言,只要出工,干多干少都会得到平均的工分。在基本的物质生活得以保证的前提下,庄员们不愿意付出更多的劳动。同时,集体农庄允许小型的家庭种植业和养殖业的存在,对于庄员而言,在家庭"自留地"上的劳动更有吸引力。

除了物质上的激励之外,集体农庄内部还开展了各种劳动竞赛以提高庄员们的劳动积极性,获胜者可以获得荣誉上的奖励。《"纪念基洛夫"集体农庄史》是这样记录热火朝天的劳动竞赛的:

> 数十名拖拉机手、畜牧工人、甜菜工人参加共产主义劳动突击手的角逐,优秀的庄员被授予"纪念基洛夫集体农庄光荣庄员"的称号。庄员们积极投身于为争取"共产主义劳动集体农庄"称号的劳动竞赛中,他们有高度的责任感,无论在种植业还是畜牧业都取

第三章
步入社会主义时代:"俄罗斯心灵"的继替

得了高产量。为表彰他们的成绩,他们中的 27 位优秀庄员,包括田间劳动者、拖拉机手和饲养员被授予勋章和奖章,其中两位还获得"苏联社会主义劳动英雄"的称号,还有另外 48 名庄员获得"共产主义劳动突击手"的称号。

  为纪念苏维埃政权成立 50 周年,所有的集体农庄都参加了劳动竞赛。由于春耕工作出色,"纪念基洛夫"集体农庄在全区获得第一名,得到了区里的流动红旗。每个工作站和农场都会为最优秀的工人颁发"劳动光荣"的锦旗,还会在优秀的畜牧员的房子上钉上这样的牌匾,牌匾上边写着"这里住着最优秀的挤奶工",或"这里住着最优秀的养犊员"。根据竞赛结果,各工种都要划分为不同的等级,比如 25 个挤奶工被分为几个等级,2 人为一等,5 人为二等,18 人为三等,等级划分与工资挂钩。在这种劳动竞赛制度的激励下,庄员们创造了一系列生产记录:两位挤奶工人创造了高产量,每年平均每头奶牛挤奶 2500—2700 公斤;养牛场的小牛犊在优秀饲养员的精心的照料下每年增重 850—900 公斤;甜菜机械师完成了 115—120 公担种子的运输工作……以上的工作成绩都有记录。

塞村的基层党组织在提高庄员劳动积极性方面也发挥了重要作用:

  1967 年,塞村共有 138 名党员,其中大部分活跃在生产一线:30 人为畜牧工作人员,40 名机械师、拖拉机手,23 名田间管理者,他们保证了基层党组织在各个生产部门的影响力。党组织十分关心干部和新人的教育问题,一般的部门领导已经拥有高等和中等的教育文凭,有 48 人(其中有 28 名党团员)完成了 8 年级的夜校课程。

党组织的工作水平有了显著提高，庄员党员们具体地、实事求是地解决了各种问题。在新的共产主义社会建设的过程中，出现了刻不容缓的社会主义民主制度改善的问题。我们建立了通向社会自治的民主制度，在集体农庄内部建立了生产委员会、畜牧农场委员会等，委员会由共产党员和最为优秀的农业生产者、专家和教师组成，在强化劳动纪律、解决庄员各种生活问题方面，这些委员会的作用逐渐增加。

在塞吉·艾森斯坦的电影《总路线》(The General line) 中可以直观地看到集体农庄的电气化、机械化和集体化给乡村带来的转变。这部电影描述了俄国农村的一个技术传奇。它通过将由马和镰刀组成的沉重和黑暗的农村与电动牛奶分离器、拖拉机、割草机、机车、摩天大楼、引擎和飞机的画面相比较，从而传达出极端现代主义的乌托邦理想。[1] 塞村是整个苏联集体化进程的一个缩影，在各种记录那段历史的地方史志、报纸、个人传记、文学作品等资料中所拼接出的集体农庄是一个打碎"黑色乡村"、建设新生活的图景。当然这些资料都出自受意识形态严格控制的苏联时代，也许有人会认为其有美化集体主义之嫌。但不可否认的是，集体农庄的建立的确改变了原有的生产生活方式，提高了庄员的生活水平。与此同时，农民被纳入国家统一的社会保障体系之中，在教育、医疗、退休金等领域建立了与市民相似的"贴身的"保障制度，形成了农民对于集体、国家的依附性关系。在这种依附关系下，庄员们

---

[1] 〔美〕詹姆斯·C. 斯科特著：《国家的视角：那些试图改善人类状况的项目是如何失败的》，第 281 页。

普遍感到生活稳定（虽然这种稳定是以牺牲个人自由为代价），这也是经历了社会主义时代的人对于那个时代有着美好回忆的原因。

二、辉煌时代：记忆中的集体农庄生活

普希金在《戈琉辛诺村源流考》中这样写道："戈琉辛诺村的起源以及其原始居民已经淹没在一团黑暗之中，无从查考。模糊的传说告诉我们，戈琉辛诺某个时候曾是个富有的大村庄，其居民都丰衣足食，一年只收一次代役租，给某个不知其名的人送去几车谷物就算了事。那时候，大家都贱买贵卖，不知有总管。村长也不欺压百姓，居民做得很少，而日子过得像唱歌般称心。牧童穿着皮靴去放牲口。我们不应被这类迷人的图画所蛊惑。各族人民不约而同都梦想黄金时代，这仅仅证明，人们永远对现状不满，而根据经验知道，对未来不要存太多的希望，因此他们就发挥想象力，用种种美好的颜色去美化过去。"[1] 集体农庄时代的塞村也似乎是想象中的戈琉辛诺村，因为在村民们的记忆里，相比与集体化之前和现在的塞村，集体农庄时代是辉煌的时代。

在"纪念基洛夫"集体农庄纪念列宁100周年诞辰的文集上，第一任集体农庄主席特列涅耶夫是这样描述当时的塞村的：

> 村子已经大变样，杨树和白桦树排成行，好像用尺子量过一样。低矮的用茅草覆盖的农舍不见了，取而代之的是高大宽敞的木屋。村民们的生活都电气化了，很多家里都有收音机、电视机、摩

---

[1]〔俄〕普希金著:《普希金作品选》，冯春译，上海译文出版社，1989年。

托车和汽车。人们变得更有文化，许多人都有了中等或者高等教育文凭。集体农庄的耕地也发生了天翻地覆的变化：粮食产量提高了，现在每公顷的粮食产量已经不是 10 公担了，而是 22 公担；土壤的肥力增加了；引入了小麦、黑麦和向日葵的高产品种；集体农庄的农业机械一应俱全，一共有 53 台各式的拖拉机，还有粮食和甜菜收割机，这些农用机械让粮食产量提高了两倍。

相比于集体化之前的乡村，集体农庄是一个生产水平提高、生活条件改善、文化程度提高的生产生活共同体。而在当代的黑土区乡村，在集体农庄生活过的人每次谈及过去，都会习惯地把 1990 年代初集体农庄解散作为一个分界线，来划分为社会主义的过去和资本主义的现在。他们最喜欢采用"过去……而现在……"的句式来比较过去和现在。在社会记忆里，被比较的双方相互作为映像，这种映像是单向的，即过去的辉煌映衬现在的没落，这使得对于过去和现在的价值判断上完全处于好与坏的两端。比较的结果是：社会主义时代是个人和集体共同富裕、精神快乐的"辉煌时代"。

在访谈中，人们回忆社会主义制度下的工作和生活的感受时，最常出现的两个词便是"稳定性"（стабильность）和"确定性"（уверенность）。这种稳定性和确定性来自于计划体制内的稳定的就业、收入、物价水平以及优越的社会保障制度。

在塞村人的记忆里，塞村曾经拥有一个富裕的集体农庄。从小就生活在集体农庄的谢尔盖·安德烈耶维奇回忆道：

我们的集体农庄曾经有一个非常厉害的领导者——季玛硕娃，

第三章
步入社会主义时代："俄罗斯心灵"的继替

她是全苏最高委员会的委员。在她的领导下，我们的集体农庄是"百万集体农庄"，我们有几百万卢布的固定资产，非常富裕。我们这里有很多的农场：养牛场、养马场、养猪场、养羊场、养鸡养鹅场。此外，还有汽车-拖拉机站。生产的粮食也很多：小麦、玉米、甜菜、向日葵。还有各种蔬菜生产队，出产土豆、圆白菜、南瓜、黄瓜、西红柿等等。

在这样的集体农庄里，人们根本不会为自己的生计发愁，集体农庄会提供非常多的就业机会。在社会主义时代，劳动是每个公民的义务，甚至是被强制的义务，工作岗位也是被国家和集体安排的。后来在1970年代接替季玛硕娃任集体农庄主席的萨罗金这样说道：

> 我们当时的集体农庄面临的问题和现在恰好相反，我们发愁的是劳动力不足，村里的人都不会担心没有工作。只要他们愿意，都可以来我们集体农庄工作。大学生刚毕业就会被一抢而空，我们根本就没有找不到工作的这个想法，国家分配给我们工作，给我们房子，社会主义需要很多工人。我毕业的时候，也面临着非常多的工作机会。当年我在伊万诺夫农业学校毕业，学习的是畜牧专业。毕业的时候，学校党委的人和我谈话，准备把我送到莫斯科的科学院去学习，之后就留在学校工作。我当时想马上参加工作，想做点事情。党委的人对我说："如果在伊万诺夫工作，明天我们就给你的妻子安排工作，给你们住房。"坐在旁边的一个人对我说："如果来我们农场当农技专家，我们马上给你汽车和房子。"最终，我还是选择了去沃罗涅日，这是妻子的故乡，党委最终下了放我走的命

令。我被分配到博布罗夫区，在区委书记那里报到时我要求去集体农庄工作，做点实事。他建议我去塞村，说那里的集体农庄主席是苏联社会主义劳动英雄，是最高苏维埃委员。他马上打电话给季玛硕娃："马特廖娜·费德罗夫娜，我给你们找了一个专家，快来接。"她很快带着汽车来接我，就这样，我来到了塞村。

集体农庄每年都会动员塞村中学毕业生来集体农庄工作，集体农庄会根据自己的需求安排毕业生去大中专院校学习相关的专业。1965年出生的列娜在9年级快毕业的时候便受到了集体农庄的"召唤"：

> 我们中学快毕业的时候，当时集体农庄的主席萨罗金把我们这些毕业生邀请到他家里，问我们中学毕业以后还想到哪去学习。他希望我们成为专家，之后回到集体农庄工作。后来，根据集体农庄的需要，我们毕业班的同学有的去建筑学院，有的去农业技术学校，有的去经济学校学习财务管理。当时集体农庄特别缺乏建筑设计人才，虽然建筑设计不是我的志愿，但最终我被集体农庄送到沃罗涅日的建筑学院学习。

在人们的记忆里，集体农庄庄员的收入还是非常可观的，当时人们的生活水平也很高。塞村学校教师亚历山大洛夫娜回忆起70年代家里的生活水平时说道："我们家里当时就有了收音机、电视机，村里人都骑摩托，后来，几乎每个家庭都买了小汽车。"

在计划经济体制下，稳定的物价在人们的记忆中尤为突出。"那个

第三章
步入社会主义时代:"俄罗斯心灵"的继替

集体农庄分配的木屋(来源:《"纪念基洛夫"集体农庄史》插图)

时候面包才16戈比"[1],这几乎是在集体时代生活过的人的共同记忆,无论在城市和乡村,很多受访人都会提到这一点。这句话表达的不仅是苏联时代物价稳定,还说明当时的物价水平很低,他们的工资完全可以负担家庭的各项支出。塞村村民妮娜的说法很具有代表性:

> 我们习惯过去的(生活),面包16戈比;牛奶的价格也是固定的,20戈比(每升);饼干一个戈比(每块),一个卢布就可以做一顿大餐。在苏联时代,我的工资90卢布,一个月的收入足够各种开销。

---

[1] 1卢布等于100戈比。

同时，相比于现在，当时的食品质量也是有保证的。塞村的小学教师亚历山大洛夫娜至今仍然能回忆起童年家里切"冈茨巴金"香肠时的香味：

> 过去的香肠切下一小块，满屋子都是香味，那是真正的香肠。当时食品是国营工厂生产的，国家有统一的标准，工厂按照计划、配方严格生产，人们可以放心购买。如果食品出现问题，厂家就会被追究责任。而现在的商人为了减少成本而降低商品的质量，超市里卖的牛奶都是奶粉勾兑的，香肠里要是有百分之五的肉就不错了，吃现在的香肠根本没有原来那么香了。

工资和物价的稳定能带给人们生活的确定性，使人们对自己未来的生活有一个非常明确的预期。谢尔盖·安德烈耶维奇说道：

> 人们收入很稳定，也很有盼头，我们知道以后的生活会是什么样子，比如，攒几个月钱就可以买一台电视机，攒一年的钱就可以买一部汽车。

以收入水平衡量，在集体农庄内部（甚至可以扩展到整个城乡社会）收入差距不大，多数人处于中等的生活水平之上，这是一个稳定的社会结构。曾经在政府部门任职的斯维特兰娜这样谈道：

> 在苏联时代，人们生活得差不多，如果我们用比例来说，百分之五的人生活得非常好，百分之十的人生活得非常不好，而剩下的

第三章
步入社会主义时代:"俄罗斯心灵"的继替

节日里的聚会
(来源:《"纪念基洛夫"集体农庄史》插图)

百分之八十五的人,生活得还可以,中等生活。

社会主义时代完善的社会保障体系也让人们不再有后顾之忧,人们享受免费的教育和医疗资源,退休[1]以后还可以从国家领退休金。国家和集体不仅为人们提供了优越的物质生活条件,还提供了丰富的精神文化生活。

在塞村的集体农庄,即使是最普通的庄员都有机会去疗养院和黑海边疗养,作为一种福利,个人只需承担一小笔费用。原集体农庄庄员家里墙上悬挂的老照片多是他们和家人在疗养院和海边度假时拍的。我去拜访在集体农庄工作了三十多年的纽霞奶奶的时候,她拿出了相册,让我看她在黑海边小城萨金度假时的老照片,那是她最开心的一段时光。纽霞记忆里的集体农庄生活,除了繁重的劳动,还有愉快的娱乐生活:

---

[1] 退休年龄为男人60岁,女人55岁。

"俄罗斯心灵"的历程
—— 俄罗斯黑土区社会生活的民族志

当时塞村的文化宫每周末都会放电影、办舞会，我和瓦洛加（纽霞的丈夫，现在他们已经度过金婚）谈恋爱的时候就在那里约会。那时候人们工作虽然辛苦，但是过得很快乐，我们去牧场挤牛奶的时候都是唱着歌去的。每当过节的时候，比如三八妇女节、苏维埃节，我们都会去俱乐部里聚会。集体农庄给我们这些劳动能手发奖品，很多奖章现在我还保留着。

住在沃罗涅日市的斯维塔，当时在州政府的汽车队当调度员。她享受到了国家给予自己的福利并一直受用至今：80年代初期，国家分配给她一套六十多平方米的两居室住房，现在她仍住在这里；80年代末，国家分给了她一块600平方米的达恰份地。苏联时代的休闲生活也是她美好的回忆：

节假日的时候，在城里，很多人在公园唱歌跳舞；在农村，人们聚在街上唱民歌，歌声此起彼伏。夏天的时候，我和克里亚（斯维塔的二哥）还有一帮朋友经常骑车去树林游玩、野餐，或者去打网球。当然我最喜欢冬天的到来，那是我的节日，假期的时候可以去中心公园（原址为瓦罗涅日最大的教堂）滑冰。当时的剧院票价很便宜，我经常去看戏，看话剧、芭蕾还有电影。我曾经三次去黑海边疗养，其中还有一次在克里米亚（苏联时代黑海边疗养胜地），还有一次去了高加索，都是从党委得到疗养介绍信（путёвка），20天的休假，疗养全部是免费的。

稳定性是社会主义时代社会生活的主要特征，而确定性是生活在集

第三章
步入社会主义时代:"俄罗斯心灵"的继替

宣传队田间的民歌演出（来源：《"纪念基洛夫"集体农庄史》插图）

体主义制度下的人们最为深切的感受。国家和集体已经为个人安排好了一切，当然，代价就是牺牲了个人选择的自由。但是人们似乎更习惯于生活在被计划被安排的生活里，在集体之中，他们能感觉到温暖。这与"俄罗斯心灵"中的崇尚集体主义生活、驯从的性格特征分不开。

用社会记忆的资源来构建过去的生活图景，这不可否认带有人为的主观臆断的因素而让记忆偏离了客观性。保罗·康纳顿在《社会如何记忆》一书中这样论述："作为记忆本身，我们可能会注意到，我们对现在的体验在很大程度上取决于我们有关过去的知识。我们在一个与过去的事件和事物有因果联系的脉络中体验现在的世界，从而，当我们体验现在的时候，会参照我们未曾体验的事件和事物。相应于我们能够加以追溯的不同的过去，我们对现在有不同的体验。于是，从今我推演故我就有困难：这不仅仅是因为现在的因素可能会影响——有人会说是歪曲——我们对过去的回忆，也因为过去的因素可能会影响或者歪曲我们对现在的体验。应该强调，这个过程触及到我们日常生活中的点点

189

滴滴。"[1]后社会主义时代的俄罗斯在变革之初处于停滞、混乱和失序的状态，人们失落的正是在社会主义时代的稳定性和确定性，因而对过去集体农庄生活的描述肯定有着美化过去的成分。我们应该注意到，"纪念基洛夫"集体农庄是季玛硕娃领导下的闻名全国的模范集体农庄，作为国家树立的典型，相比于其他集体农庄，塞村的集体农庄确实条件较为优越。因此，要更为全面地了解集体农庄的生产生活，还应该了解更多的集体农庄的个案。但即使是这样，也不会影响我们认识透过社会记忆投射的现实的生活世界，这个世界是一个充满不确定性、不稳定性的社会，人们不再享受集体的温暖，而是用金钱和利益建立彼此脆弱的关系。而这正是处于社会转型之中的俄罗斯社会的真实写照。

本章小结

步入社会主义时代的塞村，集体农庄的共同生产生活代替了家庭－村社的生产生活的组织形式，机械化作业代替了原始的依靠畜力和人力的农耕，宗法农民转变为农业劳动工人，社会主义的意识形态代替了东正教的信仰。剧烈的社会变迁仿佛碾碎了传统的"俄罗斯心灵"。但是我们不难发现，集体农庄的生产生活组织形式仍体现了"共同性"的村

---

[1]〔美〕保罗·康纳顿著：《社会如何记忆》，纳日碧力戈译，上海人民出版社，2000年，第2页。

第三章
步入社会主义时代:"俄罗斯心灵"的继替

社精神;教堂虽被捣毁,基督的神像虽被从教堂中清除,但是村民家庭中的圣像角仍然"圣灵普照",民间的宗教信仰仍然秘密地存在并延续。同时,苏维埃政权让列宁的雕像在村中的广场树立,国家的意识形态将人们的宗教情感转移到对领袖和共产主义理想的信仰之上。可以说,"俄罗斯心灵"在沃罗涅日州的乡村并没有停止跳动,从外在形式和内在逻辑上都在延续着,那个时代的"苏维埃心灵"还保留着"俄罗斯心灵"的基因。

第四章
告别集体农庄：
"俄罗斯心灵"的呼唤

　　有时她感到，她生活了四十载的那个不久前还存在的稳固世界，如今什么都没有剩下，周围的一切已经化作断石残岩，就像发生了剧烈的岩层变动之后的情景，一部分石块被顶上来成为突起的幸运序列，而大部分石块则被可怜地胡乱抛散于各处，但前者与后者非但不是对立的势力，而且根本不是什么势力，而只是一些按不同形式凝固的废墟而已。有时局势突然变化，废墟开始得到符合理性的建设，走向一种陌生的，但终归是有序的状态，至少已经有望走向有序状态，于是让人觉得，要紧的是挺过这个可怕的时期，保护好孩子们和自己的灵魂——生活总会安定下来，不会安定不下来的！

　　　　　　——引自瓦·拉斯普京：《伊万的女儿，伊万的母亲》[1]

---

　　[1] 〔俄〕瓦·拉斯普京著：《伊万的女儿，伊万的母亲》，石征南译，人民文学出版社，2005年，第51—52页。

"俄罗斯心灵"的历程
——俄罗斯黑土区社会生活的民族志

1990 年代初,伴随着苏联解体,在塞村存在了 60 年的集体农庄解散了。集体农庄解散以后,黑土区乡村经历了土地制度、生计方式和社会生活的变迁。集体农庄解散让土地重新回到村民个人手中,有的村民租售了自己的土地,脱离了农业劳动;有的村民将土地整合起来,成为农场主。集体农庄解散使得大部分村民失去了工作岗位,成为自由职业者,青壮年劳动力纷纷出走,塞村变成了"老人的村庄"。政治和社会制度的骤然改变打破了村民生活原有的稳定性和确定性,随之而来的经济危机更让村民经历了一段艰难的岁月,这让村民对苏联解体、集体农庄解散有着十分痛苦的记忆。社会主义意识形态和共产主义理想的消逝带来了道德的和价值观的真空,面对社会动荡、道德失范,人们渴望新的稳定的社会秩序以及共同的价值观,呼唤"俄罗斯心灵"的回归。

第一节 集体农庄的解散

1991 年 12 月,俄罗斯总统叶利钦先后颁发了两项总统令:《关于俄联邦实现土地改革紧急措施》和《关于改组集体农庄和国营农场办法》。其中改革农业经营组织,即改组国营农场和集体农庄的政策如下:国营农场和集体农庄必须在 1992 年 3 月 1 日以前确定改制的组织形式，并在1993年1月1日以前进行改组和重新登记。新的经营形式应由职工（社员）代表大会投票决定，并进行注册登记。根据博布罗夫区档案馆的资料，塞村"纪念基洛夫"集体农庄并没有在总统令规定的期限内解散。苏联解体以后，塞村里不断有村民脱离集体农庄。根据博布罗夫区区长第400号决议，直到1998年，"纪念基洛夫"集体农庄才改组为"纪念基洛夫"农业合作社（сельхозартель）。此时"纪念基洛夫"农业合作社已经不是社会主义时代意义上的集体农庄了，而只是拥有土地的村民松散的劳动组合，这种劳动组织或可以称之为集体农场。2002年11月21日，根据沃罗涅日州仲裁法院决议，"纪念基洛夫"农业合作社最终破产。

集体农庄的解散是塞村在20世纪末21世纪初最为重大的制度变革，但官方文件和档案中仅有寥寥数笔，并没有记录集体农庄解散的原因和过程，也没有关于制度和社会变迁带给村民生产和生活的冲击的描述。而民族志能最为生动地、深刻地呈现社会变迁的丰富性内容，尤其是个人在社会变迁中的遭遇和命运。

一、集体农庄的危机

无论是在村民们的记忆里，还是在官方公布的数字指标中，塞村"纪念基洛夫"集体农庄的农业机械化、现代化和生活质量都曾达到很高的水平。那么接下来的问题就是："这么辉煌的集体农庄为什么会解散？"在与塞村村民的访谈中，我无数次地提出这个问题，但令我遗憾的是，谁也说不清。但有一个答案是明确的，那就是"塞村的集体农庄解散是一个错误"。时间已经过去二十多年，塞村的绝大多数被访者还

"俄罗斯心灵"的历程
——俄罗斯黑土区社会生活的民族志

是这样认为。前集体农庄主席说那些解散集体农庄的人是"俄罗斯的伊万"[1]；老共产党员说这些人是"祖国的叛徒"；村民们普遍在说"我们是被欺骗的"、"我们受到了蛊惑"。他们的潜台词是离开集体农庄不是村民们自己的选择。那么，一个模范的集体农庄如何从辉煌跌入低谷，并最终解散？也许，在塞村的民族志材料中，我们能寻找到答案。

上文我们曾提及，集体农庄建立伊始就没有理顺生产关系，这是集体农庄逐渐出现激励不足、人浮于事等现象的重要原因。在苏联时代，劳动关系被限定在集体所有制的框架之下，集体主义是突出的特点。米娜耶娃（А.Минаева）的民族志研究证明，为国家工作是每一个苏联公民的最基本的责任，1960至1970年代在农民和工人中间，家庭劳动是非正式的词汇。[2] 但是，与革命前传统时代的集体主义不同，个人利益和集体（国家）利益存在着隐性的被表述所覆盖的矛盾。当代俄罗斯社会学家玛古（В.С.Магун,1947—　）认为，"在集权社会，个人的、家庭的以及任何个体的机构或组织的利益都被看作国家、社会利益的一部分，对个人利益的忽视被伪装在价值观的表述中。"[3] 俄罗斯著名的宗教哲学家索洛维约夫早就指出了社会主义的集体主义存在的道德缺陷："社会主义在道德意义上公正是为了他人的权利而对自己的需求进行某种自我限制，因此公正是一种自我牺牲，是自我否定……社会主义有时也表达实现基督教的道德愿望，关于这个问题有人说了一句很有

---

[1] 伊万是俄罗斯最为常见的男人名，俄罗斯民间童话中有"傻瓜伊万"（дурак Иван）的形象。

[2] 关于这个问题，引发了市民和农村居民关于劳动价值的大规模讨论。见 Минаева А. Работал на заводе до мозолистых рук// Отечественные записки,2003№3.

[3] Магун В.С. Российские трудовые ценности: идеология и массовое сознание // Мир России, 1998, № 4.С.113–144.

第四章
告别集体农庄:"俄罗斯心灵"的呼唤

智慧的话:'基督教与社会主义之间在这个意义上只有一个小小的区别,即基督教要求奉献自己的,而社会主义要求拿别人的'……为了所有人而牺牲自己的意志和自我否定是不可能的……这样的自我牺牲也是不公正的。"[1]

苏联设计的现代化模式有别于西方国家的模式(如国家高于社会、集体高于个人、限制个性和自由、中央集权制、计划经济、压制人民的热情等),在另一方面,苏联模式又与西方国家的模式类似(理性化、世俗化、工业化、城市化、家庭民主、妇女和儿童解放)。[2] 与此相关的是,社会主义的劳动伦理也结合了东正教劳动伦理(劳动的神圣性、集体主义[3] 和爱国主义等)和西方新教劳动伦理(劳动的均衡性和规律性、职业自我调节、需求的限制)。无论是社会主义的还是新教的劳动伦理都实现了生产资料积累的功能,至少表现出来了相同的原则,这两种经济伦理是实现现代化的文化工具。历史为劳动伦理的选择提供了两个选项:资本主义的和社会主义的。玛古认为:"二者根本上的区别在于,新教伦理指向个人,劳动在个人所有制基础上,人们能够成为自主经营的人。社会主义的意识形态关注的个人,是被剥夺了个人所有制的和自主经营自由的个人,活动被限制在严格的框架之下的。新教伦理限制个人的消费但为其在彼岸世界找到幸福,此岸世界的成就只是获得拯

---

[1] 〔俄〕索洛维约夫著:《神人类讲座》,张百春译,华夏出版社,1999年。
[2] 〔俄〕鲍里斯·尼古拉耶维奇·米罗诺夫著:《俄国社会史(下卷):个性、民主家庭、公民社会及法制国家的形成(帝俄时期:十八世纪至二十世纪初)》,张广翔等译,山东大学出版社,2006年,第349页。
[3] 按照维什涅夫斯基(A.Vishnevsky,1935—)的观点,集体主义延续了东正教集体的观念,人并不是被看作独立的个人,而是社会的成员,要服从于这个社会,这个社会规定了他的全部生活。见 Вишневский А.Г. Цит.соч.С.158-180.

197

救的一个条件。社会主义社会意识形态宣扬的全社会福利,目标被局限在遥远的未来。两者都具有社会动员和资本积累的功能。相比较而言,新教伦理更有积极的意义,在其基础上形成了'资本主义精神',在几百年的时间内维系了资本主义经济。但遗憾的是,在社会主义劳动伦理的基础上,相类似的长久的'精神调节器'并没有出现。"[1]正因为如此,苏联现代化"导致个人、家庭、社会和国家之间出现了新的矛盾,人们逐渐成为理性的、有文化的、世俗化的人,形成了明确的个性意识,开始与集体所有制,计划体制,压制个人积极性、缺乏公民和政治自由、公社式的社会制度和国家专制制度发生冲突"。[2]

实际上,在苏联后期,大众劳动意识和国家倡导的劳动价值观已经出现矛盾,社会主义劳动伦理所倡导的"为集体劳动""劳动的自我需求"并没有真正实现,相反造成了"公地的悲剧"(the tragedy of the commons)。这也使得社会主义劳动伦理陷入困境,造成劳动效率低下、劳动激励不足等问题。经验研究的结果也证明了上述的观点。1976年,社会学家亚多夫(В.А.Ядов,1929—2015)主持的"人和他的工作"研究[3]在列宁格勒的12个工厂内进行,结果显示:在产业工人中间,高工资对于他们更为重要,而自我价值的实现和技能的提高已经排在了末位;全民所有制(在工人的意识中被视为"无主的")下产生了马虎、偷窃、破坏全民的财产的行为。

---

[1] В.С. Магун Российские трудовые ценности: идеология и массовое сознание // Мир России, 1998, №4.С.113–144.

[2] 〔俄〕鲍里斯·尼古拉耶维奇·米罗诺夫著:《俄国社会史(下卷):个性、民主家庭、公民社会及法制国家的形成(帝俄时期:十八世纪至二十世纪初)》,第350页。

[3] Ядов В.А. Отношение к труду: концептуальная модель иреальные тенденции// Социологические исследования, 1983. № 3.

第四章
告别集体农庄："俄罗斯心灵"的呼唤

"为集体劳动""劳动的自我需求"等所谓的社会主义劳动伦理的消逝不仅出现在工厂里，在集体农庄也有类似的现象。在塞村，集体农庄允许庄员经营家庭畜牧业和蔬菜种植业，这些收入是完全归个人所有的。本来这些"自留地"和自营产业是作为庄员们收入的补充，但在人们的观念中，不用与其他人分享利益的家庭经济是庄员们最为看重的，他们甚至本末倒置地用集体农庄的资源为家庭经济服务。在集体农庄养牛场做过挤奶女工的房东娜塔莉亚绘声绘色地向我讲述人们是如何"偷"集体农庄的粮食和牛奶的：

> 当时还是集体农庄，你都想象不到人们有着这样的智慧：一些挤奶女工去挤奶的时候都会带着一个长长的塑料袋，塑料袋里灌满了牛奶，为了不让领导发现，她们会把这个袋子缠在腰上，用裙子盖起来，这样偷偷地把牛奶带回家。有的人甚至神不知鬼不觉地把家里产奶量低的奶牛牵到养牛场，把养牛场产奶量高的奶牛换回家。

之所以将"偷"这个字打上引号，是因为在她的表述中，并不是用"偷"（воровать）这个词，而是用"拿"（брать）。在她的观念里，这种行为与偷窃并不相同，"拿"集体农庄的东西是庄员们普遍的行为，并不会受到道德和良心的谴责。她还给我讲述了这样一件事：

> 甜菜成熟的时候，我们就偷偷地去甜菜地，把甜菜装在一个大袋子里背回家喂牛。有一次，我在运甜菜的路上恰巧遇到集体农庄主席，他发现了我，把我拦下来，要把我的甜菜没收。我当时就哭了，对他说："你放了我吧，我家里还有两个孩子要养，牛没有

"俄罗斯心灵"的历程
—— 俄罗斯黑土区社会生活的民族志

吃的了。"后来,他也没追究,告诉我以后不要在大路上这么明晃晃地回家,这样会被很多人看见。那个时候,集体农庄的领导、共产党员们对我们也是睁一只眼闭一只眼,都在一个村里住着,会相互体谅。其实他们比我们拿得更多,他们用公家的车直接往家拉牧草,你看主席家的房子盖得那么好,他自己哪有那么多的钱,都是用集体农庄的钱盖的。

苏联解体后的 1990 年代,一项国际比较研究结果证明,(和其他国家相比)俄罗斯人在劳动中有低创新性和低责任感[1]特征。存在于苏联时代的大众意识中的劳动观念,一直延续到后社会主义时代的俄罗斯。我在诺村的房东彼得洛维奇做过许多"偷盗"之事。彼得洛维奇筹划在大门边盖一个车库,所需的建筑材料都是来自"公家":木材是在铁路旁的树林里偷伐的;石料是从铁轨下扒来的垫路基的碎石。喂牛的饲料也是在附近农场偷偷掰来的玉米,拔来的甜菜。我发现,不仅仅是彼得洛维奇自己有这种偷窃公家财物的行为,这在村民中间是普遍现象。附近农场刚刚收割完小麦,麦秸还没来得及打捆的时候,我就看见很多村民赶着马车、用摩托车拉着拖车去争先恐后地拉麦秸,他们快速地把麦秸装车并拉回自己的家中,成片的麦秸顷刻之间就都不见了。彼得洛维奇从附近的农场里弄到了一些大麦来喂鸡喂鹅,这些大麦是农场里的一

---

[1] Магун В.С. Российские трудовые ценности: идеология и массовое сознание // Мир России, 1998, № 4.С.113–144. 相关问题研究参见:Куприянова З.В. Трудовая мотивация российских работников //Мониторинг общественного мнения: Экономические и социальные перемены. 1998. № 2. С. 30–34;Чайковская Н., Эйдельман Я. Трудовая мотивация работников промышленности: структура и динамика //Общество и экономика. 2000. № 11–12. С. 104–117.

第四章
告别集体农庄:"俄罗斯心灵"的呼唤

位工人半夜的时候从农场里偷偷拉出来的,彼得洛维奇付给他的报酬是一只火鸡。在彼得洛维奇和多数村民看来,这种"偷盗"已经是长久以来司空见惯的事情了。他们总对我说:"俄罗斯那么大,东西那么多,我拿这一点儿算什么呢?我偷不是偷个人的东西,这些都是'集体农庄'(колхоз)的,他们地那么多,有那么多的粮食,我只拿那么一点点算得了什么。"彼得洛维奇曾区分过"偷"集体财物和个人财物的区别:

> 个人的东西是坚决不能偷的,那是小偷干的事情。如果发现谁要是手脚不干净偷了别人家的东西,村民都会觉得他做人有问题,那么他在这个村子里就没法待下去了。但集体的东西就不一样了,集体的东西是所有人的,不是某个人的,我自己也有一份。在集体里,谁的脑筋转得快,谁得到的好处就多。在村里,如果谁要是不去偷集体农庄的东西,那人们就认为他脑子有问题了。

实际上,现在集体农庄都解散了,他们所谓的"集体农庄"都是个人承包的农场,他们的偷窃行为仍被解释为"拿"集体的财物,这是集体主义时代的惯性思维作祟。

诚如上文所述,集体化农业自从开始便存在着难以协调集体和个人利益的困境,除了国家的集权式治理,集体化农业之所以能够存在60年的主要原因是:"那些非正规的行动、灰色市场、物物交易和灵活性,弥补了那些失败。"[1]

---

[1] 〔美〕詹姆斯·C. 斯科特著:《国家的视角:那些试图改善人类状况的项目是如何失败的》,王晓毅译,社会科学文献出版社,2001年,第270页。

同时，集体农庄也存在着管理体制僵化的问题，严格的计划体制让集体农庄自身缺乏灵活性。在1970至1980年代担任过集体农庄主席的萨罗金对一件事仍然记忆犹新：

> 那是1980年前后，我们决定在村公园里建卫国战争烈士纪念碑。当时的情况是这样的：我们集体农庄很有钱，但是建纪念碑的事情没有列入计划，没有上边（区党委）的批准，这个纪念碑是不允许建的。如果我们动用公款私自建了纪念碑，那么党的人民监察员（народный контроль）就会来调查，谁也负担不起这个责任。但最后，我们还是决定自己建纪念碑，我永远都不能忘记，这个过程是那么艰难。建纪念碑的水泥都是我们自己筹集来的，由于无法动用机械，卫国战争的参加者们、集体农庄庄员们聚集在一起，用我们的双手一点一点把烈士纪念碑建起来。与纪念碑相配，还要建长明圣火。修建圣火台遇到了难题，我们需要一个大阀门，但没有上边的批文，我们买不到。后来我听说附近的林场有这种阀门，我通过私人的关系求他们的场长才弄到的，场长米哈伊尔·伊米诺维奇对我说："你是一个好人，看在你个人的面子上，我才帮助你。"

即使是在建纪念碑这样的小事上，集体农庄都要受到严格的限制。而在粮食和畜牧业生产上就更要严格遵守计划，集体农庄本身很少有自主权。严格的计划和监控体制让集体农庄逐渐失去了活力，萨罗金介绍说，当时的集体农庄的机械已经老化，急需换新，但是上边一直不批准，从而导致了生产效率逐渐降低。

总之，集体农庄在末期面临着种种问题：体制僵化、生产积极性降

第四章
告别集体农庄:"俄罗斯心灵"的呼唤

低、人浮于事、偷窃集体财产、腐败,等等。但是现在许多村民认为这些问题并不能构成集体农庄解散的充分条件,他们仍然沉浸在对集体农庄辉煌的回忆中,认为上述的问题都是可以解决的。村民们普遍认为集体农庄的解散不是庄员们个人的选择,而是"上头的决定"。有的人会气愤地说,"叶利钦听从了美国人的建议","这都是黑手党干的"。"纪念基洛夫"集体农庄是模范集体农庄,上述问题虽为集体农庄共性问题,但是在"纪念基洛夫"集体农庄里还没有达到十分严重的程度。而在其他集体农庄,这些问题已经导致集体农庄的生产难以为继。翻看当地其他集体农庄的材料,发现他们的粮食产量还没有达到十月革命前的水平。苏联计划经济体制下重工抑农的政策导致了城市对农村的剥夺,农业集体化的模式也难辞其咎。这些固有的矛盾得不到解决,集体农庄会走向衰败并最终解散,也就不难理解了。

二、"谁分走了蛋糕"

集体农庄的解散是在苏联解体后国有资产私有化的大背景下进行的,上文提到的叶利钦在1991年12月先后签发的两项总统令[1]规定:对自愿退出集体农庄、国营农场以建立私人农户(农场)经济组织的职员,要无偿分一份土地给他们,但土地只能用于从事个人副业、园艺业和个人住房建设。对那些继续留在农庄、农场的职员,则不分给实物地块,而是由国家把集体农庄、国营农场的土地分成平均的份额后再向每

---

[1] 上文提到的《关于俄联邦实现土地改革紧急措施》和《关于改组集体农庄和国营农场办法》。

203

个职员颁发土地产权证书。大量的土地就是以"土地份额"的形式分配给他的所有者的。根据总统令,"纪念基洛夫"集体农庄将土地平均地分配给每一个庄员,土地份额为每人4.5公顷,土地成为个人的资产,并受到宪法的保护。[1]

  私有化进程并没有像其设计者想象得那般美妙,在实际操作中,由于缺乏法律保障和切实可行的私有化方案,私有化很难保证公正公平。塞村集体农庄解散、集体资产私有化的过程中就出现了诸多问题。由于缺乏合理规划和法律监督,集体农庄解散的时候是非常混乱的,原本属于集体的资产却大量流失到少数个人手中。在集体农庄工作了几十年的娜斯佳奶奶认为,集体农庄解散以后集体财产的分配并不平均,有一些人拿走了本来应该属于集体所有的东西:

  当集体农庄解散的时候,我已经退休了,但被返聘到集体农庄的浴室工作。那是在1992年,集体农庄开始解散,我亲眼看到他们(集体农庄的管理层)是如何瓜分集体财产的。集体农庄的会计把打草机、打捆机都给了儿子;住在我家旁边的一个拖拉机手,他

---

[1] 1993年10月27日,叶利钦总统发布的《关于土地关系和发展农业政策》的总统令,第一次明确了土地是"不动产",任何公民和法人都可以拥有土地的所有权,有权进行与土地有关的一定的交易行为,如继承、买卖、赠与、租赁和抵押等处分行为。1993年12月生效的《俄罗斯宪法》第8条第2款规定:"在俄罗斯联邦,对私有财产、国家所有财产、地方财产和其他所有制形式等同地受到承认和保护。"第9条第2款规定:"土地和其他自然资源可以称为私人、国家、地方或其他所有制形式的财产。"第36条特别规定了私人土地所有权和私人土地权利的行使方式,即"公民及其团体有权拥有私人财产的土地。土地和其他自然资源的占有、使用和处分由其所有者自由地予以实现,但不要对环境造成损害、不要侵犯他人的权利和合法利益。使用土地的条件和程序依据联邦法律确定"。

第四章
告别集体农庄:"俄罗斯心灵"的呼唤

把六头奶牛牵回了家;集体农庄执行委员里的一位领导把集体农庄的很多农机都归为己有,那个人有三个兄弟,他们现在有了联合收割机、拖拉机、汽车,他们成了农场主了,当然很富有。

私有化进程中集体财产分配不均带给了塞村深远的影响,它打破了集体农庄时代生活水平相对均衡的状态,让塞村呈现了贫富两极分化的格局,这给村民带来的冲击是最大的。一些人(主要是原集体农庄的中层以上的管理者或者是技术人员)分得了更多集体的资产和财产,有了土地经营的资本,多数成为农场主,成了村中的暴发户;而普通村民只是分得了一份土地,由于无法耕作而将土地出租或者出卖。离开了集体农庄,很多村民无法找到新的工作岗位,生活逐渐陷入贫困的境地。

依靠"偷窃"手段独占集体资源的先富者们被称为"新俄罗斯人",他们的财产来源缺乏正当性,为民众所诟病。普通人往往会对此表现出不公与不忿的情绪,认为这些新俄罗斯人——上至国家领导人、寡头,下至集体农庄的领导、农场主——"偷窃"了国家的财产。塞村村民柳德米拉对私有化的态度很具有代表性:

> 私有化其实是一个好事情,但私有化过程并不合理,把这个好事弄坏了。国家的财富,比如石油、天然气这些自然资源在私有化中都成了个人的财富,切尔诺梅尔金就是这样偷窃了国家的财富,这些资源应该是全体人民的。偷窃和贪污成为俄罗斯人的生活方式,但没有法律来对此进行约束。

"俄罗斯心灵"的历程
——俄罗斯黑土区社会生活的民族志

在私有化进程中,"新俄罗斯人"利用金融危机中卢布贬值的机会,从民众手中大量收购均分到每个人的股份,收购价格之低令人咋舌,最为夸张的例子是有人只用两瓶伏特加就把个人的股份买来。在俄罗斯科学院进行的一项民意调查中,官员(决策者)和寡头(投机者和企业家)被认为是私有化中最大的受益者。[1] 在私有化进程中攫取国家资源的行为让官员、寡头和企业主失去了民众对其的信任和尊重,他们成为各种漫画、电视脱口秀所讽刺的腐败的反面形象。有趣的是,在诺村,有一条野狗总喜欢和别的狗争食,村民们非常不喜欢它,都叫它"丘拜斯"[2]。有村民们告诉我,给它取这个名字,不仅是因为它的毛和邱拜斯的头发一样都是金黄色的,还因为它和丘拜斯一样狡猾。村民喂狗的时候,它总爱来抢食,村民们通常一边把它赶走,一边嘴里还吆喝着"可恶的丘拜斯"。

在塞村,私有化并没有给村民们带来预期的利益。在村西至今保留着一片空旷的厂房和已经坍塌了的牛棚。村民告诉我,这里曾经是一个由沃罗涅日商人投资的农场,当时这个商人为了吸引刚刚拥有土地自主权的村民脱离集体农庄,向村民许诺,如果村民能把土地卖给或租赁给

---

[1] 这是俄罗斯科学院社会战略和社会政治分析部(ИСПИ РАН)从 1992 年以来持续调查的结果,调查主题为"俄罗斯,你生活得怎样?"。在"私有化进程中谁获得了利益"一题中,从 1992 年至 2008 年,官员、投机者和企业家始终排在前三位,在 2008 年,选择这三项的比例为 44%、44%、23%。选择"我和我的家庭"者为 6%,选择"全社会"者为 5%,选择"工人和农民"者只有 1%。参见:Левашов В.К. Новая повестка дня для России//Социологические исследования. 2008. № 7. С. 63-74.

[2] 安纳托利·鲍里斯耶维奇·丘拜斯(А.Б.Чубайс, 1955—),1991 年曾任俄罗斯联邦国有资产管理委员会主席,积极推动俄罗斯国有资产私有化,被称为俄罗斯"自由化之父"。后任俄政府第一副总理,是叶利钦时代重要的政治人物。

第四章
告别集体农庄:"俄罗斯心灵"的呼唤

塞村原集体农庄办公地
(作者摄)

原集体农庄的牛棚
(作者摄)

这个农场,他们便可以在这个农场里劳动,并获得比在集体农庄多得多的报酬。村民们满怀希望加入了这个农场,但在上世纪90年代初的金融危机中,这个农场没有顶住,很快就破产了,那位投资商变卖了农场的资产逃之夭夭,至今都没有偿还村民的损失。在村民中间,这个故事被演绎成为当权者和商人的"阴谋"。村民谢尔盖如是说:

"俄罗斯心灵"的历程
——俄罗斯黑土区社会生活的民族志

集体农庄解体是在（20世纪）90年代，我们当时根本没有想过集体农庄会解体，我们的集体农庄是"百万集体农庄"，我们是"百万富翁"。后来，上头突然要搞改革，要把集体农庄解散，把土地分给个人。习惯了集体农庄的村民手里握着土地真不知道如何是好。这个时候，有个外来的企业来到塞村，当时村里的领导对村民们说："他们把我们整体的土地和资产拿来建农场，你们在这里工作，保证工资比你们在集体农庄时高得多。"村民们在农场工作了几年，果然得到了一些实惠。没想到的是，几年之后那个企业主突然就把农场卖掉了，卖农场的钱都装到自己的口袋里。而我们都失业了，一无所有。他们把土地分给我们，然后再骗走，这是一个陷阱。但是这些人没有受到惩罚，你们中国杀了很多这种贪污犯，但是在俄罗斯，他们却逍遥法外。

塞村是整个国家的缩影。1990年代初，俄罗斯告别了僵化的计划经济体制，向市场经济过渡，国有资产私有化是一个前提和基础。但私有化进程并不尽如人意，国有资产被分割后又快速地集聚到个人手中：有人通过低价收购民众持有的股份，分走了国有资产的蛋糕，这些人成为寡头，成为俄罗斯的新贵，他们甚至富可敌国。而占人口大多数的普通民众并没有在私有化进程中获益，尤其在随后的经济危机中甚至损失惨重，生活陷入贫困。在变革初期的阵痛之后，俄罗斯人是否走上了一条适合自己的发展道路？关于这个问题，我们可以从后社会主义时代俄罗斯人的生计和生活中寻找答案。而黑土区乡村的民族志材料能为我们构建出一幅幅后集体农庄时代社会生活的图景。

第四章
告别集体农庄:"俄罗斯心灵"的呼唤

第二节 后集体农庄时代的生计

一、村里还有"集体农庄"

塞村地处中央黑土区的腹地,集体农庄时代以来,人们在广袤的黑土区平原上开垦了大块非常适宜机械化生产的农地。现代的农业生产要求农机和农资的大笔投入,依靠大面积的种植才能收回成本并获得利润。虽然集体农庄解散,土地被分给每个村民,但是缺少农业机械的普通农民家庭几乎不可能依靠耕种自己的小块土地获得收益。现代农业的生产模式使得农民在均分土地之后又要将土地集中起来。在这样的背景下,只有掌握农业机械的农业公司和农场主才能成为耕种土地的主体。在塞村,农业公司掌握更多的耕地和农业机械,这和村民对农业公司更为信任,更愿意将土地租赁或出售给它们不无关系。在如今的塞村,"集体农庄"(колхоз)这个词仍然在村民中间被广泛使用,它指的不是曾经的"纪念基洛夫"集体农庄,而是指个人联合经营的农业公司(这些农业公司注册的公司类型为ООО[1],即有限责任公司)。这些公司大多和原集体农庄有着千丝万缕的联系,它们或是原集体农庄领导、拖拉机手、技术员等联合创办的,或者是外来资本买下原集体农庄的基础设施(厂房、农机具)创办的。但是过去的集体农庄和现在的农业公司在所有制形式和生产组织方式上完全不同。

在塞村,被人们仍然称之为"集体农庄"的农业经营公司有四家,

---

[1] Общество с ограниченной ответственностью

"俄罗斯心灵"的历程
——俄罗斯黑土区社会生活的民族志

分别是塞硕夫卡（Шишовское）、奥斯坦什基诺（Осташкино）、黎明（Заря）、"罗塔尔"（Ротор）。这些公司都是私营的，股权归股东个人所有，不再属于全体村民。公司与职工的关系不再是集体所有制下集体农庄与庄员的关系，在农业公司里，公司和员工之间只是雇佣关系，而且这种关系是临时性的、季节性的。出于对最大效益的考虑，企业主需要的是能创造最大利润的员工，这就需要员工要具备勤勉、无不良嗜好等最基本的素质。但在塞村要招聘这样的员工却很困难，塞村某农业公司的管理者向我抱怨：

> 我们农业机械已经够用了，但现在的问题是好的工人却不够，所谓好的工人的标准最起码是不酗酒，即使喝酒也是少喝酒的，这样的人我们非常需要，但在村里却非常难找到。我认为，能在土地上劳作的人都是心灵坚强的人，我们需要的不是那些做事浮躁的原集体农庄的工人。

有趣的是，集体农庄将革命前俄国农民改造成为理性的、勤勉的、有纪律的农业工人；在集体主义时代末期，他们又变成慵懒的、浮躁的、有不良嗜好的人，并不被效率优先的农业公司所青睐。塞村的几家农业公司都建在了村庄的边缘，公司里从管理人员到技术人员、生产人员都是外聘来的，本村村民极少被雇佣。它们仿佛是这个村庄的外来者，高高的围墙将现代化的工厂和衰败落后的乡村区隔开来，尽量避免和这个村庄有什么交集。农业公司和这个村庄打交道最多的时候就是每年秋天，它们要向将土地租赁给农业公司的塞村村民发放地租。

在塞村，农业公司是以实物的形式向村民支付地租的，并且这种地

第四章
告别集体农庄:"俄罗斯心灵"的呼唤

联合收割机收麦(列娜摄)

农业公司外观(作者摄)

租少得可怜。以纽霞夫妇为例，夫妻俩在集体农庄解散的时候获得了14公顷的耕地，他们把这些耕地全部租给了一家农业公司，他们每年获得的实物地租为：450公斤的粮食（小麦），22.5公斤的糖，15公升的油，15公斤的小米。按照市场价计算，这些农产品的价格只有2000卢布，还不到每月退休金的一半。他们对此也很无奈，虽然实物地租很少，但若不将耕地租给农业公司，他们两位老人就只能让地荒着，因为他们没有能力耕田了。

还有一部分人，主要是退休的老人，在土地私有化之初就把土地卖给了公司或者农场主。在集体农庄工作了几十年的季娜奶奶说道：

> 集体农庄解散以后，当时就有人把分给自己的土地卖了，9公顷的土地一共可以卖18000卢布。卖土地的人脑子都有问题，土地没了，自己就什么都没有了。我的姐姐舒拉住在另外一个区，她把自己分得的土地卖了，一共才卖了7000卢布，这点钱很快就花光了。她在集体农庄干了40年的活儿，到头来什么都没有剩下。现在，除了一点退休金，她没有任何收入来源，自己在那边过不下去了，投奔我来了。

集体农庄解散以后，原集体农庄的土地先是被按份额分配给了每个村民，后又集中到农业公司手中，在分散－积聚的过程中，大多数塞村人失去了与土地的联系，世代以土地为生的塞村人如何在这片黑土地上生存下去，脱离了集体主义的襁褓的塞村人以何为计，这尤为值得我们关注。

二、农场主

在黑土区乡村,除了农业公司,还有另外一种形式的土地经营者,那就是农场主(фермер)。1980年代末1990年代初俄罗斯土地政策调整,逐步允许个人经营土地,个体经营和使用土地的农场主开始出现。农场主经营的农场多是家庭农场,相比于农业公司,每个农场主掌握的土地面积并不大。集体农庄解散以后,国家鼓励私人建立农场,希望在农村有更多的农场主出现,希望绝大部分土地由农场主来经营。为此,联邦政府和地方政府为农场主提供了优惠的税收政策以及资金补贴。全国及各地方的农场主协会都建立起来,为农场主的经营发展提供资金和技术支持。但在黑土区乡村,农场主并没有成为农业经营的主体。以塞村为例,根据村委会的统计,目前塞村只有13位农场主,他们掌握和经营的土地只占全村土地的10%,以粮食种植业为主,辅以家禽养殖业和蔬菜种植业。在1990年代,农场主曾在塞村大规模地涌现,但很快,由于效益不佳而纷纷撤出。成为农场主并能有好的发展要具备很多条件,最为基本的条件是要掌握农业技术知识、拥有农业机械以及雄厚的财力。而这些条件对于普通的村民都是不具备的,在塞村,只有少数原集体农庄的精英成为农场主。

古谢年科在塞村的农场主中颇具代表性。古谢年科生于1963年,他并不是塞村人,1991他年从沃罗涅日农业技术学校毕业以后被分配到"纪念基洛夫"集体农庄担任农业技术员。集体农庄解散以后,以农为业的他不想离开土地,就留在塞村准备独立经营农场。从2000年开始,古谢年科开始从塞村村民那里购买或租用土地,如今,加上自家的耕地,古谢年科的农场土地面积已达42公顷。古谢年科说,与塞村其

"俄罗斯心灵"的历程
——俄罗斯黑土区社会生活的民族志

他农场主相比，自己农场的土地面积还很小，自己还是一个"小农场主"。他计划在五年内将耕地面积扩大到100公顷，但这需要大量的资金，就要看这几年的收成和粮食价格了。古谢年科家是新修的砖瓦房，房前有一个大院子，堆满了农机具。他对我说，这些农机具都是他在这些年中攒下的家底。院子里有3台拖拉机，3台深耕机（一大两小），1台联合收割机、1台播种机、1台甜菜收割机和1台脱谷机，这些农机具可以完成春耕秋收的全部农活。我采访他时，时值隆冬，他家院子里正有一名机械师在检修播种机。古谢年科拍着播种机骄傲地告诉我，播种机是他自己设计并组装的。而那名机械师常年在古谢年科家工作，农忙时耕地收粮，农闲时检修机械。除了那名机械师，古谢年科在农忙的时候会临时雇5至8个人，考虑到用人成本，他不能雇太多人。

　　古谢年科的农场主要种小麦、向日葵、甜菜等作物。他并没有经营畜牧业，他坦言这一块他并不熟悉。但是为了喝上新鲜的牛奶，吃到放心的牛肉，他在家里养了两头奶牛，养牛挤奶的事情都是妻子在打理。古谢年科把主要精力放在农耕上，一年四季都在忙碌中度过。春耕之前要检修农机，冰雪融化、大地回春的时候开始春耕，复活节前后春种就开始了，之后的田间作业就是犁地、保苗等。夏秋之际是收获的季节，小麦一般在七、八月份收割，向日葵在九月份，甜菜则更晚一些。收获时节异常忙碌，为了抢农时，和时间赛跑，他们一家人从早上干到半夜。秋收之后便有很多粮商来村里上门收粮食，谈好价格后他们直接把粮食拉走，非常便捷。秋收后，还要把土地再深耕一遍，之后种上冬小麦。进入冬天后，稍微清闲一些，但还要检修和添置各种机械，选种子，选肥料。如今的农业生产与传统时代俄国农民繁重的体力劳动相比轻松很多，农业机械的使用解放了大量的劳动力。但要取得好收成还是

第四章
告别集体农庄："俄罗斯心灵"的呼唤

需要辛勤的劳动、周密的谋划和成熟的技术，这些都是农场主应该具备的基本素质。

在古谢年科看来，种地除了是他的生计，更是他的爱好。他深情地说道："我热爱土地，我乐于在这土地上耕作。这是我的专业，这是一项创造性的工作（творчество）。""Творчество"这个词经常指艺术创作，在古谢年科那里，我第一次听到它能和农耕种地联系起来。在他看来，种地和艺术创作一样，是具有创造性的。在他的辛勤耕作下，黑土地成为规整的沃野良田；在他的精心培育下，深植在泥土中的种子破土而出，发芽成长，最终孕育出果实；他用一双巧手将废旧的机器改造如新，成为耕田的好帮手。总之，他是这一方黑土地上的"大师"（мастер），可以自由地挥洒自己的才干。古谢年科希望村里的人都能把土地经营好，创造更多的价值。面对村里的其他农场主，他从未将他们视作竞争对手，他经常和他们聚在一起交换农业生产资料和农产品的信息，相互传授农业技术。古谢年科过去是农技师，在农业技术上有丰富的经验，其他农场主如果遇到什么技术问题都会来咨询他，比如怎样选种子和肥料，以及肥料和种子如何配比，他都会去帮忙，有时候甚至亲手操作。

古谢年科全家四口人，夫妻俩有一双儿女。受到父亲的影响，他儿子现在州里的农业学校学习，学的也是农业技术。古谢年科希望他毕业以后子承父业，回家帮忙，这样他的压力也会小一些。古谢年科对现状非常满意，国家会给农场主一些优惠政策，如低息贷款，有的贷款甚至是无息的。在纳税方面，他们除了要向村里缴纳一些土地税之外，交给国家的税是统一的，只用交纳收入的 6%，这其中包括了各种税赋。古谢年科认为现在国家的政策非常有利于年轻人创业，只要勤勉，就可以

"俄罗斯心灵"的历程
——俄罗斯黑土区社会生活的民族志

找到很好的工作，他对村里找不到工作的年轻人很不理解：

> 在俄罗斯是能找到工作的，可以说是很容易找到工作，那些找不到工作的人都是软弱的人（слабая душа）。现在国家有支持民众从事实业的政策，我们要用脑子好好想想，自己应该做什么，同时还得勤快，只要这样做了，就一定会过得不错。生活就是这样，如果你想要工作，就会有工作，就会生活下去。如果你很懒，不愿意干活，那么你就会什么都没有。这个道理在我们这里是这样的，在全世界都是这样的。有一句谚语可能你也听过，"放平的石头，流不过水去"（под лежачий камень и вода не бежит）[1]，就是这个意思。

实际上，在当代的黑土区乡村，并不是任何人通过自己的勤勉努力就可以成为农场主的。农场主需要有丰厚的社会资本可调动和维系经营产业所需要的资源，而分配这些资源的权力仍掌握在行政部门手中，与地方政要关系的亲疏往往会决定一个农场主社会资本的多寡。古谢年科与现任的博布罗夫区区长（原"纪念基洛夫"集体农庄主席）关系甚密；秋村当地最大的农场主经营着近300公顷的土地，而他的哥哥是州立法会议员。这些与地方政要关系密切的农场主可以利用地方官员的影响力低价收购土地、优先获得免息贷款以及其他政策扶持。而不具备这些社

---

[1] 俄罗斯谚语，意为"如果什么事也不动手去做，那么事情就不会有进展，什么也不会改变；一切事情主要靠自己去努力"。详见叶芳来编：《俄汉谚语俗语词典》，商务印书馆，2005年4月，第214页。

第四章
告别集体农庄:"俄罗斯心灵"的呼唤

会资本的普通农民则根本没有机会开创和维系这样的产业,所以留守村庄的大多数人为了维持生计只能经营家庭养殖业和蔬菜种植业。

三、家庭副业

家庭养殖业和蔬菜种植业是集体农庄时代留下的遗产,当时每家可以养牛、羊和家禽,每家都会分得30索特[1]的菜园种植各种蔬菜,以此来作为家庭收入的补充。而集体农庄解散以后,这种牲畜养殖和蔬菜种植的家庭生计逐渐成了黑土区乡村一些村民维持生活的主业,尤其是在苏联解体后的一段时间内,家庭副业让当地居民度过了当时的社会动荡和经济危机。

我在诺村的房东薇拉和彼得洛维奇在1989年结婚,他们虽住在诺村,但都在沃罗涅日城里上班,彼得洛维奇在沃罗涅日警察局上班,薇拉从七号区技术学校毕业后在沃罗涅日市的一家工厂工作。当时他们的薪水都还不错,工作不久就买了小汽车,他们从父母的家中搬出来住,自己盖了砖房,他们的生活不算富裕却也达到了小康水平。不久,他们的儿子谢廖沙出生。谢廖沙出生后不久,苏联解体了,经济危机随之而来,薇拉所在的工厂倒闭了,薇拉失业了。彼得洛维奇在警察局也领不出工资,银行里的积蓄因卢布贬值已分文不值,他们的生活一下子陷入困境。当时,他们不知道未来会怎么样。为了度过眼下的危机,解决一家人的温饱问题,薇拉夫妇重回乡村,在家养起了奶牛。诺村有着优良的草场和割草场,饲养牲畜一直以来都是这里的主要产业。土地私有化

---

[1] 1索特等于100平方米。

"俄罗斯心灵"的历程
—— 俄罗斯黑土区社会生活的民族志

以后,薇拉夫妇也分得了一块草场和一块割草场,而且那时政府不再禁止农民私自售卖农副产品,这对薇拉夫妇是一个机遇。薇拉对我说:"当时就有这样的信念,即使有更大的变故,有了这个产业,也能让一家人糊口。"薇拉一开始就养了9头牛,其中3头是奶牛,养奶牛是最为辛苦的,每天挤奶、放牛、起牛粪这些繁重的体力劳动都由薇拉一个人承担。她曾对我说:"我年轻的时候,两个30公升的奶桶拎起来就走,健步如飞。"薇拉把牛奶卖给附近达恰里的城里人,生意很好,附近的居民提起"牛奶薇拉",都对这个勤劳的女人赞不绝口。养奶牛让薇拉一家度过了最困难的一段时期,薇拉夫妇也是依靠卖牛奶的收入将谢廖沙抚养成人。每天都要喝一大杯鲜牛奶的谢廖沙长得高大健硕。

薇拉的母亲季娜奶奶住在更为偏远的村庄,集体农庄解散以后,那个村里的每家每户也都通过饲养奶牛度过了那个危机年代。虽然家庭养殖业是各家独立经营,但集体协作的劳动方式仍深深地影响着村里人,在集体农庄刚刚解散的一段日子里,村里人发明了集体联合放牧的形式,当时刚退休的季娜奶奶还养着牛,也参加了集体放牧,她回忆道:

> 苏联解体以后的最初几年,很多人都失去了工作,多数家庭都依靠养牛为业。为了节约劳动力,在夏天,全村采用联合放牧的形式。当时加入这个联合体的家庭大概有六十多户,共有180头牛。人们在一起商定编排一个日程表,夏秋时节,每天都由一家负责放牛,每两个月轮换一次。如果遇到特殊情况,放牛的顺序可以调换,如果这一家没有能力放牛,那么他要拿出300卢布请别家代替。每天早上,奶牛挤完奶以后,执勤的牧人就要去各家把牛集合

第四章
告别集体农庄:"俄罗斯心灵"的呼唤

起来,组成牛群,赶到公共的草场上。中午12点的时候再把牛赶到河边饮水,让牛休息。这个时候每家都会有人来给自家的奶牛挤奶,并用车把牛奶取回家。下午4点的时候,牧人会把牛赶到另外一个草场,一直等到太阳落山的时候再把牛赶回村子里。牛都是很有灵性的,它们知道自己的家,到家门口的时候,会自己回去。晚上,女主人还要给奶牛再挤一次奶。每天挤的鲜牛奶都会送到村里收奶商人那里,他会把牛奶集中起来送到城里的乳品加工厂。

集体联合放牧的制度节约了人力物力,大大降低了养奶牛的成本。但是联合放牧的方式在2000年左右的时候就消失了,消失的原因有二:其一,村里的青壮年劳动力不愿意在家里养牛,他们不希望待在农村,更向往城市的生活,纷纷去城里打工;其二,村里的老人逐渐丧失劳动能力,他们已经没有体力来养牛了。同时,村民们很容易在市场上买到工厂生产的鲜奶以及各种奶制品,这也是黑土区乡村家庭畜牧业逐渐萎缩的原因。在诺村,只有靠近达恰区的三五户家庭还养奶牛;而在塞村,整个村庄竟然没有养牛户。塞村的房东娜塔莉亚过去也养了3头奶牛,但是现在她将奶牛全部处理了,因为她觉得养奶牛付出的劳动和获得的收益不成正比。她只是感叹,这么好的草场没有了马、牛、羊,实在是有些浪费了。虽然畜牧业,特别是养牛业,逐渐退出了多数村民的家庭副业,但是在村民们的记忆中,家庭畜牧业滋养了无数村民家庭,帮他们度过了危机。

相比于畜牧业,粮食和蔬菜种植是黑土区乡村延续至今的家庭副业。在黑土区乡村,每家的房前屋后都有30索特的菜园,肥沃的黑土上能出产种类丰富的粮食、蔬菜和水果。秋天,村民们把菜园里收获的

"俄罗斯心灵"的历程
——俄罗斯黑土区社会生活的民族志

土豆、胡萝卜、圆白菜、南瓜、洋葱等蔬菜，以及苹果、梨、葡萄等水果储存到地窖中，这些蔬菜和水果能吃到来年开春；他们还将西红柿、黄瓜、草莓等做成腌制食品，比如酸黄瓜、酸西红柿、果酱、果汁，这些食品可以长期食用和保存。在苏联解体前后物资供应紧张的时期，菜园出产的果蔬和自家牲畜家禽所产的牛奶、肉、蛋等节省了家庭食物的开支，补充了家庭副食品的匮乏。经历了物资短缺时代的塞村村民列娜回忆说：

> 当时，我们生活得并不那么富裕，但我们从来没有过那种连吃的都没有的生活。可能城里会出现这种情况，而我们这里有土地，我们会在土地上种粮食蔬菜，土地能养活我们。

苏联解体时，塞村小学教师斯维特兰娜身在莫斯科，她对当时的生活有着不同的记忆：

> 国家改革动荡时期，农村转制的速度比较慢，人们还有自己的产业，生活会好过一些。在城市，社会变革是立竿见影的，你能马上就感受到。1992年，我当时就在莫斯科，读大学最后一年，莫斯科的生活非常困难。我说了你可能不信，当时我们还挨饿呢。食品虽然还有，但是非常少，买面包和牛奶都需要排队，应该是买什么都要排队。

在苏联解体前后，俄罗斯物资紧缺，有时连食品供应都出现困难。相比于农村，城市的状况更为困难。和农村的家庭副业相似，城市市民

第四章
告别集体农庄:"俄罗斯心灵"的呼唤

也有自己的副业,那就是在达恰份地上种植粮食、蔬菜和水果,这大大地缓解了食品危机,解决了家庭的温饱问题。

社会变革的洪流改变了斯维特兰娜的命运,她最终选择了从城市回到乡村,成为一名乡村教师。这里是她的避风港湾,黑土地上的家庭副业让她度过那段最艰难的岁月。斯维特兰娜如是说:

> 我是个农村孩子,在塞村中学毕业以后不知道未来去哪里。不像现在的孩子,他们比我当时知道的多得多。毕业的时候,集体农庄动员我去他们那里工作,但是我看到在集体农庄当挤奶工的妈妈工作极为辛苦,我打了退堂鼓。当时,我有个姨妈在莫斯科,她是在1948年的时候过去的,她鼓励我去莫斯科读书,我的母亲也支持我。我是凭自己的学识考进大学的,足见我们村学校的教学质量还是不错的。1986年的时候,我进入莫斯科动力学院学习,学费是免费的。我的专业是系统控制,按我的专业,我应该成为电气工程师,毕业后在工厂工作。当我学习了六年,准备毕业的时候,正赶上1992年苏联解体,工厂和企业都解体了或者转制了,很多人都失业了。我们这些应届毕业生,很难在莫斯科找到工作。当时我们村里还有集体农庄,村民们的生活还过得下去,不得已,我只能从莫斯科回到了塞村的父母亲身边。幸好,塞村小学接纳了我,后来我自修了师范专业,成为一名正式的老师。我和丈夫在我回来的那年就结婚了,他是我的中学同学。他中学毕业后在沃罗涅日农业学校学习,参军后回到塞村,在集体农庄当司机。我们有了一个小家庭,生活越来越稳定。集体农庄解散以后,我丈夫安德烈成为自由职业者,家里买了一台载重卡车,

在农忙时节为塞村的或者邻村的农场主拉运粮食，而农闲的时候则是为城里的一些公司客户运货，他一年四季都在外边跑。虽然现在也是经济危机，但是我们并不担心，我们有土地、有技术、有产业，生活总会过得下去的。

四、城乡之间的候鸟

集体农庄解散以后，乡村无法提供足够的工作岗位，这对青壮年劳动力影响最大，他们很难在乡村就业。塞村学校教师谢尔盖·安德烈耶维奇对我说：

塞村现在的工作岗位很少，只有学校、邮局、派出所。虽然农业公司也需要劳动力，但他们有很先进的机械设备，不需要更多的人。他们的经理并不倾向于要本村的人，村里的大部分中青年人都出去了。

中青年人在乡村难觅工作机会，而此时他们有了自由流动的机会。城市大量的工作机会和多彩的生活极具吸引力，这让乡村里的中青年人纷纷离开家乡去附近的城市，甚至是莫斯科、圣彼得堡等大城市谋生。相比于俄国现代化和苏联社会主义建设时期城市化进程中的农村青年，新一代走向城市的农村中青年人受过良好的教育，他们都有在城市上学的经历，这让他们很快就能在城市中找到适合的工作，很快就能适应城市的生活。但另一方面，城市高昂的生活成本让这些"新人"很难在城市里扎根，尤其是在经济不景气的时候，来自农村的中青年人都会面临

第四章
告别集体农庄："俄罗斯心灵"的呼唤

失业的危险。而此时，乡村还是他们的避风港湾，他们会回乡，等到城市经济状况好转的时候，他们就会再次离开乡村回到城市，如同候鸟一样往返于城市和乡间。

在塞村，几乎每一个家庭都有在城里工作的年轻人。我房东家的女儿阿克桑娜在离村最近的小城博布罗夫市工作，她在吉他厂做彩绘师。阿克桑娜是家里的骄傲，她爸爸瓦洛佳对我说："全俄罗斯只有两家在吉他上彩绘的工厂。"在阿克桑娜很小的时候，她母亲便将传统彩绘技法传授给她，这让长大后的阿克桑娜在吉他厂的彩绘车间如鱼得水，成为车间里的业务骨干。吉他厂是博布罗夫市的明星企业，当地新闻经常会播放介绍吉他厂的电视片，当电视里出现女儿阿克桑娜专心彩绘的镜头时，我看见房东夫妇脸上洋溢着无比骄傲的神情。受到金融危机的影响，吉他厂的生意也不景气。阿克桑娜的工资不高，只有5000卢布左右，这个工资水平仅仅比当地退休金平均水平高一点点。前不久，阿克桑娜离了婚，自己带着孩子租住在博布罗夫市的一个集体宿舍院里，这里没有独立的卫生间，冬天没有集体供暖。阿克桑娜选择住在这里，是因为这里的房子租金很低，但即使是这样，她微薄的工资在付了房租后就不剩下什么了。父母的浴室和木雕生意尚可，每个月都会接济女儿。如果没有父母的接济，生活拮据的阿克桑娜母女真的无法生活下去。

房东儿子阿列克是留在村里为数不多的年轻人。他从小跟父亲学习木雕，如今子承父业，在家里做木雕。阿列克很有做木雕的天赋，他的木雕作品惟妙惟肖、栩栩如生，有几件作品甚至被人高价买走。看到同村的伙伴都在城市打工，阿列克也不满足于待在村里，他也想进城。几年前，他和同村的年轻人一起去了沃罗涅日市的疗养院里当服务生。他性格内向,从来没离开过家,较难很快适应城市生活。从小无拘无束的他一直没能成为一个合格的服务生,没干满一个月就被辞退回来了。阿列克总念叨:"城里人太坏了,工资也没给我。"

一次偶然的机会,我参加了阿列克朋友的生日会,结识了一群塞村的年轻人。当时,有七八个小伙子挤在小酒馆里喝酒。过生日的小伙子叫伊利亚,他是在苏联解体以后随父母从哈萨克斯坦迁回塞村的。中学毕业以后,伊利亚没有读大学,直接去了莫斯科打工。由于没有受过高等教育,伊利亚只能在一家公司做保安。2009年的金融危机使伊利亚所在的公司受到影响,大部分员工都被"软性裁员",即在不裁员的情况下减少员工的工作时间以节省用工成本。伊利亚也在其列,他每工作两周就要休息两周,这样他每个月只能领半个月的薪水。不工作的时候,伊利亚无法承受莫斯科高昂的消费,他便回到塞村。我在聚会上认识他的时候,正是他回塞村休假期间。那天参加聚会的小伙子们也都在城里打工,其中有几个刚刚失业,也有几个和伊利亚一样,正在无薪休假。他们已到二十五六岁,在俄罗斯乡村,这个年龄的人早就应该结婚生子了。但在城里打拼的他们还没有结婚,没有稳定的工作、没有稳定的收入来源是他们恋爱结婚的主要障碍。他们说:"现在的姑娘都想嫁给有钱人。"俄罗斯人几乎都是天生的乐天派,无所事事的他们几乎每天都要聚在一起喝酒玩乐,在商店里、在酒馆里、在浴室里,或者结伴去博布罗夫城,那里还有更多好玩的地方。在这些聚会里,酒精和疯狂的舞蹈可以暂时让他们忘记现在的烦恼,有时他们还聚到酒馆里的厕所里吸食用薄荷叶做的特殊"香烟"。这样的聚会一直要到后半夜才结束,筋疲力尽的年轻人回家睡上一整天,晚上又开始聚会。很多家长谈到自己的子女过着这种生活会非常忧虑:"现在

第四章
告别集体农庄:"俄罗斯心灵"的呼唤

的年轻人和我们当时不一样了,他们不愿意干活,只是想着享乐。"

第三节　后集体农庄时代的生活

苏维埃政权解体以后,私有化的设计者们希冀制度叠合带来的西方的市场经济体制和民主政治体制能增进俄罗斯社会的活力。在法律上,俄罗斯公民获得了更多的自由,尤其是在就业和劳动方面。"公民不就业不能成为行政或者其他责任的基础,不就业状况被合法化。就业形式的范围扩大了:在俄罗斯联邦宪法里规定了公民私人所有制和自主经营的合法性。新的俄联邦民法确认了个人所有制和个人经营的合法性,以及与其相适应的法律关系。"[1]在大众意识中,个人财富观念恢复,人们可以支配和使用在法律允许的范围内所积累的财富。合法的社会劳动动机发生了变化,为社会贡献出自己个人财富已经失去了神圣意义。在当代俄罗斯的城市和乡村,自主经营成为人们主要的劳动方式,在我为民族志研究所做的访谈中,"为了自己"(或者"为了我的家庭")成为劳动的目的和意义。1990年代初,塞村的集体农庄解散,大多数集体农庄庄员成了自由劳动者,他们的就业、经营有了自主选择的空间。人们因自主择业、自主经营重新焕发了活力,劳动积极性上升。但与此同时,社会主义时代的劳动价值观消逝,过于追求物质利益的个人主义、

---

[1] Закон РСФСР о занятости населения в РСФСР // Ведомости Съезда народных депутатов РСФСР и Верховного Совета РСФСР,N 18. М.,1991. C. 516-553.

拜金主义在民众意识中滋生，这甚至威胁到了维系社区秩序的道德底线。自由市场经济改变了原有计划经济时代的消费模式，原有的社会保障体系运转不畅，这些都使得塞村人，尤其是经历了塞村集体农庄时代的人感到不适。

一、不稳定和不确定的生活

在采访中，我有一个深切的感受，经历过集体主义时代的人是一个独特的群体，在他们的记忆中，集体农庄的生活是温暖的和值得留恋的，而这种集体主义的温暖是来自于生活的稳定性和确定性。更进一步，生活的稳定性和确定性是源自国家提供的健全的社会保障。如今，苏联时代的社会保障体制仍部分地保留下来，但运转不畅，民众的生活需求得不到保障。同时，并不成熟的市场经济逻辑很容易滋生金钱至上、拜金主义的观念，导致社区内的互惠关系异化为用金钱衡量的利益关系。在关于现实生活的访谈中，我听到最多的词就是"钱""卢布"，人们生活的目标就是赚钱，为金钱而奔波的生活对于那些习惯了集体温暖的人来说，有些冰冷。

为钱奔忙的生活

在黑土区乡村，人们从一开始脱离了集体主义的襁褓便普遍感到生活的不稳定和不确定，这是由一种不安全感造成的。变革之后的经济危机让很多人的生活水平瞬间跌入谷底。塞村的退休教师罗扎至今还对当时的危机心有余悸：

第四章
告别集体农庄:"俄罗斯心灵"的呼唤

1994年左右吧,发生了很严重的通货膨胀。早上起来,原来存下的几千卢布就什么都不剩了,和纸片一样了。不知道第二天还有没有钱买面包,也不知道会不会挨饿。叶利钦时代,我们的退休金都不能按时发放,未来的生活是怎样,谁也不知道。

在这场宏大的社会变革中,塞村的老人成为了弱势群体。他们大多都在集体农庄像黄牛一样劳动一生,繁重的体力劳动让他们退休以后患上各种疾病。经济危机又让他们一生的积蓄化为乌有。退休老人逐渐丧失了继续工作赚钱的能力,只能靠微薄的退休金度日,这让他们的生活捉襟见肘。拮据的生活让退休的老人们依旧保持着劳动的习惯,在能动的情况下还要维持家庭生计侍弄菜园来补贴家用。在集体农庄担任过技术员现已退休的妮娜如是说:

我现在每个月的退休金是5000卢布,我的退休金还算比较多的,村里有些人的退休金只有2800卢布,冬天的时候甚至不够缴付天然气的费用。我们村接入天然气已经是第十个年头了,刚开始的时候每一立方米的天然气是28戈比,然后就是35戈比、54戈比,现在已经要2卢布40戈比了。当时我们使用100立方米天然气,只要2卢布80戈比,而现在240卢布。冬天的时候消耗天然气比较多,我的房子又很大,每个月要用800立方米的天然气,这样每个月就要付将近2000卢布的天然气费用。此外,电费要150卢布左右,水要160卢布,电话费要400卢布……这些费用加起来要3000卢布了。退休金剩下的一半还要给我的父亲买些日用品,剩下的钱都不够我一个月的饭钱。还好我们是在农村,土豆倒是不用买，蔬菜是我们自己种的，还勉强过得下去。但是退休金还是不够用，我已经退休了，但还能动，要继续找工作赚钱，要不真是不够用。

如今塞村仍然有国营的供销社（сельпо），它是塞村最大的商店，各种商品一应俱全，绝不逊色于城里的超市。售货员安娜介绍，商店的主顾主要是退休老人，发退休金的日子是店里生意最好的时候。商店里的商品都是从沃罗涅日市配货而来，一周配两次货，供销社对商品的质量有着严格的审查。供销社的植物油是从博布罗夫制油厂进货，而蔬菜从当地的农场那里购进，是最新鲜的蔬菜。但现在的村供销社的商品不再是国家统一定价了，而是会随着市场价格上下浮动，商品价格不断变化。村供销社商品比以往的品种更加丰富，不像过去经常连面包、糖果、糖、盐等这些生活必需品都供应不足。但村民抱怨物价上涨得太快了，16戈比一条的面包现在已经涨到了20卢布，但人们口袋里退休金却没有涨那么快。[1]妮娜感觉微薄的退休金很难应付日渐上涨的物价：

> 现在拿1000卢布去商店买面包、香肠、肉，买不到什么东西钱就花光了。在市场上买东西，还要比较哪一家最便宜，因为每一个商店的价格都是不一样的，这让我非常不习惯。过去随便进任何一家商店，每家价格都一样，比如香肠都是5卢布一公斤，质量也是一样的，我们不用为这些事情操心。所以我们这一代人，更习惯

---

[1] 沃罗涅日州政府提供的州最低生活标准与退休金平均金额持平。

第四章
告别集体农庄:"俄罗斯心灵"的呼唤

过去的生活。现在收入少了,花销却大了,所以对现在的生活很不习惯。

失灵的社会保障体制

造成生活的不确定性和不安全感的另一个原因是社会保障体制运转不畅。当代俄罗斯虽然继承了苏联时代的社会保障制度,但是苏联解体以后,政府对社会保障投入减少,医疗、教育机构很难维持正常运转。这些社会保障机构的从业人员为了增加自己的收入,开始将创收的目标指向普通民众。不合理收费、收受贿赂等行为非常普遍,人们无法像在苏联时代一样免费地享用这些资源。人们感到社会保障制度越来越糟糕,自己的生活已得不到保障。

为了搜集档案资料,我经常往返于塞村和博布罗夫市之间。在公交车上,我经常遇到去博布罗夫市的医院看病、开药的村民。闲谈中,我发现他们对现在的医院抱怨颇多。

退休老人弗拉基米尔·伊万诺维奇对我说:

我的妻子住院了,大夫说她的病很难确诊,要用一个先进的仪器检查,但是做检查的费用是自费的,需要5000卢布。我只有5000卢布,如果做一次检查之后能让她康复也好。可是如果检查不出来,别说是5000卢布了,就是50卢布他也找不到了。真的不能想象,现在看病要花这么多的钱。过去我们检查身体都是免费的,我的妻子为国家操劳了一辈子,到头来连得了什么病都不知道。

村民萨洛玛金对我说:

医院的风气越来越不好了，我去医院里看牙，那里的医生却不接待我。后来，我拿出了50卢布塞给医生，他就给我看了5分钟，简单地治疗了一下，也没有解决问题。没办法，我只能去私立诊所，治一颗牙花了一万多卢布。

前集体农庄主席萨罗金提到医院就感到特别气愤：

我们村里有一个人去医院看病，医生和她说今天下班了。她就央求这个医生，那个医生让她交150卢布，这才给她看病。之后，她到另一个诊室检查的时候，还得交钱，她要不给他们钱，就无法看病。过去，给医生"红包"，他们还觉得很羞愧，不让人家看见，而现在已经是明要了。在集体农庄时代，医疗是免费的，庄员生病了，我们都会送他进医院，治疗免费，现在这种制度不会再有了。昨天我看电视广告上新开的医院条件非常好，技术设备先进，但我们普通人永远也不会到那里看病，那里的收费太贵了。

不仅是医疗机构，学校也存在着同样的问题。在俄罗斯，虽然公立的中小学都是免费的，但是很多学校（尤其是乡村学校）由于国家拨款有限，面临经费不足的问题，办学所需要的部分资金还要出自学生。在塞村，学校每年都会向学生摊派教室维修费、书本费等名目繁多的费用。到了中等教育和高等教育阶段，中等职业学校和高校一般都是自主招生（最近几年开始实施全国高考，但是是否录取最终取决于学校的面试结果），为了增加经费，这些学校大规模地缩减公费名额。即使是在莫斯科大学这样世界著名的高等学府，只要能缴纳起高昂的学费，无论

第四章
告别集体农庄:"俄罗斯心灵"的呼唤

成绩好坏都可以就读,这类事情已是司空见惯了。由于近年来教育经费紧张,教师的待遇急剧下降。沃罗涅日市的一位中学老师苦笑着对我说,她的工资还不如一个清洁工高,只有几千卢布,根本不够开销。一些老师开始利用职务之便,从学生身上获取灰色收入。我在诺村的房东薇拉一家就遇到了这样的事,薇拉很无奈地对我说:

> 我的儿子谢廖沙去年上了大学,是内务部的学校。这是一个很好的学校,毕业以后就可以当警察,这在我们这里是非常稳定的工作,马上就会有很好的薪水。所以进这个学校的竞争很激烈,为了进这个学校,我们拿出了3000美金(近10万卢布)通过熟人打点学校的领导。在学校里,谢廖沙每次考试都要向主考老师塞钱,有时是1000卢布,多的话要5000卢布。要不然,他们老师的工资那么低,为什么人人都开着进口小汽车呢。谢廖沙这五年大学下来,给我们家造成的经济负担可不小。

在俄罗斯,为了解决人口负增长的问题,国家施行了和我们中国完全相反的政策——鼓励生育,多子女(三个或三个子女以上)家庭会获得非常优厚的福利待遇。令我惊讶的是,无论在城市还是在乡村,我所接触到的多子女家庭很少。在塞村教堂门口张贴的反对堕胎的宣传画上写着:每天在俄罗斯都有10000个没有出生的生命被扼杀。为什么在鼓励生育的政策下仍然有这么多家庭不愿意把孩子生下来?很多人都对我说,不想生育的一个重要原因就是培养一个孩子需要非常多的教育投入。要三个以上的孩子不是所有家庭都能负担得起的。当人们对生活没有一个良好的预期时是不敢贸然多生育子女的。

作为"人类灵魂的工程师"的教师们都失去了道德底线,那么学生们是否受到了影响?我在俄罗斯期间,俄罗斯国家电视一台正在热播一部电视剧《学校》(школа),该剧展现了中学生酗酒、吸毒、乱性、校园暴力、辱骂老师等不良行为。电视剧播出以后引起了社会的广泛讨论,沃罗涅日市当地报纸甚至开辟专版讨论这部电视剧。记者采访了一些学校的老师,虽然大部分老师认为电视剧过于极端地展现了校园乱象,但是也都承认现在的学校确实存在着这些问题。有一位老师认为学校是当代社会的缩影,整个社会面临着道德危机。塞村学校的一位老师对我说:

>以前的学生是非常有纪律的,很尊重老师。现在我们学校的学生到了9年级以后就没人管得了,虽然没有吸毒的,但是吸烟的非常多,他们对待老师满嘴脏话。以前的学生都是很勤奋的,班里几乎都是五分的学生,而现在三分、两分的学生非常多,我都觉得不可思议,他们居然能在考卷上把自己的姓名拼写错。我批评他们,他们却满不在乎。他们的成绩虽然不好,但是毕业以后家里可以花钱让他们去学法律、会计、金融这些赚钱的学科。学生们直接对我说:"我以后挣钱比你多得多。"

学校里的恶习让人不寒而栗,电视剧《学校》能引发全社会的讨论也就说明学校教育确实存在弊端。我在沃罗涅日市的一位朋友对现在的学校教育非常失望,她说她以后要把孩子送到教会办的学校读书,她认为孩子在那里读书起码不会沾染上学校里的这些恶习。

第四章
告别集体农庄:"俄罗斯心灵"的呼唤

酗酒:社会失范的表征

在黑土区乡村,酗酒现象在集体农庄解散以后变得更为普遍和严重。酗酒一直是俄罗斯社会的顽疾,在集体农庄时代,酗酒作为一项违反劳动纪律的行为要受到惩罚。根据集体农庄档案记载,每周例行的执行委员会会议有时会讨论酗酒问题,并在会后的决议中列出酗酒者的名单,给予他们相应的警告和处罚。如今没有了强制性措施对酗酒进行管控,诚如前集体农庄主席萨罗金所言:"现在的人自由了,没有了集体,也没人管束酗酒了。"同时,我们也应该看到,酗酒是一种社会失范状态,是对现实生活的逃避和反抗,很多人面对无法挑起的生活重担,选择用酒精来麻醉自己。

俄罗斯人有在浴室喝酒的习俗,尤其是在节日的时候。我在塞村的房东娜塔莉亚一家经营浴室,几年下来,娜塔莉亚积攒了无数的酒瓶,有伏特加酒瓶、红酒瓶和啤酒瓶。娜塔莉亚一家用这些酒瓶子建了一个小玻璃屋子,她家院子里的游泳池也是用酒瓶砌成的。酒都是来洗浴的客人自己带来的,娜塔莉亚从来不在浴室卖酒,因为她害怕丈夫瓦洛佳酗酒。其实,房东家的男主人瓦洛佳并不常喝酒,他是村里的模范丈夫。他在经营浴室、承接木雕活计的同时,还在另外一个城市的文化宫里教孩子们木雕手艺。但他有时也要偷偷出去喝酒,把自己灌醉,每次他醉醺醺地回来时,娜塔莉亚都要和他大吵一架。

房东家的邻居安德烈是一个五十多岁的男人。小时候,他随父母从黑土区迁到哈萨克斯坦,在那里上学、工作、结婚。他成为一名工程师,工资很高,生活条件很好,用他的话说:"城里有一套大公寓,郊区还有别墅。"那时候,他从来不喝酒也不吸烟。后来,苏联解体,哈

"俄罗斯心灵"的历程
——俄罗斯黑土区社会生活的民族志

萨克斯坦独立,很多俄罗斯人被迫迁回原籍,安德烈就是其中之一,他和他的家庭被安置在了塞村。当时集体农庄还没解散,安德烈便在集体农庄工作。没多久,集体农庄解散了,他也就没有了工作。村里的男人们无所事事,经常聚在一起喝酒。巨大的生活落差让安德烈十分苦闷,他也慢慢学会了抽烟、喝酒。如今,没有工作的安德烈只能靠打工挣些钱,只要有钱他就去商店买酒,甚至是早晨起床后就把自己喝得晕晕乎乎的。我离开塞村的时候和他告别,他得意地告诉我,自己马上就要60岁了,可以领退休金了,以后有更多钱买酒喝了。

在塞村的商店,酒是可以零售的。一杯300毫升的啤酒20卢布,一杯50毫升的伏特加30卢布。商店里经常有人零买啤酒或者伏特加,因为他们买不起一整瓶酒。我曾经在商店亲眼目睹了"酒鬼"买酒喝酒的场面,在田野笔记里记下了如下的文字:

> 我正在商店买东西,一个睡眼惺忪的男人走了进来,头发粘在了一起,花白的胡须,衣服上沾满了油污,身上散发着宿醉的酒气和酸腐味儿。他从兜里掏出了一张50卢布的钞票,递给了售货员,嘴里含糊不清地嘟哝了一句:"来一杯!"售货员接过钱,找给他两个钢镚儿,从货架上拿出了杯子和半瓶伏特加,给他倒了一杯。男人有些不高兴:"还没给我倒满呢!"售货员翻了一下白眼,又往杯里倒酒,酒快没了杯沿,马上要溢出来了。男人趴在柜台上,开心地凑到杯子边,轻轻地吸了一口,把即将要溢出来的酒吸到嘴里。他慢慢地端起酒杯,我看到他的手在微微地抖,喝之前,他深深地吐了一口气,然后猛地抬起酒杯,一饮而尽,那样子仿佛他只是把酒倒进了喉咙。一杯酒下肚后,男人屏住气,打了一个冷

第四章
告别集体农庄:"俄罗斯心灵"的呼唤

战,身体慢慢松弛下来,仿佛他是得胜的将军,刚刚战胜了一杯烈酒,带着满足的表情,蹒跚着走出了商店。

村里像这样的"酒鬼"还有几个,他们每天都把自己灌醉。因为酗酒,他们都离婚了,离婚后他们更加肆无忌惮地喝酒。很多人因为无节制地饮酒,患上了各种疾病,很早就去世了。有的人在冬天里喝醉,冻死在冰天雪地里。原集体农庄主席萨罗金曾对我说:"村里酗酒的人很多,墓地里埋的那些人里有多少是酗酒死掉的,我都知道。"

我在秋村曾遇到过一个"酒鬼",至今回忆起来仍唏嘘不已。有一天傍晚,一个男人来到了娜塔莎姐妹的家。娜塔莎告诉我,他叫伊万诺夫,受过高等教育,原来是一家工厂的工程师,后来丢了工作,染上了酗酒的毛病。因为酗酒,妻子和他离了婚,他被赶出了门,成了流浪汉。他现在住在城边的一个废弃的公共汽车里,靠给别人打些零工赚点钱。他也经常来博物馆帮忙,干些体力活,但他在这里赚的钱也都买酒了。他那次来找娜塔莎的目的是要娜塔莎收留他,快要入冬了,废弃的公共汽车里边太冷,住不了了。他知道娜塔莎姐妹每年入冬时都要给她们饲养的高加索犬搭暖室,他求娜塔莎给他一间。娜塔莎没有答应他,也没有回绝他。毕竟博物馆需要一个人干些苦力,伊万诺夫很适合。但是房子里确实没有空房间给他住,娜塔莎又不忍心让他住到狗窝里。伊万诺夫见没有结果,就准备离开到旁边的湖里洗一个澡,他告诉我们,他已经一个多月都没洗澡了。当时是九月,已近深秋,湖水很凉,娜塔莎怕他感冒,就留他在家洗了个澡。博物馆的院子里有一个小蒸汽浴室,那天晚上,娜塔莎把浴室里边的炉子烧热,让我和伊万诺夫洗了一个蒸气浴,又让他在我住的客房里美美地睡了一觉。第二天一早,伊万诺夫就走了。娜塔莎说,如果这个冬天他找不到一个能收留他的地方,很容易冻死在外边。

二、静静的村庄

刚到塞村的时候,我经常在村里转悠。但令我困惑的是,即使在白天也很少见到人。很多木屋好像常年都没有人居住,院子里和房顶上都长满了野草。根据村委会统计的数字,塞村超过一半的常住人口都是退休老人,每年村里降生的孩子是6至8个,而死去的老人则是这个数字的3倍,人口逐年萎缩。村里人不无忧虑地说:"如今塞村已经成为老人的村庄,再过些年,这些老人相继去世,塞村将会在地图上消失。"

列娜是我在塞村找到的一个重要报道人,她是塞村的社会工作者(социальный работник),她的主要的职责就是为塞村的孤寡老人服务。她在述职报告中介绍了社会工作者的职责:

> 在我出生的村子,我已经做了一年半的社会工作者。我一共为10个老人服务,这些老人非常需要我的照顾。这是一项非常需要责任心的工作。我能给他们带去温暖和善意,要知道他们都是独自一人生活,没有亲人的照顾,且非常需要帮助。我从事的工作需要特别有耐心,我必须在各个方面做好帮助他们的准备,以便给他们带来便利,帮他们克服生活中的困难。我服务的这些老人年岁比较大,他们都是从艰苦岁月里走过来的,老人应该受到尊重,所以我常常听取他们的意见,让他们开心。和他们在一起我的心情能好一些,理解他们的痛苦和悲痛,分享他们的快乐,我不认为这是一件

第四章
告别集体农庄:"俄罗斯心灵"的呼唤

很枯燥的事情。

在博布罗夫区,每个村都有社会工作者(以下简称社工)。每个村社工的人数又是不一样的,这取决于孤寡老人的人数,每个社工平均负责照顾10个孤寡老人。塞村无人照顾的、没有行动能力的老人并不多,所以只有列娜一个社工。列娜每周工作三天,每月可以领到3500卢布的工资,她对这份工作很满意。列娜每周一、三、五都会根据老人们的要求把买来的买包、牛奶等食物送到老人家里,同时了解一下这些老人的近况,老人可以预定下周的食物,或者拜托列娜处理某件事情。我是在一次教堂礼拜的时候认识列娜的,四十天前,她刚刚为自己照顾的一位孤寡老人操办了葬礼。在那位老人去世四十天的日子,按照传统她去教堂为老人举行安魂仪式,并向周围的人发糖,让人们都为这位老人祈祷。

后来,我跟着列娜拜访了很多老人。这些老人行动不便,住在破旧的木屋里,身边没有亲人。在这些老人中间,年龄最大的是特列涅耶夫,他已

塞村集体农庄第一批拖拉机手特列涅耶夫
(作者摄)

"俄罗斯心灵"的历程
——俄罗斯黑土区社会生活的民族志

九十五岁了。当我们去拜访他的时候，视力已经模糊的他正在做腌菜，胡萝卜片和圆白菜洒了一地。他曾经是村里的第一批拖拉机手，后来参加过卫国战争，几年前他的妻子去世了，如今他独自生活。他有一个女儿住在城里，但她也已经是七十多岁的老人了，无法来照顾他。另一位老人娜塔莉亚瘫痪在床，她一生没结过婚，只是和村里的一个男人住在一起，没有生育子女。几年前她的男人去世了，只能靠列娜照顾。她退休之前在集体农庄当会计，微薄的退休金只能保证温饱。她对集体农庄时代非常怀念，提到过去的生活、死去的亲人，她泪流满面。她的桌子上放着一本《圣经》，她告诉我，她去不了教堂，每天读一读《圣经》，心里也能得到安慰。

在塞村，还有一位老人被称为"村里最后一位共产党员"，他就是德米特里·巴甫洛维奇。村民们向我提起他时往往都带着戏谑的口气，他在村民印象中是一个"老古董"。他住在学校对过的小木屋里，那屋子多年没有修缮过，已经非常破旧了。与其他人家门口画着十字不同，他家门上挂着一颗红星，这颗红星可能代表着他的信仰。我去他家拜访他，敲门敲了许久，一个推着凳子的老太太艰难地给我开了门。这位老太太是他的老伴，她告诉我德米特里·巴甫洛维奇去商店了。我在去商店的路上遇到了这位老人，他在雪地里慢慢地挪动着，身边跟着一条小黑狗。我向他说明了来意，但他并不想理我，说自己老了，耳聋眼花没有什么可说的。但当我说我是来自中国以后，他明显地热情起来，因为我是来自"苏联的同盟国"。他邀请我一起去商店喝一杯，在路上他不断地重复着："美国人都是坏蛋，他们让我们的国家败落了，那些官员都是卖国贼（предетель）。"他的话语间还夹杂着一串脏话。在商店的门口，我们看到门上贴着地方选举的告示，他让我念给他听，听罢，他

第四章
告别集体农庄:"俄罗斯心灵"的呼唤

追忆过去的玛丽娜老人(作者摄)

生气地用拐棍敲着地说道:"这些人都是骗人的,什么选举,一帮卖国贼。"他曾经是村供销社的经理,现在每天都来商店买些东西吃,因为他的老伴已经不能做饭了。商店里的人和他非常熟络,他还和胖胖的女售货员开起玩笑。他从兜里摸出了一个纸包,里边有一千卢布的钞票,他要买些酒菜来招待我。当我要掏钱请他的时候,他非常生气,说如果我要掏钱他就走,女售货员也在旁边附和着说:"俄罗斯人怎么能让客人请客呢。"我也只好把钱包放了回去。商店里边有一间屋子放着桌椅,很多人都在这里喝酒,喝酒是人与人(尤其是男人)交流的一种方式。德米特里·巴甫洛维奇买了一瓶250毫升的伏特加,200克的香肠、一盒番茄汁、一盒酸黄瓜,还有一条面包。商店里有现成的

"俄罗斯心灵"的历程
——俄罗斯黑土区社会生活的民族志

案板和刀,我帮忙把香肠和面包切成片,再把香肠放到白面包片上,这是俄罗斯人喜欢的快餐,名为"夹肉面包片"(бутерброд)。他往一次性杯子里倒了些伏特加,然后又倒了一些番茄汁,之后把杯子举起来说道:"来自中国的同志,为了我们的相识喝一杯!"说完,他吐了一口气,喝掉半杯,咬了一口酸黄瓜,把头埋进臂弯里,深深地吸了一口气,然后重重地吐了出来,这是俄罗斯男人喝酒的习惯性动作。带着酒意,我们聊了起来:

我:您是本村人吗?

德米特里·巴甫洛维奇(以下简称德):我就出生在塞村,1942年的时候去了博布罗夫市的农技学校里读书,我在那里入了党。

我:当时入党为了什么呢?

德:我也不知道为了什么,学校里的年轻人都入了党。

我:您毕业以后去了哪里?

德:我还没有毕业,就应召入伍,去了前线。我去的是列宁格勒的前线,那时列宁格勒被围,战斗很惨烈,红军当时没有准备好,吃了亏。我们当时也是新手,没有接受过军事训练就直接上战场上了。

我:没有受过训练,您当时不害怕吗?

德:当然害怕,不过那也得往前冲,政治委员拿着枪在背后看着,谁要是往回跑就会被枪毙。

我:战争结束以后您去了哪里?

德:我在军队里待到了1957年,然后回到塞村,在供销社里

第四章
告别集体农庄:"俄罗斯心灵"的呼唤

当会计,后来又当上了经理。当时人们对参加过卫国战争的人都非常尊重。每年胜利日的时候大家都在村里的广场上聚会。现在没有了,每到胜利日的时候发一小瓶伏特加就算了事。

我:村供销社也是属于集体农庄的吗?

德:不是,和集体农庄是两回事,是两个系统,集体农庄主席管不到我,我们是为村民们服务。我很幸运,我没有在集体农庄里干过体力活,而且什么紧俏的商品都能最先搞到。供销社经理的权力很大,是"老大"(самый главный),正因如此,我把我老婆调到书店当售货员。后来,我喜欢上一个姑娘,我就把她调到商店里当售货员,让她当我的情人,可是没几天她就跑了……(加上一串脏话)。

不知不觉我们已经把一小瓶伏特加喝光了,已经八十多岁的他脸色红润。他告诉我,他几年前得了一场大病,大夫曾经给他判了"死刑",让他的家人把他拉回家,但是他却奇迹般地好了。他说现在他多活一天就赚一天。由于参加过卫国战争,他的退休金很高,每月有12000卢布,再加上妻子的退休金,他们老两口每个月有17000卢布的收入,所以他不缺钱。最后,他把剩下的几片香肠丢给了趴在身边的小黑狗,把剩下的果汁和酸黄瓜带回了家。走出商店的时候,仍然飘着鹅毛大雪,当我问他现在和过去有什么不一样的时候,他幽幽地说:"以前的俄罗斯人都互相尊重、互相友爱,现在都变了。"我要送他回家,他坚持不用,在十字路口,我们握手告别,他拄着拐棍在雪地里慢慢挪动着,身边跟着那条前后跳跃的小黑狗。他心中那个美好时代已经远去了,就像大雪中他远去的背影。

第四节 乡村自治

苏联解体以后,集体农庄解散,只有村委会作为乡村自治机构保留了下来。如今,塞村的村委会位于教堂东侧的一座大木屋内。村委会共有四间办公室,分别是村长生产事务专员、土地事务专员和会计的办公室,村委会共有四名工作人员。村长的办公室里有一张很大的办公桌,村长会坐在这个办公桌的后边的靠背椅上。办公桌前面有一个竖放的小办公桌,比较矮,小办公桌两边都放着椅子,是给来访人员坐的。这间办公室的布局和我在电视上看到的俄罗斯总统办公室的设计有几分相似。在较大的办公桌旁边是一个保险箱,上边放着圣像,办公室的墙上挂着总统梅德韦杰夫的照片以及一排塞村获得的奖状。

村长巴诺维克并不是本村人,塞村是他妻子的故乡。他以前一直在沃罗涅日警察局工作,退休以后来塞村照顾岳父岳母。11年前,他被村委会聘为村长。塞村村委会在1928年就在成立了,当时受博布罗夫区党委和人民委员会领导,而现在它是村民的自治机构,是村中公共事务的决策机构,村委会委员是通过村民选举产生的。根据村长介绍,如今塞村实行的地方自治制度是近年的事情,村委会委员的选举每四年一次,采用自愿报名、村民推荐的形式,最后采取全村选举的形式从候选人中选10名村委会委员,再从村委会委员中根据自愿报名和民主选举的原则选出村长。在塞村,比较特别的是村长并没有在这10个村委会委员中产生,原因是这些人除了退休人员以外都有自己的工作和事业,不能专职于村委会的工作。在村委会宣传栏上张贴了塞

第四章
告别集体农庄:"俄罗斯心灵"的呼唤

村村委会委员的名单以及他们的联系方式,村委会委员由3位退休老人和7位中青年人组成,中青年人多在村中的学校、诊所或供销社工作。

村长是村委会决议的执行者,同时也是村委会的召集人,村委会每月召开一次会议,村中的各种事务都会在村委会会议上讨论并执行。根据《博布罗夫区塞硕夫卡村自治条例》[1]规定,辖区内预算的制定、执行和监督,税收,财产的使用和分配,公共服务、设施、安全、文化,医疗事业,险情救助,社会保障,环境建设,土地使用及监管等事务都由村委会管理。村委会近几年的工作重点是公共设施的维护,比如村庄道路、煤气管道、自来水管道、文化宫、墓地等的维护和修缮。

村长向我介绍,如今的乡村自治制度依据的是2003年颁布实施的法令。[2] 与以往的自治制度不同,村里的部分税收可以纳入村委会的预算中,现在每年有100多万卢布。村委会的工作人员[3]的工资即来自这笔经费。以往,村里的经费要争取区里下拨的转移支付。在1990年代,区里工厂都倒闭了,税收吃紧,区里的经费也非常紧张。而到村一级,拨下来的经费所剩更是寥寥无几,没有经费,村委会几乎什么事都做不了,村上的公共事业几乎陷入停滞。现在情况会好一些,除了可以截留一部分税收,如果要完成比较大的公共事务项目,村委会可以向区里申请获得专项资金。比如说今年要维修村中道路,区里就划拨了

---

[1] «Устав шишовского сельского поселения бобровского муниципального района воронежской области»

[2] «Об общих принципах организации местного самоуправления в Российской Феперации»от 06.10.2003г. №131-ФЗ.

[3] 不包括村委会委员,村委会委员是没有工资的。

150万卢布的专项资金。

　　村委会在集体农庄时代就一直存在，翻看塞村的档案资料，村委会和集体农庄的领导机构几乎是重合的，很多集体农庄的领导便是村委会的委员。在集体农庄庄员的印象中，村委会只是一个没有实权和资源的办事机构，生产生活所需要的一切都是来自集体农庄。村民们受这种观念的影响很深，直到今天，他们对村委会、现行的村民自治制度并不十分关心，只是在需要办理一些土地、户籍等事务的时候才会去村委会。村委会没有产业、没有充足的资金，村民无法在其中获得更多的资源，村委会在村民的生活中影响甚微。我的房东娜塔莉亚经常会抱怨村委会在公共事务上的不作为："村里边至今仍然没有一个垃圾箱，很多家的垃圾都乱丢，村长只会坐在办公室里，他什么都不管。"人们生产生活上的问题几乎都是在家庭、生产联合体中解决，村委会仿佛在他们的生活之外。

　　村民对成为村委会委员参与公共事务并不热衷，上一届的村委会委员中大部分都在半任命状态，因为他们是村学校、文化宫、诊所的工作人员，才被推举为村委会委员。我专门找到了几位村委会委员访谈，但是谈到他们村委会委员这一身份时，他们似乎都不能提供我什么有效的信息。而在下一届村委会选举中被推举为候选人的文化宫工作人员甚至连村委会委员的任期和职责都不清楚。

　　2010年3月14日进行了新一届的沃罗涅日州杜马和地方自治机构选举，塞村也将产生新的村委会，可惜的是我并没有赶上这次选举。我在2月份离开的时候，沃罗涅日城的大街上满是州杜马议员竞选者的竞选广告，各大超市的门口有人在发放各党派的竞选纲领，居民楼的信箱里也被投进该区议员竞选者的广告。但是普通人对此并不关注，当提及

第四章
告别集体农庄:"俄罗斯心灵"的呼唤

这次选举的时候,人们都认为这是有钱人的政治游戏,而与自己并不相关。普通市民认为这些参加竞选的人只是看重了议员的高收入、高福利和高知名度,他们在当选以后,没有人会关注百姓的生活。在与市民、村民接触的过程中,当提及当前俄罗斯的民主制度时,很多人都会反问:"俄罗斯哪里有民主?"塞村的原集体农庄主席对我说:

> 我们没有民主(демократия),有的是"巧言惑众"(демагогия),说的很多,但实际上什么都不做。就像我们过去一样,一个人讲话,所有的人都听着。谁需要民主呢?能给我们带来什么呢?能给我们什么帮助呢?

还有一个细节让我印象深刻,2008年3月总统选举的前夕,我发现莫斯科街头和新闻媒体的报道中很少出现竞选者举行的竞选活动,一切都是静悄悄的。在克林姆林宫附近的地铁站的出站口,有一幅巨大的宣传画,上边是普京和梅德韦杰夫的并肩前行的照片,宣传画的显著位置写着"我们在一起",这幅宣传画所要表达的含义不言自明。那个时候,莫斯科最流行的政治笑话是这样的:

> 今年的总统大选的选票实际是这样写的:你同意梅德韦杰夫当选总统吗?1、是的,我同意;2、不,我不反对。

政治笑话表达了民众无奈的情绪,也体现了俄罗斯民主制度的特色。在沃罗涅日州,只是在2005年举行过一次州长选举,这位当选的州长在2009年下台,他的继任者是直接从莫斯科派来的前农业部长,这位新州长的当选连形式上的选举都没有。而那位民选州长在接受当地媒体访谈谈及对民主的看法时说:"俄罗斯的民主还有很长的路要走,俄罗斯人还没有成熟的民主意识,我不认为老太太们站在风雪中举牌示威游行就是民主。"对于民主,村民妮娜的观点代表了多数人的心态:

> 我们的民主是来自戈尔巴乔夫,言论自由是从他那个时候开始的。电视上总在播开会的时候,人们相互攻击,我们看了感觉挺可怕的,为什么电视要把这个画面在全国播放呢?我们要的不是民主,最需要的是秩序。

在塞村,或者在整个俄罗斯,民主体制实行了二十多年了,但民主的理念并没有深入人心。有位村民对我说:"俄罗斯人是一群羔羊,需要一位好牧人,俄罗斯民族是需要赶的。"

本章小结

告别集体农庄之后,黑土区乡村的生计模式发生了改变,但土地的积田经营、家庭畜牧业、家庭菜园种植业和达恰经济都与社会主义时代的生产方式相关联,可以说是社会主义时代生产生活方式的某种延续。社会变革带来更为自由的空间,城乡之间的互动更为频繁,农民不再被捆绑在土地之上,有了自由选择职业的可能性。但社会主义意识形态消

第四章
告别集体农庄:"俄罗斯心灵"的呼唤

逝之后,黑土区乡村社会出现了道德和价值观的迷失,个人主义和拜金主义在村民的意识中凸显,在没有道德和法律的约束下,腐败和寻租行为滋生。形式上的民主体制并没有深入村庄的公共生活,具有效力的乡村治理模式还在不断摸索之中。人们渴望秩序的重建,渴望着"俄罗斯心灵"的回归。

第五章

教堂重建：
"俄罗斯心灵"的回归

东正教是水，
而俄罗斯人是水里的鱼

——一位神父如是说

"俄罗斯心灵"的历程
——俄罗斯黑土区社会生活的民族志

在黑土区,东正教堂的建立是村庄形成的标志。教堂是村庄中最为重要的公共空间,村民从出生到死亡的人生仪礼、节庆活动、日常礼拜都要在这个空间内举行;教堂又是村民私密的精神家园,燃起一支蜡烛,放在圣像前,向神倾诉痛苦与不幸,祈求神能宽恕自己的罪恶,可以让心灵轻松愉悦。教堂是东正教信仰的标志,它无法从东正教徒的生活中剥离出来,它构建着人们的生活方式,形塑着人们的道德伦理和价值观,滋养着人们的心灵。正是因为教堂对于民众的重要意义,在社会变迁的时代,教堂的废立则成为社会转型中社会秩序、意识形态和价值观重新确立的标志,它不再是一个建筑物的废立,而是社会空间的再生产。近百年来,在社会变迁的洪流中,黑土区乡村教堂命运多舛,它们被毁掉后又被重建。在社会主义理想下,毁掉教堂是走向新生活的象征;在后社会主义时代,面对着信仰和价值观真空,重建教堂被寄予了社会和道德秩序重建的希望。

第一节 废弃的教堂

塞村在二百多年前便有了东正教堂,据塞村村史记载:"1797 年,塞村有了第一座木教堂——圣尼古拉教堂(Церковь святого Николая Чудотворца)。在 1980 年代末,当时的领主斯坦科维奇划拨资金,将木

第五章
教堂重建:"俄罗斯心灵"的回归

教堂改建为砖石结构的教堂,并在它旁边建了教区学校。1898年,教堂钟楼悬挂大钟,从此,塞村的上空飘荡着悦耳的钟声。"在19世纪末20世纪初,教堂里有神甫、辅祭和诵经士,占地72俄亩。

1920年代末的苏联对宗教的不可容忍的态度和新一轮的对教徒的迫害开始加强。反宗教浪潮席卷一切教会,《关于宗教团体》的决议(1929年4月)将宗教组织置于国家的直接监控下。在1929年的社会组织代表大会上,战斗的无神论者同盟喊出"与宗教做斗争就是为社会主义而战"的口号。不少新的集体农庄的成立都是从拆除教堂大钟和关闭教堂开始的,[1]这股反宗教运动浪潮很快波及塞村。

塞村村史记载,集体化初期,教堂仍在开放。教堂曾作为富农和苏维埃政权争夺舆论导向的阵地,双方据此进行了激烈的辩论,并发生了冲突。富农们经常会在教堂礼拜时宣传"集体化就是抢夺农民财产",这造成了农民恐慌,使得农民对集体化非常抵制。在1920年代末1930年代初,和很多教堂的命运一样,塞村教堂的圆顶被取下,圣物都被运走。在一些老照片中,我还能依稀看到当时教堂残破的样子,它的圆顶和钟楼已经不见了。集体农庄时期,因教堂建筑高大,冬暖夏凉,集体农庄将它作为储藏肉和粮食的仓库。

教堂被捣毁后,宗教活动以及相关仪式也被禁止。在塞村,共产党员和无神论运动的积极分子对人们的宗教活动进行严格监控,将宗教活动与反对苏维埃政权画上等号,如果有人搞宗教活动,就会被举报并受到严惩。塞村村民娜斯佳奶奶至今仍对当年的一件事情愤愤不平:

---

[1] 〔俄〕丹尼洛夫、菲利波夫主编:《俄罗斯历史(1900—1945)教师参考书》,吴恩远等译,张树华、张达楠校,中国社会科学出版社,2014年,第264页。

"俄罗斯心灵"的历程
——俄罗斯黑土区社会生活的民族志

> 1979年初,我的丈夫在比秋格河上开拖拉机的时候掉进冰窟里溺水身亡了。我的小女儿塔基杨娜当时上9年级。4月30日是那一年的复活节,我带着女儿们去墓地给她们的父亲扫墓。而这被人发现,并向学校举报了。第二天,天都黑了,塔基杨娜还没回家,老师把她一个人留在教室里。后来我到学校找到了她,领着她找老师和校长评理,他们再一次训斥了我的女儿:"你是共青团员,你为什么要在复活节的时候去墓地?"她还是一个孩子啊,只是给自己的父亲扫墓,他们怎么能这样对待她?

宗教仪式被禁止以后,村民的生产生活开始围绕着集体农庄展开。大多数村民被吸纳成为集体农庄的庄员,他们被分配到各个农场,各司其职,集体农庄有着工厂般严格的作息制度,他们无法按照东正教日历进行礼拜和宗教仪式;集体农庄的文化宫会定期举办舞会或放映电影,成为村民们的娱乐场所。可以说,集体农庄已经代替教堂成为新的公共空间。村里的党组织和集体农庄安排村民们的人生仪礼,一系列原在教堂举行的人生仪礼被苏维埃政权发明了新的形式。孩子出生以后的洗礼和命名由党组织主持,孩子不再按照圣者的名字取名,而以革命领导人的名字命名;新式婚礼不在教堂举行,而改在内政部门设立的"幸福宫",新人不在圣像前宣誓而是在伟大领袖的画像前签字;墓地前也不再有神父的安魂弥撒,墓上的十字架换成了红星。但在这些被改头换面了的仪式中,我们还是会发现诸多宗教仪式的影子,这是国家权力对民间仪式的征用。

在新的仪式被发明的同时,宗教信仰在民众中间并没有完全消逝,宗教活动从公共空间转移到私密空间。在城市中,有些教堂仍然开放

第五章
教堂重建:"俄罗斯心灵"的回归

(但数量非常少),家庭中的圣像角仍然保留。在塞村,一些人还是不顾监视偷偷地去城市里的教堂礼拜。有村民对我说,当时人们举行婚礼仍然要在家中圣像角的圣像前获得神的祝福,否则婚礼会被认为是不合法的。还有一个事实令我十分惊讶,在塞村,很多苏联时代出生的人都是受过洗礼的。娜斯佳奶奶这样讲述她给孩子洗礼的过程的:

> 在我的童年时代,村里没有教堂,我出生在一个反基督的时代。在我的孩子们出生的时候,只有隔壁一个区的教堂在开放,我们从那里找来了神父,在家里秘密地给村里五六个新生儿洗礼。

塞村学校教师斯维特兰娜也在童年受洗,她是这样解释人们在政治高压下仍受洗的原因的:

> 我小的时候受过洗礼,因为那个时候我的奶奶还活着,她是革命前出生的,是非常虔诚的东正教徒。当时科尔索瓦和博布罗夫的教堂还在开放,她经常会去那里,她把我也带去洗礼了。在她的观念里,孩子出生一定要受洗的,否则孩子会很容易得病,或者沾染上不洁的力量。我的父母当时也是没有党派身份的,他们不是共产党员,所以他们没有反对。有一些人是共产党员,他们不太敢给孩子洗礼。我丈夫的妈妈是共产党员,但她也偷偷地给我的丈夫洗礼了。

出生于1944年的罗扎是在出生后不久受洗的,并认了教父和教母,她一直虔诚地信仰东正教:

"俄罗斯心灵"的历程
——俄罗斯黑土区社会生活的民族志

我小时候受过洗，当时也认了教父、教母，现在他们全都去世了。在苏联时代，国家是禁止信教的，教堂被拆了，人们还必须摘下洗礼时戴上的十字架。但在私下里，一切宗教活动还在继续，只是不让相关的人看见就是了。我们集体农庄里也有党员，但是人数很少，用手指头就能数过来，他们对人们信教的影响不大。我遇到困难的时候首先就会祈祷，祈求神的帮助。当年我得了一种很严重的病，嘴唇都变黑了。在去医院前的一天晚上，我偷偷地到仓房里的圣像前祷告，祈求神让我再多活20年，好让我把几个孩子抚养成人。后来我的病真的治好了，我感谢神对我的恩惠。

在社会主义时代，虽然东正教信仰是被禁止的，但宗教信仰空间并没有消失，它只是变换成另一种形式，或隐匿地存在。它是社会空间不

被毁弃教堂内的圣像（作者摄）

第五章 教堂重建:"俄罗斯心灵"的回归

可忽视的部分,不会在人们的日常生活中被完全抹去。在一次文化考察中,我们沿路参观了三座至今没有修复的教堂。这些教堂的圆顶早已被除去,屋顶和窗台长满了青苔和野草,部分墙体已经倒塌,教堂大厅里堆满了废弃的砖块,到处都是鸟粪,一派残破凄凉的景象。但是,在原来圣像壁的地方仍然挂着几幅落满了鸟粪的圣像,圣像前残留着蜡油。据当地人讲,这些圣像是附近的村民挂在这里的,虽然教堂被捣毁了,但每到东正教节日的时候,他们还是会来这里礼拜。在当地人的心中,这里始终是神圣的空间。

第二节 教堂重建

2008年12月5日,深受俄罗斯人爱戴的莫斯科和全罗斯大牧首阿列克谢二世(Патриарх Московский и всея Руси Алексий Ⅱ,1929—2008)溘然长逝。第二天,他的遗体被安放在莫斯科河畔的救世主大教堂(Храм Христа Спасителя)与信徒告别。这天上午,当我赶到救世主大教堂的时候,教堂前面的马路已经封闭,数万民众捧着鲜花噙着泪水排队进入大教堂,队伍绕着大教堂几圈,足有两三公里长。执勤的警察对我说,有人半夜就来排队了,如果我现在排队,得等十几个小时后才能进入教堂。在俄罗斯,牧首阿列克谢二世是东正教复兴的标志性人物。1990年,阿列克谢二世当选莫斯科和全罗斯大牧首的时候,正是意识形态领域对宗教信仰松绑、在俄罗斯拥有最广泛信徒的东正教逐渐发展的时期。阿列克谢二世为推动东正教在全俄罗斯范围内的复兴做出了

"俄罗斯心灵"的历程
——俄罗斯黑土区社会生活的民族志

卓越的贡献。而在社会变迁时代的俄罗斯，作为俄罗斯人（尤其是作为主体民族的俄罗斯族人）彼此认同的最为重要的符号，东正教对于构建俄罗斯民族－国家结构中的民族认同、社会团结和政权社会合法性具有极为重要的意义。苏联解体以后，国家通过法律来确定公民宗教信仰自由，教堂纷纷重建[1]或者新建，教会系统日臻完善，信徒逐渐增多，东

---

[1] 在诸多的重建教堂的案例中，莫斯科救世主大教堂的重建最具标志性。根据史料记载，1812年的12月25日（圣诞节），当最后一批拿破仑军队被赶出俄国的领土的时候，沙皇亚历山大一世下令建造教堂以纪念祖国的保卫者们。直至1839年，当时的沙皇才把教堂地址选在靠近克林姆林宫并能俯瞰莫斯科河的小山上，经历了44年的漫长工期，1883年5月26日（俄历），救世主大教堂正式落成。它马上成为莫斯科人文化生活和宗教生活的中心，它是莫斯科的地标性建筑。这座年轻的教堂在1920至1930年代的无神论运动中成了众矢之的，它被视为旧制度的"毒菌"，它会让"旧世界的传染病危害新国家的健康，革命生态学要求某种外科手术"。1931年12月5日，经过两次爆破它终被炸毁。民间传说爆破后的碎片落在了方圆几公里之内，一股血红的迷雾笼罩莫斯科很多天。根据斯大林的意愿，大教堂的继承建筑应该成为"供奉"无神论之所，计划在遗址上修建当时最宏伟的建筑——苏维埃宫。按照设计师的想法，苏维埃宫比帝国大厦还要高8米，宫顶是半神化的列宁挥手向前的雕像，取代了原来大教堂上边的圆顶和十字架，寓意革命导师为人类指明光明大道。后因卫国战争爆发，建造苏维埃宫的计划流产，此后的20年，这里成了一个大淤泥坑。1950年代，苏维埃政权重新启动苏维埃宫的建设，后来不知道什么原因停工了。民间传说在打地基的时候总是冒水出来，不得不停工。1957年，莫斯科市政府索性在救世主大教堂的原址上建了当时世界最大的露天游泳池，希望用卫生和体育锻炼代替人们对意识形态的和精神方面的关注。莫斯科游泳池的寿命十分短暂。解冻时期，炸毁救世主大教堂开始成为斯大林主义牺牲品的象征。1970至1980年代，救世主大教堂恢复了名誉，游泳池也被关闭。在1980年代末至1990年代初，有人建议设立博物馆纪念救世主大教堂具有戏剧性的历史，但俄罗斯政府最终决定重建教堂。为迎接莫斯科建城850周年，在莫斯科市长卢日科夫和全俄牧首阿列克谢二世的坚持下，俄罗斯政府通过了重建救世主大教堂的决议。1994年，教堂开始复建，用钢筋水泥快速地建起新的教堂只用了两年的时间，1997年，新的救世主大教堂正式落成。新建的救世主大教堂被认为是"俄罗斯人民团结和悔过"的象征。如今的救世主大教堂仍然是俄罗斯东正教会最为重要的教堂，能容纳一万人同时礼拜。每逢重大的宗教节日，全俄大牧首都会在这里主持礼拜，国家元首也会出席。有关细节详见〔美〕斯维特兰娜·博伊姆著：《怀旧的未来》，杨德友译，译林出版社，2010年，第113—122页。

第五章
教堂重建:"俄罗斯心灵"的回归

正教复兴成为不可逆转的历史潮流。本节以塞村东正教堂重建为案例，以期通过教堂重建的动因、过程、影响，展现东正教的复兴是如何在乡村社会实现的。

一、公共生活的缺失

集体农庄解散以后，土地分给了个人，每个家庭成为生产生活的主体。人们不再受到国家、集体严格的束缚，获得了职业选择上的自由、城乡流动的自由。在社会转型过程中，俄罗斯面临着社会失范和道德崩溃的局面，在度过上世纪九十年代的危机之后，俄罗斯人的消费主义和享乐主义问题滋生。[1] 一项研究结果表明，[2] 在大众意识中，俄罗斯人的劳动观念发生着急剧的变化，如今的俄罗斯民众放弃了社会主义时代的劳动价值观念（劳动交换中倾向于社会的不对称模式），倾向于对称、等价的交换，或者更倾向于个人的利益。村民之间互惠互助转变为以金钱来衡量。所有的人都是为自己忙碌，"所有人都是为了自己"（все для себя）经常出现在村民们描述自己生活的语句之中。这和"所有人为所有人负责"（все для всех）的村社精神背道而驰。很多人都在感叹，现在的人不会相互帮忙了。我在诺村房东的母亲季娜对此十分感慨：

> 几十年前，我家盖房子的时候，村里的人都来帮忙，男人们帮

---

[1] Рудова Л. Гламур и постсоветский человек // Неприкосновенный запас. 2009. № 6; Шор-Чудновская А. Понять постсоветского человека // Неприкосновенный запас. 2009. № 6.

[2] Магун В.С. Российские трудовые ценности: идеология и массовое сознание // Мир России. 1998. №4.С. 113-144.

"俄罗斯心灵"的历程
——俄罗斯黑土区社会生活的民族志

忙搭木架子、上梁、铺瓦，女人们帮忙抹泥。男人女人对着民歌，几天的功夫就把活干完了。村里人帮忙盖房一分钱都不收，女主人只是准备些鱼、肉和酒招待大家就可以了。而现在都变了，去年春天种土豆，求亲戚的马来帮忙犁地，即使是亲戚我也要付钱给他，否则他是不会来帮忙的。现在的人都没有了干净的心灵（чистая душа），一切都是为了钱。

社会变迁带来的生产生活方式的骤然变革，让习惯于生活在集体主义襁褓中的塞村人非常不适应，特别是道德伦理和价值观念的改变，让原来在集体农庄中长大的塞村人有"礼崩乐坏"之感。我在塞村的房东娜塔莉亚如是说：

现在人的道德水准不如从前，人和人只剩下了金钱关系，为了钱而争来争去。过去，孩子们读的最多的是童话，好的童话告诉了孩子们很多做人和做事的道理，那时的孩子非常听话，懂礼貌，尊重长辈。而现在，子女们好像不懂这些道理，金钱变得比什么都重要，他们对父母不再尊重，有的甚至不赡养父母。女孩子也不像过去有贞洁的观念，而是为了钱什么都可以做。这要是在过去，如果哪个女孩婚前有不好的传闻，都会嫁不出去的。现在去看看酒馆里的那些女孩，遇上个有钱的卡车司机就坐车跟着走了。

对此，塞村学校的教师亚历山大洛夫娜也深有感触：

教师原来在村里是非常受尊重的人。村里所有的人有问题都要

第五章
教堂重建:"俄罗斯心灵"的回归

向我们教师请教,从我们那里获得建议,所以老师特别受到尊重,这种尊重不仅来自于孩子,还来自于大人。现在的情况不一样了,教师并不是一个赚钱的职业,现在没有几个孩子想当教师。孩子们对教师也不再那么尊重了,有时甚至还对老师说脏话。他们学习也不是很用心,得二分、三分的孩子(考试满分是五分)很多,因为他们觉得找到能赚钱的工作不一定需要成绩有多好。

娜塔莉亚和亚历山大洛夫娜谈到的代际之间的价值观的冲突,反映了社会变迁过程中道德伦理和价值观念在两代人中间的断裂。不只是代际之间,村庄中邻里之间、同村人之间的关系也逐渐相互疏远。集体农庄画册所展示的庄员集体劳动、娱乐的场面如今再也见不到了。如今的塞村,家家户户的木屋大门紧闭,极少公共活动,即使到了节日,村里仍是静悄悄的,没有一点欢乐的气息。娜塔莉亚一家在这个村里住了几十年,且开办浴室,很多村里人都来此洗浴,但娜塔莉亚一家与村里人并无深交,除与村里一两户偶有来往外,与其他人并无太多交集。娜塔莉亚说,自己最好的朋友不在村里,而在城里。

每个人都在为了自己的个人利益而奔忙,让塞村的公共生活逐渐消逝。诚如纽霞奶奶所说:

> 现在就连节日的时候,村里也死气沉沉的,没有了聚会,没有了合唱队,人们都待在家里。以前村庄里非常热闹的,对唱民歌此起彼伏。而现在,人们欢度节日的方式只剩下了喝酒,从早上就开始喝酒,没到晚上都醉了。

"俄罗斯心灵"的历程
——俄罗斯黑土区社会生活的民族志

在俄罗斯的转型过程中,市场经济代替了计划经济模式,僵化教条的生产方式被改变的同时,人们的竞争意识和金钱至上的观念也增强了。赚钱和满足私欲成了生活的重要目的,这让处于转型之中的俄罗斯社会缺乏公共意识和公民精神,导致乡村自治和公共生活的缺失。这并不是塞村一地一隅的现象,整个社会都面临着道德危机与价值观真空。从国家政要到知识精英再到普通民众,都在找寻应对社会转型中失范的策略。当俄罗斯再一次走到历史的十字路口,当"俄罗斯向何处去"的问题再一次被提出时,有着深厚历史积淀和民众基础的东正教进入人们的视野,成为处于社会转型中的俄罗斯最可宝贵的文化资源:国家政权希望能用东正教信仰团结和动员民众,普通民众希望能通过东正教信仰得到心灵的慰藉以及恢复正常的社会秩序。

在塞村,面对着社会变革中混乱的社会秩序、公共生活的缺失和道德危机,人们都希望一个有道德的、有秩序的新生活出现,呼唤着"俄罗斯心灵"的回归。村民们最先想到的就是把教堂重建起来,其中,积极分子娜斯佳用质朴的话语表达了重建教堂的意义:

> 过去(十月革命以前),塞村信徒很多,几乎每个人都是虔诚的教徒,人与人之间都很友善。但后来没有了教堂,很多人不信教了,人和人之间的关系就混乱了,男人们和女人们都恶语相向,人们都变得很"恶"。所以我们决定还是把教堂恢复起来,虔诚的教徒都有善良的、纯洁的、金子般的心灵,人与人还会变得友善、平和。

当代俄罗斯社会学家们有一个共识,认为"有一个把我们的公民

第五章
教堂重建:"俄罗斯心灵"的回归

团结起来的符号,就是东正教……有一些信任的符号可以将人们组织起来,不需要发动任何的运动,比如说东正教会"[1]。当代俄罗斯著名作家拉斯普京(Г.Е.Распутин,1937—2015)也认为:"除了东正教,我尚未发现如今有别的力量能够将俄罗斯人民凝聚在一起,帮助人民经受住苦难。只有东正教高于党派团体的利益,而在今天各种党派团体的利益几乎使任何社会运动四分五裂。最重要的是,宗教从精神上拯救人,赋予人生活的意义,使之成为非'市场'的,而是历史的俄罗斯的公民。"[2]根据俄罗斯社会舆论调查中心 2010 年的调查结果[3],在俄罗斯,有 75% 的人声称自己是东正教徒,而在黑土区所在的中央行政区,这个数字更是高达 81%。并且,这是一个不断增长的数字,仅仅在 2006 年,认为自己是东正教徒的人还只占全国人口的 63%。可见,东正教信仰和东正教会在俄罗斯有着最广泛的社会基础。在 2013 年 10 月所做的调查[4]中,56% 的受访者认为东正教在俄罗斯历史上起到了举足轻重的作用,特别是在国家变迁动荡的时期;64% 的受访者认为东正教在精神-道德生活方面具有影响力。在大众舆论中,东正教信仰被寄予拯救俄罗斯人精神-道德生活的希望。

---

[1] ГудковЛ.Д.,ДубинБ.В.,ЛевиносонА.Г. Фоторобот российского обывателя//Мир России, 2009. №2.

[2] 夏宗宪:《拉斯普京访谈录》,《俄罗斯文艺》2001 年第 3 期。

[3] Пресс-выпуск № 1461. http://wciom.ru/index.php?id=268&uid=13365.

[4] Пресс-выпуск №2451. http://wciom.ru/index.php?id=459&uid=114598. 这次调查是由全俄舆情调查中心完成的,调查的主题为"俄罗斯的东正教:过去与现在"。这次调查于 2013 年 10 月 26 日至 27 日进行,共有来自俄罗斯 42 个联邦主体 130 个居民区的 1600 名受访者参与调查,统计误差不超过 3.4%。

二、塞村教堂的重建

本世纪初，历经几百年沧桑的塞村教堂已残破荒芜。村民伊万科夫用自己的一块草场地换得教堂及其所在土地的使用权，他把这块土地无偿地交给了村委会用作公共用地。按照最先的计划，村委会打算在这里建博物馆，后因资金没有到位，建博物馆的计划搁浅了。此时，在全俄掀起的重建教堂的风潮也影响到了塞村，村民也大多盼望着恢复原来的圣尼古拉教堂。村民们认为重建教堂对于整个社区会有积极作用："有了教堂，人对人就不会很恶"，"有信仰的人不会相互责骂"，"有信仰的人都有柔软的心灵"。村民中虔诚的信徒成为重建教堂的积极分子，他们开始行动起来。这些人在苏维埃时期也没有放弃自己的信仰，偷偷地在家中圣像角前祷告。如今对宗教活动的监视解除了，他们可以正大光明地走进教堂。他们简单清理了教堂，并从家里拿来了圣像，便开始在里边进行礼拜。娜斯佳回忆道：

> 重建教堂我们准备了很长时间了，我们在15年前就要把教堂恢复起来。那时教堂里的圆顶已经没有了，大门破旧不堪，好多年不用都锈死了，我们费了好大劲儿才把大门打开。我们简单地把教堂打扫了一下，就在里边举行礼拜，聚在一起读《圣经》。我们中间有一个人经文读得非常好，他是去了博布罗夫教堂学的。我们还自己捐款买了《福音书》、烛台还有其他教堂物品。村民们都自发地把保存下来的圣像送到教堂来。

第五章
教堂重建:"俄罗斯心灵"的回归

随着教堂被重新利用,经村委会同意,重建教堂被提上日程。重建教堂伊始,面临最大的困难就是资金不足。村里集体农庄刚刚解散,集体经济已经崩溃。俄罗斯东正教会和政府是相互独立的,重建教堂的事宜并非政府行为,因而重建教堂的资金不可能被纳入中央和地方的财政预算之中。在这种情况下,重建教堂只能采用募捐的形式。募捐建教堂在俄罗斯的城市和乡村并不鲜见,在沃罗涅日城的超市里,经常会有修女站在捐款箱旁边向民众发放传单,为重建教堂向民众募捐。其实,募捐建教堂是在罗斯时代形成的传统,最古老传统的形式是捐献砖石。当今,有些的募捐也采用献祭"教堂砖石"的形式,如果捐款达到一定的数额,教会便将捐献者的名字刻在教堂墙壁的砖石上。

在雅辛涅沃建教堂
将带有自己的名字的砖石嵌入圣母保护者教堂的墙壁上 [1]

圣母庇护着所有有基督教信仰的民族,而信仰东正教的俄罗斯,是她特别庇护的地方。在我们最艰难的岁月,圣母保护了我们民族,庇护了每个心向我主的人,让他们免于贫穷和不幸。

现在,在雅辛涅沃重建纪念圣母庇佑的教堂,为教堂能够顺利建成,这项神圣的事业需要您的帮助!

在罗斯时代,动用整个社会的力量来建教堂,这是对神的忏悔,也是对神的献祭。这种慈善行为的最传统的形式就是捐献建教堂的砖石。

---

[1] 此为超市里募捐建教堂的传单内容。

"俄罗斯心灵"的历程
——俄罗斯黑土区社会生活的民族志

您的名字会被永久地刻在为教堂献祭的砖石上,教堂礼拜每天都会为这些教堂的建立者和捐献者祈祷,只要教堂屹立不倒,这祈祷之声就会始终萦绕在神殿之上。

这些献祭的砖石,不仅仅是建筑教堂的建筑用品,更为重要的是,它们可用来为自己的亲人祈祷平安,并为逝者安魂。

如果您想了解更多的信息请与以下地址联系(地址、网址、电话略)。

按照这种募捐形式,这些献祭的砖石有了更多的象征意义,它们不仅仅是建筑教堂的建筑用品,而是为自己的亲人祈祷平安以及为逝者安魂的宗教用品。[1]在塞村,重建教堂募捐不只表现为个人对神的献祭,还是村民共同参与的具有公共性的事件。教堂重建工作的最初领导者是当时的村长巴尔别科夫,他也是"纪念基洛夫"集体农庄最后一任主席,后来塞村奥斯塔那什基诺农场的场长伊万尼科夫接替了他的工作。在积极分子们的动员下,全村人纷纷为重建教堂捐款,这已经突破了信仰的范畴,村中很多非东正教教徒也都纷纷捐款。我在塞村的房东娜塔莉亚夫妇从来不去教堂,但是他也捐了一大笔钱。甚至是一些卫国战争的老兵、坚定的共产党员也都捐出了他们的积蓄。在村民们看来,教堂作为村中的公共空间,没有它,人生仪礼无法完成,社会秩序无法重建,公共生活无法进行。在募捐中,集体农庄解散后新富起来的人的捐款占了很大的份额。教堂的圆顶和钟楼是一位农场主捐资修建的,住在塞村比

---

[1] 正是这种募捐形式遭到很多人的批评,认为现在重建教堂是商业化操作,有钱人可以用钱来为自己赎罪,穷人不会被神祝福。

第五章
教堂重建:"俄罗斯心灵"的回归

塞村圣尼古拉教堂外观(作者摄)

秋格河畔别墅的富商和高官(其中一位是上任州长)也捐助了大笔款项。在全村人的共同努力下,重建教堂的资金得以解决。经过两年的修缮,塞村的圣尼古拉教堂焕然一新。教堂重建是集体农庄解散以后塞村最大的公共性事件,它在全村人共同努力下完成,而塞村社区的公共性和凝聚力也在这个过程中不断提升。

2008年,塞村的圣尼古拉教堂举行了盛大的"献堂"仪式,由来自沃罗涅日教区都主教谢尔吉前来主持,这是塞村自集体农庄解散以来最为重大的事件。2013年,塞村教堂换上了金顶和金色十字架,这一年距教堂被拆除金顶,已有近一个世纪。

"俄罗斯心灵"的历程
——俄罗斯黑土区社会生活的民族志

三、塞村教堂的公共空间

俄罗斯东正教堂均为十字圆顶建筑结构，上半部是拱顶，底部呈十字形。教堂纵向的内部结构上，上部分的拱顶和鼓筒象征天空，下部的方形空间象征俗界。[1] 东正教堂是从西到东方向的，内部空间分为门廊、中堂和圣堂，大门在西边，圣堂在东边。面对圣堂的人朝向太阳升起的地方，象征着朝向"真理的太阳"[2]。两堂中间有圣像壁（иконостас）相隔。教堂内的空间设置表达了两个世界的统一的意义——天国和尘世，表达了人对神以及神对人的渴望。

塞村教堂的圣像壁由多排圣像组成，位于第一排圣像中心位置的是王门（Царские врата），象征着天国之门。王门的两扇门上是四幅《福音书》作者的圣像（иконы евангелистов）。在王门的两侧分别是手拿经书和作祝福手势的基督圣像（在右边）和手抱耶稣的圣母圣像（在左边）。再往右和往左，是两个对称的辅祭门（Дьяконские двери），进行礼拜的时候，神父的助手都是从这两个小门出入的。按照俄罗斯东正教堂的规制，左辅祭门（北门）的左边是本地所崇拜的人物圣像，右辅祭门（南门）的右边是本教堂所供奉对象的圣像。[3] 塞村教堂以圣尼古拉[4]命名，

---

[1] 徐凤林著：《东正教圣像史》，北京大学出版社，2012年，第118页。
[2] 同上书，第120页。
[3] 同上书，第125页。
[4] 圣尼古拉（约270—343），基督教圣徒，曾是利基亚的米雷城的主教。尼古拉成为主教后受到过迫害，后来在第一次尼西亚大公会议上，尼古拉坚决维护三位一体的统一性，驳斥阿里乌派异端。尼古拉被封圣的时间很早，在公元6世纪中期，君士坦丁堡就建起以圣尼古拉命名的教堂。东正教会尤其重视对圣尼古拉的纪念，圣尼古拉一直是俄罗斯人最钟爱最亲近的圣徒，被视为俄罗斯的主保圣徒之一。

第五章
教堂重建:"俄罗斯心灵"的回归

塞村教堂大厅和圣像壁(作者摄)

故右辅祭门右侧是圣尼古拉圣像。王门以上形成了一个中轴线,自下而上分别挂着"报喜"(Благовещение)圣像、"神秘的晚餐"(Тайная вечеря)圣像、"圣三位一体"(Святая Троица)圣像、耶稣圣像,耶稣像之上是圣架,这也是圣像壁的最高处。这一列圣像展示的是《福音书》中耶稣从生到死,再复活,最终到达最高处的天国的历程。除了这一列,圣像壁的圣像每一排都是一个体系。最下端的第一排是地方圣像排(местный ряд),除了基督圣像和圣母圣像,都是一些对当地具有重要意义的圣者的圣像。在塞村的圣尼古拉教堂,圣尼古拉的圣像排在基督圣像旁边的显著位置。第二排是"节日排"(праздничный ряд),这是根据《新约全书》设定的十二个节日的圣像,展现了这十二个节日的习

267

俗。第三排是"先知排"(пророческий ряд),先知们预测了基督的诞生。最上边一排是"祖先排"(праотеческий ряд),这一排位于十字架之下的最顶端,这一列都是《旧约》里的人物,排列着从亚当到摩西的圣像。在塞村的教堂,每一排的圣像数量都是不一样的,越往上数量越少,形成一个塔尖形状。每排余出来的圣像上边都被装饰成为圆顶形状,上边有圣架。一共有七个圆顶和圣架,这和其他东正教教堂的外观和结构十分相似。

圣像壁将教堂空间一分为二,也将教会信众分割为教士和平信徒。在圣像壁的里边是圣堂,圣堂允许教士进出,平信徒是不允许进入的。在圣堂的中间是圣桌(престол),圣桌上摆放着基督的圣像,象征着上帝的王座,也象征了耶稣的坟墓。圣桌是正方形的,上面盖有两层遮盖物。里层遮盖物是一块白色的麻织物,象征着用来包裹耶稣尸体的裹尸布。外面一层布是用华丽的布料做成的,象征了上帝王座的光荣。

圣像壁之外便是中堂,是举行礼拜的地方。中堂的两侧放置供信徒休息的长条椅,中间部分是空荡荡的,供信徒在礼拜时站立。在中堂里,正对着圣像壁的是三个供桌,一大两小。两个小的供桌不但分别对着圣像壁上基督和圣母的圣像,而且其上也摆着基督和圣母的圣像。礼拜的时候,人们会排队经过供桌,亲吻上边的圣像。大的供桌正对着王门,其上放置的圣像会根据不同的节日更换不同主题的圣像。大供桌两旁摆着两个募捐箱,上边贴着"向教堂献祭"(жертва на храм)的字条。圣像壁的左侧摆放着耶稣被钉在十字架上的雕像,雕像惟妙惟肖,礼拜时,人们会排着队,亲吻"耶稣"的脚趾。正对着圣像壁的右侧是一个蒙着白布的桌子,上边摆放了很多《圣经》和祈祷词,这是唱诗班唱诗的地方。教堂四周的墙上也挂着圣像,圣像下设有烛台。在进门处,最

第五章
教堂重建:"俄罗斯心灵"的回归

为引人注目的是末代沙皇尼古拉二世全家的圣像,被杀害的末代沙皇一家已被俄罗斯东正教会封圣。塞村教堂的窗台上摆放着村民送来的圣像,多是十月革命前的古旧的圣像,有的镶银,有的用银纸装饰,都用木盒子装裹着。

虽然与莫斯科和沃罗涅日市里华丽的教堂相比,塞村教堂的圣像壁没有镶金、没有绚丽的壁画[1]、没有奢华的吊灯,但是塞村教堂按照俄罗斯东正教会所规定的形制重建,完全可以满足教会的日常活动和宗教仪式的进行。

第三节 教会生活与信仰重建

相比于教堂的重建,信仰的重建任重道远。经历了宣扬无神论的社会主义时代以及现代社会的世俗化遭遇,东正教信仰很难如革命前拥有占人口多数的虔诚信徒。但无论如何,东正教的复兴对于价值真空、道德失范、社会失序的俄罗斯转型社会是具有正面意义的。它让社区内的信徒有机会享有公共空间和时间;让东正教伦理成为信徒认同的价值标准;让信徒可以在教堂里获得心灵的慰藉。集体主义制度消逝以后,在把脱离了国家和集体的原子化个体连接在一起的过程中,共同的宗教信仰会起到黏合剂的作用,所有有共同信仰的人被视为是有"俄罗斯心灵"

---

[1] 据说,塞村教堂在被毁之前有非常精美的壁画,后来在作为集体农庄仓库的时候被完全毁坏,重建教堂时并没有将壁画恢复。

的人，成为认同"俄罗斯心灵"的重要因素。

一、教堂礼拜

塞村教堂不是每天都开放，平日里只有周六的晚祷和周日的早祷时才开放。在俄语中，教堂的礼拜通常被称为"служба"，该词在俄语中除了"礼拜、祷告"之意之外，最常用的意思是"服务"。在塞村人的观念中，教堂为他们提供了诸多与神沟通的"服务"，这些"服务"是关切精神生活的。礼拜仪式将教堂这个物理意义上的空间圣化，成为人与人、人与神彼此交往的公共空间。我的田野笔记详细记录了某次教堂礼拜的过程，希望读者能跟随如下的文字感受东正教礼拜的氛围：

> 今天是礼拜日，在基督教世界里才能明白"礼拜日"命名的含义：这一天教堂要举行礼拜仪式。信徒们认为："每逢礼拜日，基督就会站到教堂聚合的信众中间，他将会触摸人们的心灵，亲吻每一个人，抚摸信徒的头，为信徒能够脱离罪孽和死亡，愿意牺牲自己的肉体和血液。他希望我们停止犯罪，成为他的兄弟姐妹。"人们在这一天不能劳动，否则就是对神的亵渎，是罪恶。至今，在这一天，塞村的女人都不会洗衣服，男人不干重体力活。当然，他们保存这样的习俗不完全是出于虔诚的信仰，而是乐得其所。塞村教堂的早祷从早上八点开始，差十五分钟八点的时候，教堂钟声已经响起，在这个宁静的早晨，教堂的钟声显得格外悠扬。我出门的时候，看见几个老妇正蹒跚地向教堂走去，在进入教堂前，她们伫立

第五章
教堂重建："俄罗斯心灵"的回归

门前，向着门上的圣像画着十字。一位信徒对我说："当你走进教堂的时候，要保持像是走进天堂般美丽庄严的宫殿的心，因为教堂就是连接上天与尘世间的桥梁。"进入教堂大门以后，走进门廊，门廊里中间的大门通向教堂正堂，左边是通向钟楼的楼梯，推开右边的门，是一间小小的阁间。阁间里边出售宗教用品，如蜡烛、圣像、祈祷文、图书等等，此时神父的妻子正在这个阁间里值班。来教堂礼拜的人一般都会先到这里，买一些蜡烛，或者在这里填写为生者祈福、死者安魂的纸条，然后交给神父的妻子。此外，还可以预定一些"服务"，比如告解、涂圣油、圣餐等等，所有这些服务都是要付费的，一张清单贴在柜台上，非常醒目。

塞村教堂圣礼服务收费名录[1]

圣礼（Требы）	
项目	价格（卢布）
预定的日祷（10个名字）(Обедня заказная(10имен))	25
用赞美诗祷告（Молебен с акафистом）	50
用圣水祷告（Молебен с водосвятием）	30
安灵弥撒（1个名字）(Панихида(1имя))	30
圣饼（Просфора）	5
医治灵魂和肉体（1个名字）(Врачу душ и телес(1имя))	10
圣化神像、十字架和其他圣物（Освящение икон,крестика и др.）	25
涂油仪式*（Соборование）	70

---

[1] 这是2009年时的教堂服务收费名录，现在的价格应该有所变化。

"俄罗斯心灵"的历程
——俄罗斯黑土区社会生活的民族志

续表

圣礼（Требы）	
项目	价格（卢布）
四十天祈祷（Сорокоуст）	150
受洗礼（Крещение）	300
婚礼（Венчание）	500
葬礼（Погребение очное）	300
追荐亡魂（Поминание）半年 一年 永远	250 400 3000

* 东正教给重病人、将要死亡的人举行的宗教仪式。

  我随着人流走进教堂正堂，许多信徒已经先到了，大多数都是老太太，她们包着头巾（按照东正教堂的礼仪，女人必须用头巾把头发包住、穿裙子，男人必须要脱帽），拄着拐棍，坐在椅子上低声地聊天。刚进来的人先把自己带来的饼干、点心、糖果放到献祭台上，这些都是贡献给神职人员的。随后，他们在圣像的烛台前将蜡烛点燃，并插到烛台上，在圣像前画着十字，然后弯腰亲吻圣像。蜡烛在东正教的仪式中有着重要的作用和象征意义，它象征着上帝的荣光，可以驱除黑暗，让人们心里得到平安；点燃蜡烛也是对圣徒和殉道者的尊敬；蜡烛的烛光会让我们想起应该做的善功；蜡烛也是为了上帝原谅人们的过错。信徒们除了要在基督耶稣和圣母圣像前放置蜡烛，还要在自己的主保圣徒圣像前放蜡烛。此外，有信徒对我讲，在哪一位圣徒圣像前点燃蜡烛是有讲究的，这就要看你来祈求什么。关于圣徒，人们都有这样的观念，某位圣徒生前

第五章
教堂重建："俄罗斯心灵"的回归

是从事哪个职业，他就会在哪个方面帮助有困难的人。比如有的圣徒曾是医生，人们在自己或家人生病的时候就会求他保佑早日康复；比如有的圣徒曾是战士，人们就会祈求他保佑全家平安，免遭灾祸。

八点的时候，钟声渐息，教堂里响起了悠扬的诵读经文的声音，唱诗班在神父妻子的带领下吟诵着经文。人们纷纷站了起来，跟随着唱诗班吟诵，画着十字。大约二十分钟以后，圣像壁上连接大厅和圣堂的门打开了，黄色的门帘也被拉开。这时，圣堂中的神位才露出真容，这是一尊闪着金光的耶稣圣像。神父正面对着圣像祈祷，之后他绕着神位甩动香炉，香炉里冒着淡淡白烟。之后，他走到圣像壁前和四周墙壁的圣像前，在每个圣像前都要摇动香炉和画十字。香膏的香气是神和圣徒们降临的征兆。香膏香气具有圣化空间的功能，让人们从嗅觉和视觉上感到基督耶稣就在身边。

随后，神父又回到圣堂里，拉上门帘。当神父再次出来的时候，是由一个小男孩陪同。顺便说一句，圣像壁内的圣堂是不准女人进入的，做礼拜的时候，神父往往会需要一位或几位男性作为辅祭。这个小男孩手持一个大烛台，上边特大号的蜡烛熊熊燃烧。神父大声地念着祈祷文："赞颂归于父及子及圣灵的国度，从今日到永远，世世无尽。"随后，他开始向人们一件一件展示圣物：银质的十字架、金色的《圣经》，还有一个盖着金布的盒子。后来，神父对我说，盒子里装着耶稣受难时血衣的残片，是从耶路撒冷运来的。展示完圣物之后，神父又进入了圣堂。此时，神父的妻子带领的唱诗班开始唱着天籁般的圣歌，没有歌词，只有"啊"的声音，但这声音空灵、悠扬，仿佛真的是从天际传来。教堂里安静极了，

"俄罗斯心灵"的历程
——俄罗斯黑土区社会生活的民族志

神父为生者讲经

祈福

向神叩首

涂圣油

（作者摄）

所有人都在屏住呼吸聆听着，也许这就是"福音"吧。

神父从圣堂里走出，手里捧着《圣经》。他开始诵经，在每句经文的后边都要将音调拖长，并且转音，经文是吟唱出来的。台下的唱诗班会重复经文的最后几个字，像二重唱一样，人们遇到熟识的经文也会跟着哼唱。这时有一个老妇捧着捐款箱走到人群中，在每个人面前都会停留一下。我发现，几乎每个人都会捐款，但是老人们退休金都很少，一般都捐几个卢布，掏出几个硬币，丢到铁箱

第五章
教堂重建:"俄罗斯心灵"的回归

子里的时候,发出铛铛的声响。除了这个捧捐款箱的老妇以外,还有几个人在教堂里服务,她们称自己为"帮忙的"(помощница)。其中一位老妇负责清理蜡烛,她会把即将燃尽的蜡烛熄灭,扔到烛台下的垃圾箱里,待到烛台上所有的蜡烛都燃尽的时候,她会在圣像前摆一盏油灯。塞村教堂还有一位敲钟人,他是本村的村民,现在已经退休。他们都是塞村教堂的志愿者,不拿教堂里的一分钱。

今天有一家人预定了圣餐仪式,快十点的时候这家大人抱着孩子到了教堂。神父端着一个酒樽,里边盛的是"耶稣之血"(葡萄酒),帮忙的小伙子站在神父的旁边,手里拿着圣烤饼。神父念着祈祷文:"我们在天上的父,愿您的名被尊为圣,愿您的国来临,愿您的旨意承行于地,如于天。我们的日用粮,求您今天赐给我们;宽免我们的罪债,犹如我们宽免亏负我们的人;不要让我们陷入诱惑,但救我们脱离那邪恶者。怀着对上帝的敬畏、心德和爱德,请前来。"母亲抱着孩子走到神父面前,神父重复基督的话:"你们都由其中喝,这是我的血,新约之血,为你们和众人倾流,以赦免罪过。"说罢,神父从酒樽里用勺子舀出一勺喂给孩子,可能是酒味太重,他哇的一声哭了出来。神父同样也喂了孩子的母亲,她喝下之后吻了神父的袖口。随后,神父指着圣烤饼说道:"你们拿去吃,这是我的身体,为你们而舍的,以赦免罪过。"母亲替孩子接过圣烤饼。此时,唱诗班唱道:"让我们领受基督的圣体,让我们畅饮永生的灵泉。"神父曾经和我讲述过圣餐的意义:"在圣礼中,基督徒喝了基督的血,那么所有信徒都有了基督之血,基督的血脉让所有的人有了共同的认同。基督教用'血'的观念将所有的基督徒合而为一个共同体。圣饼是由两块黏合在一起的发酵面团烤制而成，这象征着耶稣基督具有神性与人性的双重性质。圣饼是由小麦做成，一个圣饼里有不同种类的麦子磨成的面粉，这象征着信仰耶稣基督的人，原来都是一个个独立的个体，但是在基督教会里，就都变成同心同德、一心一意的信徒。"

圣餐仪式结束以后，礼拜告一段落，人们坐在两厢的长椅上休息。这时如果想要去神父那里告解就在圣像台前排队。神父站在一旁，用宽大的袖子把需要告解的人的头遮起来，两个人在袖筒里轻声地交流。告解的信徒要祈求神原谅自己和家人犯的罪过。这样的告解是一种倾诉方式，不啻于一次心理疏导。记得一次在诺村参加礼拜，房东薇拉从神父那里告解出来时，已是泪流满面。

告解仪式结束以后，礼拜也接近了尾声。神父捧着一个巨大的银制的十字架走出来，念着经文。人们聚在十字架下低着头，随着神父吟诵着感谢神的经文。之后，人们排着队到神父面前亲吻十字架。此时，两位执事的老太太已经将一个桌子抬到了供桌旁边，桌子上边放着一桶水，一个铜质的水杯，还有一把刷子。神父和妻子站在了桌子前，面向圣像壁，人们紧随其后。神父捧着《圣经》念着祈祷文，他的妻子不断地把手中的字条递给他，这是礼拜之前人们写着自己仍在世的亲朋名字的字条。神父念着这些人的名字，为这些人祈福。之后，神父从不同的方向将十字架浸入到水中，和信众们一起唱着圣歌。后来神父和我说，浸泡了十字架和被祈祷文吟诵的水已经成了"圣水"。神父从水桶之中舀出一杯"圣水"，用刷子蘸了水，向人们洒去。教徒们都说，这种"圣水"有神奇的功能，"圣水"洒到身上能祛灾避邪。礼拜结束以后，很多人都会装一些

第五章
教堂重建:"俄罗斯心灵"的回归

"圣水"回家,据说可以治病。

教堂的钟声响起,礼拜结束了。神父诵读了结束祷词:"让我们在平安中离去。"人们纷纷离开,到门口时仍要回头对着圣像鞠躬画十字。但还有一些人并没有离开,过了一会,神父从王门中走出,在中堂桌子上的烛台前摇晃着香炉,并念诵安魂祷词。他的手中有一叠字条,这也是信徒们在礼拜前写好的为逝去亲人安魂的字条。神父在念完一段安魂祷词之后,开始念字条上的名字,为这些亡魂祈祷,愿他们在另一个世界灵魂得到安息。我和社会工作者列娜就是在这个仪式上认识的,她当时为塞村的一个孤寡老人安魂,那一天正好是这个老人离世40天的祭日。

参加东正教堂的礼拜,我最大的感受就是能获得嗅觉的(香膏气味)、视觉的(华美的圣像壁、神父的圣衣、法器)、听觉的(钟声、诵经声、唱诗)、触觉的(涂圣油、洒圣水)、味觉的(葡萄酒和圣饼)各种艺术性的享受。[1]东正教的礼拜非常程式化,很少有经文的解读和讲解,更像是被设定好了的一场表演,让教徒们从感官上和心灵上体验到无时无刻都与神同在,而自己作为神牧放的羔羊,在神的面前卑躬屈膝,只能表达自己的虔诚之心。

---

[1] 俄罗斯哲学家和神学家帕维尔·弗洛连斯基神父把东正教礼拜叫做"艺术的总和"。这里有建筑、绘画、歌唱、讲道、戏剧,所有这一切创造出另一个世界的景象,这是得到改造的神统治的世界。参见徐凤林著:《东正教圣像史》,第115页。

"俄罗斯心灵"的历程
——俄罗斯黑土区社会生活的民族志

二、信仰的重建

塞村教堂重建以后,沃罗涅日教区就派来了神父[1],至今已历三任。塞村教堂第一任神父来自隔壁的科尔索瓦村,他在塞村信徒中的口碑非常不好。在信徒们的印象里,他只会在教堂敛财,却极不负责任,最不能容忍的是他在复活节的时候都不来教堂主持礼拜。在塞村信徒的强烈要求下,沃罗涅日教区派来了第二任神父伊戈尔。

我在塞村做田野调查的时候,伊戈尔刚刚到任。我们第一次碰面是在星期六晚祷结束以后,神父和妻子正在打扫教堂,吹灭圣像前的蜡烛,清理烛台的蜡油。我说明来意,他很热情地和我聊了起来。伊戈尔很年轻,三十不到的年纪,刚刚从神学院毕业。伊戈尔出生在一个虔诚的东正教徒家庭,按他的话讲,是跟随神的意志做了神职人员。

我的访谈刚刚开始,教堂里走进来一对母子,他们家刚刚买了新的汽车,来教堂为新车"洗礼"。在黑土区乡村,为新车、新房"洗礼"已经成为一种习俗,新车和新房只有经过"洗礼"才能获得神的庇佑,一家人才能平安顺遂。我向神父提出要拍摄为新车"洗礼"的仪式,他非常痛快地答应了。汽车停在教堂的正门口高悬的耶稣像下,神父让他们把车门、前机盖和后备箱都打开。之后,换上黑色圣衣的神父端着盛满圣水的圣杯从教堂大门走了出来。这对母子立在车旁,每人拿着一根已经燃起的蜡烛,用手护着微微的烛光。神父开始在门口的台阶上对着

---

[1] Батюшка,对神父的尊称,旧时这个词也表示父亲的爱称。相应地,神父的妻子被称为 матушка,母亲的爱称。

第五章
教堂重建:"俄罗斯心灵"的回归

这车念诵祷词[1],祷词念诵完毕后,神父顺时针绕着汽车,用刷子蘸着圣水向车内洒去,洒了一圈后,又向这对母子洒了圣水,并嘱咐他们把蜡烛插到教堂内圣尼古拉圣像前的烛台上。就这样,一个简单的汽车洗礼仪式结束了。神父进门的时候,那位母亲上前把手里攥着的三百卢布塞给了神父。

仪式结束以后,天色已晚,伊戈尔还要和妻子赶回沃罗涅日市。他准许我可以随时来教堂,照相和拍摄都没有问题,他说东正教堂是向所有人开放的。后来我经常参加如前文所述的礼拜,并和他进行了多次交流。

伊戈尔神父刚刚上任,最大的困难就是没有人来教堂参加礼拜。他说道:

> 刚来到这里的时候,一周两次的礼拜(星期六的晚祷和星期日的早祷)只有几个人参加,非常冷清,人们都不愿意来教堂。

伊戈尔上任伊始,就千方百计找塞村的信徒来教堂礼拜,并在各个方面满足他们的需求。经常来教堂的娜斯佳是这样评价新任神父的:

> 现在我们教堂的神父非常年轻,人品非常好,他会从沃罗涅日的教堂带来很多书给我们。由于参加礼拜的绝大多数是老人,行动不便,他都让我们把家里的地址写给他,然后用车来接我们去教堂。我们给他拿了很多土豆、胡萝卜、洋葱、苹果这些老太太能拿

---

[1] 祈祷词的内容基本上是祈求神保佑汽车和司机平安。在黑土区乡村,几乎每台汽车里都挂着从教堂请来的圣像,圣像背后写着专门为司机祈求平安的祈祷词。

得出来的东西给他作为酬谢,他都不要。老年人很难坚持站着完成整场礼拜,我们的神父最经常跟我们说:"请来教堂,请坐下来祈祷(ходите, сидите и молитесь)"。对于这些体弱的老人,坐着祈祷是允许的。

伊戈尔神父的努力得到了回报,他在塞村信徒中有着良好的口碑。在他的努力下,这一年多以来,来教堂的信徒人数增加了不少。如今,常来教堂礼拜的有二十多人,节日的时候大概有七十人了。他还对我说,要在塞村买个房子住下,这样会更方便地满足信徒们的需求,让更多的人来教堂。

虽然来教堂的人数现在有所增加,但对于有一千多人口的塞村来说,这个数量还是很少。而且来教堂的人中,老年人多年轻人少,女人多男人少。娜斯佳对我说:

> 在村里,东正教徒非常多,但是去教堂的人很少。几乎所有的人都是拄拐棍来的,我们已经是非常老的人了(七十多岁),有的比我们还老。有个老太太都八十多岁了,为了参加礼拜,她在前一天洗澡,早上节食,走到教堂得花一两个小时,为了在8点之前赶到教堂礼拜,她5点钟就要起床准备。而年轻人,尤其是男人,很少来教堂。来教堂的男人大都是为了什么事,或者是来给汽车洗礼,或者是开车撞了人,才过来祈祷,除此之外,他们很少来。

在黑土区调查的时候,有两个和宗教相关的身份让我很难区分:东正教教徒(православный)和宗教信徒(верующий)。人们经常会说自

第五章
教堂重建:"俄罗斯心灵"的回归

己是东正教教徒,而不是信徒。按照我的理解,信徒应该是包括东正教教徒在内的更大的群体,但事实却相反,很多声称自己是东正教教徒的人并不认为自己是信徒,这恰恰反映了俄罗斯人的信仰的状态。根据社会调查的数据,声称自己是东正教教徒的人占很大比例,有时甚至能达到80%。这些人有着东正教教徒的身份,他们往往刚一出生就受洗,有教名,指认了教父和教母。但是其中绝大多数人不会认为自己是信徒,因为他们很少去或者不去教堂,也不参加东正教的仪式。就像娜斯佳所说,"教徒非常多,但是去教堂的人非常少"。除此之外,非信徒在日常生活中也不遵守东正教的教义。在我的一个朋友的家中,我发现了一个有趣的现象——"一锅两制",表现了这种教徒和信徒的分立状态。这是一个四口之家,全家都是东正教教徒,但只有母亲是信徒。按照东正教的教义,在斋戒的日子里,教徒是不允许吃肉的,但是全家只有母亲遵守这一教义。在煮汤的时候,母亲要给自己煮素的红菜汤,而其他人还和平时一样,喝带肉的红菜汤。

我在塞村的房东一家都是教徒,但非信徒。房东娜塔莉娅夫妇都是受过洗礼的东正教教徒,并且他们的子女也都是受了洗的。但是他们一家人却很少去教堂,他们的儿子阿列克在小时候洗礼完以后就再也没有进过教堂。娜塔莉亚认为是否去教堂不能作为是否信仰东正教的标准:

> 神是在心中,在脑子里,而不是在腿上。所以并不是一定要去教堂,不一定去那儿听他们说些什么。心中有神的人是正派的、诚实的、善良的,而去不去教堂不是很重要。圣母和耶稣的圣像我也有,我不去教堂,你不能说我没有信仰,不能说我不信神。

而在村民斯维特兰娜的眼中,"去教堂"是一种有功利性目的的行为:

> 他们去教堂就只是为了向别人展示说,我还有那么一点善良。所以一些人好像在给自己做一个"我是好人"的广告。我去教堂,但很难说我就是信徒,我不斋戒也不祷告。我去教堂只是为了聊一聊、站一站、看一看、想一想……那里的气氛可以让人产生正确的思想,让人的心灵纯净。

娜塔莉亚和斯维特兰娜的观点在村民中颇具代表性,她们的观点也代表了多数俄罗斯人的心态:要对神有虔诚的信仰,与神用心灵沟通即可,而不一定非要去教堂参加某种仪式。

很多村民不去教堂是因为现在教堂太"商业化",去教堂要"花钱",给教堂献祭都是被迫的。巴维尔是塞村的一个五十多岁的农民,他也从来不去教堂。他是这样看待教堂和去教堂的人的:

> 现在教堂好像是做买卖,去教堂得花钱的,我不想花这份钱,这些钱很多都是被神父拿去了,并没有用在教堂建设上。还有就是很多有钱人爱去教堂,他们想用钱来让自己的心里安宁,因为他们的钱都是"偷"来的。

在塞村,和巴维尔持相同观点的村民不占少数。正因为这样,塞村的一个秘密的民间宗教团体利用人们对于东正教教堂"商业化"的不满,拉拢信徒。我并没有机会接触这个民间宗教团体,在村民的口述中,它

第五章
教堂重建:"俄罗斯心灵"的回归

的形式和东正教很像,其祈祷词也是源于东正教的《圣经》,并且有很厉害的巫术。娜斯佳给我讲述了她的亲身经历:

> 大概几个月前吧,有两个小孩骑着自行车在我的门前经过,我正在门口看报纸。他们停下车和我说话:
> ——你们的神,不是乞丐,为什么要向别人要钱呢?
> ——你们从哪知道的这些?
> ——你们的教堂钟声一响,你们就拿钱去教堂?
> ——我是把钱献给教堂。
> ——我们奶奶和妈妈去祈祷,什么都不用带。
> ——你们去哪里祈祷?
> ——我们有自己的祈祷室。
> ——你们向哪个神祈祷?
> ——我们自己的神,我们先祈祷,然后还唱圣歌。他们和我们说,你们的神不是真神,你们去教堂还要拿钱,而我们不用。

是否有人会因为不用献祭而加入这个民间宗教团体,我不得而知,但是去教堂的花销对于只靠退休金生活的老人来说确实有些负担沉重。在我来塞村前,教堂发生的一起"蜡烛风波"就体现了这一点。塞村教堂重建以后,有精明的商人在教堂用品中看到了商机,用低廉的价格向教徒兜售蜡烛。退休教师罗扎就遇到过这种情况:

> 这个周五,有个人按门铃。门口站着一个男人,他对我说:"阿姨,你从我这里买蜡烛吧!我这个蜡烛是从另外一个教堂买来的,

"俄罗斯心灵"的历程
——俄罗斯黑土区社会生活的民族志

> 我们的蜡烛很便宜，才3卢布50戈比，你们的蜡烛不是5卢布就是10卢布。我们的蜡烛质量也很好，也是教堂里做的。"

后来，有许多老太太贪图便宜，就从那个卖蜡烛的人手中买了蜡烛，然后带去教堂。当时主持教堂礼拜的还是上一任神父，他看到这种情况，粗暴地把那些不是从本教堂里买来的蜡烛从烛台上拔掉了。为了杜绝这种行为，教堂大厅的门上还贴着一张非常醒目的字条，上边写着：

> 不允许使用在本教堂之外购买的蜡烛，蜡烛对于信仰者而言，是敬神的一种手段，意义在于对神的献祭，烛香也是一种发自心灵的芬芳。本堂教民的例行捐赠，每一次都有新的宗教上的意义，为教堂增添文献、装饰，同样也是为慈善事业做贡献。

"蜡烛风波"虽逐渐平息，但却足以引发我们的深思。回归的东正教信仰已经不再是革命前纯粹的极为虔诚的信仰了，它夹杂着很多世俗的因素，而人们对于宗教、对于神的心态发生了微妙的变化。苏联时代意识形态控制的影响也是造成这种局面不可忽视的因素。

居住在沃罗涅日市的尼古拉耶夫娜曾经是共产党员，她的丈夫生前是沃城某工厂厂长。她的父亲是集体农庄主席，她的母亲也是共产党员。她从小接受无神论的教育，从来不去教堂。她认为在"红旗下"成长的一代人宗教观念淡薄：

> 我们这一代人（出生和成长在苏维埃时期的一代人）几乎都不

第五章
教堂重建:"俄罗斯心灵"的回归

怎么去教堂,要去教堂也都是以旅游为目的的。我们从小接受的教育就是不信神的,让我现在去教堂,我也根本不会相信。礼拜的时候要站那么久,有什么意义呢?但是我不会反对别人去教堂的,只是那些过去是共产党员的人现在也去教堂,我觉得这些人很虚伪。

在后社会主义时代的俄罗斯,即使教堂大规模重建,宗教信仰对于普通民众的意义却已经发生了改变,教堂的重建并不完全等于信仰的回归。神父伊戈尔说道:

> 十月革命前的俄国,80%的人都是东正教的虔诚信徒。之后的80年,教堂被损坏,东正教信仰也被铲除。苏联的政策让人们感到恐慌,不知道苏联能维持多久,给他们带来什么。我小的时候根本不知道东正教的知识,乡村在集体农庄解散之后才开始恢复东正教的信仰。当然,现在人们没有革命前的俄国人那么虔诚了,人们来教堂,只是为了让自己的心灵轻松一些。

对此,宗教界人士常常指责道:"现在教徒已经不十分严格地按照教规行事了。在当代,物质利益的追求使人们减少了对道德和宗教等精神的需求,个人的理想是追求个人幸福、青春永驻和财富,让性欲和食欲得到满足。"在莫斯科,有一句自嘲的话:"我们哪有时间去教堂,我们要去欧尚!"[1]

其实,宗教的世俗化不仅仅存在于俄罗斯,判定是否有宗教信仰也

---
[1] 法国的一家大型连锁超市。

不能仅凭是否去教堂，是否遵守某些宗教仪式。在现代社会，宗教对于社会的意义并没有削弱，"心中有神"的人们还在心中存留着最基本的道德底线，这对于社会经历了重大变革、处于价值观真空的当代俄罗斯社会来说尤为珍贵。牧首阿列克谢二世在接受《消息报》记者采访的时候，说："如果人能带着一颗纯净的心灵，在圣像前放上一支蜡烛——这已经是善良的标志了。"[1] 教堂已经重建起来了，而信仰的重建是一个漫长的过程。

三、东正教信仰与日常生活

东正教的复兴不仅是信仰的回归，东正教教会以自己的力量参与解决世俗世界因社会变迁而引发的问题，将东正教教义和道德理念灌输给人们，从而影响人们的行为方式。这不是轰轰烈烈的社会动员，而是以润物细无声的方式。

在塞村教堂以及其他的教堂我都发现，书架上除了《圣经》和《祈祷词汇编》等书籍，还摆放着一些倡导人们有信仰、有价值、有道德的生活的书籍。比如圣彼得堡教会印发的名为"帮助基督徒"系列图书，其目的是教家长们如何"培养具有美德的虔诚的心灵"，这套丛书有如下分册：《何时及怎样开始向孩子讲述关于神的事情》、《青春期男孩的东正教教育（神职人员的建议）》、《青春期女孩的东正教教育（神职人员的建议）》等。这套丛书并非干瘪的说教，它形式活泼，深入浅出地向家长们讲述以下主题：如何履行基督教徒父母的责任；如何进行精神

---

[1] В России можно только верить?// Известие от 20.12.2006.

教育、家庭教育；如何培养孩子的宗教意识，让孩子认识教堂等。这套丛书还谈及对于男孩和女孩不同的教育方式：对处于青春期的男孩，应提倡运动，使其利用好闲暇时光，以免其纵欲或养成其他不良嗜好；对于女孩，父母则应培养其品行，教导其如何打扮，如何处理和男孩的友谊，并强调母亲角色在女孩教育中的重要性。

出生于1984年的柳巴，成长于东正教复兴的年代，东正教的教育对她影响颇深：

> 我是从童年开始信神的。我还记得，很小的时候，我就读一些关于神的书，比如专为孩子写的《圣经》。电视里东正教频道还有专门为孩子而设的电视节目，这个电视节目讲述关于基督和东正教的事情。我还给这个电视节目的主持人写过信，他们寄来了关于基督的漂亮的书，这些书用最简单的语言讲述了《福音书》的故事，让孩子更容易理解。我从小时候开始就有这个感觉，神伴随着我生命的每一个脚步。

如今，柳巴已是一个虔诚的东正教徒。她对我说，如果以后有了孩子，会将孩子送到教会学校去。在那里，孩子不会沾染上不良的习气，会有一颗纯净的心灵。

教堂里还有一些书籍是用来帮助人们戒掉不良生活习惯的：《吸烟：无罪的快乐还是来自地狱的烟雾》《向谁和如何祈祷以摆脱酗酒的痛苦》，居然还有一本专门关于戒酒的祷词[1]，据说长期吟诵能帮助自

---

[1] Кому и как молиться об избавлении от недуга пьянства, Москва, «Отчий дом», 2009.

"俄罗斯心灵"的历程
——俄罗斯黑土区社会生活的民族志

街头的酗酒者
（作者摄）

己或者亲人戒酒。酗酒始终是"俄罗斯之痛"，尤其是变革以来的社会动荡更是酗酒的温床，酗酒不仅造成了人们劳动能力丧失和离婚率的升高，还危害了人们的身体健康，俄罗斯男性的平均预期寿命只有六十多岁。2009年，在总统梅德韦杰夫的倡导下，反酗酒和反毒品的"共同的事业"运动开始。俄罗斯东正教会也积极参与其中，成立了教会－社会委员会（Церковно-общественный совет）。在沃罗涅日州，由修士大祭司季洪和自由新闻出版社社长拉宾共同组织了"共同的事业"协会，这个协会主要是针对年轻人的戒酒教育。

季洪大祭司称："酗酒的俄罗斯一无所成！教会积极在学校中高年级、技工学校、学院、大学开设展示和讨论关于酗酒和毒品对生命危害性的课程。"[1]为呼应这个倡议，塞村教堂的神父伊戈尔准备在塞村学

---

[1] «Общее дело» подхватили регионы // Моё от 19.01.2010.

第五章
教堂重建:"俄罗斯心灵"的回归

校进行宣讲:

> 我准备给塞村学校的孩子们上课,给低年级的孩子讲一些宗教知识,给高年级的学生讲酗酒、吸烟、吸毒的危害。教会有一个矫正中心,把有这些不良行为的人集中起来,告诉他们这些行为的危害。除此之外,教会也做一些善事,帮助需要帮助的人。

虽然,我们无从评估东正教会在精神和道德教育上和在戒除不良嗜好方面的成效,但最起码它起到了教化和宣导的作用,并在这一过程中与人们的日常生活联系得更为紧密,给予了人们向善、积极的力量。

在我离开塞村后不久,伊戈尔神父调任别的教堂,塞村教堂迎来了第三任神父列昂尼德。通过沃罗涅日教区的网站,我可以了解塞村教堂的最新动向。如今,塞村教堂的活动更为丰富,更为贴近村民的生活。网站上2013年的活动摘录如下:

> 春耕时节,农事开始之前,塞村的农场主请来了列昂尼德神父净化农场场房和农用机械。净化仪式后,神父谈道:"粮食种植永远使罗斯荣耀,而要收获粮食必须向神祈祷,要有干净的心灵。"
>
> 在建堂节这一天,列昂尼德大祭司做完礼拜和祷告,绕着教堂举行了十字架巡游。当天,邻村科尔索瓦教堂的神父安德烈大祭司来为塞村教堂和信众道喜,并在祷告中为干旱的土地祈雨,当天傍晚便降甘霖。两个学校的学生参加了节日礼拜和十字架游行,仪式结束以后孩子们享用了为他们准备的甜食。
>
> 在毕业时节,应学校和毕业生们的邀请,神父参加了邻村切

斯明克中学的毕业典礼。神父对毕业生说道:"中学毕业并不意味着教育的结束,神的智慧取之不竭,教会是高级学校,教堂就是班级,钟声是召唤先贤,与神终身同在。"

在纪念圣徒尼古拉的日子,塞村村民聚集在圣尼古拉教堂,参加节日礼拜。节日礼拜和祈祷之后,列昂尼德神父带领村民、塞村中学学生和客人绕着教堂进行了十字架游行。在游行中,人们唱着祈祷歌,念诵经文。神父向人们洒圣水,人们像孩子般接受圣水的滋润。在布道的时候,神父祝贺村民节日快乐,并讲述了圣徒尼古拉的生平以及神迹。布道结束以后,塞村学校的学生举办了小型的宗教音乐会。按照传统,这一天人们应该得到节日的飨宴,无论是孩子还是大人,都应该祝福节日,让心灵感到轻松和快乐。

作为村庄公共空间,教堂与村庄的公共生活联系得越来越紧密,它能创造相聚的机会,让村民共享节日共聚的欢愉。作为东正教教义和道德的倡导者、传播者,教会通过教堂仪式、布道、社会活动向信徒和普通村民灌输东正教的价值和理念。宗教生活也逐渐渗透到私人生活领域,信徒通过在教堂与神的交流获得心灵的安宁,通过参与教会活动累积社会资本。宗教是重要的社会资本要素[1],教会组织为自己的成员提供社会支持与广泛的社会联系。这种教会成员之间的社会资本还会形成一种凝聚力,"教会会将自己的社会资本转变为社会福祉、集体行动以

---

[1] Коулмен Дж.Капитал социальный и человеческий // Общественные науки и современность. 2001. № 3. с. 122 – 139

第五章
教堂重建:"俄罗斯心灵"的回归

及对自身会员的吸引力"[1]。

第四节 "俄罗斯心灵"的回归

在黑土区的村庄,教堂重建是集体农庄解散以后最为重要的事件,重建教堂的重要性并不在于教堂建筑重建本身。从塞村的案例来看,重建后的教堂并不华美,甚至不如被捣毁前,那时还有壁画装饰,金碧辉煌。教堂重建后,去教堂的人数并不多,多数人抱的是一种"心中有神"的心态。教堂重建的意义更多地在于象征性,即教堂重建象征着东正教信仰有了合法性。对于村民而言,教堂重建使他们在剧烈的社会变迁中有了确定的身份认同,共同的宗教信仰促进了社区的团结和道德标准的形成。东正教的复兴,对于处于经济、政治和社会转型之中的俄罗斯具有重要意义。国家的文化实践将民众的宗教身份认同转化为民族认同和公民身份认同,使其更有益于凝聚民众、团结社会。教堂重建、东正教复兴而产生的宗教身份、民族身份和公民身份的认同,用一个简单而有力的地方性概念来表述,那就是"俄罗斯心灵"的回归。

---

[1] Unruh, H. R. and Sider, R. J. *Saving Souls, Serving Society: Understanding the Faith Factor in Church-Based Social Ministry*, Oxford: Oxford University Press. 2005.p. 236.

"俄罗斯心灵"的历程
——俄罗斯黑土区社会生活的民族志

一、"俄罗斯心灵"：社会认同的资源

在诺村的时候，我随房东薇拉去教堂参加了圣三主日[1]的节日礼拜，其中的一个细节让我至今记忆犹新。圣三主日是东正教夏季最为重要的节日，那天早上，房东薇拉很早就把我叫起来，进行去教堂前的准备。薇拉人如其名，是一个虔诚的教徒（"薇拉"是在俄罗斯非常常见的女人名，词根具有"信仰"之意）。我们准备出发时，薇拉已经梳洗打扮好，她换下了在家干活时穿的邋遢衣裤，穿上了非常素雅的裙子套装，略施粉黛，头戴薄纱，看上去一下子年轻了许多。出发之前，薇拉准备了两张字条：一张字条抬头写着"祈祷健康"（о здаровье），那是用来为在世的亲人朋友祈祷健康的，薇拉在字条上按照顺序工整地写上丈夫、儿子、母亲、姐姐和姐夫的姓名；另一张字条抬头画着东正教十字架的符号，那是为逝者安魂用的，薇拉在上边写着父亲、公公和婆婆等死去亲人的姓名。以往我去教堂的时候，我也曾注意到门口的书桌上放着这些祈福与安魂的字条。每张字条最多可以写上十个人的名字，人们在字条上写好名字后会把它们投入到书桌旁边的信箱之中，举行礼拜的时候神父就会念出字条上人的姓名，为他们祈福或安魂。薇拉也让我

---

[1] 圣三主日（День Святой Троицы），复活节后第50天，又称五旬节（Пятидесятница）。因第50天"圣灵"降临，所以又叫五旬节或圣灵降临节。在圣灵降临在门徒身上时，圣父、圣子和圣灵这三位圣体都参与了，所以又称为"三位一体"节。该节的设立是根据圣灵降临到圣徒头上的神话，因此该节又叫圣灵降临节。圣灵降临被解释成传教的开始，纪念此节是为了宣扬所谓的上帝万能。这一节日保留了很多古斯拉夫人悼亡节（Семик：复活节后第七个星期四举行的民间纪念亡者的节日）的仪式：悼亡节期间，斯拉夫人用供品来祭奠植物的神灵和祖先的神灵，以求得他们的支持和保佑。

第五章
教堂重建:"俄罗斯心灵"的回归

把自己和亲人的名字写在字条上,这样他们也会得到祝福。在她的指导下,我也在祈祷健康的字条上写下了我和家人的名字。我们来到教堂以后,当我把自己写的字条交到教堂执勤的老妇手中时,她看了看名字,对我说:"你不是我们的人,你没有俄罗斯心灵。"[1]因此,她没有接受我的字条。这句话让我思索了许久:俄罗斯人究竟如何判定谁"是我们的人",谁"不是我们的人"。按照那位执勤妇人的观点,这个判定的标准是"俄罗斯心灵"。她认定我没有"俄罗斯心灵"的依据是我的名字,当时我书写的名字是用俄语拼的汉语姓名,并非"教名",也就是说我没有东正教教徒的身份。老妇拒绝为我祈福,是因为我没有教徒的身份,但她并没有直接这么说,而是说我没有"俄罗斯心灵"。实际上,"俄罗斯心灵"在这里就代表了宗教身份。

随着调查的不断深入,我开始逐渐理解作为宗教身份的"俄罗斯心灵"对于当地人的意义。在以东正教信仰为文化生态核心的黑土区村庄,被东正教文化浸淫的"俄罗斯心灵"是最为基本的判断"我们"和他者的认同方式,同时这种认同方式在文化实践中不断被强化,这在人生仪礼中体现最为明显。

在黑土区乡村,孩子出生后不久就来到教堂洗礼。在洗礼仪式中,神父一边念着祷词一边三次将孩子完全浸入圣水池,孩子的哭啼声代表了孩子的新生。洗礼的目的在于洗净孩子因父母而带来的原罪,圣水洗涤的不是身体,而是心灵。洗礼结束以后要进行涂圣油仪式,圣油需要经过神父祝圣之后才能被使用,涂圣油的含义是"圣灵恩赐的印记",

---

[1] 原话是:не наш, нерусская душа。这里的"俄罗斯心灵"(русская душа)是指俄罗斯人,即指我不是俄罗斯人。

"俄罗斯心灵"的历程
——俄罗斯黑土区社会生活的民族志

旨在使新入教者坚定对三位一体真神的信仰。洗礼之后，神父会为新生儿挂上受洗十字架，这个十字架要伴随其一生。在俄罗斯，胸前是否挂着十字架是一个人是否有东正教信仰的标志。在民间，人们认为没有受过洗礼的人灵魂是不洁的，不能得到安宁，而没有受过洗礼的孩子也会受到不洁力量[1]的侵害。所以，即使是在苏联无神论运动最为严苛的时代，黑土区村庄里的很多人也是被秘密受洗的。受洗仪式的另一个意义就是正式入教，受神的庇佑。孩子的受洗，并不是自己的选择，但是在以东正教为核心的文化生态之中，受洗是必然之选。因为受洗之后这个孩子获得的不仅是教徒身份，更为重要的是获得了社会身份。人是社会化的动物，有了社会身份他才能在所在社区中生存，建立社会关系，获得社会资本。取教名是获得社会身份的关键。

俄罗斯族人的姓名由三部分组成：名字、父称和姓。姓是通过家族继承下来的，我们平时提及的俄罗斯人的名字，如"普希金""托尔斯泰""普京"等，其实都是他们的姓。俄罗斯人的名字是他们的教名，而父称是根据父亲的名字变化而来的。由于教名的数量较少，所以俄罗斯人的名字重复率很高，只能用姓来区分彼此。但是在亲戚朋友、熟人之间，彼此还是称呼名字。人们还会根据辈分或者亲昵的程度，彼此称呼对方名字的昵称。比如，普京的全名叫"弗拉基米尔·弗拉基米罗维奇·普京"，说明他的父亲也叫"弗拉基米尔"[2]。如果人们尊称普京的话，应该称呼他为"弗拉基米尔·弗拉基米罗维奇"。如果是朋友之间，就会直接称呼"弗拉基米尔"的昵称"瓦洛佳"（Володя）。在一次

---

[1]　нечистаясила，类似于民间传说中的鬼和妖。

[2]　弗拉基米尔（Владимир）是俄罗斯历史上一位著名的大公的名字，意为统治世界。

第五章
教堂重建:"俄罗斯心灵"的回归

总统连线中,一位小女孩怯生生地叫普京"瓦洛佳叔叔",一下子拉近了彼此的关系。如果是在家中,母亲或者妻子会称呼"弗拉基米尔"更为亲密的名字"沃娃"(Вова)。对名字不同形式的称呼,可以表明称呼者与被称呼者之间的关系。

取教名是洗礼仪式必不可少的一个环节。东正教的"人名历"(календарь имени)记录了所有圣徒的纪念日,即他们的诞辰或是去世之日。神父会根据孩子的出生日和某位圣徒的纪念日相近而为其取名。取了教名之后,同名的圣徒和受洗者便建立了关系,成为受洗者的主保圣徒,家里的圣像角里也会摆放这位圣徒的圣像。受洗者和圣徒因为共同的名字而被联系起来,教名沟通了世俗和神圣空间。在人们的意识中,不同的圣徒有着不同的职业或者性格,这也会潜移默化地影响到同名的受洗者。拥有教名也是东正教教徒的一个重要标志,是判断"是我们的"的重要依据,这个名字会伴随教徒一生。在教堂的礼拜中,一个拥有教名的人,生时可以为其祈福,死后可以为其安魂。

孩子受洗后,父母会为其指认教父和教母。通常情况下,教父教母都是孩子父母最为亲近的朋友或者亲属,有的时候,两个家庭的父母甚至互相作对方孩子的教父教母。在诺村,薇拉和彼得洛维奇的儿子谢廖沙的教父就是彼得洛维奇最好的朋友谢尔盖,教母是孩子的姑姑娜塔莎。

按照俄罗斯民族旧有观念,人们相信死后可以继续生活,只是生活在另外的一个世界,是"活着的"死者。在现代的葬礼中,仍保持着多神教和东正教的传统。逝者的东正教教徒的身份在葬礼中极为关键,在人们的观念里,如果没有这个身份,其灵魂就得不到安息,无法进入另外一个世界。

按照东正教的传统,人们要为临终的人举行终傅仪式。神父在临

"俄罗斯心灵"的历程
——俄罗斯黑土区社会生活的民族志

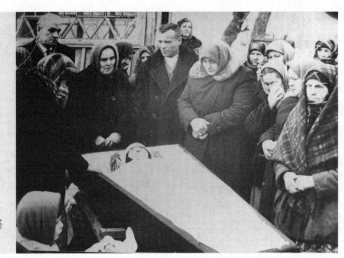

传统葬礼
(来源:斯维塔家的旧照片)

终病人的眼、耳、口、鼻、脸颊、胸、手、脚涂抹圣油,为了免除他所受的病痛之苦,并赦免其罪过,让其可以安心地进入天堂。黑土区乡村的丧葬方式至今仍是土葬。人们将遗体清洗干净后,给逝者穿上平时的衣服,若是没有结婚的少女,下葬时头上要带着头巾。人们将遗体先放在布上,然后放入棺材。在传统丧礼上,棺材里一定要放上东正教十字架、蜡烛、花环和《圣经》。如果逝者生前嗜烟,人们就在棺材里放点烟;如果好酒,就放一瓶酒;如果逝者是在复活节期间去世的,就放颗复活节鸡蛋;也有人往棺材里放钱的,并说"路上用",或者"到那边买个房子"。

出殡时,棺材从家中抬出,死者的脚要向前[1],这是为了不让他记起回家的路。棺材放在麻布上,由四个或者六个人抬到墓地。神父要在

---

[1] 在口语中,如果说某人"脚向前",则表示这个人已经死了,或者用于嬉笑咒骂。

第五章
教堂重建:"俄罗斯心灵"的回归

塞村墓地
(作者摄)

墓地摇着香炉、念着祈祷文,为死者做安魂弥撒,也有的家庭把神父请到家中念诵祷词,邻居和村民们也跟随他们为死者祈祷。下葬前,亲友们轮流亲吻死者,与死者告别。告别仪式后,棺材盖会被盖上,下葬。墓地被修整成长方体,上边覆盖枞树的枝叶。墓前竖立十字架,十字架上贴上死者的照片,写上名字以及生卒年月日。一年之后,家人要为其正式立墓上碑。

葬礼结束以后,人们回家祭奠死者。按照塞村的风俗,主要的祭奠食物是蜜粥(кутья),这种粥要熬煮很长时间,"从钟响到钟响",即教堂的一个礼拜仪式的时间。其他的祭奠食物还有涂抹了蜂蜜的面包、红菜汤、面条和格瓦斯[1]。人们相信,死者的灵魂在其死后的40天内还

---

[1] 格瓦斯(Квас),是一种盛行于俄罗斯、乌克兰和其他东欧国家的含低度酒精的饮料,用面包干发酵酿制而成,颜色近似啤酒而略呈红色,酸甜适度,口感清香。

"俄罗斯心灵"的历程
——俄罗斯黑土区社会生活的民族志

会在尘世游荡,为此,在黑土区乡村还有一些独特的习俗。在塞村,家人去世后,人们要在家里的窗台上放一杯水和一条带盐的面包,人们认为在人去世40天内死者的灵魂会回来吃面包、喝水。人们还会把房间里的镜子蒙上,这是为了不让死者回来时在镜子中现形。在死者去世后的第10天,死者的亲属会聚集在门口向人们分发饼干和糖果;在第20天,也有相同的纪念仪式,但祭奠的范围只是在家庭内部。

最重要的祭奠仪式是在葬礼后的第40天,这个仪式是为了送别死者的灵魂到另外一个世界。在这一天,家人要倒掉放在窗台上放置了40天的水,意为送别死者的灵魂。倒水的时候,人们会念:"灵魂飞吧,飞吧,不要再回来了,不要从这里带走任何人。"[1] 季娜的丈夫去世后的第40天,她的孩子们都回来了,邻居们也都来到她家,那天一共五十多人为季娜的丈夫送别,送其灵魂上路。他们绕着村子祈祷,撒面包和盐,发给每个人两块饼干和两颗糖果,为的是让人们帮忙祈祷,让逝者灵魂安息。我在沃罗涅日城的房东斯维塔阿姨平时从来不去教堂,但在她的哥哥去世以后的第40天,她去了教堂为哥哥的亡灵安魂,这是对哥哥的最后送别。在教堂执勤老妇的指引下,她先去了教堂办公室,在柜台的登记册上写下了哥哥的全名(包括名字、父称、姓),然后交了50卢布,这样神父便会在这一天的礼拜上念诵祷词为斯维塔的哥哥安魂。接着,斯维塔阿姨又买了一根蜡烛,返回教堂,她把这根蜡烛点亮,插到哥哥的同名圣徒圣尤里圣像前的烛台上。

按照黑土区乡村的习俗,在死者周年祭那天,家人除了要去墓地扫墓,还要做很多薄饼分给村中的邻居们,让他们记住曾经有一个人生

---

[1] 俄文为:Лети, лети душа и не вертайся больше сюда. Здесь брать больше некого.

活在他们的身边。在某些宗教节日，人们也会去扫墓。比如，圣诞节前的星期六[1]，人们会带着饼干、鸡蛋去祭奠已故的亲人。在复活节的祭扫最为隆重，人们会带着复活节彩蛋和复活节面包（кулич）去墓地，坐在墓前的小桌子上聚餐喝酒，一家人团聚过节。在圣三主日前夕，人们要祭奠所有的死者，包括自杀者、被害者、淹死者等非正常死亡的死者。在传统上，巫师、巫婆以及未洗礼的孩子去世以后其墓地要做出特殊的标记，他们的灵魂被认为是"不干净的"。过去在塞村，村子里"不干净的"死者是不能进入村墓地的，要单独下葬。据村里人讲，这些"不干净的"灵魂无法安息，在尘世四处游荡，是邪恶和可怕的。

我们会发现，在俄罗斯族人聚居的黑土区乡村，如果没有宗教身份，确切地说，是没有东正教教徒的身份，就被视为异类。在民俗传统中，如果某人没有教徒身份，在世时，他很难与其他人建立正常的社会关系；去世后，其灵魂也会被视为是不洁的，无法得到安息。总之，没有教徒身份，就没有"俄罗斯心灵"，就会被视为整个社区的危险存在。这种民俗传统在黑土区乡村是一以贯之的，即使是在反宗教反基督的苏维埃时期，人们也会偷偷地受洗，以取得教徒的身份。另一方面，与宗教身份认同的逻辑相似，在苏维埃时期，如果某人生活在集体之外，即不是集体农庄庄员，那么他也会被视为异类。

二、"俄罗斯心灵"：从民族身份到公民身份

在上一部分的讨论中，还有一个问题没有厘清：为什么作为一种教

---

[1] 在俄罗斯，这一天被称为"父母的星期六"（родительная суббота）。

"俄罗斯心灵"的历程
——俄罗斯黑土区社会生活的民族志

徒的身份要以"俄罗斯心灵"来命名,而不是"东正教心灵"？在认同问题上,"俄罗斯"何以与"东正教"可以进行概念互换？在卡罗姆纳的教堂中,一位神父曾经对我说过的话启发了我,他说："东正教就是水,而俄罗斯人就是水里的鱼,岂有鱼不在水里的道理？"俄罗斯人与东正教是鱼水关系,这种关系是历史上形成,并一直延续至今的。

塞村中学的历史教科书[1]是这样评价988年"罗斯受洗"、东正教的传入对于俄罗斯的深远意义的：

> 罗斯从此改变了在国际关系中的地位,成为了文明的国家；基辅罗斯开始接受犹太－基督教文化,这促进了基辅罗斯的繁荣和新文化的传播,教堂普遍建立,斯拉夫文成为了祭祀和宗教文本的语言,在教士中间出现了医生和教师,修道院里开始开设学校；基督教让人们遵守软性的法规,比如,认为劫掠和杀戮是罪恶,而在以前这些被认为是英勇的表现；基督教的伦理道德（虽然经常只是表现在语言上的）约束了富人贪婪的本性,他们被视为是和农奴一样的普通人,因为人人都是平等的；罗斯接受的基督教是东方的,拜占庭的,随后改名为东正教,是符合真理的信仰；俄罗斯东正教改变了人们的精神面貌,对古罗斯社会思潮的形成有着深刻的影响；东正教世界观的传播,对于生命意义的理解不是世俗世界的富有,而是内在心灵的统一；俄罗斯民族传统上的同情之心在基督教中又得到了新的理解,关注穷苦之人、病人、残疾人,以及那些陷入贫困之人……

---

[1] СтруковА.В./Отчественная история, с древнейших времени до современности, Вороне ж, 2008, с.176.

第五章
教堂重建:"俄罗斯心灵"的回归

现在的历史教科书对东正教的传入给予了极高的评价,对于俄罗斯和俄罗斯人而言,这是一个文明化过程。东正教文明在历史的长河经过不断地文化生产与再生产,让东正教文化与俄罗斯人水乳交融,密不可分,即那位神父所说的鱼水关系。东正教已经超越信仰本身成为一种文化认同的符号。回到上文谈到的教徒身份与信徒身份的问题,俄罗斯的宗教社会学家西涅丽娜也敏锐地发现了这种现象,她根据社会调查的数据得出结论:"调查结果再次印证了当代俄罗斯国民宗教信仰的一个特殊现象,即被调查者中称自己为东正教追随者的比例高于认为自己为信教者的比例。这表明,被调查者将自己归为东正教文化人,而不是东正教信仰者,以此来确定文化的自我认同。"[1]这种东正教文化认同对于转型时期的俄罗斯来说非常重要,这会促进后社会主义时代俄罗斯的文化自觉。实际上,这种文化实践已经展开,最具代表性的便是学校的东正教文化教育。前牧首阿列克谢二世在访谈中曾经谈道:

> 今天国家应该明白一个简单的真理:孩子不可能自己培养自己。只有依靠共同的力量,我们才能够培养以善良和基督的爱为典范的孩子和青年人,我们才能够抵制厚颜无耻以及暴力文化的影响……今天我们所有教堂政治的一个重要方向就是对孩子和青年人精神道德的培养。[2]

---

[1] 西涅丽娜:《当代俄罗斯国民宗教性发展状况(1989—2012)》,《俄罗斯研究》2013年第3期。

[2] Шутова О.С. Молодёжь и социальное служение религиозных обьединений//Русская молодежь. Демографическая ситуация Миграция Сб. статей Руководитель коллектива составитель и авторвступительной статьи Е.С.Троикий М., 2004, С.152~153. 转引自翁泽仁:《东正教与俄罗斯教育》,《思想战线》2010年第2期。

"俄罗斯心灵"的历程
——俄罗斯黑土区社会生活的民族志

在当代俄罗斯，东正教已经不仅是"宗教信仰"，已经被视为珍贵的民族文化遗产。沃罗涅日州的学校都开设了东正教文化相关的课程。塞村小学从三年级开始已经开设了"东正教文化基础"课程，这门课的教学参考书《＜东正教文化基础＞课程文选》是由沃罗涅日州教育厅、沃罗涅日州高等职业技术学院、教育工作者协会、俄罗斯东正教会的沃罗涅日和鲍里索格列布斯克教区宗教教育和教义问答部共同编撰的。这本书这样介绍这门课程的目的：

> 培养孩子健康的心灵和体魄；发掘孩子们精神上的和身体上的才能；在他们中间形成公民的自觉意识；培养他们对于自己祖国和自己民族的爱。

该门课程教材的卷首语进一步阐述了东正教对"俄罗斯心灵"回归的重要意义：

> 学习祖国的文化基础，你们了解的不仅仅是自己民族的传统，还有自己的心灵世界。这些传统的、充满知识和思想的作品可以教会我们辨别善恶，不仅仅是在周围的世界，同时也是在自己的内心之中。在课文中我们会认识到令我们民族都感到骄傲的英雄，他们是我们的榜样。希望你们在学习的过程中，拥有充满了善良、智慧和勇气的心灵。

这门课的内容也丰富多彩，该课程所涉及的主题如下：

第五章
教堂重建:"俄罗斯心灵"的回归

善良和真理的种子;《圣经》:人类最伟大的书籍;金色的秋天——金色的节日(圣母圣诞节,表达对母亲的爱);家庭和家园的神圣性(亲属关系生命树);民族的庇护者(10月8日是圣谢尔吉的纪念日);在爱的护佑下;手足之情比石墙还要坚硬;故乡的土地和她的守护者;给别人带来快乐;关于自己的名字你知道什么;心灵的善与恶;姑娘们的节日;沃罗涅日主教;谁隐藏在圣诞老人的面具之下;星星预示了什么;人活着是为了向善;善会给自己带来愉悦;贫穷与富有;友谊;劳动光荣;谢肉节;护佑自己的心灵;外在美与内在美;供人支配的生活;我们民族最喜爱的宗教节日——复活节;民族的记忆:祭祀;勇敢和荣誉;今日英雄。

我们可以看到,这门课的内容不只是与宗教相关,还涉及俄罗斯经典作家的童话、散文、短篇小说和诗歌等文学体裁的作品。选择这些作品不仅仅是为了对孩子进行宗教教育,还是为了对孩子们进行文化启蒙。这门课要让学生们熟悉祖国的文化传统,通过阅读课文和文学作品,让孩子们认识到什么是高尚的人格:善良、同情、对父母的尊重、对弱小的爱护、对大自然和故乡的热爱、对先辈的纪念。这不仅是宗教文化的教育,同时也是爱国主义的教育,让孩子们更深入地了解本民族的辉煌的历史、灿烂的文化。

2009年12月,我在塞村学校旁听了一节东正教文化课。我在田野笔记里这样记录了这生动的一课:

三年级的东正教文化课每周一次,被安排在星期六的第三节课,授课老师就是三年级的班主任斯维特兰娜·亚历山大罗夫娜。

"俄罗斯心灵"的历程
—— 俄罗斯黑土区社会生活的民族志

塞村小学的每一个教室设计得都很温馨,教室除了课桌和桌椅以外,后墙还有一个壁橱,每一个学生都有一个格子放置自己的学习和生活的物品,其余的格子放着花草。一个班级就是一个小家庭,而班主任则是这个家庭的家长。上课铃响以后,三年级的8个孩子回到教室,上课之前,老师检查每一个孩子的练习簿、铅笔和钢笔是否准备好,练习簿和笔要摆在同一个方向。老师一声令下,所有的孩子起立,站在桌子旁,之后老师示意坐下,喧闹的教室顿时变得安静。

这堂课的主题是"关于自己的名字,你知道什么"。老师的开场白直奔主题,她让每个孩子说出自己的名字和爱称,然后向孩子们提问:"我们的名字是谁给取的?"孩子们都回答是自己的妈妈。老师说:"其实我们的名字都是教名,是东正教来到俄罗斯以后才出现的。"老师继续发问:"我们什么时候开始信仰东正教的呢?"这时孩子们一阵沉默。老师开始绘声绘色地讲道:"我们以前的弗拉基米尔大公到了希腊,看到了美丽的教堂以后才让全体的俄罗斯人都信仰东正教的,[1]那一年是988年。而在此以前我们信仰的是多神教,人们相信这个世界上有很多神灵,比如太阳神、风神、雨神、树神等等。而当时人们的名字也都各式各样,比如家里排行老大的人就叫'第一',皮肤黑的人就叫'黑',这些名字经常出现在俄罗斯民间童话中。当时的大公弗拉基米尔(Владимир)的名字就是'Влад'(统治)和'мир'(世界)的合写,是统治世界的意思。俄罗斯民族信仰东正教以后,人们都要受洗,受洗以后就会按照东

---

[1] 这是对俄罗斯接受东正教的浪漫化表达。

第五章
教堂重建:"俄罗斯心灵"的回归

正教人名历取教名,你的生日和哪位圣徒的纪念日最为接近,便会给你取哪位圣徒的名字。每一个圣者的名字也有独特的含义,比如"安德烈"是胜利者的意思,"塔基扬娜"是信仰者的意思。"随后,老师带领着孩子们做语法练习,她讲道,俄语不仅有六个格,在古俄语中还有称呼格,叫到某个人名的时候要用称呼格。她开始教授孩子们称呼格的语法规则,可能这项内容有些枯燥,孩子们的注意力有些分散,老师不时地提醒孩子们注意课堂纪律,摆正他们的练习簿。

最后,老师介绍说,今天是12月5日,按照东正教人名历,今天是叶卡捷琳娜的纪念日,她讲述了圣徒叶卡捷琳娜的故事。讲完之后,她让孩子们回答叶卡捷琳娜是一个什么样的姑娘,她具有的哪些优点是值得大家学习的。最后老师布置了家庭作业,要求学生们找到和自己名字对应的圣徒的故事,并在下次上课的时候讲述给大家听。50分钟很快就过去了,下课的时候老师让全体起立,让一名男孩带领大家做课间操。

这堂课并非如我想象,只讲授东正教的神学知识,而是将东正教作为民族文化传统传授给孩子们。在课堂上,老师告诉孩子们他们的名字是怎么来的,这和他们民族的信仰有什么关系,人们应该具有什么样的品德等等。和我同龄的塞村人在中小学阶段就都已接受了东正教的文化教育,很多人会背的祷词都是在学校里学会的。

我们可以将"俄罗斯心灵"作为一种文化身份,将其作为文化自觉的重要资源。但我们还要警惕另外一种倾向,那就是极端民族主义。"俄罗斯心灵"中的"俄罗斯"其实在俄语中有两种属性,一种是作为民族的"俄

"俄罗斯心灵"的历程
——俄罗斯黑土区社会生活的民族志

罗斯"(русский)，一种是作为国家的"俄罗斯"(Россия)。如果在俄罗斯族聚居的黑土区谈论"俄罗斯心灵"，我们大可不必区分其民族属性和国家属性，而如果在由多民族多宗教构成的俄罗斯国家视角下，仍把"俄罗斯心灵"作为一种民族文化身份来对待，就会存在问题。这会为极端的民族主义提供论据，诸如"俄罗斯是俄罗斯人的俄罗斯"之类的口号就会甚嚣尘上。而俄罗斯的领导者也经常会利用这种民族主义的情绪来为其政权寻找合法性，诸如"克里米亚回归"就是这种政治技术的产物。长此以往，民族主义的情绪会走向极端，这将不利于整个国家的团结和统一。实际上，对"俄罗斯心灵"的理解要实现一种转化，即从文化身份转化为一种公民身份。"俄罗斯心灵"不仅仅是俄罗斯族独享的文化身份（русская душа），而是俄罗斯国民全体共享的公民身份（российская душа）。

新的《俄罗斯教育法》也传递出的这样的价值观念："教育的人文主义特点首先要体现全人类价值、人的生命和健康、个人自由的发展。要进行公民性教育，热爱劳动的教育，尊重法律和人的自由教育，热爱自然、祖国、家庭的教育。"[1] "各联邦主体初等教育中学生阅读的基本主题为：祖国，大自然，劳动，儿童，人际关系，善与恶以及相关内容。"[2] 这是后社会主义时代俄罗斯对于"俄罗斯心灵"的重新解读，即将俄罗斯民族的历史和文化转化为激发爱国主义情感的资源。而"俄罗斯心灵"从民族身份向公民身份的转化不只是在法律条文的表述中，更是在社会转型中早已付诸实施的文化实践，成为后社会主义时代的俄

---

[1]　Федеральный Закон № 3266-1от 10.07.1992. «Об образовании»

[2]　Федеральный компонент государственного стандарта общего образования. М.: Мин. обр. РФ, 2004. Ч.1.

罗斯民族国家建构与社会团结的最为核心的问题,这也是本书将在下一章探讨的主要内容。

本章小结

从"罗斯受洗"至今,东正教传入俄罗斯已经有千年的历史,它开启了俄罗斯的文明进程,是俄罗斯文化之根、"俄罗斯心灵"之源。东正教信仰已经深深地嵌入黑土区的社会生活之中,民众的生产生活、风俗习惯、性格特征都与东正教信仰有着千丝万缕的联系,无论是在反基督的社会主义时代还是在逐渐世俗化的当下,东正教仍然是构建民族－国家认同与社会团结最可宝贵的文化资源。正是有了东正教,"俄罗斯心灵"才不会停止跳动,才会在代际之间传承。在后社会主义时代,构建"俄罗斯心灵"是为了塑造现代公民,实现国民认同从民族身份向公民身份的转变,这正如同在社会主义时代,集体农庄要将沙俄时代的宗法农民塑造成为苏维埃新人。

第六章
"俄罗斯心灵"与文化实践

  我相信,不就共同的目标达成一致就不可能有社会的发展。这些目标并不仅仅指物质方面的目标,精神和道德目标也同样重要。我们的人民所固有的爱国主义、文化传统及共同的历史记忆使俄罗斯的团结更加紧密。

  我们的民主制度、新生的俄罗斯对世界的开放与我们的特性和爱国主义并不矛盾,不会妨碍我们去寻找自己对精神和道德问题的答案。也无须特意寻求民族思想,这一思想本身就在我们的社会中孕育着……我们过去和现在都有共同的价值观,共同的价值观把我们团结在一起。

——引自普京:《向俄罗斯联邦会议提交的
2000年国情咨文》[1]

---

  [1] 普京著:《普京文集——文章和讲话选集》,中国社会科学出版社,2002年,第84页。

"俄罗斯心灵"的历程
——俄罗斯黑土区社会生活的民族志

作为黑土区乡村社会生活的民族志，本书的前几章集中展示了黑土区乡村在苏联解体、集体农庄解散以后所经历的社会转型的历程。在社会动荡、秩序缺失、道德失范状态下，"俄罗斯心灵"对于身份认同、社会团结、信仰回归和道德重建具有重要意义。百年以来的俄罗斯社会变迁被表述成为"俄罗斯心灵"的迷失与回归。实际上，这里的迷失和回归应该打上引号的：一方面，作为传统文化符号的"俄罗斯心灵"并未迷失，而是以不同的方式延续下来；另一方面，当代的"俄罗斯心灵"与传统意义上的"俄罗斯心灵"在内涵和外延上已经有了差别，并不是简单地回归。但之所以称为"俄罗斯心灵"的迷失与回归，不是本体论意义上的，而是被表述和被阐释意义上的。探求这两个意义之间的文化实践是认识当代俄罗斯社会的关键。

在国家的文化政策或者文化战略中，"俄罗斯心灵"的文化实践指向两个方向：对外，"俄罗斯心灵"表达的是独特性；对内，"俄罗斯心灵"表达的是聚合性。俄罗斯民俗学家经常把"俄罗斯心灵"作为独特的俄罗斯民间传统文化的代名词，而这正是"俄罗斯心灵"作为认同资源的体现。国家权力通过建立共同的文化空间、发明新的节日和纪念庆典等建立起以爱国主义为基础的民族认同、社会团结。

第六章
"俄罗斯心灵"与文化实践

第一节 公共文化机构：构建共同的文化空间

在俄罗斯，公共文化机构包括博物馆、图书馆、档案馆、文化宫[1]等。这些公共文化机构分布非常广泛，甚至在村一级行政区都设有文化宫，有的村甚至还有博物馆、图书馆。如今，这些公共文化机构成了保护地方文化，尤其是传统文化的重要空间。人们用文字、实物甚至是活态传承的方式塑造着共同的文化空间。在每个联邦主体，以及在联邦主体所辖的区，都有展示地方传统文化的地方志博物馆，展示地方的自然风物、文化事象；在图书馆，与自然科学、社会科学阅览室并列的还有地方志阅览室，这类阅览室专门搜集有关当地的书籍、当地出版的报纸和杂志等；在档案馆，详细地收藏了各类文献档案，我甚至可以查阅到一个集体农庄从开始建立到解散的所有大事记、会议记录、重要决议；文化宫遍布城乡，乡村的文化宫都是集体农庄时代遗留下来的。至今，文化宫还是乡村公共活动的场所，文化宫专设工作人员负责组织传统节日的庆祝活动，排演具有地方文化特色的节目，组织合唱队等等。

一、博物馆：共同记忆的塑造

在俄罗斯，有着比较完整的博物馆体系。在各州、区都设有地方志

---

[1] 文化宫是俱乐部性质的大众文化和教育工作中心。文化宫是苏维埃时代的产物，在苏联时期，文化宫的类型包括：工会、学校和其他机关组织的文化宫；知识分子之家、演员之家、教师之家等；集体农庄和国营农场文化宫；苏军军官之家；青少年宫；民间创作之家等。

"俄罗斯心灵"的历程
——俄罗斯黑土区社会生活的民族志

博物馆，地方志博物馆展示当地的自然物产、历史沿革、民风民俗。例如，在沃罗涅日州首府沃罗涅日市设有州立地方志博物馆，这个博物馆在时间的脉络下展示了沃罗涅日土地上从古至今的风物景观。在沃罗涅日州下属的博布罗夫区也设有地方志博物馆，虽然规模相对较小，但展品极为丰富。而在博布罗夫区所统辖的各村，也都有村级的博物馆，一般都设在村学校或村文化宫里。在塞村以及邻近的科尔索瓦村、切斯明克村，我参观过村里的博物馆。虽然村博物馆里的展品非常质朴，但大多是村里的"文化人"（中学的老师或者文化宫的工作人员）从村民那里搜集而来的，包括旧的生产生活工具，还有记录村庄各个时代的旧照片、回忆录甚至是出版物。可以说，了解一个州、一个区和一个村的历史，要从参观它们的地方志博物馆开始。

博布罗夫区地方志博物馆

博布罗夫区地方志博物馆在一个欧式的二层小楼里，这幢小楼是十月革命前当地一位富商的住宅，在博布罗夫算得上地标性建筑。博物馆分为上下两层，一层为博布罗夫区自然和地理展区，二层是人文展区。自然和地理展厅中间的主体部分是自然生态的模型，展示了博布罗夫区山川河流以及动植物分布，四周的展柜里摆放着岩石和动物标本。二层的人文展区被分成三个展厅：卫国战争纪念展厅；俄罗斯农民生产生活展厅和市民生活展厅。博物馆的馆长列娜介绍说："在苏联时期，这三个展厅是为学生和青年的爱国主义教育而设计的。卫国战争展厅是要学生们记住祖国苦难而又英勇的历史。市民生活展厅过去为富农生活展厅，展示富农奢华的生活是为了与一墙之隔的农民生活展厅形成鲜明的对比，衬托出农民生活的困苦，阶级压迫和剥削的残酷，以此宣扬革

第六章
"俄罗斯心灵"与文化实践

命的必要性。苏联解体以后,阶级斗争不再提了,富农展厅被改造成为市民展厅,展示十月革命前市民阶层的优雅生活。"如今,展示农民苦难生活的展厅成为传统文化展示空间。它按照真实的俄国农民小屋来陈设,左侧的主体部分是圣像角和供桌,旁边两个模特身上披着当地传统的服饰,还有纺线织布以及农耕渔猎的工具;右侧的主体部分是炉子,旁边的橱柜上摆满了各种铁制和木制的餐具器皿。馆长列娜十分了解每一样展品的用途,她给我展示了女人如何搓麻纺线、织布、洗衣、做饭;男人如何用农具耕地、脱谷。通过她的讲解,当地农民的传统的日常生产生活方式、欢度节庆的方式、宗教信仰、风俗习惯等立体地展现在我的眼前。列娜对我说:"我对这些传统的生产生活方式并不陌生,我们的父辈就是这样生产生活的。如今全都变了,我们的生活里有了现代化工具,耕地种田也都机械化了,而这些物件成了老古董,只能摆在博物馆里了。但是它们很重要,我每次都要很仔细地给孩子们讲,我们的先辈是如何生活的,如何在土地上耕耘的,这是我们的传统和文化遗产。孩子们不知道这些,这让我很忧虑,他们应该知道我们的历史,祖先传下来的历史。"

如果说地方志博物馆中的展品被视为文化遗产,那么这些文化遗产的保护与传承在当代有着独特的作用。文化遗产价值经常成为一个民族的文化资本与象征,展现巨大的想象空间,用以作为国家共同体情感依附与归属认知的基础。[1]遗产是培育居民民族国家身份的最有效工具,遗产是已经被证实的民族国家观念及以国家建构意识形态为特征的民族主义的必不可少的组成要素,民族是由遗产生发出来的一种抽象体,但

---

[1] 彭兆荣著:《遗产·反思与阐释》,云南教育出版社,2008年,第36—38页。

"俄罗斯心灵"的历程
——俄罗斯黑土区社会生活的民族志

民族国家需要一种民族遗产来维系其生存。[1]对于经历了社会转型的俄罗斯来说，文化遗产对于民族国家身份的建构尤为重要。传统文化成为"新俄罗斯思想"的重要内容，成为维系国家统一、社会团结的基础。在俄罗斯，文化遗产被认为是青年人道德和爱国主义教育的重要资源，文化、教育和生态之旅都是爱国主义教育的重要形式。当代俄罗斯的青年道德和爱国主义教育活动有：博物馆和图书馆之旅、组织与历史文化展览、保护文化遗产的志愿者行动、青年考察活动、传播文化价值和家庭中的传统等。[2]而作为文化空间，博布罗夫区地方志博物馆在青年人的道德和爱国主义教育中发挥着重要的作用。

除了馆长列娜外，地方志博物馆还有一名兼职的讲解员特卡乔娃，她是区第四中学的退休教师。特卡乔娃在退休之前便在博物馆兼职做讲解员，主要给来这里参观的学生们进行讲解。她介绍说，博布罗夫区的学校每年都会组织参观博物馆，这是让学生们认识家乡自然和文化的重要活动，也是历史教育和爱国主义教育的课堂。多年的讲解让特卡乔娃有了丰富的经验，经过的她的讲解，我有这样的感受：俄罗斯人有着足够的生活智慧和坚强意志，在如此恶劣的条件下也能创造出令人敬佩的文化。

地方志博物馆是依靠地方财政预算拨款的，门票收入微乎其微。近年来，由于企业大量倒闭，商业不景气，地方财政捉襟见肘。和其他公

---

[1] European Heritage Planning and Management, Exeter, UK, Intelltct Books,1999, p.86. 转引自张政伟、王运良：《试论文化遗产保护对国家软实力的作用》，《中国文物科学研究》2008年第4期。

[2] Путрик Ю.С., Соловьев А.П., Царьков П.Е.Состояние и проблемы использования объектов культурного наследия в молодёжном и образовательном туризме. 见 http://intacadem.ru/statji/putrik-yu.s.-solovjyov-a.p.-tsarjkov-p.e-2.html。

共文化机构一样，地方志博物馆的经费严重不足。博物馆的设施已经非常老旧，还在使用苏联时代遗留下来的设施，这个博物馆已经很多年没有增添新的藏品了。工作人员的工资也很微薄，列娜和特卡乔娃在这里工作多半是一种志愿服务的性质，她们能够支撑到现在，依靠的是对弘扬家乡文化的热情。为了创收，博物馆会出借场地举办展览，承接各种社团的聚会。列娜和特卡乔娃最喜欢各类社团在博物馆聚会，尤其是教师工会在这里的聚会，古老的钢琴奏出悦耳的旋律，老师们在琴声中翩翩起舞、吟诵诗歌，这是她们喜爱的"文化人"的生活。

学校里的博物馆

博布罗夫区地方志博物馆的对面是沃罗涅日州文化学校，这个学校属于中等职业教育范畴，为全州培养文化事业的人才，从这里走出的毕业生多被分配到州内各级各类文化部门工作。很多毕业生会到各个区的文化宫工作，所以他们在校期间要系统地学习当地民间文化的课程。文化学校设立了民间文化教研室，教研室的学术带头人是叶莲娜·克列托娃。她已过退休的年龄，但被学校返聘回来工作。为了配合教学工作，十年前她把教研室的活动室辟为民间文化博物馆，命名为"哥萨克民间生活小屋"[1]。

叶莲娜是一个极威严的人，学生和老师们平日里都惧她三分，至今我还能回忆起她说话时斩钉截铁的样子。但一进博物馆，提起民间文化

---

[1] 哥萨克是东欧大草原的游牧社群，是俄罗斯和乌克兰民族内部具有独特历史和文化的地方性集团。沃罗涅日州位于俄罗斯南部，顿河上游，历史上属于顿河哥萨克的势力范围。很多村庄都是迁居至此的顿河哥萨克建起来的，所以哥萨克文化对当地有很深的影响，是当地民间文化的主体。

的搜集、整理和保护，她的脸上马上充满着怜爱的表情，洋溢着笑容。对博物馆里的每一件展品她都能生动地讲出它的来历和故事。这间博物馆是她特别向学校申请建立的，但由于学校没有预算经费，博物馆的运转都依靠叶莲娜个人出资出力。博物馆里的传统生产生活用品和民间工艺品除了市民捐赠以外，都是叶莲娜和丈夫开车在全区各村搜集而来的。按她的话说，"每一件展品都是真实的，都是人们使用过的，都是有生命的。"

在这个博物馆里，不仅展品是有生命的，民间文化的教学、传承活动也是活态的。作为实践课程的一部分，每到传统节日，叶莲娜都要组织民间文化专业的学生排演文艺节目，如在新年、圣诞节、祖国保卫者日、复活节、胜利日等节庆的时候，她都要带领学生们编写剧本，排演歌舞、小品。这样的节庆演出大多被安排在博物馆里，市民们会被邀请前来观看。每到此时，小小的博物馆里人头攒动，热闹非凡。2010年谢肉节，叶莲娜邀请我参加了博物馆组织的节庆活动：

> 这次活动是由文化学校一年级的学生们策划的，他们穿着节日盛装，扮演不同的角色——女婿和丈母娘、农妇和手风琴手。谢肉节是一个欢乐的节日，同学们在手风琴的伴奏下，踏着轻快的舞步入场，逐一介绍谢肉节的来历、风俗。学生们稚气未脱，站在台上因台词不熟还有一些紧张，有的时候说不下去了，台下的观众们报以微笑并鼓掌加以鼓励。当欢快的手风琴声再次响起的时候，人们最为喜爱的快板歌（чатушка）表演开始了：
>
> 尊贵的客人请进来，焦黄的薄饼端上来；
> 开始了一周的谢肉节，求得一年幸福来。

第六章
"俄罗斯心灵"与文化实践

快点请来手风琴手,谢肉节里莫忧愁;
春天春天你快些来,快把冬天赶走。

……

像这样的快板歌歌词都是学生们事先准备好的。快板歌歌词要求每一句最后一个音要压上韵脚,这样念起来就更有节奏和气势。快板歌是黑土区乡村喜闻乐见的娱乐形式,一般是一男一女以对歌的形式表演。歌词一般由表演者即兴发挥,表演者要能在短时间内根据对手的歌词想出押韵的四句话并有节奏地唱出来,这并不是容易的事情。但因从小耳濡目染,很多人都是快板歌对唱的高手。每次很有新意和巧思的歌词唱出,都会赢得满堂喝彩。对歌还有竞争的意味,如果歌词接不下来或者接得不好,那么只能甘拜下风。

快乐的气氛感染了台下的观众们,和着手风琴的旋律,台下的观众中开始有人对歌。一位中年女人站了起来,对着观众席的一位男士眨了眨眼睛,戏谑地唱道:

廖沙廖沙阿廖沙,春天我就爱上他;
想要请他吃薄饼,就怕他去别人家。

女人的歌声让屋子里一阵哄笑,人们把目光转向了那位男士,只见他不慌不忙地起身"应战":

姑娘姑娘你莫怕,拿来薄饼煮好茶;
就是爱我不好办,回家问问我的她。

男人接上了歌词,一片叫好声和口哨声。这样的对歌会持续很久，你方唱罢我登场，此起彼伏，诙谐幽默的唱词将联欢的气氛推向高潮。

对歌之后，同学们邀请来宾们前来品尝烙好了的谢肉节薄饼，并组织来宾参与谢肉节的游戏。叶莲娜还邀请了当地著名的民歌合唱队（xop），表演传统的民歌。

与传统的博物馆不同，叶莲娜的"哥萨克民间生活小屋"最有特色的是对传统文化的活态展示。这种方式获得了成功，在博布罗夫城，所有的市民都知道有这样一个小小的博物馆，以及这个博物馆里的传统民俗活动。从这里走出的学生们也成为全州文化事业的骨干，扎根乡土，成为传统民间文化的传承者和传播者。在与叶莲娜访谈的时候，我曾经问过她为何有如此高的热情从事民间文化遗产的搜集、整理和展示工作。她坦诚地对我说："如今传统技艺、民歌、传统节日活动在人们的日常生活中越来越少了，我要以自己的力量把它们保存下来，让人们记住属于我们俄罗斯自己的传统文化。"

村庄里的私人博物馆

如果说叶莲娜对于民间文化的热情是出于"文化人"对传统文化保护与传承的责任和情怀，那么秋村的娜塔莎、列娜姐妹则是完全出于对民间文化的热爱，才成为民间文化传承和传播的志愿者的。

娜塔莎和列娜并不是秋村人，她们退休以后从城里来到秋村生活，娜塔莎最先来到这里，她选择在这里生活是为了在农村饲养和训练自己心爱的高加索犬。姐姐列娜在丈夫去世以后也搬到秋村，与妹妹一起居住。两姐妹出生于军人家庭，却在父亲的熏陶下对文学和艺术很感兴

第六章 "俄罗斯心灵"与文化实践

"俄罗斯小屋"博物馆内景（作者摄）

趣。从小的教育让两姐妹并不想在这里白白地混日子，她们认为生活应该有更高的精神追求。

一次偶然的机会，她们帮助州立民间文化中心的老师搜集传统的服饰，她们发现附近的乡村每家每户都有很多古旧的物件，如手工织品、生活和生产工具，这些东西都被压在箱底或者放进仓库，已经不再使用。但那些手工纺织品和工艺品都具有很高的观赏价值，但现在很少有人会制作这些东西了；很多生产生活工具拿出来，现在的年轻人根本就不知道这些东西的用途。她们决定着手搜集这些传统物品，认为"这些来自民间的物品蕴含着丰富的传统文化，能告诉孩子们，我们过去是如何生活的"。

有了这个想法后，姐妹俩开始搜集传统的服饰、生活器具、生产工具，并创建以"俄罗斯小屋"（русская изба）为名的乡间博物馆。娜塔莎姐妹就像收购员一样，把村民们视为废品的皮袄、手帕、毛巾、槽

319

子、搅乳器、手风琴和摇篮都拿回家。她们还开着车到周边或者偏远的乡村去收购旧物,从村民家的院子里或者阁楼上翻拣纺车、编筐、陶器餐具、炉叉、茶炊、旧钉子、锤子和碎布被。还有在反宗教年代被村民藏起来的《福音书》、圣像等。这些东西都是人们亲手做成的,尤其是一些纺织品,每一个绣花、花边、图案都不重复。她们的举动受到了当地村民的热情支持,村民们认为娜塔莎姐妹做的是传承民族传统文化的大好事,有很多人无偿地把自己长辈的衣物,甚至是陪嫁都贡献出来,还有很多人向博物馆捐款。

这间博物馆中的许多藏品已经有几百年的历史,通过这些藏品,参观者有机会了解革命前俄罗斯的乡村生活。博物馆的主体部分按照革命前农民家庭的式样布置:有圣像角、炉子、长凳和嫁妆箱子,还摆放了纺织品、生产工具和家具,这些都是真实的生产和生活用品。每当有人参观,娜塔莎姐妹会饶有兴趣地向参观者介绍每一种工具的使用方法。这间博物馆的最大特色就是娜塔莎姐妹手工做的娃娃。这些娃娃是按照传统的方法制作的,原料也都是日常生活中常见的材料(布、桦树皮、玉米秸)。手工娃娃在俄罗斯农民文化中有独特地位,它们会出现在各种家庭生活的仪式中,包括出生、婚礼、祛病和去世等,通过这种手工娃娃还能了解民族服饰的历史。这些娃娃是没有脸的,这表示它没有灵魂,不会给活人带来侵害。俄罗斯人认为,邪恶和不洁的力量会通过娃娃的眼睛侵害到人。制作娃娃的技艺是娜塔莎姐妹在沃罗涅日州民间文化创作中心办的传统技艺培训班中学会的。她们经常带着自己制作的娃娃参加州、区里举办的各种民间艺术展。列娜尤其喜欢做娃娃,她教我用红线和黄线做了一对"三月娃娃"。她说,"三月娃娃"是多神教时代留下的传统,三月里人们会把这一对娃

第六章
"俄罗斯心灵"与文化实践

娃挂在果树上,祈求一年风调雨顺,而且这对娃娃也会让做娃娃的人获得爱情。

2008年的时候,娜塔莎姐妹创办的这间博物馆在区文化部门注册了。这个小小的民族志博物馆被列在了"文化旅游线路"之上。娜塔莎姐妹曾经试图通过文化旅游带来的效益来运营博物馆,事实上文化旅游并没有吸引太多的游客,博物馆的运营主要还是依靠娜塔莎姐妹个人出资。娜塔莎姐妹的举动被视为保护传统文化遗产"公民积极性"的体现,经过媒体的宣传,她们已经在七弓区小有名气。离开娜塔莎姐妹家以后,我还经常能在当地报纸上看到关于她们的报道。2015年,我再次去俄罗斯进行田野调查,很遗憾没能重访秋村。但是在社交媒体上,我找到了秋村"俄罗斯小屋"博物馆的相关信息,娜塔莎姐妹还在经营着这家博物馆。令我感到意外的是,在2014年夏,这个黑土区偏僻村庄的博物馆迎来了国际志愿者。

在社交网站上,"志愿者夏令营"组织举办了很多项目并向全球招募志愿者,在2014年夏天的项目中就包括"帮助民族志博物馆'俄罗斯小屋'"。之所以选择"俄罗斯小屋"博物馆作为志愿服务对象,该组织列出了以下理由:博物馆的创办人已经年届七十,已经不能干体力活了,但博物馆、院子和大门需要修整;保护博物馆里的藏品,博物馆里的藏品每一件都是绝无仅有的,但是现在它们已经老旧,并有不同程度的损害;通过志愿者的帮助这件事可以引来政府和赞助者的注意,以此来保护博物馆。其实,能够入选"志愿者夏令营"项目,还有一个重要的因素就是博物馆的创办者娜塔莎姐妹本身就具有志愿者精神,夏令营招募广告上这样写着:"博物馆是很少见的创新壮举,这是当地人自己解决自己问题的典范。志愿者行动不仅仅是帮助建设博物馆,还是鼓励其创立者继续投身当地文化保护和传承的事业。"志愿者招募广告上特别注明，报名做志愿者的人中，如果有人会木匠手艺、电器修理或者画画，则更好。

"志愿者夏令营"共招募了六位来自世界各地的志愿者，除沃罗涅日州当地的志愿者外，还有来自法国、土耳其和巴基斯坦的志愿者。两个星期的志愿者劳动，让志愿者们收获颇多。志愿者到来之初，娜塔莎姐妹就准备好了任务清单：修补屋顶；清理博物馆附近的院子；给小屋抹上黏土。几年前，娜塔莎买了一栋房子，那个房子曾经住着一户大的农民家庭。现在那里散落着圣像，到处是毛巾和罩布，甚至还有乐器，好像主人刚刚离开一样。志愿者们帮助娜塔莎姐妹清理这栋房子里的旧物。来自法国的志愿者十分欣赏建立民族志博物馆的想法，他在很多国际志愿者项目中选中了这个项目，他说："我决定利用自己的假期，来到沃罗涅日州，帮助俄罗斯人。这里有一个非常棒的博物馆，馆里的藏品都是老物件。这是非常好的创意，这可以让我们记住古老生活的传统。"

沃罗涅日州民间文化创作中心的老师们介绍，像娜塔莎姐妹这样自己创办博物馆的案例在全州还有很多，他们是文化事业播和传统文化传承的志愿者，展现了俄罗斯公民在社会领域的积极性。

二、文化宫：传统文化的传承与传播

在沃罗涅日州的每一个村庄，几乎都设有文化宫（дом культуры），它是集体农庄时代的产物。文化宫在集体农庄时代有着诸多功能，设有图书馆、会堂、教室等等。塞村"纪念基洛夫"集体农庄文化宫曾经还

第六章
"俄罗斯心灵"与文化实践

设有电影放映厅、舞厅、台球室等娱乐设施,因此,当地人也把文化宫俗称为"俱乐部"。在集体农庄时代生活过的塞村村民回忆起当时热闹非凡的俱乐部时,眼神中都充满了喜悦,他们想起了繁重的劳动后的放松与愉悦。节日里的聚会以及集体农庄召开庄员大会都会在文化宫会堂举行,文化宫里举办的舞会也是年轻人重要的交流场合,很多人都是在舞会上找到自己的另一半的。集体农庄解散以后,村民自治机构——村委会接手了文化宫。由于乡村集体经济崩溃,地方财政预算紧张,大多数文化宫因为经费短缺而无法修缮和正常运营,有的甚至关闭了。塞村的文化宫就是在集体农庄解散后的2006年关闭的。作为文化空间和公共空间,塞村文化宫和教堂的兴衰仿佛是时代变迁的隐喻:集体农庄时代,文化宫是集体农庄庄员的俱乐部,文化宫里歌舞升平、欢声笑语,而那时的教堂已被捣毁,落寞地成为仓库;集体农庄解散以后,教堂重建,当教堂钟楼传出的钟声在塞村大地上回荡时,文化宫因为经费紧张不得不关闭了。

在有些村庄,文化宫还在开放,如七弓区熊村[1]的文化宫。在2009年秋,我随沃罗涅日州文化部门参观团在熊村考察,更为直观地感受到了文化宫在乡村的文化活动,尤其是在民间传统文化的传承和传播中所起到的作用。我的田野笔记记述了当时的情景:

> 车行至村口,热情好客的(熊村)村民用俄罗斯民族最传统的迎客仪式来欢迎我们。在路边,一位穿着格子裙涂着红脸蛋的女人

---

[1] 麦德维日村(Медвежье),村名与"熊"有着共同的词根,故简称熊村。

"俄罗斯心灵"的历程
—— 俄罗斯黑土区社会生活的民族志

端着面包和盐[1]来到车门口迎接客人。因为我来自最遥远的地方，所以被推举为代表首先下车来品尝面包和盐。按照村民的示范，我掰了一块面包，蘸了下盘中的盐，放到嘴里咽下。面包是刚烤好的，配上盐让麦香更为浓郁，看我咽下面包，村民们热情地鼓起了掌。下了车我才发现，仿佛走进了童话世界。村民们穿着传统的民族服装，欢快地唱着民歌。两个身材丰腴、破衣烂衫的少女，满脸涂满了油彩，装扮成林妖的模样。"林妖"脾气暴躁，时而大呼小叫地斗棋，时而提着"狼牙棒"，敲打着身边的客人，恣意地开着玩笑。放茶炊的桌子被装饰成炉子的模样，桌子上除了热气腾腾的茶炊还有烙好的薄饼。人们仿佛一下子回到了童年，开心地和"林妖"嬉戏，州文化厅的一位官员还调皮地拿起了皮靴子给茶炊打气，如同给茶炊安了一个风箱，让茶炊烧得更旺。他说，小时候家里都是这样烧茶炊的，现在茶炊少了，还是茶炊烧出来的茶味道更好。我接了一杯茶，茶汤淡黄，飘来一阵清香。村里人告诉我，这是椴树花茶，仔细品尝，茶中还有椴树蜜的香甜。

喝过茶，村长带领我们走进熊村。文化宫在村中非常醒目，这是一座灰色尖顶的高大建筑，明显具有苏维埃建筑的特点。村长介绍，这个文化宫是在集体农庄时代建起来的，现在也是该村唯一的公共文化活动场所。文化宫里有多个功能区：展示大厅、活动室和图

---

[1] 面包和盐（хлеб-соль, хлебдасоль, хлебосоль）是斯拉夫民族古老的迎宾习俗。面包和盐在许多斯拉夫民族中都具有独特的象征意义。俄罗斯人认为，面包象征着富裕和平安，而盐能保护人们不被敌对的力量和魔法侵害。俄罗斯人在午饭的开始和结束时都会吃面包和盐，主人用面包和盐来宴请客人意为加深宾主之间的信任关系，如果客人拒绝食用则无异于对主人的侮辱。

第六章
"俄罗斯心灵"与文化实践

书室，村委会办公室也设在这里，展示大厅后边是能容纳几百人的剧场。展示大厅宽敞明亮，大厅正在展出熊村节庆活动图片展，图片中是熊村庆祝新年、复活节、库帕拉节和救主节活动的场景，这些活动都是文化官的工作人员组织的。活动室被儿童手工艺培训班占用，熊村学校的教师用课余时间在这里教孩子制作手工艺品。活动室的墙上、桌子上展示着孩子们的手工作品。这些手工作品非常有创意，也很有乡村气息：被染成五颜六色的大米、小米、意大利面被孩子拼成了各式各样的图画，牛、马、花朵、教堂，还有俄罗斯小屋。图书室里，四周墙壁上都挂满了书架，图书虽然老旧，但藏书量却很大，几个孩子正在安静地看书。阳光洒在他们身上，感觉非常安逸和温暖。

　　为了迎接参观团的到来，文化官还专门组织了文艺演出，演出在礼堂上演。礼堂舞台上仍放着一个红苹果的布景，村长介绍说，这是前几天"苹果救主节"时专门制作的。这场演出的演员是村里的文艺爱好者以及熊村幼儿园和小学的学生。孩子们排演的节目很接地气，名叫"我是蔬菜"。小孩子们用服装和道具将自己装扮成各种蔬菜的样子，有胡萝卜、西红柿、黄瓜、圆白菜、土豆……他们依次上台介绍自己是什么"蔬菜"，这种蔬菜能做成什么美味，有什么营养等等。生活在农村的孩子对这些蔬菜并不陌生，能流利地说出它们的特征。十四五岁的少女们表演的节目是现代舞，她们把自己装扮成美人鱼（русалка）的样子，随着乐曲的节奏翩翩起舞。民间传说中，美人鱼是河妖的一种，依靠妩媚的身姿勾引路过的男子。压轴表演的幽默小品，与电视上的幽默表演相似，主题多是讽刺性地反映现实生活。熊村的演员们排演的小品主题是酗酒，讲的是两个男人在女主人不在时偷喝酒的故事。这个故事取自于生

325

活,是生活中常见的场景:几个演员表演得惟妙惟肖,将酒鬼醉酒的形态表演得淋漓尽致,引起观众们的阵阵哄笑。不过演酒鬼的演员是女扮男装,这让我时而会跳戏。演出结束后我才发现,除了幼儿园和小学的几个小男孩,参与整台演出的基本都是女演员。

集体农庄时代建起的文化宫除了具有俱乐部的功能,还具有教化作用,旨在将村民们改造成为"有文化的人",图书馆、活动室、礼堂的设置都体现了这一初衷。从当时的文化宫的实践活动来看,文化宫的

村口的欢迎仪式(作者摄)

我和熊村的演员们(列娜摄)

熊村文化宫外观(作者摄)

演出现场(作者摄)

第六章
"俄罗斯心灵"与文化实践

"文化"是与传统割裂的，它被认为是先进的、现代的，而传统的文化则被认为是愚昧的、落后的，前者的先进性正是建立在否定后者的基础上的。而如今，这种关系却出现了转变，在社会变迁背景下，传统文化已经被承认、被合法化，还被视为社会团结、国家认同的文化资源。当下的文化宫的"文化"涵括了传统文化，曾被视为糟粕的民间迷信传说，如林妖、河妖，被搬上舞台，曾被视为毒草的宗教节庆，如复活节、救主节等，又重新成为村民们欢度的节日。还是在那个苏式建筑里，文化宫从批判旧文化倡导新文化的前线变成了弘扬传统文化、复兴传统价值的阵地。这种转换是社会变迁留下的痕迹，文化宫的文化实践为社会变迁添加了一个生动的注脚。

作为参观对象，熊村显然是全区文化工作的典范。参观团对熊村的文化活动印象深刻，纷纷表达了赞许之情。即使这样一个模范文化宫，也面临着生存危机。和千千万万的俄罗斯村庄一样，熊村的文化宫缺少资金和人力支持，其工作难以维系，只能依靠工作人员的热情来支撑。演出开始之前，村长和文化宫主任向参观团汇报该村的文化工作，他们的发言让我们感受到他们维系文化宫的艰辛：

> 不久前，我们文化宫添置了扩音器和混音台，没有任何人的资助，所有的钱都是我们依靠自己的力量赚来的。我们不放过任何一个创收的机会，如在七弓市城市日那天，我们参加了市里的展销会，把做好的蛋糕用精美的蝴蝶结装饰，还制作了美味的沙拉。我们带去的所有的东西都是按每份5卢布卖掉的，虽然没有赚很多钱，但这些钱对我们也是有帮助的。城市日活动的蛋糕和沙拉都是村文化宫主任塔基杨娜·尼古拉耶夫娜亲手做的。她对工作非常有

热情,她把全部的精力都投入到工作中。我们的演出服装也是她做的,各种文化活动的组织方案也是由她策划的。村里人已经很习惯加入她组织的活动,很乐于参加联欢会的演出。现在我们面临着两个难题:一是文化宫资金不足;二是村民对我们的支持也不够。很多村民都去城里打工了,留在村里的年轻人很少。由于文化宫没有经费,村民们出工出车都是义务的,所以他们积极性都不高。如果不给钱,现在的村民很少会来帮忙……为了解决经费问题,我们想出的办法是建温室种蔬菜,把蔬菜拿到市场去卖,如今库房已经有了,我们马上会投入到这个工作中去。对此,我们已经等不及了,文化宫里还有很多东西需要添置,迫在眉睫的就是要更换新的消防栓……

上述的博物馆和文化宫的业务指导部门为州立民间文化创作中心。沃罗涅日州民间文化创作中心成立于1934年,根据国家的文化政策,该中心的宗旨是:致力于沃罗涅日州民间文化的保护与发展;全俄、各联邦主体间的、本州的与民间创作相关的文化活动的组织;为业余艺术团体撰写和出版有实际内容的和方法论的教材。沃罗涅日州民间文化创作中心致力于当地的传统的非物质文化遗产的保护,举办了一系列活动:如2009年举办的全俄民俗和手工艺品展览"歌声悠扬的罗斯"、"大师的罗斯"、州际民间玩具和民俗展"玩具会说话"、全州儿童艺术作品展览–竞赛"沃罗涅日——童年的记忆"、州际民歌比赛"顿河上的歌声"、全州哥萨克合唱汇演"团结的哥萨克"、全州民间歌曲、音乐和舞蹈展"在波特尼茨基[1]的故乡",等等。同时,该中心还开办各种手工

---

[1] 波特尼茨基(М.Е.Пятницкий,1864—1927),出生于沃罗涅日州的著名民俗学家。

艺培训班：刺绣、彩饰、雕塑、蜡染、编织、制作娃娃，等等。该中心还提供学术交流的机会，经常举办各种有关民间文化的讲座，并邀请民间文化精英前来交流。可以说，民间文化创作中心是民间文化的继承者与传播者的孵化器。

在当代俄罗斯的文化政策中，民间文化创作中心、博物馆、文化宫无疑都是重要的公共文化机构，保护、传承和传播俄罗斯传统文化是其最重要的使命。在本节介绍的文化机构中，无论是官办的，还是个人创建的，它们都承载了这一使命：通过活态地传承和展示传统文化构建民族和国家的认同，"因为我们有共同的历史、共同的生产生活方式"，以此实现爱国主义、社会团结的目的。除此之外，公共文化机构也承担了有助于地方发展的使命。沃罗涅日州文化政策的核心在于塑造一个忠实于文化价值的公民所组成的社会，这种文化价值将历史经验、文化遗产和地区发展的主题联系在一起。[1]在具体的文化实践中，我们会发现，博物馆、文化宫不仅仅是国家的事业，也是每个公民共同参与的事业，激发公民对文化事业的积极性，会让这种全民参与的文化实践更有活力和效力。

第二节　社会变迁中的节庆体系

沃罗涅日州图书馆收藏了多种从创刊号至今的当地报纸，我翻阅了

---

[1] Концепция областной целевой программы «Развитие культуры Воронежской области. 2010—2014 годы»

"俄罗斯心灵"的历程
——俄罗斯黑土区社会生活的民族志

1990年代初的旧报纸，想找出苏联解体前后俄罗斯人生活变化的蛛丝马迹。但除了长篇累牍的各种新法令，很难感受到苏联解体时"大厦将倾"的氛围，那些报道也很少展现人们对苏联解体的看法和对苏联的情感流露。在阅读报纸的过程中，我发现关于节日庆典的报道很多，其内容最能反映俄罗斯人生活的显著变化：1992年之前历年的报纸只是报道人们欢庆苏维埃节日的盛况，如五一国际劳动节、胜利日、十月革命节等；而在1992年之后，便出现了对圣诞节、谢肉节、复活节的报道，报纸上甚至刊登了耶稣圣像、谢肉节草人、复活节彩蛋的大幅照片。但在1992年之后的报道中，有着强烈苏维埃色彩的节日却不见踪影，仿佛一年的光景就让这些节日消失得无影无踪，而被禁止的传统节日却突然从地下冒出来。实际上，传统节日从未在民众的生活中消失，苏维埃的节日也不会轻易在社会生活中被抹去，媒体根据国家政权的好恶而对报道对象进行取舍，不能完全忠实地反映社会事实。节庆"复兴和消失"的过程正是国家权力进行文化生产的过程，而传统价值回归与东正教的复兴正是在这样的语境下发生的。民众作为文化实践的主体，其文化生产表现为节庆的延续和转化。传统节日在民众中间从未消失，而是面对着意识形态的变迁和现代生活的遭遇发生了某种程度的转化。正是在国家（政权）和社会（民众）两种文化实践策略的张力下，社会变迁中的时间体系才得以建构。

一、传统节庆的复兴：延续与转化

如今，每当重大的东正教节庆活动（如圣诞节、复活节），莫斯科和全罗斯牧首都会在救世主大教堂主持节庆礼拜仪式，俄国国家政要

第六章
"俄罗斯心灵"与文化实践

也都会到场参加，他们手持蜡烛，默默祈祷。俄罗斯国家电视台会向全国现场直播这些庆典仪式。在黑土区，以东正教日历为核心的传统节庆的复兴重塑了作为新的民族国家的俄罗斯的时间体系，这成为社会变迁的最为显著的标志。本书的第二章已经仔细地梳理了东正教日历，此不赘述。东正教不是俄罗斯的原生宗教，"罗斯受洗"以来，东正教与俄罗斯民族原有的多神教信仰不断地磨合、交融，最显著的例证是：多神教时代的某些节庆也被纳入东正教节庆体系之中（如谢肉节）。随着苏联解体后宗教信仰自由政策的实行及东正教的复兴，东正教的节庆活动也逐渐恢复起来，人们有了更多自由表达宗教情感的时间和空间。但需要强调的是，由于时代背景和社会生活发生了根本性的变化，加之苏维埃时代的影响，东正教日历中的传统节庆并非回归传统，而是出现了某种程度的转化与改变，最为显著的表现就是传统节庆的世俗化趋势。即便如此，东正教节日始终是"俄罗斯心灵"跳动的节奏，这也是"俄罗斯心灵"文化实践过程的一种显现，更具社会性和时代精神。

谢肉节：从祈求丰裕到全民狂欢

东正教进入俄罗斯以后，融合了已有的多神教信仰，东正教的斋戒渐渐与古罗斯的传统节日谢肉节（масленица）联系在了一起。谢肉节的节期是在复活节前的"大斋戒"（великий пост）的前一周，大致在二月底或者三月初，谢肉节节期要持续一周，被称为"大谢肉节"(широкая масленица)。

谢肉节是农业文明的遗产，在多神教时代，斯拉夫族的祖先为了取

331

"俄罗斯心灵"的历程
——俄罗斯黑土区社会生活的民族志

悦主管农业和牧业的韦列斯神（Велес）而发明了这个节日。谢肉节也被称为"送冬节"，人们相信这一天严寒的冬天会被驱赶走，所以谢肉节时所吃的圆圆的薄饼（Блины）被视为温暖的太阳的象征。告别了漫长而阴郁的冬天，春天马上就要来临，压抑了一个冬天的人们在这一周得到彻底的释放，所以也有人将谢肉节称作"俄罗斯的春节"。谢肉节又是全民的狂欢节，人们在这一周可以恣意放纵自己的身心，享用丰富而又油腻的食物，跳圆圈舞，唱歌，做游戏，饮酒。按照传统的习俗，如果在谢肉节期间感觉不好并且过得很枯燥，那么这一年都会很倒霉。

谢肉节期间人们相互探访，并进行各种游戏。这让社区内的邻居、亲戚朋友之间的关系更加紧密。谢肉节节期一周，这一周的每一天都有自己的名字和习俗：

星期一——"迎接"。这一天的娱乐活动是滑雪橇，雪橇滑得越久，响声和笑声越大，就预示着这一年的收成越好。

星期二——"玩乐"。人们进行各种愉快的游戏，并用薄饼招待客人。

星期三——"饕餮者"。这是人们对自己的称呼，这一天，女主人用薄饼招待客人，"烤箱里有多少，就要吃掉多少"是这一天最常用的俗语。

星期四——"驱赶"。为了赶走冬天，人们骑着马顺时针绕着村庄碾压出一个太阳的形状。男人们在雪筑的城墙上进行攻防争斗，这被称为"拳头的战争"，男人们激情洋溢地参加战斗，而女人和孩子们则是热情的观众。

星期五——"拜见岳母"。这天女婿带着礼物（必备薄饼）去

第六章
"俄罗斯心灵"与文化实践

拜见岳母,而岳母要向女婿回礼,并宴请女婿。

星期六——"聚会"。人们要串亲戚,到亲朋好友家去做客,当然要吃掉无数的薄饼。

谢肉节的最后一天——"请求原谅的礼拜日"。这一天人们都因在"大斋戒"前的狂欢而互相请求原谅,并回答"神会原谅你的"。

如今,谢肉节在农耕生产中祈求丰年的意义已经逐渐淡化,更多的成为全民狂欢的节日。在俄罗斯当代的节假日设计上,谢肉节并不是法定假日。在大谢肉节节期中,周一至周五人们还要进行正常的工作,只能在周末的假日中欢度谢肉节,为期一周的谢肉节的各项节俗会被浓缩至一天之内进行,所以谢肉节的节庆活动在"请求原谅的礼拜日"达到高潮,这一天的狂欢是当代谢肉节的图景。

我与谢肉节十分有缘分,在俄罗斯做田野调查期间,我共经历了三次谢肉节。在莫斯科,谢肉节节庆游行令我印象深刻,这是一个欢乐的

舞台上快板歌表演
(作者摄)

"俄罗斯心灵"的历程
—— 俄罗斯黑土区社会生活的民族志

谢肉节的稻草人
（作者摄）

嘉年华。游行队伍在莫斯科市中心的特维尔大街上行进，参与游行的市民几乎是全家出动，各种卡通人物也会在游行中出现。当然，最受欢迎的是美国迪士尼卡通人物，孩子们围绕着他们跑前跑后。路旁的各大广场也会竖起谢肉节稻草人，它们在庆典的最后会被烧掉，虽然烧掉稻草人已经没有了祈求丰裕的意义，但仍有着告别冬天、迎接春天的寓意。莫斯科的一些公园以及克林姆林宫都会推出谢肉节体验活动，设计很多游戏、表演，让游客（特别是外国游客）亲身体会谢肉节的欢愉。我也参加过谢肉节的家庭聚会，完全是私人聚会，只邀请亲戚朋友来做客，主人烙好薄饼，煮上热茶，之后人们在林中的雪地上燃起篝火，一起跳圆圈舞、唱歌、做游戏。2010年的谢肉节，我随着塞村的房东娜塔莉亚和瓦洛加夫妇去博布罗夫区广场参加谢肉节庆典，这是一个较少商业气氛的、公共性的、十足的全民狂欢的庆典：

第六章
"俄罗斯心灵"与文化实践

2010年2月14日是这一年谢肉节的最后一天,是"告别日",向冬天的告别,这一天也是"原谅日",请求神原谅人们的纵欲狂欢。"告别日"后,将进入复活节前40天的斋戒(великий пост)。这一年博布罗夫区全区范围的谢肉节节庆活动的举办地点有两个:一个是区体育场;另外一个在离博布罗夫市较远的林纳沃伊马场。区电视台和当地报纸《星报》在一周以前就发布了这个消息。

房东娜塔莉亚告诉我,谢肉节那天我们要参加在区体育场举行的庆典。娜塔莉亚和丈夫瓦洛加每年都去参加谢肉节的庆典,在庆典上卖些木雕工艺品,还搞抽奖活动。一个月前,他们全家人就开始为了这次谢肉节庆典忙碌了。娜塔莉亚夫妇为抽奖制作了不少奖品——简易的木雕、菜板和各种木制工艺品。瓦洛加做木雕,娜塔莉娅负责彩绘上色,他们每天都忙活到深夜,他们用一个月的功夫做了几大箱子奖品。我负责做奖券,娜塔莉亚在小字条上写好奖品的名称,我再把小字条搓成纸卷,奖券的中奖概率大概有四分之一。谢肉节那天早上,我们三个人喝足了热茶。娜塔莉亚说,我们今天要在外边一天,她嘱咐我把红茶里的几片柠檬吃掉,据说这样可以预防感冒。吃过早点,我和瓦洛加把几大箱奖品和木雕工艺品塞进那辆老旧的拉达车里,装得满满当当。瓦洛加开着车,拉达车在雪路上向博布罗夫城飞驰而去。

报纸上的消息称,庆典是上午10点开始,我们9点多就到达了体育场。只见体育场的中心有一个巨大的雪堆,场内还没有什么人,一群工人正把一个三四米高的草人抬上雪堆。这个草人被装扮成了少女的形象,红红的脸蛋迎着太阳升起的方向。娜塔莉亚和瓦洛加要布置抽奖摊位,我们找了一面背风的墙角,在墙上贴着"不

"俄罗斯心灵"的历程
——俄罗斯黑土区社会生活的民族志

会输的抽奖"的字条,我和瓦洛加将几大箱奖品和木雕工艺品卸了下来,整齐地排好。由于没有什么生意,我便四周逛了逛。在体育场的四周,陆续出现了一些小摊,摊主已经忙碌起来。卖气球的摊主忙着给气球充气,气球有各种动物的造型。受中国生肖文化的影响,俄罗斯也将每年的生肖视为这一年的标志。[1] 2010年是虎年,气球摊上小老虎造型的气球特别多。"告别日"这一天恰逢2月14日情人节,所以心形的气球也特别多。烧烤摊的摊主正在烧炭,浓烟滚滚。酒水摊上已经摆满伏特加、啤酒,茶炊烧得正旺。当然,谢肉节食物的主角是薄饼,薄饼摊已经备好煎锅、面糊,还有吃薄饼的辅料,如酸奶油、蜂蜜、奶昔、果酱、鱼子酱等等,摊主会现场摊热气腾腾的薄饼来卖。

体育场上逐渐有了人气,由于庆典还没有开始,娜塔莉亚夫妇的抽奖摊最抢人眼球。人们都想在谢肉节这一天试试运气,"不会输的抽奖"能给每个人都带来好兆头。奖项分为一至三等奖和特等奖,奖品都为精美的木雕作品,特等奖是瓦洛加做的一个大型木雕作品,价值几千卢布。即使没有中奖的人,也会获得纪念品——糖果或者圆珠笔。我们把奖券装到一个精美的木盒里边,特等奖的奖券上写着"意外惊喜",但这张字条没有被放在木盒里,而是被娜塔莉亚悄悄地揣到了兜里。第一个来抽奖的是爷孙俩,小孙女显然被各式有着精美图案的木雕吸引住了,央求爷爷抽奖。爷爷掏出了25卢布让小孙女抽了一次,小孙女手气不错,第一次抽便抽到二

---

[1] 近年以来,俄罗斯也接受了中国的生肖习俗,不同的是,生肖年的转换不是从中国农历新年开始,公历1月1日以后新的生肖年就开始了。

第六章
"俄罗斯心灵"与文化实践

谢肉节传统食物（作者摄）

男人们的游戏（源自网络）

"俄罗斯心灵"的历程
——俄罗斯黑土区社会生活的民族志

等奖,奖品是一个菜板,他们非常高兴,挑了一个带有卡通图案的菜板。中奖的爷孙俩意犹未尽,没走多远又转回来抽奖,但这次他们什么也没有抽到,小孙女满脸愁容,泪珠含在眼圈里。谢肉节怎么能让孩子不开心呢,娜塔莉亚马上拿了好几支棒棒糖塞给了她,她这才破涕为笑。抽奖摊前的人越聚越多,里三层外三层,人们手里攥着钱,跃跃欲试地要抽到大奖。娜塔莉亚和瓦洛加忙不过来,一个负责拿奖券箱,一个负责发奖品,我则负责来帮忙收钱,百元的钞票像雪片一样落到钱匣子里,一会儿的功夫,钱匣子就被装得满满当当。娜塔莉亚笑着说,要是天天过节就好了。庆典开始前,奖券就已经抽光了,随车带来的瓦洛加父子的木雕作品也卖出去不少。

快 11 点的时候,两辆大货车开到广场上,两车车厢相对,车厢的挡板被放下,搭成了一个临时的舞台。工作人员安装并调试麦克,车厢舞台上挂上了彩带、彩旗、彩色气球。在雪堆的另一侧,几名工人竖起了大约 10 米高的木桩,一辆升降车的平台升到了木桩的顶端,工作人员在上边挂上了靴子、玩具、被罩,这些是爬杆游戏的奖品。此时,人们不断聚集到广场上,雪堆上已是人挤人。孩子们在雪堆上爬上爬下,有的厮打成一团,有的丢雪球、打雪仗。少女们则多是爬到雪堆上和草人合影,不时地被调皮的孩子推下雪堆。

11 点,庆典正式开始,博布罗夫区文化宫两个小丑打扮的主持人登上舞台。她们讲解着谢肉节的风俗,祝人们节日快乐。她们的出场起到了暖场的效果,成功地将人们的目光吸引过来,车厢舞台一下子成为全场瞩目的中心。之后,民间童话传说中的"巫婆亚卡"（баба Яга）走上舞台，在童话中，巫婆亚卡住在蘑菇房子里，骑着扫把出门，虽是反面人物，但她并不让人反感。她在台上插科打诨，调戏主持人，不断与台下观众互动，最后被赶了下去，台上台下一片哄笑。手风琴响起，深受人们喜爱的快板歌开始了，两个身穿传统服装的老太太走上台来，伴着节拍，现场编词，互相调侃，有时也捉弄一下手风琴手，把台下观众逗得前仰后合。之后，"谢肉节丈母娘"登台，向台下观众分发薄饼和糖果。在谢肉节里，"丈母娘"绝对是一个主角，她要用薄饼款待女婿和亲朋好友。在这一天，快乐是主题，女婿和丈母娘也可以打破辈分的束缚，在很多谢肉节歌谣中都有女婿揶揄丈母娘的情节，或者说她薄饼烙得不好吃，或者说她没把好吃的东西都拿出来。随后的表演都是区里各个学校文艺队选送的节目，欢快的舞曲带动着台下的人们一起舞动。

如果说体育场的中心是欢乐的女人的舞台——"巫婆亚卡"、"谢肉节丈母娘"、悠长的民歌、欢快的快板歌和舞蹈；那么体育场的另一端则是充满阳刚之气的男人的世界：

爬高竞技正如火如荼，加油声喊声震天。只见一个小伙子脱光了上身顺着木杆向上爬，只要爬到杆顶就能摘得上边挂着的礼物。木杆有10米高，要爬上去很难，很多人爬到一半便放弃了。只见这个小伙子抱紧木杆，手脚并用，一会儿的功夫就到达顶端，摘下了一双靴子，他高举着奖品像得胜的英雄，场下一片欢呼。也许受到了他的鼓舞，不断地有男人脱光上衣，赤膊上阵。这时，小伙子们的集体游戏开始了，他们将麦秸铺在地上，一群穿着迷彩服的小伙子上场，他们排成一个圆圈，其中一个人抛起铁锁链，让其他人接，接到的人再扔给下一个。铁锁链呼呼挂着风声，接铁锁链需要很大的勇气。但这种扔锁链的游戏只是热身，竞技才刚刚开始。

第一项竞技游戏是骑马打仗。两个人一组，一个人骑到另一个人脖子上，下边的人是"马"，上边的人就是"骑士"。有人很诙谐地抓起一把草送到下边的人的嘴前"喂马"。一般有四组人马，两两捉对厮杀，谁先把"骑士"打落下"马"谁就获胜，获胜的两组再决出冠军。"骑士"和"马"要密切配合，闪转腾挪，一招制胜。第二项竞技游戏是抢帽子，绝对惊险刺激。一个头戴着帽子的人抡着链球进场，铁球和钢链上下翻飞，要靠近他真是不可能完成的任务。有好几个人试图靠近他，但都被逼退回来。这时，有一个勇敢的小伙子快速钻过绳索，敏捷地抢到了帽子，现场一片欢腾。

接下来的游戏都是群体对抗项目。小伙子们分成两队，召唤现场的男人加入自己的队伍，每队要凑齐30人。男人们手搭肩膀，组成人墙。作战之前，每队都在鼓舞士气，喊着号子。游戏开始，两堵人墙越走越近，最后重重地撞在一起，如果哪一队人墙被撞开就算失败。这个游戏需要团队的、坚强的意志力和取胜的欲望。这个游戏还有一个变体，就是单人撞人墙，依靠一个人的力量将人墙撞开。"人墙"喊着号子，慢慢涌动着，等待着对方的冲击。另一队"人墙"解散，队员们排好顺序，一一从50米外开始助跑，轮番撞向人墙，人墙得紧紧地拥在一起，防止被冲过来的单人撞破。这是矛与盾的争斗，考验着个人的勇猛和团队精神。

男人们集体游戏的高潮是最后一个项目：两队"人墙"自然形成了相互对抗的两队，每队派出两个人，一人伏地，另一人站立，

第六章
"俄罗斯心灵"与文化实践

驾在前一人的双腿上,两个人组成了一只翘着尾巴、蓄势待发的"老虎"。哨声想起,两只"老虎"扭做一团,谁能将另外一只"老虎"拖到自己的一方就算获胜。两队杀气腾腾、喊声震天,获胜方的小伙子会被自己的队友英雄般地抛到空中。

男人们的谢肉节竞技游戏还有更为惨烈的拳头赛,在电影《西伯利亚理发师》里就有拳头赛的情节。参与者挥拳相向,往往被打得鼻青脸肿。因为拳头赛太过激烈,对身体伤害太大,现在已经不再举办了。但大多数传统的男人竞技游戏还是传承下来了。这些游戏多是模拟战争场面的,需要男人的勇气、智慧和力量,而这些品质是俄罗斯人评价男人的最重要的标准。俄罗斯男人还保留着尚武的风习,强制兵役制下,每个男人都要参军服役,男人被塑造成祖国保卫者的形象。

中午的时候,天空飘起了雪花,转而变成鹅毛大雪。风雪一点也没驱散人们的狂欢的热情。烤肉摊的生意非常火爆,摊子前的每个小桌周围都站满了人,桌上摆满了各种酒瓶,他们一边烤肉一边豪饮,非常享受。有一个人明显喝醉了,脱掉上衣,拉着手风琴手不放,大喊着:"给我来一曲哥萨克曲子。"欢快的曲子响起,他灵活地扭动着,用手有节奏地拍打着大腿和脚后跟,这是典型的哥萨克舞步。他被酒精燃红的身体升腾着热气,仿佛是一团火在漫天大雪中舞动。周围的人显然已经被他感染,纷纷加入给他伴舞,口哨声、叫好声响成一片。

大约下午两点多钟的时候,谢肉节庆典进入了最高潮。插在雪堆的草人被一把火点燃,"美丽的姑娘"顷刻之间化为灰烬。人们告诉我，点燃草人是为了呼唤春天，把过去的烦恼和忧愁烧掉。人们互道"请您原谅"，分手告别。漫天大雪，看不到春天的影子，40天之后的复活节，才是春暖花开的日子。在斋戒中，人们还有40天的等待。

即使在黑土区，谢肉节也已经失去了农耕文明中祈求丰年的意义，人们热衷于欢庆这个节日，更多是因为它能给人们带来欢愉，是沉重的日常生活的调节器。俄罗斯的传统节庆不是保守的，它也受到现代生活与异域文化的很大影响。谢肉节进一步吸纳了西方的（情人节、卡通）和东方的（中国的生肖）文化要素，在不失传统的前提下，具有开放性和包容性，而这也是当代"俄罗斯心灵"的重要特征。

复活节：世俗生活中的宗教节日

在东正教节庆体系中，复活节是最为重要的节日，对于东正教教徒来说，这是欢庆基督复活的神圣节日。如今，对于广大的普通民众而言，复活节具有更为重要的意义，即在这一天要为逝去的亲人扫墓，一家人相聚。多数东正教教徒都不会去持续几个小时的复活节礼拜，但是他们一定会在这一天去亲人的墓地。很多人都会在复活节这一天赶回故乡，与逝去的和健在的亲人相聚。我是在沃罗涅日市度过2009年的复活节的，我当时住在房东斯维塔阿姨的家里。

为了迎接复活节，斯维塔从一周前就开始准备了。礼拜一的时候，我们去了沃罗涅日西南墓地，那里葬着她的哥哥科里亚，斯维塔要赶在复活节前去给哥哥扫墓，干干净净地迎接复活节。我们

第六章
"俄罗斯心灵"与文化实践

神父在圣化食物
（作者摄）

把墓地草坪上的杂草和松针清理出来，用清水擦洗墓碑，最后斯维塔把从达恰带来的一束郁金香放到哥哥的墓前。从墓地回来的时候，我看到很多从教堂出来的人拿着柳枝。柳条刚刚萌发，给人们带来大自然复苏的讯息，人们将发芽的柳枝带到教堂圣化，据说圣化了的柳条有辟邪的功能。复活节前的礼拜五，斯维塔准备亲手烤制复活节面包"古里奇"（кулич）。在消费主义甚嚣尘上的今天，各式各样的复活节面包、彩蛋以及其他复活节用品已经摆满超市货架，复活节前一两周，有的超市甚至专辟一区售卖复活节用品，而这些专区也是超市里最热闹的地方。但是，斯维塔觉得自己做复活节面包、染鸡蛋更有乐趣，这些能让她想起童年的快乐时光。礼拜五当天，从和面、发酵到烤制，斯维塔整整忙活了一天。礼拜六那天，斯维塔在家染复活节鸡蛋。按照乌克兰老家的做法，斯维塔在煮鸡蛋的时候加了洋葱皮，鸡蛋煮熟以后让它们在洋葱皮水中自然冷却，鸡蛋皮自然就会被染成红色。虽然这种鸡蛋没有超市里五颜六色的复活节彩蛋好看，但是崇尚自然的斯维塔认为没有化学品染料的彩蛋才是正宗的复活节彩蛋。按照传统，礼拜六要带着复活节面包和彩蛋去教堂，那里有神职人员诵念祷词，向食物洒圣水以圣化食物。礼拜六那天大风，斯维塔懒得去教堂，决定复活节当天去。斯维塔不是一个虔诚的东正教教徒，她只是受洗者，她从来很少去教堂，也不遵守教规。但每年复活节这一天她一定会去教堂，因为要去那里圣化食物。她坚信，哥哥的灵魂会在这一天和她相聚，她必须要让他享用圣化食物。当地电视新闻播放了沃罗涅日州最大的教堂门口的盛况，礼拜六晚上到礼拜日凌晨，教堂成了这座城市最热闹的地方，人们络绎不绝地去教堂礼拜、圣化食物。

　　复活节这一天终于来了。一大早，我们拿着装满糖果、饼干、复活节面包、彩蛋和腌肥肉（сало）的篮子去了教堂。今天的教堂冷清了很多，教堂广场上摆的两排专供人们放圣化食物的桌子已经空荡荡的了，但仍可让人想象昨天热闹的景象。一个穿着黑色袍子、外罩皮大衣的神职人员正在为人们带来的食物洒圣水，他旁边跟着一个男孩子，端着银色的盛着圣水的盆。他一边念着祷词，一边快速向食物洒圣水，同时向人的头上洒一点圣水，人们则虔诚地画着十字。轮到我们的时候，斯维塔把装食物的袋子打开，这位神职人员念着祷词，用小刷子蘸了一下圣水，并向食物洒去。之后，斯维塔递给他十个卢布（有的人给的更多），并抓了一些糖果放进了他旁边的献祭箱子里。箱子里都是人们献祭的圣化后的食品，比如复活节的小面包、鸡蛋和糖果等。教堂外，有几个乞讨的老太太，端着圣像，念着"基督复活"，斯维塔也向她们面前的杯子里扔了几枚硬币。

第六章
"俄罗斯心灵"与文化实践

人流熙攘的沃罗涅日西南墓地（作者摄）

墓地的全家聚餐（作者摄）

从教堂回到家，我们要吃一点刚刚圣化了的食物，并庆祝复活节。教徒们相信，在教堂圣化了的食物可以让人身体健康。斯维塔把复活节面包切了几小块，剥了两颗红鸡蛋，还切了几块腌肥肉，从来不喝酒的斯维塔也倒上了两杯白兰地。我们碰杯，按照复活节的习俗，斯维塔的祝酒词是"基督复活"，而我回答"真的复活了"，这一问一答是复活节人们见面时最为常用的问候语。斯维塔亲手烤的复活节面包不太成功，味道不是很好，又放了两天，已经变硬了。复活节面包被切开后，里边有一个洞，这是酵母发酵以后在烤制过程中形成的，斯维塔说耶稣就在这个洞里，洞越大越好。由于腌制时间较短，腌肥肉还有肉腥味。斯维塔说，用乌克兰猪肉做的腌肉才会更美味。即使这样，斯维塔把一整块腌肉都吃了，对她来说，这是家乡的味道。在复活节这一天，人们会特别思念故去的亲人，思念离别已久的家乡。

中午时分，我们去墓地。去沃罗涅日市西南墓园的公交车今天特别拥挤，下车以后更是人头攒动，等车回城的人已经排了长长一队。私家车也有很多，停在路边长长一溜，交警特地来指挥交通，让道路保持通畅。走进墓园，我发现它没有了以往肃穆的气氛。人们成群结队地进进出出，几乎是全家人都来扫墓，大家兴致勃勃，仿佛是在春天出来踏青。街头艺人今天从市中心的广场转战到墓地门口，他们有的拉小提琴，有的吹长号，他们前边的琴匣里装满了彩色鸡蛋和糖果。安魂教堂的钟声不停地奏响，召唤逝者的灵魂回来与亲人相聚。钟声节奏明快，恰似人们盼望亲人相见的脚步。墓园里几乎每家的墓地都用铁栅栏围了起来，被围起来的空间如同一个小院，小院里还设有桌子和椅子。在复活节这一天，人们都要带

第六章
"俄罗斯心灵"与文化实践

着在教堂圣化过的食物来墓地与逝去的亲人共享。复活节去墓地是与在世的及死去的亲人的相聚。人们要在墓碑前放上复活节面包、鸡蛋和糖果,或者根据死者生前的嗜好,放上一杯茶或者一杯酒。全家人围在桌子旁吃着东西,喝酒聊天,仿佛是在和逝去的亲人聚餐。如果是比较大的家族,亲戚比较多,复活节和墓地就成了能凝聚全家人的时间和空间,无论相隔多远,在复活节这一天,家族成员都要赶回来为亲人扫墓。一家人在墓前聚会,缅怀逝去的亲人,但并无哀伤的气氛,有的家庭甚至扰起篝火烤肉,相互开着玩笑,又跑又跳的孩子们穿梭在墓地之间。

斯维塔哥哥科里亚的墓很小,没有栅栏,也没有桌子,只有一个长条凳。斯维塔来到墓前,亲吻了哥哥的遗像,向哥哥说"耶稣复活"。她清理了一下这两天大风刮下来的树枝,把在教堂拿回来的食品放在哥哥的墓前。然后我们静静地坐在了长椅上。这里环境很好,很安静,墓地在一片松林之中,能听见鸟鸣。斯维塔说天气暖和的时候,她会在这里陪着哥哥坐很久。斯维塔年轻的时候就和哥哥科里亚从乌克兰农村来到沃罗涅日市,科里亚后来得了重病,几年之后去世了,葬在了沃罗涅日。斯维塔无力在复活节的时候回到乌克兰为父母扫墓,她只能坐在哥哥的墓前,和相依为命的哥哥一起思念故乡,思念亲人。

东正教节日在当代复兴的最大的意义不在于其宗教性。在复活节这一天,尽管每个人都在说"基督复活",但除了虔诚的教徒之外,人们并没有把复活节的意义定位在此。复活节具有的象征意义,让人们期待亲人灵魂的"复活",期待着与亲人的相聚。复活节不再具有浓重的宗教节日的色彩，它已经成为调节人与自然、人与人、人与社会之间关系的重要时间节点。

机缘巧合，当我2016年重返沃罗涅日市的时候，恰逢复活节，只是这次我与斯维塔阴阳两隔。斯维塔2015年因突发脑溢血去世，斯维塔的"中国儿子"洪哥为她料理了后事。虽然斯维塔不是虔诚的东正教徒，但是她的葬礼一定要按照东正教礼仪来操办，否则，人们会认为她的灵魂得不到安息，她便不能被葬在公墓里。洪哥不懂东正教葬礼仪式，他请斯维塔的好朋友薇拉帮忙，委托一个葬仪公司来操办。从遗体美容、选棺材和墓地到下葬仪式都是葬仪公司全权负责。斯维塔去世后的安魂仪式（最为重要的是去世40天的安魂仪式）都是薇拉领着洪哥去教堂完成的。2016年，我恰好在俄罗斯访学，我和洪哥决定复活节的时候回沃罗涅日市为斯维塔扫墓。对6年前跟随斯维塔扫墓的情景我记忆犹新，我从市场上买来复活节面包和彩蛋，拿到宿舍附近的教堂圣化，再带着圣化了的食物，从我所在的顿河罗斯托夫去往沃罗涅日市。我和洪哥在沃罗涅日市见面后就赶往墓地，斯维塔安葬在市郊的白桦树墓地。来到斯维塔的墓前，我们十分伤感。我把复活节面包和彩蛋放到她墓前，学着她当年教我的复活节问候语对她说"基督复活"，但是我听不到她的回答了。按照东正教的风俗，逝者去世一年以后要为其立墓上碑。洪哥在墓碑店为斯维塔定了一块石碑，石碑上印了斯维塔的遗像，刻着她的生卒年代，我们还用中文和俄文写下了这样一句墓志铭："亲爱的妈妈，我们永远和你在一起。"

在从沃罗涅日回来的火车上，我陷入了深深的思考。斯维塔不是虔诚的东正教徒，而我和洪哥来自遥远的东方国度，我们的文化与东正教文化相去甚远。但是，斯维塔的葬礼以及此后的一切仪式一定要按照东正教的风俗习惯来操办。作为社会成员，一个人从生到死必须要遵守约定俗成的社会制度，这种制度在民众中间具有强大的规范力和约束力。如果谁违反这个制度，他就会受到来自社会的、宗教的、心理的种种压力。在黑土区的文化空间中，这种社会制度是自古沿袭而来的，以东正教文化为核心的。准确地说，当代俄罗斯社会的宗教复兴是宗教文化的复兴。在黑土区城乡，虔诚的教徒并没有占据人口的多数，但是绝大多数人都会遵守受东正教文化影响的历代延续的风俗习惯。虽然历经社会变迁，东正教的某些宗教要素可能发生了变化，但其文化精神和价值仍在延续，它对社会制度中的约束作用仍在延续，这也就是"俄罗斯心灵"在社会变迁历程中延续与转化的要义。

二、民族国家的日历：传统的发明

在当代俄罗斯民族国家的日历中，主要有以下节日：新年（Новый год，1月1日）、祖国保卫者日（День защитника Отечества，2月23日）、国际妇女节（Международный женский день，3月8日）、春天和劳动节（Праздник весны и труда，5月1日），胜利日（День Победы，5月9日），俄罗斯日（День России，6月12日），民族团结日（День народного единства，11月4日）。这些节日构成了当代俄罗斯的法定假日体系。

现在实行的民族国家日历是新生的俄罗斯国家确立的时间秩序。为了与苏维埃时代相区隔，苏联解体以后的俄罗斯将旧有的苏维埃节日排除在当代的节庆体系之外，有些节日虽然被保留下来，但其意义与价值也发生了转变。这和苏维埃政权确立之初废止传统东正教日历的做法是相似的，是新秩序的表征。新秩序的创造和发明不是凭空产生的，为使其具有合法性和号召力，往往要借助于传统文化的资源，比如传统的节日及其纪念仪式，"具有一种仪式或象征特性，试图通过重复来灌输一定的价值和行为规范，而且必然暗含与过去的连续性。它们通常试图与某一适当的具有重大历史意义的过去建立连续性……它们采取参照旧形势的方式来回应新形势，或是通过近乎强制的重复来建立它们自己的过去"[1]。"在社会迅速转型的过程中，传统的发明会出现得尤为频繁，以期适应新的社会模式。"[2] 在借助传统资源的同时，国家通过新节日的设立和新的纪念仪式的发明，要彰显新的价值和理念。时间秩序在传统和创新之间的变迁正是文化实践的过程。

祖国保卫者日：爱国主义的教育

祖国保卫者日（2月23日）源自1918年红军战胜德意志帝国的胜利日，在苏维埃时期为"红军建军节"，苏联解体后改为"俄罗斯士兵光荣日"（день воинской славы России），2006年，这个节日被改称为"祖国保卫者日"。[3] 从建军节到祖国保卫者日，节日的主体范围扩大了，这不再只是职业军人的节日，而是所有祖国保卫者的节日，成为全国性的法定假日。在俄罗斯的强制兵役制下，每一个身体健康的男人都要去当兵，这是男人要履行的保家卫国的义务。所以，这一天俗称"男人

---

[1] E. 霍布斯鲍姆、T. 兰格：《传统的发明》，顾杭、庞冠群译，译林出版社，2004年，第2页。

[2] E. 霍布斯鲍姆、T. 兰格：《传统的发明》，第5页。

[3] 在十月革命以前，军人的节日是5月6日，是圣格里高利日（День святого Георгия Победоносца），这是圣徒格里高利（Георгий Победоносец）的诞辰日，他被视作士兵的庇护者。

第六章
"俄罗斯心灵"与文化实践

节"。俄罗斯人认为保家卫国是男人的职责,男人受到尊重也是因为他们是这个国家的保卫者。"男人节"与相隔不远的"女人节"(3月8日)相呼应,所有的男人在这一天都会收到人们的祝福,而所有的女人都会为儿子、丈夫、父亲以及相熟的男士准备礼物。这一天,商店里的酒卖得格外好。

在祖国保卫者日前后,政府机关、学校和文化事业部门都会举办各种活动来纪念这个节日,这些纪念活动所宣扬的核心价值就是爱国主义。

2010年祖国保卫者日,塞村学校想通过节庆活动进行爱国主义教育并动员适龄青年当兵入伍,在2月23日这一天,塞村学校举办了"男生节"晚会。

晚会的主要部分是在九年级和十年级男生之间展开的竞赛。乡村中学的学生人数比较少,十年级共有五个男生,而九年级只有四个男生,但这丝毫不影响比赛的激烈程度。全校师生都聚在礼堂观看两个班级男生之间的较量,穿着时尚、精心打扮的九年级和十年级的女生们充当自己班级的啦啦队,竞赛的场面非常热烈。竞赛开始的项目是考验男孩子们的合作精神,每年级出两个人,他们必须单腿站立,相互配合完成穿针引线、点蜡烛、剪纸、系鞋带等环节。两个人在重心不稳的情况下必须密切配合,相互扶持。九年级的男生们更有团队合作的精神,在这轮比赛中获胜。还有些项目是比力量的,比如拔河、掰手腕儿比赛。十年级的男生年长一些,力气显然更大一些,他们在拔河和掰手腕比赛中轻松获胜。

九、十年级的男孩子将面临毕业参军,在学校里,他们已经开

"俄罗斯心灵"的历程
——俄罗斯黑土区社会生活的民族志

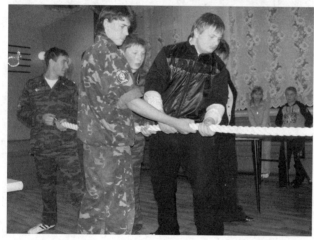

比赛中的小伙子们
（作者摄）

始接受基础的军事训练，祖国保卫者日晚会的主题当然与参军卫国等主题密切相连。男生竞赛中最为瞩目的比赛项目就是军事技术的考核——拆枪和装枪。劳动实践课的老师谢尔盖·安德烈耶维奇为台上参加比赛的两个男生每人准备了一把冲锋枪，要求参赛者快速地拆枪和装枪，

第六章
"俄罗斯心灵"与文化实践

用时最少者获胜。十年级派出的选手是胖胖的伊利亚，显然他对这只冲锋枪了如指掌，比赛开始后，他拆装动作十分娴熟，率先完成了比赛。伊利亚像一个得胜的勇士，举起冲锋枪，台下"伊—利—亚"[1]的欢呼声和尖叫声此起彼伏。

竞赛结束以后，文艺表演开始了。男孩子们穿着迷彩服肩并肩地唱着令人振奋的爱国歌曲。十年级的女生们上台表演，她们衣着华丽，跳起性感的舞蹈。舞蹈中间，一位女生读着她给军营里的男友的一封信，信中表达了对他的思念，也为他保卫祖国感到骄傲，期待着他从军营归来。男生们还表演了时下最为流行的电视脱口秀，这种脱口秀一般会由两三个人一起表演，用很简单的道具，不时地变换场景来讲笑话。今天男生们的脱口秀表演的是一个男生在参军体检时装病最后被发现的笑话。逃避兵役在这些血气方刚的男孩子们看来是懦夫的行为。

塞村学校的节日庆典潜移默化地灌输给学生积极参军、保家卫国的意识，也体现了学校爱国主义教育方针。祖国保卫者日这一天也是纪念卫国牺牲烈士的日子，人们在博布罗夫城的烈士纪念碑前举行了献花仪式，这一仪式象征着为祖国牺牲奉献的精神世代传承。

博布罗夫市中心公园旁有一个烈士纪念碑，这是为纪念在卫国战争中牺牲的博布罗夫籍烈士而建的，他们的名字被刻在了两旁的大理石墙上。祖国保卫者日这一天人们会在这座烈士纪念碑前举

---

[1] 伊利亚也是《勇士歌》里一位著名英雄的名字。

"俄罗斯心灵"的历程
——俄罗斯黑土区社会生活的民族志

献"圣土"仪式
（作者摄）

献花圈仪式
（作者摄）

行集会，祭奠烈士。中午12点的时候，广场的广播里就开始播放着苏联时代曲调雄浑、激昂的军歌。渐渐地，人们捧着用枞树枝装饰的花圈向纪念碑前的丁字路口汇集。一群穿着军装的学生在烈士墓前排成了一

第六章
"俄罗斯心灵"与文化实践

列,他们的肩上斜披着"战士-光荣"的锦带。随后,一列持枪的士兵走到了纪念碑前,其中的四个战士迈着正步站到了纪念碑的四个角上。

下午2点整,仪式正式开始。博布罗夫区的领导在纪念碑前站成一排,有区长、警察局长和当地驻军的首长,此外教堂的神父和一位老战士代表也和他们站在一起。在致辞环节,区长深情地讲道:"俄罗斯军队永远都保护俄罗斯的土地,不仅是土地,还有生活在这片土地上的人民。"区长讲话后,便开始了别具一格的献土仪式。一位学生捧着一个盒子走到了老战士面前,将盒子举到老战士的眼前。主持人介绍,盒子里装的是二战中列宁格勒保卫战留下的焦土。这位老战士单膝跪地,郑重地接过盒子并深情地亲吻了一下。他走到话筒前,显然有些激动,声音提高了八度:"这不是普通的泥土,而是俄罗斯大地上的鲜活生命,让我们永远不忘那些为祖国付出鲜血和生命的人们。"之后他把盒子举过头顶,交给一位当地官员,这位官员也是单膝跪地接过盒子,他表示要把这盒来自列宁格勒保卫战的焦土安放到博布罗夫区的地方志博物馆,让人们世代铭记。

献土仪式结束后,全体默哀,军人三次鸣枪,全城响起了警报声,一下子把人们带回到了那个战火纷飞的年代。全场响起了哀乐,女主持人用哀伤的语调吟诵着祭辞:"我们每一个俄罗斯人的家庭,在战争年代都有亲人在战争中付出了生命……"我看到有人在哀乐中擦拭着泪水。紧接着,向纪念碑献花仪式开始了,站在纪念碑前的学生们抬了一株松柏放到墓前,博布罗夫市每个机关单位都派代表组成一个方队向烈士纪念碑献上花圈,人们随后在烈士墓

355

前鞠躬。仪式结束的时候烈士纪念碑前已经堆满了花圈。

民族－国家节庆中"仪式的发明"并不是凭空捏造的，往往遵循着这个国家特有的文化逻辑。祖国保卫者日举行的一系列仪式让我不由得想起了教堂中的礼拜仪式，比如上述的献土仪式就与东正教礼拜时神父向人们展示圣物的仪式极其相似。在仪式中，被展示的小盒子里无论装的是耶稣罹难时血衣的一块残片，还是列宁格勒保卫战后的一捧焦土，它们都在仪式中被圣化，具有了神圣的力量。人们在这些仪式中会变得更加虔诚，他们的虔诚在教堂礼拜仪式中指向上帝，在献土仪式中则指向祖国。

祖国保卫者日是从苏联时代的红军建军节延续而来的，苏联已经解体，很多具有苏维埃色彩的节日都被取消，但像祖国保卫者日、胜利日（5月9日）这些具有爱国主义意义的节日仍然被保留下来，特别是胜利日，在今天的俄罗斯它仍是盛大的节日，卫国战争胜利的荣光还能激起人们的自豪感，共赴国难、为国牺牲的精神仍能凝聚民众。阅兵[1]、向烈士墓献花、集会游行已经成为胜利日的庆祝传统。近年来，"不朽的军团"游行成为胜利日的新传统，人们举着自己参加过卫国战争的亲人的照片集会游行，这象征着卫国战争的荣光、牺牲和爱国精神世代传承。

在爱国主义的旗帜下，虽历经政治和社会制度变迁，能激发民众爱国热情、荣誉感、有感召力和号召力的节日仍被保留下来，成为苏维埃时代留给当代的文化遗产。

---

[1] 在俄罗斯每个战争英雄城市和光荣城市都要举行阅兵，最为著名的是莫斯科红场阅兵。

第六章
"俄罗斯心灵"与文化实践

五月一日：无法淡化的政治性

五一国际劳动节是国际共产主义运动的产物。在苏联时代，它是社会主义劳动者们的节日，苏维埃政权每到这一天都要组织盛大的群众游行与集会，向全世界展现社会主义制度下劳动者的精神风貌，展现社会主义的优越性。苏联解体以后，官方竭力淡化这个节日的意识形态色彩，在1997年将其更名为"劳动和春天的节日"（Праздник весны и труда），但这一天仍被官方列为法定假日。虽然更名，但是这个日子有着特殊的历史记忆，游行与集会的传统仍然在延续。劳动者在集会上争取自己的权益、反对不公正待遇。各种政治势力利用这个集会在民众中间宣扬该政党的政策和理念，扩大自身的影响力。官方将游行与集会视为展现俄罗斯民主政治的一个舞台，向全世界展示作为民主国家的俄罗斯具有游行与集会的自由与言论的自由。一方面，五月一日的活动体现了当代俄罗斯对于"民主""自由""公民社会"等价值的诉求。另一方面，让反对派、持不同政见者、普通民众在游行与集会中发声，这是缓解社会压力的"安全阀"和"出气筒"。5月1日这天的节日虽然被改换了名字，但其政治性无法淡化和改变。

2008年5月1日这一天，执政党统一俄罗斯党、最大的在野党俄罗斯共产党等分别在莫斯科举行了盛大的游行与集会。我参加了俄罗斯共产党组织的左翼政党游行，游行队伍从十月广场跨过莫斯科河，经过克林姆林宫、国家杜马等国家中枢机构，一直行进到剧院广场的马克思像前，并在这里举行了盛大的集会。

> 我们到达十月广场已经是上午10点左右，要通过严格的安检

"俄罗斯心灵"的历程
——俄罗斯黑土区社会生活的民族志

五一游行队伍
（作者摄）

才能进入广场。广场已经聚集了不少人，游行队伍已经在广场旁的街道上渐次排开，远远望去，排在前方的是一片红色的旗帜，高音喇叭不断地播放着激昂的爱国歌曲和抑扬顿挫的朗诵。

十月广场的中心是列宁雕像，这个雕像并没有在苏联解体后被推倒，现在这个雕像连同这个广场的名字让人不禁想起十月革命和社会主义时代。俄罗斯共产党（以下简称俄共）把游行的起点选择在这里，别具深意。在列宁塑像下，有一个人正打着一面红色的旗帜，旗子上有"АКМ"[1]的标志，其中字母"K"被设计成苏联著名的步枪AK-47的形状，旗帜上还绘有镰刀斧头的党徽。举旗的人摇动着红旗，已经有三三两两的人举着绘有相似图案的红旗向

---

[1] Авангард красной молодёжи 的缩写，可译为"红色青年先锋队"。

第六章
"俄罗斯心灵"与文化实践

他聚拢过来。而离我们最近的一个方队则都打着黑旗，旗上带有党徽，我发现这一个方队都是清一色的年轻人，和以往俄共以中老年为主力军的情况有所不同。后来我们向周围的人询问才知道，原来这是一个极端民族主义的组织，名称是"民族布尔什维克党"（НБП，Национал-большевистская партия）。这个组织主要以年轻人为主，宣扬民族主义和纳粹主义，敌视外族人和外国人，也反对现任的政府，是一个非常激进的组织。他们的口号以热爱祖国为主，他们打出的横幅上是写着"废除继承制"的标语，这显然将矛头指向了普京和梅德韦杰夫。后来在莫斯科河的桥墩下，我看到很多这个组织的涂鸦，最为鲜明的口号就是"我们需要一个不一样的俄罗斯"。同样由年轻人组成的红色青年先锋队集合完毕后加入了民族布尔什维克党的方队，黑色的旗子中间有了一点红色。年轻人的方队和前边俄共以中老年为主的方队刻意地保持了一段距离，这两个由不同年龄层组成的团体虽然都以"布尔什维克"命名，但却有着不同的政治诉求。

再往前行，就是俄共的游行队伍了，与黑色肃穆的民族布尔什维克党方队不同，俄共的方队是一片红色的海洋，可能对于中国人，这种色彩更加熟悉和亲切。小乐队正在演奏欢快的乐曲，这个严肃的政治活动此时仿佛变成一次老人们的康乐活动或者春游。俄共一共有7个方队，是由来自不同地区的支部组织的，每个方队的最前方都有横幅，横幅上醒目地写着此次游行的标语。我现在将4个有代表性的横幅标语抄录如下："进行全民公决！""和平！五月！劳动！社会主义！""劳动者团结的力量！""用马克思－恩格斯－列宁－斯大林思想武装起来的苏维埃人民无往不胜！"这些标语更

"俄罗斯心灵"的历程
——俄罗斯黑土区社会生活的民族志

多地带有共产主义、社会主义意识形态色彩，与国际劳动节相联系，呼吁社会主义革命的基础——劳动者团结起来。在一个方队前面扯着横幅的是一排年轻人，他们每个人都穿着印有"КПРФ"（俄罗斯共产党的俄语缩写）字样的马甲。我注意到还有一个方队的前排也是一群年轻人，而且多是俄罗斯时尚少女，他们拿着鲜花，戴着红色小帽，系着红领巾，穿着短裙，簇拥在俄共主席久加诺夫和其他俄共领导人周围。除了第一排的年轻人，游行队伍中的大部分人都是中老年人，他们打着印有俄共或者苏联标志的旗子，举着列宁、斯大林的画像。他们显然对那个辉煌年代无比怀念，他们也是俄共的主要支持者。

还有一部分人显然没有表明自己的政治倾向，他们举着写着标语的牌子，标语发泄着对自己生活状态和现任政府的不满，主要有以下几种类型：反对物价上涨的——"恢复社会福利！""停止住房公共支出费用的上涨！""总统应该为物价上涨负责"；抨击社会乱象的——"腐败、衰退、绝望、失业、酗酒、吸毒、虐童、卖淫，这就是总统为我们朗诵的田园诗，给我们描绘的繁荣的景象！""肮脏的力量，反基督的阴影，魔鬼的香炉，暗箱操作的选票"；对目前社会上两极分化、分配不均的不满——"难道你想用自己的血汗来为富人买单？""普京给杜马写信说了这样的故事：我们的保险柜里没有钱，都被百万富翁给拿去了，请退休的群众再忍耐一下"；批评现任政府的——"从苏联共产党和共青团出来的老鼠们已经变成了熊！""没有温暖，没有光明，没有食物——这就是普京时代的繁荣！""苏联的愚蠢和背叛的流行病让伟大的国家四分五裂，没有什么可以管束你们"。纵观这些标语，多是反映民生问题的，普京

第六章
"俄罗斯心灵"与文化实践

执政时期俄罗斯经济的复苏获得国内外媒体的一致好评，但是对此国内也有批评的声音，即认为这一复苏是借了国际油价上涨的东风，俄罗斯经济的增长有百分之六十都是靠出卖自然资源而取得的，这明显不是一个可持续的健康的发展模式，这已经让俄罗斯各界开始对此深感忧虑了。同时，如今的物价飞涨已经让民众感到不满，日益上涨的物价和分配不均显然不能让民众满意。因缺乏有效的监督，政府官员的腐败和效率低下也让民众不可容忍。游行队伍中的标语也有对俄罗斯的民主的抨击，比如游行队伍中打出了"废除继承制"的标语。也有很多人对"梅普组合"有非议。

在游行队伍的中部，有一台宣传卡车，上边插满了红旗，高音喇叭不时播放着革命歌曲和演讲。我们靠近宣传车时，一个中年人正在激昂地朗诵着赞美斯大林的诗歌。就在这时，出现了一个小小的意外，两辆载有大批警察的警车向游行队伍开来，要求过路。这时队尾让开了，但到了中间有几个老人就是不动，不让警车通过。人们仿佛受到了召唤，开始向警车周围聚集，让警车无法前行。警车刺耳的喇叭声让队伍中的老人更加不满，队伍中开始有老人激动地向警车喊话："难道俄罗斯的道路少么，为什么偏偏走这一条？"人们的情绪被煽动起来，大家的情绪越来越激动。我仿佛看到了《乌合之众》里描绘的景象，刚才仿佛还在进行康乐活动的老人们如今心底尘封已久的革命热情被彻底地唤起，他们比划着《列宁在十月》中列宁演讲时标准的手势，激愤地向警车里的警察怒吼着，几近歇斯底里。人们越来越靠近警车，大家甚至想动手用人力将警车给推回去，有的人开始向警车上贴斯大林头像。这时游行车上有人开始解围，向警察喊话，请警察绕道前行，不要冲散游行队伍。

"俄罗斯心灵"的历程
——俄罗斯黑土区社会生活的民族志

游行队伍经过莫斯科河
（作者摄）

警察也不想把事态闹大，退出了游行队伍。此时，队伍中爆发出一阵阵欢呼声，仿佛在庆祝着自己的胜利，队伍中有的老人甚至手舞足蹈起来。

在游行中间，很多人向人们分发苏联国旗及报纸《红五月》。如今，俄共掌握的媒体有限，以致它的影响力越来越小。从游行返回学校以后，我想在俄罗斯几个比较著名的报纸网站，如《消息报》《独立报》等，搜罗一些关于这次游行的新闻，但一无所获，最后只在俄共的网站上发现了一篇久加诺夫在这次集会上的讲话，仅此而已。

在游行队伍的最前方，有三个老人穿着陆、海、空军的军装，举着苏联国旗走在队伍的前列，他们身后是军乐队。他们大概还在模仿当年苏联时代阅兵的盛况，但这些人都已经垂垂老矣。而在几

第六章
"俄罗斯心灵"与文化实践

个老人的前面是一排警察在前边开路。我们走在队伍里，不时地有人和我们搭话，知道我们从中国来的以后，他们纷纷与我们握手，亲切地称我们"中国同志"，我们彼此间的距离一下子就被拉近了许多。

此次游行的终点是剧院广场，进入剧院广场还要经过一道安检门。剧院广场的马克思像旁已经搭建好了一个舞台，舞台的上方写着"你好，五月一日"，两侧是俄共的标志。广场周围的摊位卖各种苏维埃时期的勋章、领袖雕塑、纪念品和书籍。游行队伍陆续抵达，人越聚越多，广场上站满了人。

此时，台上已经有人在朗诵歌颂斯大林和苏联时代的诗歌。指挥车指挥大家按秩序排好。大概11点半的时候，一群姑娘簇拥着俄共主席久加诺夫走上台，一下子吸引了所有人的目光，随后俄共的一些重量级人物一一登上舞台，庆典仪式开始了。主持人先祝各位同志节日快乐，

俄共主席久加诺夫讲话（来源：俄共网站）

"俄罗斯心灵"的历程
——俄罗斯黑土区社会生活的民族志

我注意到他提到的 5 月 1 日仍是"国际劳动节",而不是 1997 年后改过的名字。仪式的第一项是奏苏联国歌(与现在的俄罗斯国歌曲调一样,只是歌词不一样),老人们肃穆地聆听着激扬的乐曲,每个人都像一尊塑像。之后,俄共的领导人,如俄共莫斯科市委第一书记、俄共青年组织负责人、俄共的国家杜马议员,陆续上台讲话。他们讲话的内容大同小异,无外乎祝贺人们节日快乐,称颂苏联这个伟大的国家。他们一般会在讲话讲到最后一句话时提高分贝,让大家随声附和,以创造一种热烈的氛围,随即"万岁"(Ypa)、"苏联"(CCCP)等口号响彻全场。如果某个人讲话语调平和没有激情,最后只有台上的小姑娘们助其喊口号了。为了鼓动气氛,一位俄罗斯功勋演员一口气演唱了三首激昂的革命歌曲,现场很多人跟着哼唱起来。在群情激昂的气氛下,俄共总书记久加诺夫登台演讲,他抨击普京政府的各种弊端,揭露各种社会问题与乱象,特别是很多人丢失了工作,失去了劳动的机会,他号召人们团结起来,让现任政府对这些问题负责。

庆典仪式的最后一项是新党员的入党仪式,新党员代表是三个小伙子,也许俄共正是想以此表明俄共可以吸引年轻人,俄共生生不息。久加诺夫亲自为他们颁发了党员证。与中国共产党的入党仪式不同,他们并没有朗读入党誓词,宣誓"为共产主义奋斗终身",而是在领取了党员证后发表了入党感言。第一个小伙子说他是一个做纪念碑的工匠,他在为列宁修复纪念碑的时候感受到了他的伟大,所以想加入他创建的共产党。这个入党理由与很多人皈依宗教的理由很相似,很多东正教教徒都告诉我,他们在神像面前突然感受到了神的存在和伟大,他们认为这是一种神迹。而第二个和第三

第六章
"俄罗斯心灵"与文化实践

个小伙子讲得比较实在,他们当了两年兵回家以后,没有工作也不能进入大学,更找不到工作,他们成了"无产者",无产者就要加入无产者的政党。他们说,苏联时代教育都是免费的,人人都有工作,所以他们想回到过去的时代。为民众争取劳动权一直是俄共竞选纲领的重要内容,并以此来吸引广大选民。

12点半左右,这次游行集会结束了。有人在路边逛着售卖苏联时期图书、奖章和纪念品的摊位,大部分人纷纷走出剧院广场,奔向地铁。

当天,游行队伍经过的道路全程戒严,路两旁莫斯科警察和军队三步一岗、五步一哨,戒备森严。这是莫斯科市政府正式批准的游行集会,游行集会的时间、地点、线路事先要确定好,并告知相关部门。据目测,这次游行集会有上万人参加。各大媒体对俄共组织的游行纷纷报以缄默。无论如何,在五月一日这个时间点,政府允许一个反对党有一个空间举行如此大型的游行,不同的政治势力和普通民众可以对现行的政策和制度提出抗议和表达不满,这不能不说是一个进步。也许正像游行中的少有的持乐观态度的标语写的那样:"快了,快了,曙光就要来临!"

民族团结日:新节日的发明

11月初是一个有趣的时间节点,先后有三个节日在此交汇。在东正教日历中,11月4日是一个重要的日子——喀山圣母圣像日;在苏维埃时期,11月7日是一年中最为盛大的节日——十月革命节;如今,在民族国家日历中十月革命节被取消,官方将11月4日定为一年中最后一个法定假日——民族团结日,这是一个被发明的新节日。上述几个节

"俄罗斯心灵"的历程
——俄罗斯黑土区社会生活的民族志

日之间或有着紧密的联系，或有着微妙的关系。新节日的发明是在传统中生发，同时又指向现实，象征着当下社会关系的调整。

作为喀山圣母圣像日，11月4日是东正教日历中重要的日子。喀山圣母圣像是俄罗斯东正教极具传奇色彩的圣像，在诸多圣像中的地位也非常显赫。相传，喀山圣母圣像是1579年在喀山的一次特大火灾后被发现的。一名沙皇禁卫军士兵的女儿玛特罗娜在梦中受到了圣母的启示，最终在自家失火房子的废墟里找到了一尊圣母像。据说，当时它裹在旧呢子的套子里，发着光，没有一点瑕疵，好像刚画好一样。很快这幅圣像被拿到喀山报喜大教堂，圣像被送达教堂后，即时就有一件神奇的事情发生，已经失明三年的约瑟夫重见光明了。后来，特别多的饱受眼疾折磨的人来到教堂并都得到了治愈。16世纪末17世纪初，莫斯科公国被波兰侵略军占领，俄罗斯进入了动荡的年代。农民领袖米宁和贵族波扎尔斯基率领义军举着喀山圣母圣像攻入莫斯科城。据说，为了提高士气，最后进攻莫斯科城的时候，将士们进行了三天的斋戒，在喀山圣母圣像前进行了盛大的虔诚的祈祷，终于在1612年10月22日（公历11月1日）这一天，义军攻入了莫斯科的门户中国城（Китай-город）。为纪念这次胜利，心存感激的莫斯科人在红场上修建了喀山大教堂。1613年，罗曼诺夫王朝第一位沙皇米哈伊尔登上皇位，喀山圣母圣像成为皇家圣像。1649年，为纪念儿子德米特里的出生，沙皇阿列克谢将俄历10月22日[1]定为全俄罗斯的喀山圣母圣像日。在民间，人们认为向喀山圣母圣像祈祷可以治疗眼疾。同时，喀山圣母圣像与俄罗斯历

---

[1] 喀山圣母圣像节（纪念1612年挽救莫斯科和俄罗斯于波兰入侵者），按照尤里历，这一天被定为10月22日。由于在过去的几个世纪，格里高利历和尤里历的差别增大，在当代，喀山圣母圣像日这一天被改为公历11月4日（在22世纪时将被改为11月5日）。

史上的伟大战争相关，它有着护佑俄罗斯的神奇力量。[1] 在首都和俄罗斯所有的圣地，宗教游行上都会有喀山圣母圣像，喀山圣母圣像日成为全国性的宗教节日。在喀山圣母圣像日举行庆祝活动的传统延续了几百年，一直到十月革命前。

11月7日的十月革命节是苏维埃时代为纪念十月革命胜利而设的节日，十月革命的胜利是苏维埃政权确立的标志，十月革命节取代了耶稣诞生的圣诞节[2]，被视为人类历史的新纪元。翻看苏维埃时代的节日贺卡，十月革命节、新年和胜利日的节日卡片是最多的，人们习惯于在十月革命节互致问候。十月革命节贺卡上印着十月革命的象征——阿芙乐尔号巡洋舰，人们相信，这艘巡洋舰乘风破浪带领苏联人民走进新时代，而贺卡上的祝福语无不体现了生活在新时代的优越感和对伟大国家的敬意。1967年的十月革命节是十月革命50周年纪念日，塞村举行了隆重的集会纪念这个节日。《"纪念基洛夫"集体农庄史》上是这么记录这一天的：

> 11月6日晚，在塞村俱乐部举行了盛大集会，塞村的集体农庄庄员们带着极大的热情参加了这个庆祝苏维埃政权成立50周年

---

[1] 喀山圣母圣像和历史上的很多重大历史事件都有联系。圣母被称为"伟大的守护者"，在危难之际总是显身保护俄罗斯的土地。在1612年的义军中圣母显现，按照教士菲拉杰里夫（Филадельф）的描述，她"用胜利的旗帜为我们导航"。在拿破仑入侵的1812年，库图佐夫（Кутузов）元帅总是随身携带着喀山圣母像。据传说，神奇的喀山圣母圣像在日俄战争之前被偷走，俄军在日俄战争中大败而归。在卫国战争最为胶着的时期，苏军把喀山圣母像带上飞机上，在莫斯科、列宁格勒上空盘旋，人们向着圣像祈祷，在喀山圣母圣像的护佑下，卫国战争取得了胜利。如今，喀山圣母圣像被保存在圣彼得堡喀山大教堂里，每日都有信徒排长队亲吻喀山圣母圣像，以期获得圣母的护佑。

[2] 圣诞节那天被改为共青团诞生节。

的活动。集体农庄主席季玛硕娃做了报告，集体农庄表彰了优秀的庄员，他们从集体农庄领导和党组织领导那里领取了奖状和纪念品。我们的未来——塞村学校的少先队员们向与会的代表致敬。最后，俱乐部里上演了自编自演的大型文艺演出，集体农庄庄员和知识界代表参与其中。

11月7日早上，艳阳高照，村庄宁静而又温暖，由集体农庄庄员组成的几百人的穿着节日盛装的游行队伍聚集到村广场的烈士纪念碑前，这种盛大的场面在塞村历史上是从未有过的。这是人民团结一致的节日，节日的游行表现出对列宁的党的无限忠诚。每个参加者都感受到了巨大的喜悦，为自己的国家、为自己的村庄、为自己的集体农庄、为自己个人感到无比骄傲和自豪，因为每个人都为苏维埃社会主义建设的胜利贡献了自己的一份力量。

很多参加过这场游行的人对此记忆犹新，因为这是集体农庄最为辉煌的时刻。塞村博物馆存放的老照片记录了这次游行的盛况：以集体农庄建的成排新房为背景，游行队伍一字排开，先导方队举着"1966年，总产值为2042100卢布"[1]的标语。紧随的方队打着旗子，举着"伟大的十月革命"的标语。人们手拿气球，高举列宁像在教堂广场前集会。看到这些资料和图片，我总有一种似曾相识的感觉，并将这种纪念社会主义伟大节日的场景和东正教节日的游行联系在一起：只是他们高举的"圣像"不同，一个是列宁，一个是耶稣；标语不同，一个是"光荣的社会主义"，一个是"东正教拯救世界"。苏维埃政权发明的仪式和节日

---

[1] 塞村"纪念基洛夫"集体农庄在当时被称为"百万集体农庄"。

第六章
"俄罗斯心灵"与文化实践

在表面上与东正教信仰完全对立，但实质上二者在逻辑上有耦合之处，只不过前者宣扬的信仰从东正教转为共产主义。新生的苏维埃政权要获得合法性需找到动员民众的路径，而在当时，传统文化、东正教信仰无疑为此直接提供了资源。

伴随着苏维埃政权的倒台，十月革命的历史地位也成为有待讨论的问题，十月革命节也不再是举国欢庆的节日。延续了七十几年的十月革命节仿佛突然消失了一样，在民众的生活中销声匿迹。很多年轻人对"苏联""列宁"和"十月革命"已经十分陌生，它们仿佛已经尘封在遥远的历史中，与现在的生活没有一丝联系。"十月革命节"从民族国家日历上被抹去的同时，又有一个新的节日诞生了。

如今，在11月初，又增添了一个新的节日——民族团结日（11月4日）。苏联解体以后，将11月4日确定为民族团结日的想法是在2004年9月举行的俄罗斯各宗教会议（Межрелигиозным советом России）上形成的。为什么将民族团结日设在11月4日？1612年的11月4日，米宁和波扎尔斯基举着喀山圣母圣像攻入莫斯科赶走波兰侵略者，故而这一天是驱除外辱、让俄罗斯重获新生的日子，农民领袖米宁和贵族波扎尔斯基合作完成了这一壮举，他们的合作具有民族和社会团结的象征意义。回顾俄罗斯国家形成的进程，这是一段不断对外扩张的历史。如今的俄罗斯疆域是俄罗斯帝国的延续，这是一个处于东西方文化交汇之处的多民族、多宗教的国家。在社会主义制度消逝后的俄罗斯社会，盲目的私有化及监督体制的缺失使社会两级化加剧。在这样的社会现实面前，实现民族和社会团结是关系俄罗斯生存与发展的问题，民族团结日的设立就是在这样的背景下产生的。

设立民族团结日的动议马上获得了国家杜马劳动和社会政策委员

"俄罗斯心灵"的历程
——俄罗斯黑土区社会生活的民族志

会的支持。同时，也获得了当时的东正教莫斯科和全罗斯大牧首阿列克谢二世的支持。他表示："这个节日能够提醒我们，在1612年，由各种信仰的和各民族组成的俄罗斯人民结束了分裂的状态，战胜了入侵的外敌，使我们国家进入了和平稳定的发展秩序。"统一俄罗斯党副主席巴卡莫洛夫在接受记者采访时表示："在1612年，俄罗斯摆脱了波兰侵略者的统治，结束了'混乱时代'。"这个节日的设定也表达了俄罗斯精神领袖和政治家们对于结束混乱秩序及建立新秩序的渴望。2004年11月23日，国家杜马提出《修改劳动法草案》："撤销11月7日（十月革命纪念日）、12月12日（宪法日），将新年假期从2日增加到5日，并将11月4日确定为新的节日。"这个草案的提出者是统一俄罗斯党和俄罗斯自由民主党的杜马议员。最终这个草案在2004年12月27日三读获得通过，[1]而新的节日被命名为"民族团结日"。

新节日确立以后，社会各界对其评价不一。媒体对新节日确立普遍持怀疑态度，认为以这个节日代替早已深入人心的十月革命节并不太成功。苹果党（партия «Яблоко»）领袖雅夫林斯基表示支持以新节日代替十月革命节，他说，这否定了用暴力攫取国家政权的合法性，他支持将11月4日作为国家团结日，他还将这个节日称为"公民社会日"，认为以1612年11月4日为纪念日的摆脱波兰侵略者统治，是俄罗斯公民社会在结束纷乱时代的事件中发挥了重要作用的一次典范。

至今，民族团结日已经设立十多个年头了，在每年的这一天也发生了很多的故事。这个本来要凝聚民众、实现民族团结的节日却被民族极端主义分子利用，"俄罗斯是俄罗斯人的俄罗斯"的标语在民族团结

---

[1] 投票结果为327名代表赞成，104名代表反对，2名代表弃权，反对者全部为俄共党员。

第六章
"俄罗斯心灵"与文化实践

日甚嚣尘上。在乌克兰事件以及西方对俄制裁以后，民族团结日被赋予了号召和动员所有俄罗斯人同仇敌忾的意义。在莫斯科及各大城市民族团结日的集会游行上，原来的民族主义情绪转变成为高昂的爱国主义热情。民族团结日的政治性掩盖了其设立的初衷。

民众对这个新确立的节日反响十分冷淡[1]。在这一天塞村十分平静，人们只知道这一天是喀山圣母圣像日，教堂的晚祷纪念了这个节日。关于民族团结日，村里也没有任何纪念活动，区里也没有，只有电视新闻和广播中介绍城市里的游行时偶尔提上一句。这一天，房东娜塔莉亚家的浴室生意特别好，因为这一天是公休日，很多博布罗夫城里的人都来这里洗澡，因为城里的浴室都已经满员了。男人们在浴室里喝着酒，一直待到半夜。

第三节　新年枞树：文化再生产的符号

本章在民族志材料的基础上讨论"俄罗斯心灵"在当代的文化实践。

---

[1] 根据全俄民意调查中心（ВЦИОМ）题为"11月4日是节日还是一个普通的休息日"的调查结果显示：有近一半（48%）的俄罗斯人不知道11月4日是一个什么节日，只有13%的人知道正确的节日名称；超过三分之二（76%）的俄罗斯人不知道11月4日是庆祝什么事件的节日。大多数（62%）的俄罗斯人不准备进行庆祝活动。ВЦИОМ总编费托多夫（Валерий Федоров）认为民众对11月4日的这种态度是由于缺乏宣传，如果在苏联时代，强大的宣传工具会让民众很好地知道这个节日是为纪念什么历史事件而设立的，但现在是另一个社会，是民主社会，人们的行为已经分散。如果需要人们在节日创立的两三年内就知道这个节日，那简直是荒谬的。至少要经过一代人，这个秋天里的节日才会为大多数俄罗斯人所熟知。

371

"俄罗斯心灵"的历程
——俄罗斯黑土区社会生活的民族志

"俄罗斯心灵"是一个生成性概念，无论是在文化空间的建构、传统节日的延续和转化方面，还是在民族国家日历的发明方面，"俄罗斯心灵"指涉的文化价值、精神内涵在时代的变迁中已经发生了改变，但这种改变绝对不是处于与历史和文化割裂的状态，而是传承性的，且与现实社会紧密关联。"俄罗斯心灵"在当代社会细致微妙的继替过程，只能在文化实践中加以把握。本章的前两节分别从空间和时间的视角宏观地勾勒出"俄罗斯心灵"的文化实践的特征与轮廓。在这一节中，也许通过一个微观的案例解析能让我们对当代俄罗斯文化实践的认识更为丰满，对不断生成的"俄罗斯心灵"有更为准确的把握。因此，俄罗斯新年枞树进入了我的视野。新年是俄罗斯人最为重要的节日，枞树是新年最为重要的文化符号。枞树在时代变迁中不断被赋予了新的意义，可以说，几百年以来的俄罗斯社会变迁都浓缩在新年枞树这个"物的历史"之中。

在俄罗斯当代的节庆体系中，公历 1 月 1 日的新年是最为重要的节日，它被视为新的一年的开始。新年也是国家的法定假日，新年和圣诞节（东正教的圣诞节为公历 1 月 7 日）期间，人们可以享受 10 天的假期。新年前后，无论是城市还是乡村，从各个机关、学校到每个家庭都会举行各种庆祝活动。枞树是俄罗斯新年最重要的标志，在莫斯科的各个广场上，几乎都能看到高耸的用彩球和彩带装扮的十分华美的枞树。当然，最为引人注目的是矗立于红场上的枞树，枞树近十米高，除了彩球、彩带，枞树还装上了彩灯，夜幕降临时，枞树闪烁着"新年快乐"（с новым годом）的霓虹。俄罗斯家庭，特别是有孩子的家庭，在新年前都会装扮枞树，并在新年之夜把送给孩子的礼物挂在枞树上。所以在新年前，市场上售卖小棵的家庭用枞树的摊位生意

第六章
"俄罗斯心灵"与文化实践

非常火爆,这些枞树都是从附近的森林里砍来的。超市专辟一区售卖与枞树相关的饰品,比如人造的小枞树,装点枞树的彩灯、彩球、彩带也颇受青睐。新年是儿童的节日,在新年前后,以枞树(ёлка)命名的联欢活动在学校、剧院、家庭里举行,孩子们装扮成森林里各种小动物围着枞树唱歌、游戏,迎接冰雪老人和雪姑娘的到来,并从他们那里得到自己的新年礼物。这些是人们对童年最美好的回忆。

新年枞树
(作者摄)

初到莫斯科的时候,我就见到满街枞树,出于对异文化的敏感,我对新年枞树非常感兴趣。同时也产生了很多疑问:枞树与欧美信仰基督教国家的圣诞树非常相似,为什么俄罗斯是在新年之前设置枞树,而不是在圣诞节?枞树的传统和圣诞树的传统到底有什么关系?新年枞树是俄罗斯固有的传统还是受外来文化的影响?为此,我查阅了一些关于枞树的史料并咨询了相关民俗学专家,枞树的历史以及枞树文化再生产的进程于是浮现在我们眼前。

373

"俄罗斯心灵"的历程
——俄罗斯黑土区社会生活的民族志

从死亡的象征到节日的符号

在俄罗斯，枞树作为冬天节日符号的习俗源自于神话中的树木崇拜。树木作为生命能量的载体，象征着生命力。但在多神教时代，相比于俄罗斯人钟爱的白桦树，枞树似乎并没有博得俄罗斯人的好感，"黑色的铁塔式的枞树和松树在俄罗斯民俗中没有赢得特别的尊重"。[1] 在俄罗斯民间文化中，枞树本身以及枞树生长的地方都和邪恶的神话形象（鬼、林妖和其他森林中的不净之灵）联系在一起。在古俄语中，与枞树同源的"Ёлс"一词是林妖和魔鬼的众多名字之一，而"еловая голова"则是指那些愚蠢的人。从象征意义上，枞树在俄罗斯传统文化之中被认为是死亡之树。在古罗斯有这样的习俗：枞树枝广泛地用于丧礼，抬死人的路上要覆盖上枞树枝，枞树的枝叶用以覆盖棺材填入墓穴中，冬天的时候用枞树的枝叶来覆盖坟墓。这种习俗至今仍然存在。另外，在民间艺术作品中，枞树经常表示黑色、死亡的意义，在俄罗斯的婚礼歌中，枞树经常作为孤儿寡母的象征。

在俄罗斯，用枞树装扮新年的习俗是从彼得大帝时期开始的，是西方舶来的习俗。年轻的彼得一世游历欧洲时（1698—1699）在德国人的庄园第一次见到用枞树装饰而成的圣诞树。在这次欧洲旅行之后，彼得一世进行了各种革新，最为著名的是"革新历法"。1699年12月20日，彼得一世发布命令，新的一年开始的第一天为1月1日，而在此之前，俄罗斯的新年都是从9月1日开始的。这份命令还规定了如何庆祝新年：新年应该燃放烟花，燃起篝火，用针叶树装扮首都（当时还是莫

---

[1] Пропп В.Я. Руссие аграные праздники.Л.,1963.C.56.

第六章
"俄罗斯心灵"与文化实践

斯科),沿主要的街道和房门前摆放一些用松树、枞树装饰的树木。这样,人们在一月的第一天把枞树枝放到大门口或者教堂门口用以庆祝新年,俄罗斯从此开始了用枞树迎接新年的历史,这成为俄罗斯历史上一个重大的文化事件。

用枞树迎接新年的习俗并没有持续多久,并没有形成公认的传统,彼得一世因个人喜好而制定的政策并没有彻底改变俄罗斯人对枞树的态度。彼得一世去世以后,"用枞树装点新年"很快被人们遗忘。有趣的是,之后的枞树不再是新年的符号,而成为酒馆的标志,酒馆前常年摆放着一棵小枞树。酒馆在民间被称为"елка"或者"иван-елкин",枞树从此也与酗酒的词汇相关联。[1]

19世纪上半叶,伴随着资本主义的发展,俄国逐渐向西方开放。1840年代初,从德国而来的圣诞树习俗也传入俄国,并首次进入俄国家庭。沙皇尼古拉一世一家是第一个在家中放置圣诞树的家庭。从这以后,作为一种时尚,圣诞枞树在首都的达官贵人家中出现,[2]并开始在社会各阶层中广泛地传播,形成了一股"枞树风潮"。在1840年代,俄国民众接受圣诞枞树是源于效仿西方的潮流,当时俄国人钟情于德国的文学和哲学,同时也爱屋及乌地迷恋"德国人的新玩意儿"——圣诞枞树。当时枞树的价格还非常昂贵,设置圣诞枞树只限于非常富裕的家庭。随着圣诞枞树的习俗越来越普及,到1840年代末,开始有农民从附近的森林里砍伐枞树在商店销售,普通的市民家庭也可以享用

---

[1] 比如 елку поднять(爬枞树)——喝酒狂饮;идти под елку 或者 елка упала, пойдем поднимать 意为去酒馆。

[2] Ауслендер С.А. Святки в старом Петербурге//Чудо рождественской ночи:Святочные рассказы.СПб.,1993.с.562.

375

"俄罗斯心灵"的历程
——俄罗斯黑土区社会生活的民族志

圣诞枞树。在19世纪的后30年里,枞树从城市走向乡村,在各省的庄园中成为普遍的风俗。[1]第一棵树立于公共场所的枞树出现在1852年的彼得堡叶卡捷琳娜火车站。随后,枞树开始出现在贵族、军官和商人的聚会上,出现在俱乐部里、剧院、广场、市政会议大厅和其他公共场所。

在19世纪中后期,圣诞枞树习俗已经深入俄罗斯人的生活之中。开始的时候它的名称为"圣诞树"(рождественнское дерево,源自于德语Weihnachtsbaum),但枞树(елки)的名称更为流行,并逐渐成为圣诞节的代名词。《达里字典》中对于"елки"词条的解释中有一条是其引申义:"源于圣彼得堡,是德国人的传统。"还有一个意思是在圣诞节前为孩子们准备装饰好的明亮的枞树,指代圣诞前夜。

在当时的俄国,枞树的形象仍有着相互矛盾的意涵:存留民间意识中的枞树仍然和另外一个世界相联系,它是死亡之树,继续被应用于葬礼中;同时,俄国人对枞树的态度有所改变。首先,枞树具有美好的形象,枞树金字塔式的形状、高耸的树干、环状的树枝和松香的华美烘托出了节日的气氛;其次,圣诞节礼物挂在枞树上,枞树的形象在孩子

---

[1] 在文学作品中这样描述欢度圣诞节的场景:"透过邻居大厅的门看见一棵被鲜花和金线、金色的松果、炮竹、糖果和柑橘装饰的高大的枞树,在枞树的上边仿佛白色的天使展着光辉的翅膀在飞翔。"参见:Созонович М. Ненужная елка//Возрождение.1960.Тетр.97.с.74。另外,布贾季娜(А.С.Путятина)在1881年的《枞树》(《елка》)中描绘了这样的景象:父母为孩子们举办了节日联欢,邀请了农民家的孩子们来参加……准备了很多挂在枞树上的玩具,买了很多礼品。马车夫从森林里采伐来了枞树,树木固定在十字架上放到了大厅的一角,空气中弥漫着松香。孩子们装扮枞树,把松果、甜点和糖果挂在枞树上,还有各种颜色的彩灯,所有的人都很兴奋。等到农民们的孩子来此做客,孩子们把枞树的灯都点亮,所有的人绕着枞树唱着歌,然后从枞树上摘下礼品。参见:Путятина А.С. Зима в деревне:Рассказы для дедей 5-8 лет. М.,1881.С.43-55。

们的意识中已经被人格化和理想化为一个公正的给予者；最后，枞树逐渐有了西方圣诞树的意义，枞树常青的特色使它成为"不朽的、常绿的、神的恩赐"的符号，象征着基督的出生给众生带来的生活常新，道德复兴。在圣诞节的时候设立枞树，是为了人们不忘记爱和善、仁慈和同情。[1]

从旧制度的毒药到新社会的宠儿

十月革命之后，枞树的命运发生了改变。革命后的苏维埃政权酝酿修改历法[2]，苏维埃政权在新的历法之中编制苏维埃节日体系，以取代传统上的东正教节日体系。官方试图用新的节日取代旧的节日，并规定了如何迎接苏维埃节日的规程。这样，作为圣诞节象征的枞树面临着前所未有的危机。1922年，共青团组织为了让青年在灵魂深处接受无神论的教育，将圣诞节这一天命名为"共青团诞辰"（комсвятка），用"共青团的诞辰"取代"耶稣的诞辰"。共青团在这一天组织各种节日活动，在以"共青团枞树"命名的联欢中进行反宗教的游行和表演。

在社会主义意识形态下，圣诞节不仅被认为是宗教的节日，而且还被认为是纸醉金迷的节日。在1929年4月召开的苏共16届代表大会决定实行新的工作制，把教会节日排除在休息日之外，圣诞节也成为普通的日子。在圣诞节期间，社会主义建设前线任何的旷工和懈怠都不被允

---

[1] Диккенс Ч. Собр. Соч.:В 30-ти т. М.,1957—1963.С.411.

[2] 十月革命以前，俄国还在实行尤里历，而此时西欧国家都实行格利高里历。1918年1月24日，人民政治委员会通过了《关于在俄罗斯共和国引入西欧历法的法令》，新历和旧历相差13个昼夜，这样，俄罗斯的圣诞节从12月25日移到1月7日，新年从1月1日移到1月14日。参见：Декреты Советской власти.Т.1.№272.(М.),1957,С.404.

许。和旧制度、宗教习俗联系在一起的枞树被苏维埃政权的宣传机器大加鞭笞:"儿童的宗教信仰起源于枞树……这种宗教毒药会毒害孩子。"[1]当时的媒体通过两个方面反对圣诞节枞树,一是因为它源于宗教的习俗,还有一个原因是它破坏了森林。圣诞节枞树从此走进了地下,在节前的夜晚都会有人在街上巡视,从各家窗前观察灯光下有没有枞树的影子。那些遵从革命前风俗的家庭还继续设置枞树,但都是秘密设立的,在窗口挂上毛毯挡住光,为了不让别人看见。[2]

在俄国侨民中还保持着圣诞节枞树的习俗。有趣的是,不久之前还被斥为是"德国人的玩意儿"的枞树,现在却承载着童年的记忆和祖国的怀恋,在侨民中有着重要的价值。侨民对于祖国的思念寄托于一些无法返回过去的图景:祖屋、故乡的自然、东正教的节日,当然,东正教节日里最主要的就是复活节和圣诞节,与圣诞节相关联的就是深受喜爱的枞树。[3]

此时的枞树不再是森林中的自然之物,而成为文化的造物。作为舶来之物,枞树习俗与东正教圣诞节密不可分,在倡导无神论的社会主义意识形态下,它作为宗教信仰的代表被大加鞭笞;而在远离故土的侨民心中,它却是故乡和祖国的象征。

---

[1]　Амосов Н.К. Против рождественской елки.М.,1930.с.13.

[2]　Цендровская С.Н. Крестовский остров от нэпа до снятия блокады//Невский архив:Историко-краеведческий сб.Вып.З.М.;СПб.,1997.С.86.

[3]　数以千计的失去祖国的俄罗斯家庭在圣诞节之际,忧郁地回忆起家庭最为精彩的瞬间,枞树自然占据了大部分的回忆。巴黎的侨民报纸《复兴》这样写道:"现在,圣诞节愉悦的中心便是城市中树立的用蜡烛装饰一新的枞树,这是天国世界的符号,是我们的拯救者。燃起星火的圣诞树在异乡没有丧失它的吸引力,它用一条不可见的线把我们和平和的不可返回的过去联系在一起。"参见:Абданк-Коссовский В. Происхождение святок//Возрождение.1960.Тетр.97.с.22.

第六章 "俄罗斯心灵"与文化实践

火车站内的新年枞树（作者摄）

枞树命运的转折出现在1935年。新年前的《真理报》突然出现署名为联共（布）中央政治局委员波斯特舍夫[1]的一则简讯："让我们在新年前为孩子们准备好枞树！"波斯特舍夫要求改变左派过激分子把孩子们的娱乐作为资产阶级娱乐的方式，他以宣言的语调要求停止"这种对枞树不公平的指责"，号召广大的共青团员和少先队员在新年前的短时间内为孩子们设置集体的枞树："在学校里，在幼儿园里，在少先队员宫……到处都应该设立儿童的枞树，无论是集体农庄还是城市委员会

---

[1] 波斯特舍夫（П.П.Постышев，1887—1939），苏联国家和党的著名活动家，党的理论宣传家和政论家。1935年，他创造性地创立了苏维埃节日"新年"代替圣诞节。

"俄罗斯心灵"的历程
——俄罗斯黑土区社会生活的民族志

都应该为我们伟大的社会主义祖国的孩子们设立苏维埃枞树。"[1] "波斯特舍夫同志的提案"的提出得到广泛地响应是在 1935 年 11 月 17 日第一届全苏斯达汉诺夫工作者代表大会上，在那次会议上，斯大林讲道："同志们，我们的生活变好了，生活变得更愉快了。"枞树，按照当时苏维埃政权的理解，和许多革命前的文化一样，能巩固胜利的制度，能让人们获得生活的愉悦。因此，苏维埃的舆论工具以最快的速度做出反应，[2] "波斯特舍夫同志的提案"以闪电般的速度广泛传播。同时，枞树传统在民众中间仍有着旺盛的生命力，这个革命前的节日风俗迅速复兴。[3]

我们可以发现，枞树习俗虽然在上世纪 30 年代得以恢复，但复兴后的枞树习俗已经不再与革命前的圣诞节习俗相关联了，而是巧妙地被

---

[1] Постышев П.П. Давайте организуем к новому году детям хорошую елку!// Правда.1935.№357.28дек.

[2] 12 月 29 日的《真理报》刊载了发布到全国每一个共青团区委员会的决定，介绍了新年前在学校、电影院等地为少先队员和中小学生设立枞树的决定，有组织地准备枞树、购买玩具和枞树的装饰，通知工厂为孩子们准备枞树礼物。莫斯科州劳动者代表苏维埃执行委员会命令各区集体农庄的林业工人有组织地准备枞树。参见：Мирский Б.[Миркин-Герцевич Б.С.] Рождественские рассказы.(Разлив 1917 года)//Новое литературное обозрение.1994.С8；苏联列宁共产主义青年团（ВЛКСМ）中央委员会书记 А.Косарев 签署命令，在 1 月 1 日，用共青团员和少先队员自己的力量在学校、儿童俱乐部和少年宫设立枞树，也必须吸引家长和学校负责人参与到这个活动中来。参见 Косарев А.В. О проведении вечеров учащихся, посвященных встрече Нового,1936,года//Правда.1935.№358.29дек.；12 月 30 日，《真理报》刊载了欢快的微笑的孩子们参观枞树的照片。同时报道了新年夜在商店门口、在莫斯科文化公园的枞树，在基辅有千株枞树，在列宁格勒溜冰场设置枞树的情况。参见：Школьные каникулы//Правда.1935.№359.30 дек.

[3]《真理报》报道了市场上买卖枞树的盛况：在市场上的各个角落都放着绿色的整齐的枞树，直接插在雪中。顾客熙熙攘攘，这里有工人的、公务员的、工程师的、红军指挥员的妻子们，这里还有孩子和青少年们。枞树很快就被卖光。当时邻近新年，又逢学生放假，枞树成为每一个有孩子家庭的最为让人欢喜的客人。参见：Продажа елок на рынках Москвы// Правда.1935.№357.

转化为"新年枞树"或者是"苏维埃枞树"了。在苏联时代，枞树形象发生了改变，它不再是宗教文化的代表，而成为苏维埃的符号之一。"枞树上的星从伯利恒星变为五角星，和莫斯科克林姆林塔上的红星一同闪烁。"在有的五角星的中间，还贴有小瓦洛佳·乌里扬诺夫（列宁）的头像，用此类五角星装饰的枞树成为"列宁枞树"。有的枞树上挂着的送给孩子们的糖果盒上印着"谢谢斯大林同志带给我们幸福的童年"的标语。[1] 枞树俨然成为苏维埃领导人关怀孩子成长的道具。

  在苏维埃时代，"枞树"一词还指代围绕着枞树而举办的新年联欢会，枞树联欢成为幼儿园、学校、少先队宫和俱乐部的一项重要的新年活动，"新年枞树联欢——我们国家愉快和幸福的儿童节日"[2]。为儿童举办枞树联欢成为学校和工厂的责任。"枞树委员会"一般都是由工会的积极分子组成的，负责组织枞树联欢的庆祝活动：编演节目、运送枞树、装扮冰雪老人、准备礼物，等等。从1936年开始，枞树不仅成为苏联节日的附属品，而且也是苏联生活的一部分，枞树和圣诞节的联系已经被遗忘。每年新年，克林姆林宫都会举办枞树联欢，邀请莫斯科的学校的孩子们参加，这一联欢一直持续到1月10日。官方媒体对枞树联欢大加宣传："关心我们的斯大林，在每到新年的时候邀请我们去克林姆林宫参加枞树联欢。"克林姆林宫枞树联欢的传统一直延续到今天，能在新年的时候参加枞树联欢这是孩子们的最大愿望，像这样的枞树联欢，每天能接纳两千余人。此外，克林姆林宫还为生产战线的先进分子、首都高校大学生、军事院校学员、十年级学生和共青团员工作者

---

  [1] Чуковская Л.К. Процесс исключения.М.,1990.c.23-24.

  [2] Елка:Художественный материал для детей дошкольного возраста/Сост.М.Буш. М.1940.c.3.

在格奥尔吉大厅（Георгивский зал）举办新年晚会和化装舞会。在所有庆祝新年的大厅里，都设有枞树，上边悬挂着斯大林的画像，为的是让孩子们感激他所带来的枞树节庆，感谢在苏联的幸福生活。即使是在饥寒交迫的战争年代，家长们还是尽可能在新年为孩子们准备枞树，因为它能给孩子们带来欢乐，它是和平生活的象征。

时至今日，枞树已经退去了苏联时代意识形态的色彩。但它仍是俄罗斯新年最重要的标志物。枞树枝散发的香气是家里浓浓的"年味"，孩子们期待着冰雪老人和雪姑娘放在枞树下的礼物。跨年夜，广场上闪烁的枞树下聚集着狂欢的人们。

本章小结

本章走出黑土区村庄，从空间和时间两个维度来探讨当代俄罗斯社会的文化实践。当然，这一章的内容和之前章节里论述的黑土区村庄发生的故事所关注的都是同一主题，即苏联解体后的俄罗斯社会转型。本章通过俄罗斯当今的文化政策及各方的文化实践来考察其新的文化空间和时间体系的构建、新的价值观体系的形成以及在新的社会秩序的构建中如何达致社会团结。我们发现，文化实践遵循着这样的技术路径：新生的国家政权利用早已深深扎根于民众社会生活中的传统文化资源来祛除社会主义文化的影响，这和当年苏维埃政权掀起的文化革命的逻辑是相似的，只不过二者的方向是相反的。同时，就像当年苏维埃政权无法抹去传统文化（尤其是宗教文化）的影响一样，存在了七十年的社会主义制度对于当代俄罗斯也有着深远影响,"红色文化"夹杂着大众意识中对于苏联这个伟大社会主义国家的情感与记忆,在民众中间(特别是中老年群体)仍然具有生命力。

本章关注的文化实践对于理解全书关注的"俄罗斯心灵"具有反思性意义。比如,从本章对枞树"生命史"的记述中我们可以认识到,"俄罗斯心灵"所呈现出的意义是开放的、具有包容性的,它的意义不断地被赋予、被阐释、被重新解读,同一个"物"、同一个事件、同一个时间节点在不同的时代、不同的意识形态会有不同的甚至是相反的意义。当然意义建构的主体可能是拥有权力的国家政权、知识分子,也可能是作为文化实践者的民众本身。所以,面对"俄罗斯心灵",我们无法辨析哪些是俄罗斯独有的、哪些是源自传统的、哪些是来自西方文明或东方文明的。总之,它的意义结构不是一个固化不变的实体,而是一个兼容并包的生成性的体系,随着时间的流动,这个体系的意涵会不断地变化。同时,我们也发现,在"俄罗斯心灵"意义结构不断变动的过程中,一些被共同认可的价值会逐渐沉淀下来,成为社会生活的道德基础、风俗习惯、价值观、性格特征,并被民众不断实践、传承,逐渐成为"俄罗斯心灵"相对稳定的表达方式。但如果将这种被固化的、提炼出来的"俄罗斯心灵"视为"俄罗斯心灵"本身,就很容易陷入民族主义或者极端民族主义的话语体系,"俄罗斯是俄罗斯人的俄罗斯"就是这种逻辑下出现的极具鼓惑力的口号。当然,这也是一种凝聚民心、达致社会团结的策略,但是这种策略并不能长久,且有着极端化的风险。我们还应该在文化实践的视角下来探讨"俄罗斯心灵",并以此来认识、理解俄罗斯,将其作为概念工具来阐释当代俄罗斯的社会转型。

结 论

一、社会转型再思考

1980年末至1990年代初,东欧剧变、苏联解体让西方学术界一片欢呼,认为这是"历史的终结"[1],资本主义制度最终战胜了社会主义制度,西方的资本主义模式会引领这些国家走向康庄大道。这些国家被称为后社会主义(或后共产主义)国家,在新自由主义理论的假设中,议会民主、市场和公民社会是最佳的制度方案,后社会主义国家的政治、经济和社会转型被寄予厚望。事实上,所谓的转型是一种以西方国家政治、经济和社会制度的理想型作为目标的制度趋同,这是有着西方中心主义色彩的制度设计。而就在苏联解体这个时间节点之前,转型的方案还是多元化的,不只是社会主义转向资本主义,相反的转型路径也被视为是可能的选项。

20世纪上半叶,人们可能还会期望资本主义将会以某种方式被社会主义所取代,这延续了19世纪以来对资本主义的反思以及替代选择。波兰尼(Karl Polanyi,1886—1964)提出的"嵌入"(embedded)和

---

[1] 〔美〕弗兰西斯·福山著:《历史的终结》,黄胜强、许铭原译,远方出版社,1998年。

"俄罗斯心灵"的历程
——俄罗斯黑土区社会生活的民族志

"脱嵌"(disembedding)的概念深入地解析了资本主义兴起后社会和市场关系的转变。"嵌入"一词表达了这样一种理念,即经济并非像经济理论中说的那样是自足的,而是嵌入社会之中,从属于政治、宗教和社会关系,这种经济应该被称为"伦理经济"(moral economy)。而由市场控制经济体系会对整个社会组织产生致命后果,"它意味着要让社会的运转从属于市场。与经济嵌入社会关系相反,社会关系被嵌入经济体系之中"[1]。这种社会是"市场社会",经济是"脱嵌"的,是完全自发调节的市场经济。与市场附属于社会的逻辑不同,社会臣属于市场的状况则是"巨变"或"大转变"(great transformation)的真正含义。波兰尼认为自由市场的原则粉碎了人类的生存环境,对社会整体的利益构成了挑战。从这个"巨变"开始,一个相反社会的自我保护运动就一刻没有停止过,这是"双重运动"(double movement)。"就近百年而言,现代社会由一种双向运动支配着:市场的不断扩张以及它所遭遇的反向运动(即把市场的扩张控制在某种确定方向上)。"[2] 在波兰尼看来,这样的一个社会必须让经济重新附属于社会关系,这是再次嵌入的过程。波兰尼所预想的社会主义,并不要求去取消市场,更不能取消社会,资本主义向社会主义转变的核心是让市场重新嵌入社会,而后者必须是一个既与经济和国家相分离,又与它们相联系的存在。[3] 布洛维(Michael

---

[1] 〔英〕卡尔·波兰尼著:《大转型:我们时代的政治与经济起源》,冯刚、刘阳译,浙江人民出版社,2007年,第15页。

[2] "社会保护在根本上是来自社会内部的各个团体与阶级不自觉地联合起来对抗这种危机的一种纯粹基于自求生存的人类天性的本能反应。"卡尔·波兰尼著:《大转型:我们时代的政治与经济起源》,第112页。

[3] 吕鹏:《社会大于市场的政治经济学——重访卡尔·波兰尼〈巨变:当代政治、经济的起源〉》,《社会学研究》2005年第4期。

结　论

Burawoy, 1947—　）也有相似的看法，他认为，一个真正的社会主义社会，应该是让市场与国家臣属于一个自我管理的社会，在波兰尼提供的"市场—社会"关系的基础上，再引入葛兰西（Antonio Gramsci,1891—1937）关于"国家—社会"关系的洞见，则可能会启发我们催生出某种关于国家—市场—社会三者关系的新概念，并为我们真正开创出一种不同于西方资本主义文明的新文明类型提供参考。[1]

无论是社会转型的新自由主义方案，还是波兰尼的社会主义理想型和布洛维的新文明类型，这些设计并没有在苏联解体前后的社会转型进程中实现，都成为了乌托邦。后社会主义国家的转型并非按照图纸建房子那般简单，俄罗斯黑土区乡村的民族志材料告诉我们，社会转型异常复杂，是与各种社会制度的联动，历史遗产、文化传统也影响着转型的进程。[2] 在社会转型中，每一件事情都像抛硬币一样，被抛上天空，但

---

[1]　Michael Burawoy, " For a Sociological Marxism: The Complementary Convergence of Antonio Gramsci and Karl Polanyi ", *Politics Society* , 31(2003).

[2]　后社会主义国家的社会文化发展和帝国遗产相关。东欧各国在历史上不同程度上归属于奥匈帝国、德意志帝国、俄罗斯帝国和奥斯曼帝国。奥匈帝国奉行自由－极权政治体制；奥斯曼帝国是战争－官僚体制；俄罗斯帝国是中央集权－官僚体制。这些帝国在某种程度上对现在的国家有影响。苏维埃时代七十年（对于波罗的海国家是五十年）的遗产在苏维埃国家／社会的社会文化价值影响力方面不及他们更为久远的历史。在经济发展中，中亚国家和波罗的海国家有着很大的差别，在三个斯拉夫国家／社会中，俄罗斯好像还是过去帝国的中心，白俄罗斯位于帝国边缘，现在还是经济上的同盟国，在制度上与俄罗斯也很相近。而乌克兰则受到自己很久以前或者不久以前的历史的影响，这种影响持续至今。详见 Куценко О.Д., Горбачек А.П. Постимперские регионы: ассоциированная зависимость в развитииВосточной Европы // Мир России. 2014. № 1. С. 60–68; Ядов В. А. Трансформация постсоветских обществ: что более значимо – исторически традиционное или недавнее прошлое // Социологические исследования. 2014. № 7. С. 47-50。

又掉落到相类似的结构和类型之中。[1]

如果将社会转型视作从嵌入到脱嵌、到再次嵌入的过程，那么从脱嵌到再嵌入是一种阈限[2]状态，在阈限状态中，社会处于一种失序和混乱的状态。霍姆斯（L.T.Holmes）已经指出了后社会主义国家社会转型中所遇到的问题[3]：这将会导致普遍的不安全感，尤其是在福利体制缩减和终身雇佣结束后。政治不稳定、合法性问题、频繁的选举、政府变动，以及某些国家发生的内战，这些问题也都随之而来。人们普遍排斥重建社会的"宏大理论"，坚决主张"回到正常状态"，而不是要求进行更多的社会实验。旧有意识形态的瓦解，创造了一个真空地带，民族主义和宗教思想乘虚而入。人们对"卡里斯玛"型的领导高度期待。对于政治制度，人们往往持一种犬儒主义的态度，这又经常与腐化堕落和道

---

[1] 〔英〕威廉·乌斯怀特拉里·雷著：《大转型的社会理论》，吕鹏等译，北京大学出版社，2011年，第25页。

[2] 在这里，本书用人类学家维克多·特纳在论述通过仪式时使用的"阈限"阶段类比社会转型过程。他认为，所有的通过仪式都有标识性的三个阶段：分离（separation）阶段、边缘（margin）阶段（或叫阈限阶段，阈限（limen）这个词在拉丁文中有"门槛"的意思）以及聚合（aggregation）阶段。第一个阶段（分离阶段）包含带有象征意义的行为，表现个人或群体从原有的处境——社会结构里先前所固定的位置，或整体的一种文化状态。而在介乎二者之间的"阈限"时期里，仪式主体的特征并不清晰；他从本族文化中的一个领域内通过，而这一领域不具有（或几乎不具有）以前的状况（或未来的状况）的特点。在第三阶段（重新聚合或重新并入的阶段），通过过程就圆满地完成了。仪式主体——无论是个人还是群体——重新获得了相对稳定的状态，并且还因此获得了明确定义、"结构性"类型的权利和义务。阈限或阈限人（"门槛之处的人"）的特征不可能是清晰的，因为这种情况和这些人员从类别（即正常情况下，在文化空间里为状况和位置进行定位的类别）的网状结构中躲避或逃逸出去。阈限的实体既不在这里，也不在那里；他们在法律、习俗、传统和典礼所指定和安排的那些位置之间的地方。详见维克多·特纳著：《仪式过程：结构与反结构》，黄剑波、柳博赟译，中国人民大学出版社，2006年，第95页。

[3] L.T. Holmes, *Post-communism: An Introduction*, Cambridge: Polity Press.1997. pp.16-21.

结　论

德真空联系在一起。[1]

　　上述问题和现象在本书描绘的俄罗斯黑土区城乡社会转型的过程中都已经出现。社会团结虚弱，社会失范显著。霍姆斯认为，这种情况是暂时性的特殊现象和动态的，整个社会将会通过变迁的轨迹度过这一时期。在当地人的描述中，相比于苏联解体之初，阈限状态也行将结束，1990年代的社会乱象已经基本消失，法律制度逐步完善，新的价值观逐渐确立，社会正朝着有序的方向发展，用他们的套话说就是"俄罗斯心灵的回归"。社会转型"再嵌入"并不是按照苏联解体之初的转型目标和愿景进行，那个目标被视为是失败的。俄罗斯的现实是：民主制度被表述成为有俄罗斯特色的主权民主；民众对"卡里斯玛"型领导人的崇拜和支持；新自由主义思潮衰落，新保守主义思潮甚嚣尘上。社会转型阈限状态的某些特征被固化，而这与俄罗斯旧有的政治、社会和文化传统联系紧密，且具有延续性。如果将社会转型视作一种向上的发展，那么它的路线轨迹肯定不是直线向上的，而是螺旋上升的。螺旋上升的形态是"双重运动"的结果，与文化传统息息相关。

二、"俄罗斯心灵"的历程

　　本书选择"俄罗斯心灵"作为呈现近代以来俄罗斯黑土区乡村社会变迁和秩序重建的核心概念，从"俄罗斯心灵"的追寻、表达、继替，到"俄罗斯心灵"的呼唤、回归和文化实践，"俄罗斯心灵"的历程成为了全书叙述的主线。以"俄罗斯心灵"为核心概念，意在突出在社会

---

[1]〔英〕威廉·乌斯怀特拉里·雷著：《大转型的社会理论》，第18页。

"俄罗斯心灵"的历程
—— 俄罗斯黑土区社会生活的民族志

变迁中不能忽视文化的维度。文化传统与社会变迁之间是存在张力的，或者说文化传统作为惯习（habitus）[1]影响着社会变迁的进程。在这个进程中，社会主体并非如设计和宣传的那样，抛弃旧有的一切东西，建立崭新的世界，而是对旧有的文化传统或利用、或改造、或建构，以期与新制度相互适应并建立新的秩序。作为文化符号，"俄罗斯心灵"在近代以来的俄罗斯（俄国、苏联）就演绎了这种革命与重建、决裂与延续、否定与肯定的不断摆动的历程，这是理解近代以来俄罗斯的政治进程和社会生活的路径。另一方面，"俄罗斯心灵"的议题涉及人的因素，聚焦俄罗斯人（公民）在社会变迁中的遭遇。在政治、经济和社会制度改变背景下，当代俄罗斯人的生活和心灵世界如何被形塑？作为社会主体，俄罗斯人又是如何适应这个变化了的世界，从而建立新秩序？这些问题是本书最为关切的。同时，在普通人的生活中发现和描绘社会变迁的轨迹也是本民族志主要使用的研究方法。

黑土区乡村是百年以来不断经历革命与社会变迁的俄罗斯的一个缩影，上个世纪，在这片土地上经历了前几百年从未有过的变迁：从封闭的封建领主统辖的自给自足、村社自治的乡村到共产主义公社理想模式

---

[1] 布迪厄认为，惯习由沉积于个人身体内的一系列历史关系所构成，是客观而共同的社会规则、团体价值的内化，它以下意识而持久的方式体现在个体行动者身上，体现为具有文化特色的思维、知觉和行动。惯习作为一种处于形塑过程中的结构，同时，作为一种意境被形塑了的结构，将实践的感知图式融合进了实践活动和思维活动之中。这些图式，来源于社会结构，通过社会化，即通过个体生成过程，在身体上体现，而社会结构本身，又来源于一代代人的历史努力，即系统生成。惯习是一个开放的性情倾向系统，不断地随经验而变，从而在这些经验的影响下不断地强化，或者调整自己的结构。它是持久的，但不是永远不变的。参见：〔法〕皮埃尔·布迪厄、〔美〕华康德：《实践与反思——反思社会学引导》，李猛、李康译，邓正来校，中央编译出版社，1998年，第178、184页；刘欣：《阶级惯习与品味：布迪厄的阶级理论》，《社会学研究》2003年第6期。

结 论

下的集体农庄，再到当代走向现代化却日益凋敝的村落。在这种变迁首先体现在近代以来自上而下的土地制度的变革，如帝俄时代的农奴制改革、斯托雷平改革，苏维埃时期的集体化运动，苏联解体后的土地私有化。土地制度改变的背景下，土地利用方式、生产和生活方式都发生了改变，村民们的身份也随之改变。从帝俄时代的宗法农民到集体农庄的农业工人，再成为自主择业、自主经营的自由择业者，这种身份的变化是个人逐渐打破了枷锁、剥离了束缚，获得了更多的权利和自由。这身份转变的推动力是一场场因社会转型带来的"文化革命"，这是对"俄罗斯心灵"的重塑。

革命者和改革者需要用新文化代替或改造旧有文化，进而彰显新生秩序的合法性。在苏维埃时代波澜壮阔的集体化运动中，新生的苏维埃政权的铁犁不仅划破了黑土地上的藩篱，同时也碾碎了生发于黑土地之上的"圣像与蟑螂"。布尔什维克主义者，曾经让俄罗斯步入文明国家行列、作为"俄罗斯心灵"之源泉的东正教信仰被视为黑暗、腐朽、落后的毒瘤，成为革命的对象。集体农庄要将慵懒的、保守的俄国农民改造成为勤勉的、理性的、信仰无神论的社会主义劳动者。在那个革命的年代，"文化"（культура）是一个积极进步的词汇，它代表了知识、科学和理性，作为俄罗斯文明的代表，东正教却走向了"文化"的对立面。国家机器要用社会主义的意识形态彻底地替代"俄罗斯心灵"，这被视为一种新的道德、新的文化图式、新的价值观。革命打碎旧世界的同时，要建立新生活。

但我们不难发现，"俄罗斯心灵"有着顽强的生命力，依然在黑土地之中生长与继替。在逻辑上，"俄罗斯心灵"孕育的价值观中，对上帝的虔信、对领袖的崇拜和对坚信社会主义制度与共产主义未来不无关

"俄罗斯心灵"的历程
——俄罗斯黑土区社会生活的民族志

联；村社的共同性（соборность）的精神与集体农庄内的集体主义的共同生产生活也有着相似之处；致力于领导全世界共产主义运动的"第三国际"总能让人想起弥撒亚精神照耀下的"莫斯科第三罗马"。"俄罗斯心灵"并不像被革命者宣传与表述的那样，成为"被侮辱与被损害的"对象，它在新的时代有了新的载体和表达方式。实际上，没有传统的社会思想、东正教精神的支撑，苏联也无法实现社会主义建设和卫国战争的伟大胜利。另一方面，在民众的社会生活中，"俄罗斯心灵"或明或暗地延续着。民众中间的风俗、生产生活方式、宗教信仰因惯习和社会记忆在现实之中得以延续。如人们更习惯于生活在个人对组织、国家的"组织性依附"关系之中，感受集体襁褓中的温暖；即使在无神论最为严酷的时代，人们仍相信洗礼可以躲避不洁力量侵害，每个家庭中的圣像角仍然传播着上帝的福音。

苏联解体以后，新生的俄罗斯政权需要"俄罗斯心灵"在后社会主义时代俄罗斯的社会秩序重建中发挥更为显著的作用。随着苏联解体、集体农庄的解散，被视为集权的、限制了个人自由的社会主义意识形态也随之消逝。但与此同时，信仰和价值观的真空让阈限之中的俄罗斯处于失序的状态，俄罗斯面临着道德和文化危机，民众呼唤着"俄罗斯心灵"的回归。后社会主义时代的俄罗斯需要用传统文化（特别是东正教的资源）塑造有道德、有良知、有信仰的、有"俄罗斯心灵"的公民。在当代的社会生活之中，"俄罗斯心灵"是社区内部彼此认同的标准，有着"俄罗斯心灵"的"我们"，意味着拥有共同的记忆、共同遵守的道德、共同遵循的价值观，这是彼此认同和社会团结的基础。"俄罗斯心灵"也是民族-国家认同的力量，有利于增强民族的自豪感和爱国主义精神。对伟大国家、民族英雄的纪念仪式（如胜利日、祖国保卫者日的仪式、民族团结日等节日的纪念活动)的确立会增进国民爱国主义、强国主义的情感,当然这种情感也包含对曾经存在的伟大的社会主义国家苏联的怀念。缺乏"公共领域"的当代俄罗斯需要依靠国家权力通过"俄罗斯心灵"来建立民族-国家的认同,以实现整个社会的稳定与团结。社会团结、民族凝聚力的提升对于需要走出苏联解体的阴影、重振强国雄风的俄罗斯来说尤为重要。但是这种对于"俄罗斯心灵"的过分崇尚,走向极端则会造成民族主义情绪的泛滥。

三、文化自觉与"俄罗斯心灵"

回顾百年来"俄罗斯心灵"的曲折摇摆的历程,在思想史上可以追溯到一直持续的俄国知识分子关于东西方文明夹缝中俄罗斯前途和命运的争论。尽管西方派和斯拉夫派持有针锋相对的观点,但改变俄罗斯落后于西方文明国家的面貌,改善农民积贫积弱的生存状态,赋予其自由、平等的地位,这是俄国知识分子的共同理想。俄罗斯思想领域的争论在当代仍具现实意义,"俄罗斯走向何处"是面临社会转型的俄罗斯仍需面对的问题。回到本书序幕所描述的场景,十字路口的勇士有着独特的"俄罗斯心灵",在历次社会变迁中,面对东西方文明,俄罗斯不会走向西方也不会走向东方,而是走上自己的独特道路。

费孝通晚年积极倡导的"文化自觉"精神对理解"俄罗斯心灵"的历程、俄罗斯道路具有启发意义。费先生认为:"文化自觉只是指生活在一定文化中的人对其文化有'自知之明',明白它的来历,形成过程,所具的特色和它发展的趋向……不是要'复旧',同时也不主张'全盘西化'或'全盘他化'。自知之明是为了加强对文化转型的自主能力,

"俄罗斯心灵"的历程
——俄罗斯黑土区社会生活的民族志

取得决定适应新环境、新时代时文化选择的自主地位。"[1]较晚进入世界文明进程的俄罗斯,其所具有的"自知之明"精神尤为显著,在俄罗斯文明的形成、发展和社会转型过程中,对东西方文化有所吸收、有所借鉴、取长补短、各舒所长。东西方文明在俄罗斯的交融和碰撞的过程是激荡与摇摆的,在后社会主义时代亦是如此。俄罗斯虽然引入了西方的制度构架,但俄罗斯文化与舶来的西方文明价值理念存在着张力与冲突。经历了二十多年社会转型的俄罗斯的现实并非如改革之初的预想:民众的公民精神和民主理念的淡薄,西方民主政治和公民社会的价值仍未深入人心,理想型的政治和社会制度仍是空中楼阁。但公民社会或民主政治所倡导的公民权利、社会平等、公平、互相尊重等并非在当代俄罗斯社会无法实现,因为这也是"俄罗斯心灵"所追寻的核心价值。另一方面,在文化自觉的意义上,"俄罗斯心灵"是民族意识觉醒的产物,在社会转型中,它是建构"我们"、区分他者的有力工具。在当前的俄罗斯文化政策中,"俄罗斯心灵"的主体不仅只是作为主体民族的俄罗斯族人(русские),而被扩展到俄罗斯国人(российские)。"俄罗斯心灵"成为全体俄罗斯国民共享的精神价值。在这个意义上,重塑或者构建"俄罗斯心灵"是当代俄罗斯最为重要的文化实践,这关乎国家凝聚力和向心力的问题,关乎社会团结与稳定。

在文化自觉这个议题上探讨"俄罗斯心灵",俄罗斯的经验可以纳入中俄社会对比的框架之中。海外民族志的重要使命就是在异文化的民族志经验中找到医治本文化的补药。俄罗斯是中国非常具有对比性的邻

---

[1] 费孝通:《反思·对话·文化自觉》,《北京大学学报(哲学社会科学版)》,1997年第3期。

邦，近代以来的现代化进程中，中国和俄罗斯一样经历了各种社会变迁和文化变迁，且极具相似性。作为现代化的后发国家，两国同样存在着传统文化和现代社会的紧张关系，都需要在传统文化中寻找对于现代社会的有益价值，来解决现代性带来的种种社会问题。

中国近代以来无论是"戊戌"的维新变法，"五四"的新文化运动，还是新中国成立后的历次政治运动，都是在破旧立新的口号下，把传统和现代对立了起来。[1]在十月革命后的苏联也有相似的文化革命活动。但在黑土区乡村的社会生活中，我发现旧文化和新文化的"破立"之间不是断裂，而是继替。正如费先生所讲，"文化不仅仅是'除旧立新'，而且是'推陈出新'或'温故知新'"。这种文化自觉的意蕴在后社会主义时代的俄罗斯表现得尤为明显，俄罗斯通过对"俄罗斯心灵"的继承和再生产、利用东正教文化构建民族认同，实现社会团结，解决社会变迁后的道德危机，填补信仰和价值观的真空。但在当代中国，国家对待传统文化、民间信仰等态度仍然较为暧昧，虽然已经逐渐认识其积极意义，但是仍然把传统文化视为积极改造的对象。近代以来"以俄为师""以俄为鉴"对于今天的中国在文化自觉的意义上依然具有现实意义。

---

[1] 费孝通:《关于"文化自觉"的一些自白》，《学术研究》，2003年第7期。

尾声　没有检票员的站台

2008年6月,我去历史文化名城图拉旅行,这里是俄罗斯文学泰斗列夫·托尔斯泰的故乡,他的庄园位于距图拉城不远的小村亚斯纳雅·波里亚纳。在这座风光旖旎的庄园里有宁静的小湖、高耸的白桦林下幽长的林荫路、一望无边的旷野,眼前的每一个场景仿佛都是一幅俄罗斯风景油画。这位希冀用道德力量让俄罗斯"复活"的伟大作家长眠于此,一方没有墓碑的坟墓成了托尔斯泰精神的象征,让很多热爱俄罗斯、热爱托尔斯泰的人前来朝圣。

傍晚,从图拉返回莫斯科,去图拉的莫斯科火车站乘坐电气火车,我在售票大厅买好了票走到站台。让我感到诧异的是,这座州府的火车站的站台是完全开放的,站台和周边的居民区甚至没有围墙或者护栏相隔,火车到站后,很多人直接翻越铁轨回家。站台很破旧,入口处连一个验票的工作人员都没有,简易的遮雨棚上挂着一个蓝底白字的牌子,上面醒目地写着"совесть пассажира – лучший контролер"(乘客的良心是最好的检票员)。在这个火车站,监督乘客的不是严肃的检票员,不是冰冷的自动验票器,而依靠的是乘客自己的良心。

我发现很多人都是直接上车的,根本没有买票。电气火车开了大概

"俄罗斯心灵"的历程
——俄罗斯黑土区社会生活的民族志

一个小时以后,有两个没穿正式制服的查票员上来查票,没有买票的乘客,掏出十个卢布攥在手里隐秘地递给查票员,查票员熟练地将钱塞进兜里,没有按动手里的补票器就直接走了过去。从图拉到莫斯科的四个多小时之中,一共上来了四拨查票员。我的邻座是一位经常往返于图拉和喀山之间的商人,他对我说,在这趟电气火车上,他从来都不买票,每次塞给查票员十几二十卢布,一共四五十卢布就可以到莫斯科,而要在火车站买票,全程票价要二百多卢布。我发现,还有很多没买票的乘客躲到厕所里或者到了一个小站下车,快速跑到已经查过票的车厢,这样可以一个卢布都不用花。途中很多小站也是没有检票器的,乘客下车也可以不用查票。那位喀山商人对我说,到莫斯科以后,也有一个站没有人查票,下了电气火车可以直接到地铁。

在俄罗斯生活了两年以后,这个"没有检票员的站台"引起了我更多的联想,越来越感觉到这是俄罗斯整个社会的一个表征。苏联解体之际,整个社会的"检票员"突然消失了,"搭便车"的行为不只是逃掉一张火车票那么简单,而是一座工厂、一个矿山、一个农庄这样的大批优良国有资产的流失。这是"逃票者"和"查票员"的共谋,逃票者会用微小的代价贿赂作为临时执法者的查票员,获得的却是巨大的利益。在没有健全的、行之有效的法律制度对这些人进行约束的背景下,苏联解体后的私有化进程中,寡头和官员分别扮演了以上二者的角色(有些官员直接成为逃票者),他们成为俄罗斯新贵,所谓的"新俄罗斯人",一夜暴富。一位俄罗斯朋友对我说,现在在俄罗斯生活最好的人就是那些狡猾的能游弋于法律空隙的人。但俄罗斯并没有失掉"良心",就像报纸上把电气火车上的逃票者称为"兔子"加以口诛笔伐一样,暴富起来的俄罗斯新贵们遭到了普通俄罗斯民众的唾弃,在一项民意调查中显

尾声　没有检票员的站台

没有检票员的站台（作者摄）

示，官员和富商已经在声望调查中排到最后两位。他们谴责"逃票者"的武器就如站台上的标语，警示人们，不要失去良心。

　　在俄罗斯，"心灵"（душа）或者"良心"（совесть）是经常能听到的词汇，是否有干净的心灵，是否有良心是对一个人品质最为关键的评价。这是一种从内而外的心灵构建，这也是东正教会在价值观出现真空的当下所积极倡导的"俄罗斯心灵"，当地人对我说，有东正教信仰的人都拥有一颗干净的心灵（чистая душа）。无论是沙俄时代的警察国家还是斯大林体制，都无法停止这种向往正义、平等、自由的俄罗斯心灵的跳动。这些制度一旦偏离了心灵的向往，无一例外地遭到反抗，最终被颠覆。人们的理想，就像托尔斯泰期许的那样，俄罗斯的生活是拥有"俄罗斯心灵"的人们有道德的生活。

"俄罗斯心灵"的历程
——俄罗斯黑土区社会生活的民族志

如今，莫斯科的大小电气火车站普遍设立了自动验票器，没有票的乘客再也不能随便出入站台了，我想图拉的站台上也很快会安装上这种机器，毕竟无序是不能长期存在的。俄罗斯社会也逐渐从混乱之中走出，法制逐渐健全，虽然腐败与搭便车行为还是存在，但我想它不再是普遍的行为。但这不是俄罗斯人所追求的终极目标，对于寻求价值观重建、文化复兴的俄罗斯来说，图拉火车站站台上的标语——"乘客的良心是最好的检票员"才是俄罗斯心灵所追寻的。从这一点上，我很羡慕俄罗斯人，有自己的追寻的目标，可以有价值地生活。和图拉站台上的牌子上的标语相比，每次我看到火车站整齐划一的验票机，都觉得那么冰冷，也许人的良心成为检票员永远也不能成为现实，没有检票员的车站也只是人们的理想，但我还是希望立于托尔斯泰故乡站台上的标语不要成为墓志铭，而是新的俄罗斯文明的前行路标。

参考文献

中文文献：

[德]奥斯瓦尔德·斯宾格勒，《西方的没落（第二卷）·世界历史的透视》，吴琼译，上海三联书店，2006年。

[德]马克斯·韦伯：《世界宗教的经济伦理·儒教与道教》，王容芬译，广西师范大学出版社，2008年。

——，《新教伦理与资本主义精神》，彭强、黄晓京译，陕西师范大学出版社，2002年。

[俄]A.J.古列维奇：《时间：文化史的一个课题》，载《文化与时间》，浙江人民出版社，1988年。

[俄]А.И.阿列申：《俄罗斯哲学百科小词典》，浙江人民出版社，2000年。

[俄]В.В.科列索夫：《语言与心智》，杨明天译，上海三联书店，2006年。

[俄]С.С.霍鲁日：《静修主义人学》，张百春译，《哲学世界》2010年第2期。

——，《协同人学与人的展开范式》，张百春译，《哲学世界》2010年第2期。

[俄]С.Н.布尔加科夫：《东正教——教会学说概要》，徐凤林译，商务印书馆，2001年。

[俄]М.А.马斯林：《对俄罗斯的巨大无知……》，贾泽林译，《哲学译丛》1997年第2期。

[俄]Т.С.格奥尔吉耶娃著：《俄罗斯文化史——历史与现代》，焦东健、

"俄罗斯心灵"的历程
——俄罗斯黑土区社会生活的民族志

董茉莉译，商务印书馆，2006年

［俄］安德兰尼克·米格拉尼扬：《俄罗斯现代化与公民社会》，徐葵等译，新华出版社，2003年。

［俄］鲍里斯·尼古拉耶维奇·米罗诺夫：《俄国社会史（下卷）：个性、民主家庭、公民社会及法制国家的形成（帝俄时期：十八世纪至二十世纪初）》，张广翔等译，山东大学出版社，2006年。

［俄］别尔嘉耶夫：《俄罗斯的命运》，汪剑钊译，云南人民出版社，1999年。

——，《俄罗斯思想》，雷永生、邱守娟译，三联书店，1995年。

［俄］戈·瓦·普列汉诺夫：《俄国社会思想史》（第一卷），孙静工译、郭从周校，商务印书馆，1999年。

［俄］索洛维约夫：《神人类讲座》，张百春译，华夏出版社，1999年。

［俄］谢·尤·维特：《俄国末代沙皇尼古拉二世：维特伯爵的回忆》（上卷），张开译，新华出版社，1983年。

［法］莫里斯·哈布瓦赫：《论集体记忆》，毕然、郭金华译，上海人民出版社，2002年。

［法］皮埃尔·布迪厄、［美］华康德：《实践与反思——反思社会学引导》，李猛、李康译，邓正来校，中央编译出版社，1998年。

［法］涂尔干：《社会分工论》，渠东译，生活·读书·新知三联书店，2000年。

［美］保罗·康纳顿：《社会如何记忆》，纳日碧力戈译，上海人民出版社，2000年。

［美］弗朗西斯·福山：《历史的终结与最后的人》，陈高华译，孟凡礼校，广西师范大学出版社，2014年。

［美］格·科勒德克：《从休克到治疗——后社会主义转轨的政治经济》，

刘小勇、应春子、纪志红等译,上海远东出版社,2000年。

[美]格尔兹:《文化的解释》,纳日碧力戈译,上海人民出版社,1999年。

[美]吉尔·伊亚尔、伊万·塞勒尼、艾莉诺·汤斯利:《无须资本家打造资本主义——后共产主义中欧的阶级形成和精英斗争》,吕鹏、吕佳龄译,社会科学文献出版社,2008年。

[美]杰里·D.穆尔:《人类学家的文化见解》,欧阳敏、邹乔、王晶晶译,商务印书馆,2009年。

[美]斯维特兰娜·博伊姆:《怀旧的未来》,杨德友译,译林出版社,2010年。

[美]詹姆斯·C.斯科特:《国家的视角:那些试图改善人类状况的项目是如何失败的》,王晓毅译,社会科学文献出版社,2001年。

[英]E.霍布斯鲍姆、T.兰格:《传统的发明》,顾杭、庞冠群译,译林出版社,2004年。

[英]卡尔·波兰尼:《大转型:我们时代的政治与经济起源》,冯刚、刘阳译,浙江人民出版社,2007年。

[英]诺曼·费尔克拉夫:《话语与社会变迁》,殷晓蓉译,华夏出版社,2003年。

[英]维克多·特纳:《仪式过程:结构与反结构》,黄剑波、柳博赟译,中国人民大学出版社,2006年。

[英]威廉·乌斯怀特 拉里·雷:《大转型的社会理论》,吕鹏等译,北京大学出版社,2011年

白晓红:《俄国斯拉夫主义》,商务印书馆,2006年。

金可溪:《东正教的劳动伦理》,《道德与文明》1997年第5期。

金雁、卞悟：《农村公社、改革与革命：村社传统与俄国现代化之路》，中央编译出版社，1996年。

景军：《神堂记忆：一个中国乡村的历史、权力与道德》，福建教育出版社，2013年。

刘欣：《阶级惯习与品味：布迪厄的阶级理论》，《社会学研究》2003年第6期。

吕鹏：《社会大于市场的政治经济学——重访卡尔·博兰尼〈巨变：当代政治、经济的起源〉》，《社会学研究》2005年第4期。

——，《"新古典社会学的宏图与迷思"——以多元转型绩效比较为切口的批判性综述》，《社会学研究》2012年第2期。

刘文飞：《俄罗斯民族性格与俄罗斯文学》，《在北大听讲座（第八辑）——俄罗斯文化之旅》，文池主编，2002年。

罗爱林：《俄国封建晚期农村公社研究1649-1861》，广西师范大学出版社，2007年。

彭兆荣：《遗产·反思与阐释》，云南教育出版社，2008年，

普京：《普京文集——文章和讲话选集》，中国社会科学出版社，2002年．

钱穆：《灵魂与心》，广西师范大学出版社，2004年。

沈原：《社会转型与工人阶级的再形成》，《社会学研究》2006年第2期。

孙立平：《社会转型：发展社会学的新议题》，《社会学研究》2005年第1期。

夏宗宪：《拉斯普京访谈录》，《俄罗斯文艺》2001年第3期。

徐凤林：《东正教圣像史》，北京大学出版社，2012年。

——，《俄罗斯宗教哲学》，北京大学出版社，2006年。

徐天新：《斯大林模式的形成》（《苏联史》第四卷），人民出版社，2013年。

徐岩：《俄语语言世界图景中的"心灵"观念》，首都师范大学硕士论文，2006年。

王绍光:《大转型:1980年代以来中国的双向运动》,《中国社会科学》2008年第1期。

翁泽仁:《东正教与俄罗斯教育》,《思想战线》2010年第2期。

阎云翔:《私人生活的变迁:一个中国村庄里的爱情、家庭与亲密关系1949-1999》,龚晓夏译,世纪出版集团上海书店出版社,2006年。

张小军:《理解中国乡村内卷化的机制》,《二十一世纪》网络版,2002年8月号,总第5期。

郑永旺:《论俄罗斯思想的语言维度》,《求是学刊》2009年5月,第36卷第3期。

周晓虹:《现代社会心理学——多维视野中的社会行为研究》,上海人民出版社,1997年。

英文文献:

Abrahams, Ray(ed.) *After Socialism: Land Reform and Social Change in Eastern Europe*, Oxford: Berghahn. 1996.

Anderson, David G. and Frances Pine (ed.) *Surviving the Transition: Development Concerns in the Postsocialist World*, Special Issue of Cambridge Anthropology, 18(2). 1995.

Barghoorn F. , *Soviet Russian Nationalism*, N.Y. 1956.

Berdahl D., Bunzl M. and Lampland M. (ed.) *Altering States: Ethnographies of Transition in Eastern Europe and the Former Soviet Union*, Ann Arbor: University of Michigan Press, 2000.

Bourdieu, Pierre, *Outline of a Theory of Practice*, Cambridge University Press, 1977.

——, *Distinction: A Social Critique of the Judgment of Taste*, Trans. Richard Nice. Cambridge, Mass: Harvard University Press. 1984.

——, "Social Space and Symbolic Power", Sociological Theory, vol. 7, no. 1, 1989.

Brook, Timothy and Michael Frolic (ed.) *Civil Society in China*, Armonk: M. E. Sharpe, 1997.

Bruno, Marta, "Playing the Co-operation Game: Strategies Around International Aid in Postsocialist Russia", in Sue Bridger and Frances Pine (ed.) *Surviving Postsocialism: Local strategies and Regional Responses in Europe and the Former Soviet Union*, London: Routledge, 1998.

Bunce, Valerie, "Should Transitologists Be Grounded?" in *Slavic Review*, 54,1995.

Burawoy, Michael and Katherine Verdery (ed.) *Uncertain Transition: Ethnographies of Change in the Postsocialist World*, Lanham, MD: Rowman and Littlefield, 1999.

Burawoy, Michael. "The Sociology for the Second Great Transformation" in *Annual Review of Sociology*, 26, 2000.

——, "Neoclassical Sociology: From the End of Communism to the End of Classes", *American Journal of Sociology*, 106, 2001.

——, " For a Sociological Marxism :The Complementary Convergence of Antonio Gramsci and Karl Polanyi ", *Politics Society*, 31, 2003.

Cohen, Myron L., "Cultural and Political Inventions in China: The Case of the Chinese 'Peasant' ", in Tu Wei-ming (ed.) *China in Transformation*, Cambridge: Harvard University Press, 1994.

Dunham, Vera Sandomirsky, *In Stalin's Time: Middle-Class Values in Soviet Fiction*, Cambridge: Cambridge University Press, 1976.

Handler, Richard, *Nationalism and the Politics of Culture in Quebec*, Madison: University of Wisconsin Press, 1988.

Hann, C.M. and Elizabeth Dunn (ed.) *Civil Society: Challenging Western Models*, London: Routledge, 1996.

Hann C.M. (ed.) *Postsocialism: Ideals, ideologies and practices in Eurasia*, London and New York, 2002.

Hann, C.M. "Civil Society at the Grassroots: A Reactionary View" in Paul G. Lewis (ed.) *Democracy and Civil Society in Eastern Europe*, London: Frank Cass, 1992.

——, "From Production to Property: Decollectivization and the Family-land Relationship in Contemporary Hungary", *Man* 8(3), 1993.

——, "Land Tenure and Citizenship in Tazlar", in Ray Abrahams (ed.) *After Socialism: Land Reform and Social Changes in Eastern Europe*, Oxford: Berghahn, 1996.

——, "Philosophers Models on the Carpathian Lowlands" in John A. Hall (ed.) *Civil Society: Theory, History, Comparison*, Cambridge: Polity Press, 1992.

Hermine, De Soto and Anderson David G. (ed.) *The Curtain Rises: Rethinking Culture, Ideology and the State in Eastern Europe*, New Jersey: Humanities Press, 1993.

Hermine, De Soto and Nora Dudwick (ed.) *Fieldwork Dilemmas: Anthropololists in Postsocialist States*, Madison: University of Wisconsin Press, 2000.

Herzfeld, Michael, *Folklore, Ideology and the Making of Modern Greece*, Austin: University of Texas Press, 1982.

Hivon, Myriam, "Local Resistance to Privatization in Rural Russia", *Cambridge Anthropology*, 18(2), 1995.

Hobsbawm E.J. and Ranger, Terrance (ed.) *The Invention of Tradition*, Cambridge: Cambridge University Press, 1983.

Kaneff, Deema, "Responses to 'Democratic' Land Reforms in a Bulgarian Village" in Ray Abrahams (ed.) *After Socialism: Land Reform and Social Changes in Eastern Europe*, Oxford: Berghahn, 1996.

——, *Who Owns the Past? The Politics of Time in a 'Model' Bulgarian Village*, Oxford: Berghahn, 2002.

Kideckel, David A. *The Solitude of Collectivism: Romanian Villagers to the Revolution and Beyond*, Ithaca: Cornell University Press, 1993.

Kligman, Gail. "Reclaiming the Public: A Reflection on Creating Civil Society in Romania", *East European Politics and Societies*, 4(3), 1990.

Lampland, Martha, "Afterword" in Berdahl D., Bunzl M. and Lampland, M. (ed.) *Altering States: Ethnographies of Transition in Eastern Europe and the Former Soviet Union*, Ann Arbor: University of Michigan Press, 2000.

Lemon, Alaina. *Between Two Fires: Gypsy Performance and Romani Memory from Pushkin to Postsocialism*, Durham: Duke University Press, 2000.

Nee, Victor and Yang Cao, "Path Dependent Societal Transformation: Stratification in Hybrid Mixed Economies", *Theory and Society*, 28, 1999.

Olick, Jeffrey K. and Robbins, Joyce, "Social Memory Studies: From 'Collective Memory' to the Historical Sociology of Mnemonic Practices", *Annual Review of Sociology*, 24, 1998.

Ortner, Sherry, *High Religion: A Culture and Political History of Sherpa Buddhism*, Princeton, N.J.: Princeton University Press, 1989.

——, "Pattern of His-tory: Cultural Schemas in the Foundings of Sherpa Religious" in Emiko Ohnuki-Tierney (ed.) *Culture Through Time: Anthropological*

Approaches, Stanford: Stanford University Press, 1990.

Paxson, Margaret. *Solovyovo: the Story of Memory in a Russian Village*, Indian University Press, 2005.

Sampson, Steven L. "The Social Life of Projects Importing Civil Society to Albania" in Chris Hann and Elizabeth Dunn (ed.) *Civil Society: Challenging Western Models*, London: Routledge, 1996.

Szelenyi, Ivan "Social Inequalities in State Socialist Redistributive Economies: Dilemmas for Social Policy in Contemporary Socialist Societies of Eastern Europe", *International Journal of Comparative Sociology*, 19,1978.

Schnirelman, Victor A., *Who Gets the Past? Competition for Ancestors among Non-Russian Intellectuals in Russia*, Washington: Woodrow Wilson Center Press, 1996.

Verdery, Katherine, *What Was Socialism and What Comes Next?*, Princeton University Press, 1996.

——, *The Political Lives of Dead Bodies: Reburial and Postsocialist Change*, New York: Columbia University Press, 1999.

Vitebsky, Piers, "Withdrawing from the Land: Social and Spiritual Crisis in the Indigenous Russian Arctic" in C. M. Hann (ed.) *Postsocialism: Ideals, ideologies and Practices in Eurasia*. London and New York, 2002.

Walder, Andrew G., *Communist Neo-Traditionalism: Work and Authority in Chinese Industry*, Berkeley, CA :University of California Press, 1986.

Wanner, Catherine, *Burden of Dreams: History and Identity in Post-Soviet Ukraine*, University Park: Pennsylvania State University Press, 1998.

Watson, Rubie S. (ed.) Memory, *History and Opposition under State Socialism*, Santa Fe: School of American Research Press, 1994.

Wedel, Janine R. and Gerald Creed, "Second Thoughts from the Second World: Interpreting Aid in Post-communist Eastern Europe", Human Organization, 56 (3), 1997.

Wedel, Janine R., *Collision and Collusion: the Strange Case of Western Aid to Europe,1989-1998*, New York: St Martin's Press, 1998.

Wolfe, Thomas C., "Cultures and Communities in the Anthropology of Eastern Europe and the Former Soviet Union", *Annual Review of Anthropology*, (29), 2000.

Zigon, Jarret, *Making the New Post-Soviet Person: Moral Experience in Contemporary Moscow*, Leiden: Boston Brill, 2010.

俄文文献:

Алексеев С.И. Иконописцы Святой Руси: духовные основы древнерусского иконописания. Санкт-Петербург: Ладан;Троицкая школа, 2008.

Аскольдов С. А.,Бердяев Н. А.,Булгаков С. А. и др. Из глубины:Сборник статей о русской революции. М.: Изд-во Моск. ун-та, 1990.

Бердяев Н.А. Философия свободного духа. М.,1994.

Биллингтон Д. Икона и топор. М.: Рудомино, 2001.

Буравой М. Транзит без трансформации: инволюция России к капитализму // Социологические исследования, 2009,№ 9.

Виноградова Л. Зимняя календарая поэзия западных и восточных славян: Генезис и типология колядования. М.,1982.

Голосенко И.А. Русское пьянство:мифы и реальность //Социологические Исследования, 1986, №3.

Горшков М.К. Гражданское общество и гражданская культура в современной России: опыт социологической диагностики(вместо предисловия) // Россия реформирующаяся. Вып. 11 : Ежегодник / отв. ред. Горшков М. К., М. : Новый хронограф, 2012.

Гудков Л.Д., Дубин А.Г. Левиносон: Фоторобот российского обывателя//Мир России, 2009, №2.

Гудков Л., Дубин Б., Зоркая Н. Постсоветский человек и гражданское общество. М.: Московская школа политических исследований, 2008.

Даль В.И. Иллюстрированный Толковый Словарь живго великорусского языка. Москва: ЭКСМО, 2009.

Дынин В. И. (отв. ред.) и др. Этнография Центрального Черноземья. Воронеж : Воронеж. гос. ун-т, 2008.

Иваницкий Н.А. Материалы по этнографии Вологодской губернии//Труды Этнографического отдела Об-ва любителей естествознания, антропологии и этнографии. Т.69, вып.1. 1890.

Ильин И. А. Наши задачи. Историческая судьба и будущее России.В 2-х т. Т. 1. М.: МП «Рарог», 1992.

Капустина Н.И., Кригер Л.В., Степанова Е.Д.,Соколов А.Ю. Сказ о земле Бобровской. Воронеж, 2009.

Коновалов В.С. История колхоза «Память Кирова». 1970.

Кретова О. Хозяйка своей Судьбы//Жил Человек. центрально-черноземное книжное издательство, Воронеж,1979.

Куприянова З.В. Трудовая мотивация российских работников //Мониторинг общественного мнения: Экономические и социальные перемены. 1998, № 2.

Лапицкий М. Деятельный без принуждения. М.:Изд.дом ‹›Ноывй век››, 2002.

Левашов В.К. Новая повестка дня для России//Социологические исследования. 2008. № 7.

Левит С. Я. Культурная энциклопедия. Москва: Росспэн, 2007.

Ленин В.И. Как организовать соревнование?//Полное собрание сочинений. Т.35. Пятое издание.Москва: Государственное издательство политической литературы, 1962.

Магун В.С. Российские трудовые ценности: идеология и массовое сознание // Мир России, 1998, №4.

Мединский В.Р. О русском воровстве, душе и долготерпении (Мифы о России). М.:ОЛМА Медиа Групп,2014.

Милов Л. Великорусский пахарь и особенности российского исторического процесса. М.: РОССПЭН, 1998.

Минаева А. Работал на заводе до мозолистых рук// Отечественные записки,2003, №3.

Миронов Б.Н. Социальная история России периода империи (XVIII-начало XX B.).Т.2. С.Петербург, 2003.

Миронова Т. Русская душа и нерусская власть. М.:Алгоритм, 2014.

Нефедова Т.Г. Сельская Россия на перепутье, М.,2003.

Нива Ж. «Русская религия» Пьера Паскаля // Нива Ж. Возвращение в Европу: Статьи о русской литературе. М., 1999.

Новиков А.М. Национальная идея России. М.: Эгвес, 1999.

Ожегов С. И. Словарь русского языка. Москва: Издательство Русский язык, 1982.

Окольская Л.А. Российская формула труда: исторический экскурс // Человек. 2006, № 4.

Пропп В.А. Русские аграрные праздники. СПб.,1995.

Пропп В.Я. Исторические корни волшебной сказки//Сост., науч. ред., текстол. комм. И.В. Пешкова. М.: Лабиринт, 2005.

Прохоров А. М. Большой энциклопедический словарь В II томах, том II. Москва: Научное издательство, 1998.

Путин В.В. Россия на рубеже тысячелетий//Независимая газета,30 декабря 1999.

Пушкарева Н.Л. Этнография восточных славян в зарубежных исследованиях (1945-1990). Русско-Балтийский информационный центр БПИЦ, С.Петербург.1997.

Соколова В.К. Весенне-летние календарные обряды русских, украинцев и белорусов.-М.,1979.

Струков А.В. Отечественная история: с древнейших времени до современности, Воронеж, 2008.

Ткачёва З.Н. Очерки истории Бобровского края. г.Бобров,2009.

Толстая С.М. Душа России.СПБ.1998.

Фасмер М. Этимологический словарь русского языка. Астрель, 2004.

Флоренский П. А. Столп и утверждение истины в II томах, том I. Москва: Издательство Правда, 1990.

Франк С.Л. Душа человека. М.,1917.

Чайковская Н., Эйдельман Я. Трудовая мотивация работников промышленности: структура и динамика //Общество и экономика. 2000, № 11–12.

Шамшурина Н.Г. Идеология труда в России//Социологические исследования, 1994,№8-9.

Шубарт В. Европа и душа Востока. М.: Русская идея, 1997.

Шутова О.С. Молодёжь и социальное служение религиозных обьединений// Русская молодежь. Демографическая ситуация Миграция Сб. статей Руководитель коллектива составитель и авторвступительной статьи Е.С.Троикий. М., 2004.

Ядов В.А. Отношение к труду: концептуальная модель и реальные тенденции// Социологические исследования, 1983, №3.

后 记

"到俄罗斯去做主体民族的田野调查,写一本关于俄罗斯的海外民族志"是我和导师高丙中教授在2003年初识时便定下的目标。从行前准备、田野调查、撰写博士论文到最后成书,屈指一算,十几年的时间过去了。现在,这本由博士论文修改而成的《"俄罗斯心灵"的历程——俄罗斯黑土区社会生活的民族志》终将付梓。如果说六年前博士毕业是我作为一个人类学新人的"成年礼",那么博士论文成书出版则算礼成。田野和写作的过程中充满艰辛,幸得众人帮助,在本书的最后,我要向他们表达最诚挚的谢意。

感谢北京大学社会学系,她带我走进了人类学的大门,一个充满美感和神奇色彩的学科。记得系图书馆里曾挂着一幅费老的手书:"读万卷书,行万里路。"这是对人类学这门学问最为凝练的概括,它激励我在书中汲取先辈大师们的思想精粹,让我有勇气走向万里之外的俄罗斯。感谢"北京大学——莫斯科大学联合研究生院"这个平台,它让我有机会赴俄罗斯进行田野调查,并一再延长我的研修年限,让我有长时段调查的可能性。

在俄罗斯的田野调查中,很多人给予了我无私的帮助。感谢莫斯

"俄罗斯心灵"的历程
——俄罗斯黑土区社会生活的民族志

科大学社会学系的合作导师哈利波娃教授、库兹涅佐夫教授，感谢俄科学院高尔基文学研究所的卡察克研究员、巴赫金娜研究员，他们帮助我修改调研计划，确定调查主题。感谢俄罗斯科学院国家民俗学研究中心瓦勒瓦拉等年轻学人，他们为我提供了很多田野地点的信息。感谢沃罗涅日大学历史学系的德宁教授、沃罗涅日大学语言系民族文化教研室的布赫娃老师、沃罗涅日艺术学院的塞硕耶娃教授、沃罗涅日文化学校的科列托娃老师，他们为我提供了丰富的黑土区民俗资料，并最终帮我找到了调查地点。感谢拉德诺也村的房东彼得洛维奇和薇拉夫妇、秋多夫卡村的房东娜塔莎和列娜姐妹、塞硕夫卡村瓦洛佳和娜塔莉亚夫妇，他们热情地接纳我为家庭中的一员，对我的生活和调查工作全力支持。还要感谢黑土区乡村质朴的乡亲们，他们无私地向我分享了人生经历和生活的点滴，这是构成这本民族志最为鲜活的材料。在这里，尤其要感谢沃罗涅日的洪峰大哥、斯维塔阿姨，他们在我最茫然的时候接纳了我，让我在沃罗涅日落脚，并最终完成了田野调查。斯维塔阿姨如母亲般照料我的生活，对我的调查工作提供了无私的帮助，至今回想起仍非常感动。2016年复活节，我再次探望斯维塔阿姨的时候，我们已经是阴阳两隔，在斯维塔墓前，我默默祈祷，愿她在天国灵魂安息。

回国以后，在博士论文的构思、写作和答辩的过程，也有幸得到诸位老师、同学的帮助。感谢高丙中老师带领下的"海外民族志"团队龚浩群、康敏、吴晓黎、杨春宇、李荣荣、张金岭和夏循祥等同门师兄师姐曾经几次讨论我的田野报告，在交流讨论中形成了诸多有益的建议。感谢张燕华老师、赖立里老师、王立阳、宋奕、宋红娟、燕海鸣和梁文静专门在读书写作小组中讨论我的论文初稿，给予我很多灵感。感谢立阳作为答辩秘书做了很多繁复的工作，感谢幸颖、宋奕和红娟在答辩

后记

过程中大力相助。感谢刘魁立老师、郭于华老师、色音老师、任国英老师、方文老师、周云老师和朱晓阳老师在百忙之中审阅我的论文，并在预答辩和答辩过程中提出了很多建设性的建议，对论文修改大有助益。在这里，我要尤其感谢刘魁立老师，去俄罗斯前后都得到了魁立老师的无私帮助；回国以后，多次与魁立老师交流，他对于本书核心概念和题目提出了宝贵的建议；本书即将出版之际，魁立老师又亲自为本书作序，为本书增色许多。

到这里，我要郑重地感谢恩师高丙中教授，在北大十一年的求学经历，最大的收获就是能够跟随高老师做学问。正是在高老师的安排和慷慨资助下，我的俄罗斯海外民族志研究才能顺利进行。在我最困难、最无助和最没有信心的时候，高老师的支持与鼓励是我继续奋斗下去的精神动力；在论文写作中最感困惑、无从下手的时候，高老师的适时点拨，往往能让我茅塞顿开。高老师全身心地投入到学术研究之中，对中国社会科学的发展有着独到、深邃、富于预见性的思考，每次与他交流，谈话中总会有灵感迸发。高老师对我在学业、生活中的无私帮助将使我受益终身。

从北大毕业进入社科院俄欧亚所工作，研究所同事们的研究扩展了我的视野，特别是国际政治学、历史学和经济学等多学科的交融让我对俄罗斯的理解更为深入和全面。在中央民族大学世界民族学人类学研究中心博士后流动站工作期间，得到包智明老师等同仁的大力支持，为修改博士论文提供了很多帮助和思路。本书编辑和出版的过程中，有幸遇到邹震编辑。她对文字和格式极为认真，对本书的每一字句都认真打磨，没有她，书稿还处于半成品状态。感谢邹震的付出以及对我拖延症的包容。

最后，我要感谢父母、妻子和亲人们，你们是我的坚强后盾，你们是我的精神支柱。

2015年至2016年，我在俄罗斯南部顿河畔罗斯托夫进行为期九个月的田野调查，我的调查地点从农村转移到城市，调查的主题从乡村社会转型到城市社会组织。在俄罗斯的田野上，我不会停下俄罗斯社会研究的脚步。

马　强

2017年2月6日

于明光村